权威·前沿·原创

皮书系列为
“十二五”“十三五”国家重点图书出版规划项目

伊朗发展报告（2017~2018）

ANNUAL REPORT ON DEVELOPMENT OF IRAN
(2017-2018)

主　编／冀开运
副主编／陆　瑾　张立明

社会科学文献出版社
SOCIAL SCIENCES ACADEMIC PRESS (CHINA)

图书在版编目(CIP)数据

伊朗发展报告. 2017～2018 / 冀开运主编. --北京:
社会科学文献出版社, 2019.1
(伊朗蓝皮书)
ISBN 978-7-5097-3973-0

Ⅰ.①伊… Ⅱ.①冀… Ⅲ.①伊朗-研究报告-2017-2018 Ⅳ.①D737.3

中国版本图书馆 CIP 数据核字(2018)第 272743 号

伊朗蓝皮书
伊朗发展报告(2017～2018)

主　　编 / 冀开运
副 主 编 / 陆　瑾　张立明

出 版 人 / 谢寿光
项目统筹 / 高明秀
责任编辑 / 仇　扬　高　媛

出　　版 / 社会科学文献出版社·当代世界出版分社(010)59367004
地址: 北京市北三环中路甲 29 号院华龙大厦　邮编: 100029
网址: www.ssap.com.cn
发　　行 / 市场营销中心(010)59367081　59367083
印　　装 / 三河市龙林印务有限公司

规　　格 / 开 本: 787mm × 1092mm　1/16
印 张: 21　字 数: 317 千字
版　　次 / 2019 年 1 月第 1 版　2019 年 1 月第 1 次印刷
书　　号 / ISBN 978-7-5097-3973-0
定　　价 / 128.00 元

皮书序列号 / PSN B-2016-574-1/1

本书受西南大学人文社会科学重大培育项目“‘一带一路’战略背景下伊朗的国际地位与影响力研究”（SWU1709706）和教育部国别区域研究专项课题“伊朗教育政策研究”（1732002）项目资助

伊朗蓝皮书编辑委员会

主要编撰者简介

冀开运 博士，陕西洛南人，1966年生，西南大学历史文化学院教授，西南大学伊朗研究中心主任，世界史专业地区国别史方向博士生导师，中国中东学会第八届理事会常务理事，中国世界民族学会常务理事，中国伊朗友好协会理事，中国亚非学会第七届理事会理事。2014年全国优秀社会科学普及专家。先后出版译著3本、专著8本，代表作有《伊朗与伊斯兰世界关系研究》（时事出版社，2012）、《伊朗现代化历程》（人民出版社，2015）等，发表80篇论文，其中在核心期刊发表24篇论文。主持并完成9项省部级或国家级课题，主要包括：国务院侨务办公室课题“中东华人华侨研究——以伊朗、沙特、土耳其为例”（项目编号：GQBY2007010），国家社科基金项目“伊朗与伊斯兰世界关系研究”（项目编号：O7BS011），国家语委项目“中东国家语言政策与实践研究”（项目编号：YB125－12），国家社科基金项目“两伊战争及其影响研究”（项目编号：12BSS012）；2015年度教育部国别研究课题“伊朗中资企业风险分类与管控研究”，2017年度教育部国别研究课题“伊朗在国际格局中的影响力及伊朗对华政策研究”（项目编号：17GBQY119）。

陆　瑾 中国社会科学院西亚非洲研究所副研究员，中国社会科学院海湾研究中心副秘书长，中国中东学会第八届理事会常务理事。主要研究方向为中东国际关系及伊朗问题。先后毕业于北京大学和德黑兰大学，获波斯语言文学学士、硕士和博士学位。主要成果有专著《利玛窦〈中国纪〉波斯文本研究》（波斯语）和《伊朗——东西方文明的汇合点》（合著），先后在《现代国际关系》《西亚非洲》《阿拉伯世界研究》《世界知识》等杂志上发表学术论文数十篇。代表性论文有《伊朗政治温和派的崛起及其影响》《“一带一路”视角下的中国与伊朗的经济合作》《历史与现实视域下中伊合作：基于伊朗对“一带一路”认知的解读》《试析鲁哈尼“重振经济”的路径与制约——兼议哈梅内伊的“抵抗型经济政策”》《耐心，让巨龙腾飞——伊朗学者眼中的中国》《鲁哈尼政府外交政策与地区稳定》《当代伊朗公民社会状况探析》。

张立明 河南镇平人，1967年生，北京大学硕士，伊朗德黑兰大学博士。现任解放军信息工程大学波斯语副教授，主要从事波斯语言文化教学与研究。主要成果有《波斯语语法》、《波汉汉波精编词典》、《伊朗——东西方文明的汇合点》（合著）、《伊朗概论》、《中国文学》（译著）等。

摘　要

本书重点分析伊朗2017年政治、经济、外交的变化特点与趋势。2017年对伊朗而言，是机遇与危机并存的一年，是符合预期又超出预期的一年。鲁哈尼在第一任期内完成了与美国的核谈判、缓和了与美国的关系。这使伊朗与欧洲的政治、经贸关系迅速解冻，而此后伊朗出席叙利亚和谈更提高了伊朗的国际影响力，彰显了伊朗的软实力。伊朗与欧洲交好，也使伊朗可以平衡之前对中国、俄罗斯的单方面依赖。在中东地区，伊朗支持的什叶派政府、组织纷纷得势，危及逊尼派领袖沙特阿拉伯在中东的优势地位。

鲁哈尼的第一个任期内，伊朗实力的增长，加剧了伊朗与沙特之间的竞争。伊朗与沙特关系的紧张，直接影响了伊朗与海湾石油国家的关系，也使叙利亚战争以及也门内战逐渐发展为伊朗与沙特的代理人战争。伊朗国际地位进一步提高，影响力从波斯湾抵达地中海东岸，甚至越过阿拉伯半岛，穿过也门，到达红海岸边，伊朗的相对崛起激起沙特和以色列的高度警觉，促使沙特和以色列在美国的主导下进一步走近，中东似乎出现了以伊朗为首的激进派联盟和沙特、以色列联手的温和派联盟的两极格局。伊朗总统鲁哈尼赢得连任，经济上增速虽然放缓，但依旧保持增长，符合学者和伊朗人民的预期和判断。2017年伊朗“十月风波”事件的爆发也暴露出自伊斯兰革命以来伊朗社会潜在的诸多经济弊端和社会问题，伊朗在国际舞台的作为超出伊朗国力和人民的耐心，国人第一次质疑伊朗的国际责任和义务的正当性，并怀疑法吉赫监国体制的合法性，事出必然，但也有点出乎意料。尽管伊朗2017年末的全国抗议活动的直接导火索是经济问题，但根源在于社会矛盾激化，以及背后隐藏的政治派系博弈因素。随着特朗普政府对伊朗实施“极限施压”政策，伊朗国内经济深陷困境，社会团结和稳定遭受重创，鲁哈尼被迫搁置经济改革计划。虽然伊朗内外安全形势仍在持续恶化，但现阶段美国仍难以实现让伊朗经济崩溃乃至政权更迭的愿景。另外，自特朗普上任以来，美伊关系持续紧张，欧洲、俄罗斯和中国继续支持伊核协议，俄罗斯、土耳其和伊朗抱团取暖，应对美国的压力。中伊之间 2017 年贸易额和合作势头好于去年，两国关系全面合作潜力巨大，挑战也更多。2017 年伊朗宗教与世俗关系互相融合，基本平稳，分工合作中有一定分歧。2017 年的热点集中于论述美国 - 伊朗关系、伊朗 - 沙特关系、伊朗 - 叙利亚关系。作为国际航运史上第一起油船载运凝析油碰撞失火事故，“桑吉”轮撞船事故背后不仅是高额赔偿的责任认定，更多地反映出伊朗急于抢占国际市场时却不得不面临自身原油和石油产品海运能力不足的尴尬局面，包括过度依赖哈尔克岛的输出能力、非伊朗籍船舶承担绝大多数航次和载重吨位，以及自身船舶老龄化严重、漂柜时间过长的问题，并且其航运目的地仍集中在中、日、韩、印四国，在欧洲仅获得意大利、法国部分新增份额和土耳其、希腊等传统份额。

中伊关系篇论述了伊朗铁路交通历史、投资机遇与政策。伊朗铁路提升计划为中资企业进入伊朗工程建设市场提供了利好和机遇，中资企业参与伊朗铁路提升计划也面临伊核协议不确定性、伊朗营商环境不佳、铁路建设领域大国“角逐”以及伊朗铁路建设技术标准选择偏好四个方面的挑战。因此，中资企业不仅需要敏锐捕捉机会，也需要谨慎评估存在的风险，结合国际政治经济形势，综合权衡成本和收益，进行理性决策，在响应“一带一路”倡议过程中，稳健实施“走出去”战略。当前伊朗高等教育体系完善发达，高等教育准入门槛迅速降低，国民文化素质较高。在伊朗教育战略布局之下，高等教育基本朝着全民教育和终身教育方向发展，教育政策与当前伊朗经济局势、人口结构有着紧密的关联性。伊朗高校的对外交流与合作呈现出渠道不畅、路径单一的特点。中伊教育交流合作应注重在优势特色学科上的合作，中医药教育和汉语教育在伊朗大有可为，在互学互鉴、互信互谅的前提下推动两国教育合作的升级换代。范鸿达教授通过亲身经历和多次实地调研，分析了伊朗外语教育现状，阐明了伊朗汉语教育与教学的地位和作用，指出了汉语教育处于劣势的原因，并提出了有建设性和针对性的对策建议。

本年度《伊朗发展报告》尽最大努力，团结中国研究伊朗的顶级专家，包括精通波斯语的专家，尽可能收集波斯语、英语和汉语资料，对 2017 年伊朗国情进行系统深刻的分析和解读，力争对中国企业和公民了解和理解伊朗提供最新、最权威、最全面的参考。

关键词： 伊朗　鲁哈尼　机遇　危机　改革

目　录

特稿

Ⅰ　总报告

Ⅱ　分报告

Ⅲ　外交热点篇

Ⅳ 专题篇

Ⅴ 中伊关系篇

Ⅵ 附录

皮书数据库阅读**使用指南**

·特稿·

B.1 伊朗：西扩见底危机初显的2017年

马晓霖*

摘　要： 2017年是伊朗当代史上外交内政峰回路转的一年。外交上，伊朗不仅协助伊拉克、叙利亚政府与国际联盟一起打赢了反恐战争，而且打通了从波斯湾到红海的“什叶派走廊”，参与塑造叙利亚和平进程与中东新格局，并将军事影响力投射到红海地区，伊朗作为地区大国的势力范围达到了百年来未曾有过的程度。但是，伊朗的过度西扩对以色列和部分阿拉伯国家构成巨大威胁，也威胁到美国的中东核心利益并导致特朗普新政府颠覆奥巴马时代的伊朗政策，威胁退出伊核协议并重构遏制伊朗的“中东北约”。内政方面，伊核协议带来的红利继续呈现，百姓也享受到部分实惠，开启伊美和解进程的温和派总统鲁哈尼成功赢得连任，但是，由于伊朗将更多的石油收入投入长期发展和伊斯兰革命输出，导致习惯于靠补贴为生的百姓因获得感不足而普遍不满，并于年底爆发大规模抗议示威与骚乱，而且矛头直指伊朗伊斯兰革命战略乃至质疑伊斯兰共和体制，形成伊斯兰革命40年来最严重的国家道路信仰危机。

* 马晓霖，北京外国语大学教授，中国中东学会常务理事。

关键词： 伊朗　战略西扩　外交　内政　危机

一　战略西扩斩获颇多

2017 年是伊朗战略扩张的丰收年，伊朗在地区国际反恐战争中发挥骨干作用并以胜利者姿态被舆论关注，成功协助伊拉克和叙利亚什叶派等盟友巩固政权，支持也门胡塞武装反制沙特，扩大军演区域并将兵力投掷范围扩大到红海地区，而且参与发起“阿斯塔纳机制”，扮演主导叙利亚战争向和解转轨的三大推手之一，地区大国影响力和威慑力空前提高，成为名副其实的地区超级大国。

1. 反恐战线大获全胜

2017 年，是世界反恐战争取得决定性胜利的一年，也是“伊斯兰国”武装在中东“政权化”存在覆亡的一年，而伊朗在围剿和击溃“伊斯兰国”进程中发挥的作用独一无二、无可替代。11 月 21 日，鲁哈尼向全国发表电视讲话宣布，“伊斯兰国”已经被剿灭，伊朗伊斯兰革命卫队司令卡西姆·苏莱曼尼当天向最高领袖哈梅内伊通报了这一消息。通报说，伊朗派遣的军事顾问在打败“伊斯兰国”的战斗中发挥了巨大作用，伊朗积极参与国际打击“伊斯兰国”的联合反恐行动，伊朗军人与伊拉克、叙利亚人民并肩作战，收复了“伊斯兰国”在叙利亚最后的主要据点阿布·卡迈勒，这场联合反恐行动取得了最终胜利。

同一天，伊拉克总理阿巴迪也宣布，在收复拉沃镇后，伊拉克已经在军事上终结极端组织“伊斯兰国”。①

“伊斯兰国”武装自从 2013 年崛起并脱离母体“基地”组织后迅速做大，不仅打通伊拉克和叙利亚边界，而且控制两国土地一度分别达到 30%

① 美国和平研究所：《伊朗宣布打败 ISIS》，http：//iranprimer. usip. org/blog/2017/nov/21/iran - declares - end - isis。

和40%，并宣布建立“哈里发国”，以历史上阿拉伯帝国辉煌时期的版图为蓝图标注边境线并划分二级管辖区，还任命巴格达迪为“哈里发”，号召世界穆斯林向其控制区“迁徙”，效忠“哈里发”并参加所谓“杰哈德（圣战）”。由于“伊斯兰国”武装奉行保守和排他性的逊尼派瓦哈比主义和萨拉菲主义，其终极目标是实现全球的伊斯兰化，而阶段性目标是颠覆自封版图内的民族国家傀儡政权，消灭什叶派等少数异端或迫其改宗，因此，“伊斯兰国”武装成为伊朗的心腹大患和当下之敌，它不仅割据、蚕食伊拉克和叙利亚土地，威胁什叶派主导的两国现政权，而且对什叶派人口占主导地位的伊朗构成战略威胁。

在此背景下，伊朗比地区任何国家都更早、更卖力地投入这场反恐战争，协助伊拉克和叙利亚盟友，构建什叶派利益共同体和命运共同体。伊朗的反恐战争始于奥巴马时代，并就近从伊拉克入手，逐步向叙利亚扩展。伊朗参与跨境反恐作战首次披露于2014年6月，伊拉克总理马利基证实，约2000名伊朗军人分两批进入伊拉克协助反恐。[①] 当年12月，伊朗空军的3架苏-25战机进入伊拉克领空轰炸“伊斯兰国”目标[②]，从此，伊朗日益在中东反恐战场扮演不可忽视的地面作战力量。而CNN报道披露，伊朗对叙利亚政府的军事援助其实从2011年就已借道伊拉克开始实施。2015年9月22日，鲁哈尼在纪念两伊战争爆发35周年阅兵仪式上称，从目前情况看，伊朗军队和伊朗伊斯兰革命卫队是整个中东地区打击恐怖主义和极端组织的最主要力量，并称地区国家不应该将打击中东恐怖主义和极端势力的希望寄托在西方国家身上。[③] 伊朗参与地区反恐战争的路径包括：与俄罗斯、伊拉克和叙利亚等盟友建立以巴格达为中心的地区反恐中心；为俄罗斯提供远程轰炸机过境和中转便利；派军事人员以顾问身份参与伊拉克、叙利亚政

① “Iran Sends Troops into Iraq to Aid Fight against ISIS Militants,” *Guardian*, https://www.theguardian.com/world/2014/jun/14/iran-iraq-isis-fight-militants-nouri-maliki.

② “Iranian Air Force Bombs ISIS Targets in Iraq, Says Pentagon,” *Guardian*, https://www.theguardian.com/world/2014/dec/03/iran-bombs-isis-in-iraq-says-us.

③ 《伊朗举行年度阅兵，纪念两伊战争35周年》，中新社2015年9月23日北京电。

府军作战指挥；组织中东、中亚的什叶派穆斯林志愿者增援前线；鼓励黎巴嫩真主党进入叙利亚协防等，总协调、组织和前线负责人即为苏莱曼尼少将。据不完全统计，自2014年来，伊朗总计派出人员难以统计，福克斯电视台2016年曾援引美国官员估计，仅在伊拉克，伊朗投入的力量就高达8万~10万人之多。伊朗在两个战场投入资金估计超过几十亿美元，仅在叙利亚战场就死亡以志愿兵为主的3000多人，包括阿卜杜拉·霍斯拉维等将领。此前，伊斯兰革命卫队准将侯赛因·哈马丹尼也在伊拉克战争中献出生命。

2. 彻底打通“什叶派走廊”

2017年10月，鲁哈尼自豪地问：“伊拉克、叙利亚、黎巴嫩、北非和波斯湾地区，不听伊朗的意见，有可能出台任何重大决定吗?”[①] 答案显然是否定的，因为伊朗已经成功地打通了“什叶派走廊”或“什叶派新月地带”。这是伊朗最大的战略胜利。2011年“阿拉伯之春”风潮从北非突尼斯、埃及和利比亚肇启，逐步向西亚阿拉伯国家外溢，并引发也门、叙利亚等国政治不稳和权力变更，这场原本属于阿拉伯内部民众不满并要求变革的街头运动，最终在叙利亚演化为中东传统的地缘博弈特别是教派冲突，沙特阿拉伯等海湾国家试图借助西方力量颠覆巴沙尔政权，扶持逊尼派穆斯林掌权，进而对伊朗进行战略反击，由此也刺激了伊朗的深度介入。

借由参与国际反恐斗争，伊朗投入巨大资源帮助伊拉克和叙利亚政府收复失地，遏制反对派武装并基本取得胜利，逐步打通从波斯湾到地中海的势力范围，形成了德黑兰－巴格达－大马士革－贝鲁特什叶派权力轴心。在此过程中，伊朗利用美国和欧洲对于中东难民潮和恐怖主义的阶段性恐惧，利用西方舆论对沙特等海湾国家输出瓦哈比主义和萨拉菲主义的反感，通过达成伊核协议成功实现利益置换，获得奥巴马政府对伊朗在西亚阿拉伯腹地势力范围的默认，由此成功构筑了连续而稳固的“什叶派走廊”，挫败了沙特等海湾国家反击和压缩伊朗影响力的图谋。

---

① JB Shereve，“The Shia Crescent，” http：//www. theendofhistory. net/global－issues/middle－east－history－politics/iran－history－politics/shia－crescent/.

3. 军事影响力直逼红海

2017 年，也门战争进入第三年，尽管以沙特为首的“十国联盟”持续发动海陆空攻势，但是，不仅没有打败胡塞反叛武装，反而导致胡塞武装频繁在北部向沙特和阿联酋境内发动攻击，沙特南部国土也遭受战火蹂躏，沙特首都利雅得和阿联酋首都阿布扎比也多次遭受胡塞武装中程导弹袭击。胡塞武装从起家时便以伊朗伊斯兰革命为榜样，试图建立伊朗式政教合一政权，因此，一直受到伊朗的舆论和道义支持。沙特更是指责伊朗及其扶植的黎巴嫩真主党向胡塞武装输送包括中程导弹在内的武器①，并一度封锁胡塞武装的空中对外渠道萨那国际机场。尽管伊朗反复否认直接军事援助胡塞武装，但是，伊朗的军事影响力通过胡塞武装渗透到红海地区已是不可否认的事实。

2016 年 10 月，美国海军首次直接出手炸掉胡塞武装在红海沿岸的 3 座雷达站。2017 年 1 月 31 日，一艘沙特护卫舰在红海水域被胡塞武装摧毁。2017 年 2 月 26 日起，伊朗海军举行超大规模军演，范围覆盖波斯湾水域、阿拉伯海、阿曼湾和曼德海峡，面积达 200 万平方公里，势头之猛前所未见，展示了伊朗海军走出近海向远海延伸活动半径的姿态和实力。受伊朗海上扩张的影响，沙特和阿联酋也加紧部署，扩大防区，已分别在吉布提、厄立特里亚和索马里建立海空军基地，防止伊朗控制曼德海峡这个战略通道。②

4. 重塑叙利亚担当主力

2017 年 1 月 24 日，叙利亚问题和谈在哈萨克斯坦首都阿斯塔纳落下帷幕，与会的俄罗斯、土耳其和伊朗三国代表团发表联合声明，表示将建立叙利亚停火三国联合监督机制。声明称三国支持叙利亚政府和反对派武装在阿斯塔纳举行会谈，呼吁国际社会支持叙利亚的政治进程，以落实联合国安理

① Radio Free Europe, “Saudi-led Coalition Accuses Iran of Supplying Huthi Missiles that Hit Riyadh,” https: //www. rferl. org/a/saudi – led – coalition – accuses – iran – supplying – huthi – missiles – struck – riyadh – /29125973. html.

② 马晓霖：《舞枪弄墨：伊朗摸美国底牌扩海上实力》，《北京青年报》2017 年 3 月 4 日。

会通过的有关叙利亚问题的决议。“阿斯塔纳机制”的形成，不仅表明叙利亚内战的主导权和博弈的后半场基本由上述三国掌握，而且意味着伊朗参与重塑叙利亚格局的地位和作用得到进一步加强。

伊朗作为支撑叙利亚政府打赢反恐战和政权保卫战双重战争的关键盟友之一，最初被沙特等海湾国家排斥在政治进程之外，但是，由于奥巴马政府战略上从中东收缩，无心深度卷入叙利亚战争，甚至无意颠覆巴沙尔政权，因此，为了尽快摆脱叙利亚泥潭而乐意接纳伊朗作为玩家之一登场，并不顾沙特及其支持的反对派的抗议，于 2015 年 10 月改变初衷首次邀请伊朗参加在维也纳的叙利亚问题国际和谈，客观上承认了伊朗对于叙利亚战争与和平的塑造角色。而“阿斯塔纳机制”的启动，进一步凸显了伊朗的独特地位，表明伊朗不仅有能力帮助叙利亚政府赢得战争，还有能力帮助叙利亚政府赢得战后的政治博弈和权力分配。

5. 地区大国地位空前提高

2017 年，是伊朗自 1979 年伊斯兰革命以来外交成就最辉煌的一年，近百年来，中东政治从来没有像现在这样被强烈、深刻和大范围地打上伊朗的烙印。第一，基于此前几年的纵横捭阖，伊朗成功构建了“什叶派走廊”，帮助伊拉克、叙利亚和黎巴嫩真主党巩固了国内的政治地位，成为“什叶派轴心”当之无愧的领袖和中流砥柱，成为在中东地区呼风唤雨的力量，并成为可以单独组建跨文化、跨民族、跨政体利益联盟的地区国家。第二，借助参与反恐战争并发挥骨干作用，伊朗扮演了国际反恐联盟没有名分却贡献卓著的先锋角色，这个角色不仅得到盟友的肯定和赞赏，也得到美国和国际社会的默认。第三，伊朗通过加强与俄罗斯（提供基地、购买导弹和联合反恐）、中国（举行联合海上军演）等大国的军事合作提升了自身的防御能力和地区话语权，并借助共同设计、启动“阿斯塔纳机制”凸显了不可或缺的地区和平缔造者角色。第四，通过对也门胡塞武装的道义、舆论乃至军事支持，伊朗完成对沙特这个战略对手的南线包抄，兵锋直指霍尔木兹海峡和曼德海峡两个重要国际水道，争取到更多的地区安全谈判筹码。第五，伊朗军事力量进出叙利亚并渗透到戈兰高地外围，对以色列形成直接而实质性的军事压力，引发以色列的空前恐慌和军事应对，凸显了伊朗影响中东和平进程的分量，也增加了未来与各方特别是美国博弈的筹码。第六，伊朗石油生产和输出恢复到260万桶的较高纪录，成为影响石油价格走向的关键供货商，从而提升了其在世界石油市场的定价权和地缘博弈的议价权……所有这些都表明，伊朗在中东地区的超级大国地位已初步成型，国际地位空前提高，成为不可小觑的地区大玩家。

二　伊核协议颇有收获

2017年是伊核协议开始落实的第二个年头，由于美国刚刚完成政府换届，外交政策尚未定型，外交重点也没有全面顾及中东，因此，伊核协议得以顺利推进，伊朗继续收割这个国际文件带来的红利，并体现在多个方面。

1. 经贸解禁收入增加

2017年，伊朗的GDP达到4395.14亿美元[①]，分别比2016年和2015年高出200亿和500多亿美元。尽管这个数字要低于2012年、2013年和2014年，但是，如果考虑到2017年的油价和几年前相比已经腰斩过半，伊朗实际GDP的增量还是相当可观的。2016年伊朗经济增长率曾出现13.4%的极佳表现，2017年虽然大幅度锐减，但也保持了4.3%，远远高于过去10年的平均值。2017年伊朗石油日产量达到创纪录的380万桶，原油出口量日均210万桶，凝析油日均出口量为49万桶，两项合计出口日均260万桶，意味着年石油出口收入达到1100亿～1200亿美元。伊核协议签署之前，伊朗原油出口量曾最低跌至每日100万桶，仅从石油出口这一项，就表明伊核协议给伊朗带来的红利相当可观。

2017年伊朗的对外贸易也放量增长，贸易总量达到525亿美元，其中77.9%为包括石油在内的矿物资源出口。据统计，伊朗与欧盟贸易额增长

---

① *World Bank Report*, http：//www.worldbank.org/en/country/iran/overview.

53%，达到210亿欧元[①]；与中国的贸易额增加20.4%，仅前7个月对华出口就增加32%，伊中全年贸易额达到370亿美元，伊朗顺差2亿美元。[②]

2. 招商引资局面改观

自从2016年1月伊核协议开始实施至2017年3月，伊朗先后接待了来自世界各地的200多个商贸代表团，其中80多个都是来与德黑兰商业、工业、矿产和农业商会商谈合作的，伊朗成为新的投资热土，2016年伊朗吸引大约120亿美元的境外投资。联合国贸发会议组织公布的数据表明，2017年直接外资达到50.19亿美元，比2016年的33.7亿美元新增49%，这些投资大部分集中在石油和天然气及相关产业。[③]

3. 石油产能持续恢复

受益于国际制裁解禁和美国部分贸易制裁松绑，伊朗2017年在石油领域继续发力，努力恢复石油生产，充分挖掘产能。2017年上半年，伊朗启动阿扎尔油田和被冻结的南帕尔斯油气田，其中阿扎尔油田项目完成85.56%的建设，该油田探明储量25亿桶，采收率为16%。其他5个位于西克鲁伯的油田也投入开采，探明储量高达660亿桶。截至2017年底，伊朗石油出口恢复到20世纪80年代以来的较高水平即每天260万桶，其中62%销往亚洲，38%卖给欧洲，中国、印度、韩国、日本依次为其主要买家。伊朗原计划日产石油380万桶，如果不是受限于欧佩克的份额，伊朗2017年的石油输出和收入应该有更好的表现。

4. 温和力量继续得势

伊核协议暂时缓解了伊朗与美国长期对立的紧张关系，也部分打破了美国主导的外交和经济、金融封锁，为伊朗各方面的发展营造了较为宽松的外部环境，使伊朗重新融入美国主导的国际关系体系特别是经贸活动，这些斩

---

① "Trade between Iran, EU Grows 53% in 2017," *Tehran Times*, http://www.tehrantimes.com/news/421357/Trade-between-Iran-EU-grows-53-in-2017.

② 《2017年中国伊朗贸易额增长20%》，外交部网站，http://ir.mofcom.gov.cn/article/jmxw/201805/20180502743845.shtml。

③ UNCTAD, "Foreign Investment in Iran Rises by 50% in 2017," https://en.mehrnews.com/news/134666/Foreign-investment-in-Iran-rises-by-50-in-2017-UNCTAD.

获受到国内中产阶级、知识阶层和底层百姓，特别是年轻一代的欢迎，也为以鲁哈尼为代表的温和派与改革派赢得了民心，壮大了伊朗温和力量的阵营。2017 年 5 月 19 日，伊朗举行新一届总统选举，鲁哈尼获得 400 万张合法选票中的 236.4 万多张，以 57% 的得票率遥遥领先竞争对手易卜拉欣·莱西，在第一轮即顺利胜出并于 8 月 3 日获得最高领袖哈梅内伊的委任，正式开启第二个任期。大选后的选情分析显示，在这次投票率高达 73% 的角逐中，鲁哈尼在全国 31 个省的绝大部分选区都赢得了压倒性胜利，综合职业、性别、财富、族裔、教育和城乡等多个维度看，鲁哈尼都深得人心，表明其第一个任期奉行的相对温和及寻求伊美和解的政策受到国民普遍欢迎。

三　外交危机逐步显现

2017 年伊朗国家战略与外交获得空前胜利，迎来了 1979 年伊斯兰革命以来难得的宽松外部环境。但是，物极必反，伊朗的西扩战略也逐步见底，大好形势正由于以色列与沙特的单独或联手反制，以及美国总统特朗普调整政策而开始显现逆转，过去 7 年“阿拉伯之春”的乱局红利日渐稀薄，中东博弈的中心随着反恐战争取得决定性胜利而回归传统逻辑，过度扩张的伊朗被迫进入且战且退、防守反击的新阶段。

1. 以色列以战逼退

2017 年 3 月 17 日，以色列战斗机空袭叙利亚境内目标，以色列事后宣称，空袭旨在阻止黎巴嫩真主党获得“飞毛腿”导弹等武器，并无意打击叙利亚政府军目标。观察家们认为，与此前几年以色列卷入叙利亚内战略有不同的是，这是随着叙利亚战事日趋明朗，以色列开始将重心转向对付伊朗军力扩张的信号。8 月 6 日，在沙特组织力量围殴卡塔尔的外交攻势中，以色列宣布拟关闭半岛电视台，理由是其“传播恐怖主义新闻”。卡塔尔与以色列关系非同一般，曾在多哈开设过以色列利益代表处，是阿拉伯和伊斯兰国家中少有的几个与以色列保持外交关系的国家，半岛电视台在耶路撒冷的办事处运行多年，并没有受到以色列的严格遏制。以色列此时参与沙特和海湾兄弟国家内斗意图很明显，即配合沙特深化孤立伊朗的地区外交攻势。

同时，观察家们注意到，伊朗毫不停息的地缘扩张，已逐步将以色列和沙特两个没有外交关系的“敌对国家”推到同一战壕。11 月 16 日，以色列总参谋长埃森科特破天荒地接受沙特新媒体《伊拉夫》专访称，以色列与沙特共同面临伊朗威胁，以色列准备与沙特交换情报并筹建新联盟对抗伊朗。埃森科特称，以色列无意与真主党在黎巴嫩开战，但已通过各种公开和秘密方式要求真主党和伊朗武装离开叙利亚，绝不允许伊朗在叙利亚建立军事基地和军火工厂，绝不允许它们在大马士革以西集结。① 此前一天，以色列国防部部长利伯曼声称，绝不接受伊朗在叙利亚的军事存在。

以色列和沙特曾极力反对奥巴马政府与伊朗签署伊核协议，为此双双与其反目。鉴于伊朗深度介入叙利亚内战并建构“什叶派走廊”，自 2016 年起，以沙双方已由私下勾连逐步走向公开化。据以色列中国学术交流会创始人魏凯丽披露，当年 7 月 22 日，沙特退役将军安瓦尔·以斯奇出访以色列，成为第一个做客以色列的沙特国防部精英人士。据报道，安瓦尔不仅会见了以色列议会的反对派，而且与外交部高层举行会晤并表示，沙特愿意与以色列建立多领域合作，甚至包括重要的情报交换与技术交流。很显然，伊朗的战略西扩在投射本国影响力的同时，也激化了以色列的担心与反感，甚至推动了以色列与沙特两大传统地区战略对手的联手遏制。

2. 伊沙关系持续紧张

2017 年，伊朗与沙特关系在经历了断交风波后依然起伏不定，但总体上处于对立、僵持阶段并寻找机会缓解冲突的状态。3 月 17 日，沙特朝觐事务部称，将对伊朗朝觐者到麦加朝觐做出必要安排，这个表态一度被视为缓和沙伊关系的信号。在特朗普的亲自鼓动下，6 月 5 日，沙特组织部分阿拉伯国家与卡塔尔断交，指责其与伊朗勾结并支持恐怖主义，伊朗动员海港等资源援助被沙特切断海陆空交通的卡塔尔。6 月 7 日，在德黑兰遭遇罕见

① 马晓霖：《伊朗“西扩”之后》，《北京青年报》2017 年 11 月 18 日。

恐怖袭击后，伊朗伊斯兰革命卫队指责沙特和美国是幕后黑手，并发誓将进行报复。6 月 19 日，沙特新闻部宣布，沙特海军逮捕 3 名企图利用船只对沙特海上石油设施进行恐怖袭击的伊朗人……伊沙关系进入了再度紧张甚至剑拔弩张的小高潮。

9 月 3 日，伊朗外交部发表声明，证实伊沙将派遣外交使团互访并参观各自原来的使馆场所。10 月 7 日，伊朗外长扎里夫表示，伊朗已做好准备与沙特重启对话与接触。然而，11 月 4 日，黎巴嫩总理哈里里在会见伊朗代表团并高度赞扬两国关系后，突然在出访沙特时谴责伊朗干涉黎巴嫩内政。当晚，也门胡塞武装也首次用导弹袭击利雅得国际机场，沙伊再次相互指责。3 天后，沙特王储穆罕默德抨击伊朗“向胡塞武装提供导弹”并对沙特构成“军事侵略”。伊朗则称导弹事件与伊朗无关，认为沙特的指责“不公平、不负责任”，破坏地区安全。随后，鲁哈尼抨击沙特对伊朗采取敌对态度，并把以色列当作盟友的外交政策是极大战略错误，表示支持包括沙特在内的中东地区国家发展建设，愿意与地区其他国家保持友好关系。12 月 10 日，鲁哈尼在议会发表讲话称，如果沙特停止对也门的非人道军事行动，切断其与以色列的“友谊”，伊朗愿意与沙特恢复关系。

3. 伊俄关系出现裂痕

随着叙利亚内战进入收官阶段，特别是伊朗在叙利亚军事力量逐步增强并产生外溢效应，伊朗与俄罗斯的盟友关系也一度出现某种裂痕。这种裂痕既体现了双方对本国利益的维护，也折射了伊朗军事力量扩大引发伊朗与以色列直接冲突前景而带给俄罗斯的困扰。

美国《防务新闻》网站 2018 年 2 月 8 日发文援引消息灵通人士的话说，随着叙利亚内战前景逐步明朗，俄罗斯与伊朗关于巴沙尔的前途已产生分歧，俄罗斯希望把军事胜利转变为可持续的政治解决，就不能无视巴沙尔的负面作用，而伊朗认为巴沙尔是唯一在涉及黎巴嫩真主党的所有问题上听从伊朗的人，所以，必须一直支持巴沙尔。另外，俄罗斯反感被伊朗组织到叙利亚的无组织纪律性且到处抢劫的什叶派武装人员——包括真主党，他们推行伊朗的宗派议程，因此招致逊尼派伊斯兰极端分子的强烈反对，形同火上浇油，而俄罗斯希望尽快灭火。[①] 另外，由于以色列日渐强烈地加大军事遏制伊朗兵力前推，双方大规模冲突的概率在增加，这不仅有可能导致叙利亚战乱不能尽快结束而拖累俄罗斯，而且可能引发美国的深度介入，进而增加俄美的进一步对立甚至直接冲突风险。为此，俄罗斯曾要求伊朗从叙利亚撤军，而伊朗则表示它是应叙利亚政府邀请而派兵作战，除非叙利亚政府提出这个要求，否则拒绝撤离叙利亚。当然，总体而言，伊朗与俄罗斯的关系相对密切，个别分歧堪称“茶壶风波”。

4. 刺激美国重组反伊联盟

2017 年是伊朗美国关系发生翻转的一年，特朗普执政后颠覆奥巴马的伊朗政策，唱衰伊核协议，同时，重新修复与沙特和以色列的盟友关系，重组共同遏制伊朗扩张的“中东北约”，预示着伊朗在享受了两年的伊核协议外交红利后，将重新面临美国和其中东盟友的联手遏制。从某种程度上讲，这也是伊朗西扩过度引发的必然反弹。

1 月 20 日，特朗普宣誓就任美国第 45 任总统。一周后，特朗普便签署禁止伊朗、叙利亚和伊拉克等 7 个伊斯兰国家人员入境的“禁穆令”，这个禁令严格意义上说并非针对所有伊斯兰国家，而是聚焦伊朗及其盟友和个别战乱国家，凸显了特朗普遏制伊朗的竞选主张。几乎与此同时，伊朗试射中程导弹，美国指责伊朗违反伊核协议，特朗普再次在推特上对伊核协议表示厌恶之情。接着，伊朗央行对外表示，将从 3 月起弃用美元，选择新的通用货币或运用多种外币组合来替代美元。2 月 3 日，美国宣布对伊朗实施新制裁，并称这只是“初步举措”，美国对伊朗的敌对行为将不再“视而不见”。特朗普时期的伊美关系就此进入相互示强、日益恶化的轨道。3 月 7 日，特朗普与以色列总理内塔尼亚胡通电话，“长时间地”讨论伊核协议和伊朗“对中东地区的威胁”，以及双方如何合作应对这一威胁。3 月 27 日，伊朗对 15 家美国公司采取制裁，报复美国先前的制裁行动。5 月 11 日，特朗普

① Oiac-us. com，“Russia and Iran：Split over Syria?” https：//oiac – us. com/russia – and – iran – split – over – syria/.

在会见俄罗斯外长拉夫罗夫时敦促莫斯科约束叙利亚和伊朗政府的行为。5月20日，特朗普开启上任后的首次出访，其中前两站即为伊朗的战略敌人沙特与以色列。随行的美国国务卿蒂勒森在利雅得对媒体说，如果鲁哈尼想要改变伊朗与其他国家的关系，必须摧毁恐怖活动网络，放弃支持恐怖组织以及向其提供人员和物资援助，并结束导弹试射行动。特朗普在沙特期间，组织美国－阿拉伯－伊斯兰国家峰会，共同谴责伊朗支持恐怖主义，并在此后的以色列之行中重申了这一立场，由此，重新确立了联合对付伊朗的地区联盟组合。伊朗则针锋相对地表示，将继续推进导弹发射计划，不屈服于美国的压力。7月25日，美国军舰与伊朗海军在波斯湾擦枪走火，双方相互指责对方挑衅。9月13日，路透社称，美国国家安全顾问麦克马斯特、国务卿蒂勒森和国防部部长马蒂斯已组织了对伊朗新战略的细节并将提交国会安全委员会讨论，核心是增加对德黑兰的压力，遏制其弹道导弹计划，并打压其武装分子。10月13日，特朗普在白宫宣布，他拒绝向国会认证伊朗已经遵守伊核协议，并表示将对伊朗实施新一轮制裁。他表示，政府将与国会密切合作，处理伊核协议中存在的“多项缺陷”，但如果与国会及盟友达成新的解决方案，美国也做好了退出伊核协议的准备。伊朗和其他签署伊核协议的各方反对修改协议，但无力改变特朗普的伊核政策，眼看着伊美关系一步步重新滑向对峙的深渊。

5. 伊土关系转向缓和与合作

2017年伊朗与土耳其之间的关系有明显改善，当然，这一进展很大程度上是土耳其主动所致，共同基础则包括，双方均与美国关系恶化，双方在巴以冲突上存在相同政治立场，双方有遏制库尔德分离主义的一致利益，双方也乐意共同主导叙利亚危机的后半场。

伊朗一直视伊拉克和叙利亚为势力范围，反对土耳其进入伊拉克进行军事行动，也与土耳其曾分属支持和推翻巴沙尔政权的两个阵营。2016年6月土耳其发生未遂政变后，安卡拉受到来自美国和欧盟的同声指责，迅速调整过往立场，倒戈脱离西方阵营与俄罗斯、伊朗开始走近。2017年6月，沙特发动围剿和孤立卡塔尔的外交攻势，导致伊朗与土耳其继续接近，双方都成为卡塔尔的坚定盟友，分别对卡塔尔提供军事保护和物资援助。8月，伊朗武装力量总参谋长巴盖里到访安卡拉，成为1979年伊斯兰革命以后首位出访土耳其的该职位将领。10月4日，土耳其总统埃尔多安访问德黑兰，标志着双方关系完全恢复正常化。在当月20日举行的穆斯林八国集团会议上，伊朗与土耳其宣布在双边贸易中直接使用本币结算，进一步密切了双边关系。9月下旬，针对伊拉克库尔德人分离主义公投，伊朗和土耳其从遏制本国库尔德分离主义倾向的共同利益出发，同时东西发力封堵，不仅快速配合伊拉克政府的空中封锁和口岸控制，还在边境地区举行单边和联合军演进行武装示威。①

四　内政不稳敲响警钟

如果说，2017年伊朗战略西扩达到顶峰，势力范围见底而收获颇丰，同时，新的外交危机已逐步显现，但是，最大的危机莫过于年底突然爆发的大规模骚乱，以及骚乱背后世道人心的深刻变化。这场骚乱无异于一场罕见的政治地震，预示着过度透支国力忽视民生而引发的内部矛盾，正在威胁着国家的稳定和政权的合法性。

1. 年底风潮规模罕见

自2017年12月28日起，多个伊朗城市爆发民众游行，抗议当局的内政外交政策，截至2018年1月2日导致22人死亡，数十人受伤，近千人被拘捕，大量公共设施遭到破坏，形成2009年以来规模最大、程度最严重的政治与安全危机。尽管当局将这次始料不及的街头运动定性为“代理人”破坏，但客观地说，这场运动具有鲜明的自发性、草根性和本源性特征，是伊朗底层民众对当局经济治理、政治治理和外交战略的不满表达，堪称一次社会矛盾总爆发，凸显了伊朗当局面临的巨大社会危机。示威者呼喊“打倒独裁者”等激进口号，把矛头指向最高领袖和国家体制，从而首次用行

① 马晓霖：《伊拉克库尔德渐进独立作茧自缚》，《北京青年报》2017年9月30日。

动冲击指导伊朗内政外交近40年的总路线“霍梅尼主义”。

这次骚乱呈现非常明显的“蝴蝶效应”，即一个司空见惯的事件很快发酵外溢，从横向和纵向两个维度扩散发展并酿成巨大风暴。从表征和规律看，这场规模空前的骚乱与2011年的“阿拉伯之春”街头运动颇为相似，社交媒体只是扮演了传播、放大乃至组织和发动社会力量的二传手和放大器作用；运动主体并不是特定的政治组织、境外力量和具有号召力的精英领袖，而是对国家现状强烈不满的底层民众；运动诉求从发泄民生多艰之怨愤开始，逐步上升到对政治外交政策乃至国家政治体制的质疑和反对。

横向看，这场骚乱呈现“星星之火可以燎原”的明显态势，由一个城市迅速波及全国。12月28日，鲁哈尼总统主要政敌、前总统候选人莱西所在的第二大城市马什哈德，部分民众抗议鸡蛋、面包、汽油和牛肉等基本生活品价格上涨，尽管示威本身不乏权力斗争的影子，但对物价飙升等不满则代表了伊朗民众的普遍情绪。马什哈德示威经过社交媒体发酵后，震波依次向全国特别是西部十多个城市扩散，第一波为萨里、伊斯法罕、库姆、加兹温、拉什特和哈马丹；第二波为首都德黑兰、卡拉季、赞詹、阿卜哈尔、阿拉克、沙赫尔库尔德、伊泽、阿瓦士和霍拉马巴德等。

纵向看，随着时间推移和暴力对抗产生，示威者的抗议诉求也由民生层面螺旋上升。最初的抗议围绕物价高涨、通胀严重、失业高企等问题，很快转向针对高层腐败、教士阶层专权、压制女性权益和要求、增加决策透明度等政治诉求，最后上升到对政府外交战略与政策的质疑，反对当局过度介入阿拉伯事务，反对忽视国内民生发展而支持黎巴嫩真主党、巴勒斯坦武装派系，以及不计成本地投入在伊拉克、叙利亚和也门的地区博弈。示威者甚至罕见地打破政治禁忌焚烧国旗和最高领袖哈梅内伊画像，诅咒伊斯兰共和制，希望巴列维王朝复辟，直至参与纵火和打砸等暴力活动。

2. 民生艰难成为伊朗百姓核心痛点

伊朗的民生问题显然相当严峻，这是底层百姓最关切的痛点。据相关统计，伊朗长期承受着高通胀、高失业率和高物价压力，鲁哈尼第一任期通过签署核协议换取外部环境相对改善，相关经济制裁得以解除，部分被冻结海

外资产获得释放，石油生产与出口也大幅度回升，但是，这种外交成功赚取的经济红利并没有惠及普通百姓，大部分控制在由国营企业或哈梅内伊掌控、由37家公司组成的商业集团 Setade 手里，新增收入更多地被鲁哈尼政府集中用于开发国家重大项目或支持对外扩张。根据伊朗商会的统计，全国30%的人口生活在贫困线以下，贫富差距进一步拉大。相比内贾德时代的高补贴赎买政策，民众普遍对日常生活支出负担加重而极度失望。鲁哈尼虽然成功连任，包括鸡蛋在内的生活必需品价格年底前上涨三至四成，官方统计2017年6月22日~9月22日失业率在11%左右，其中15~29岁的青年失业率高达24.4%。①

3. “霍梅尼主义”受到大面积质疑

如果说，民生抗议只凸显伊朗民生艰难的长期弊政，而对政治议题特别是外交问题的不满，乃至公开和直接对国家政体象征的最高领袖进行蔑视和诅咒，则反映出民众对伊斯兰革命以来国家发展现状和走向的深层焦虑和厌倦，而导致这些问题的总根源，在于政府长期奉行的“霍梅尼主义”。

1979年1月，长期流亡在外的伊朗宗教领袖霍梅尼通过电台、录音带在巴黎成功遥控伊斯兰革命，推翻独裁、专制、腐败、铁血并亲西方的巴列维王朝，埋葬长达半个世纪的家族统治，开启伊斯兰共和新时代。新政权积极奉行“不要西方也不要东方”的霍梅尼主义，推崇泛伊斯兰主义，不仅反帝、反霸、反殖、反西方、反君主制，而且反对共产主义、犹太复国主义和世俗化，主张输出革命和发动“圣战”。

霍梅尼依照伊斯兰什叶派教义，建立伊玛目治国的神权政体，在政治和经济生活中全面实行伊斯兰教法，并探索出集西方三权分立和东方威权政治于一体的伊朗式民主政治制度。表面上看，不允许多党政治存在的伊朗实行总统和议会定期大选，在维持伊斯兰政体的大前提下，确保治国精英轮替擢升和贤能者竞争上岗，但受制于霍梅尼主义这条治国理政总纲领，无论谁执政都局限于修修补补，无法改变伊朗结构性的内政和外交方向。

① 《伊朗痛苦指数创新低》，伊朗《金融论坛报》2018年1月3日报道。

霍梅尼主义的根本追求是借助伊朗悠久的历史文化底蕴和丰富的石油资源，实现波斯民族帝国复兴大梦，主要手段则是对外输出伊斯兰革命。在这种意识形态引导下，伊朗不仅长期与以美国为首的西方世界关系紧张并形成近40年对峙，而且借助巴勒斯坦问题和反对王权体制，试图介入阿拉伯内部事务来获得地区超级大国地位，由此导致与地区国家，特别是以沙特为首的海湾阿拉伯君主国，以及伊拉克、埃及、土耳其等地区穆斯林逊尼派大国或政权陷入长期博弈。两个方向的大国争雄战略，不仅使伊朗长期将有限资源投入对外交往与扩张，还持续恶化国际环境，无法为国内经济发展营造和平环境。

2011年阿拉伯世界陷入大乱，伊朗认为这是继东侧塔利班政权、西侧萨达姆政权两大战略敌人垮台后的难得历史机遇，大举实施战略西进，从鼓动巴林街头什叶派闹事，到渗透伊拉克扶持什叶派政权；从资助巴勒斯坦强硬派抗衡以色列，到直接派伊斯兰革命卫队和志愿军参与叙利亚巴沙尔政权保卫战，乃至支持胡塞武装与沙特争夺对也门的控制，最终引发沙特率领多个阿拉伯国家采取断绝外交关系，切断海空联系和经贸关系。这种扩张不仅使伊朗付出巨大财力和人员损失，还葬送区域经济合作与发展的空间与机遇。

过去十余年，伊朗还围绕核危机与世界大国周旋并遭受日益严重的国际制裁，特别是与美国、以色列多次陷入剑拔弩张状态，被迫将更多财力投入军备。表面上看，伊朗的确取得百年未见的历史性崛起，势力范围覆盖部分阿拉伯国家，军事活动范围甚至向红海和非洲之角拓展，而付出的战略代价是国际上更加孤立，经济上不断失血，使经济缺乏可持续发展的动力和地区、国际环境，并导致民生艰难的状态无法根本逆转，而树敌过多的外部环境往往又被当局特别是保守派当作凝聚民心、打压改良主义与温和路线并维持正统的说辞和借口。

伊朗坚持霍梅尼主义在内部也造成深层弊端，国家政治和经济由保守的宗教阶层长期把持，大部分国有经济和关键部门由伊斯兰革命卫队操控，形成经济议题政治化，以及积重难返的贪污、腐败、权钱交易和黑幕决策，外资进入缺乏透明和公平的制度保障。霍梅尼主义倡导的教法治国，还长期严重制约社会生活的自由度和宽容度，使民众特别是女性和青年一直处于压抑和愤懑状态，扼杀思想自由和技术创新，从而抑制生产力发展，使政府试图摆脱单一依靠石油资源的畸形经济结构的愿望无法实现，只能通过高额补贴维持基本民生需求并延续政权的合法性。

4. 民主呼唤改革开放与温和外交

过去几十年，伊朗也曾出现过拉夫桑贾尼、哈塔米、穆萨维等人领导的改革开放，试图通过改善对外关系、吸引外资、搞活经济并实现经济多元化来推动国家发展，然而，这些努力最终都被坚持霍梅尼主义的强硬派所压制，没有形成一以贯之的发展战略和长期路径。笔者自 2009 年起先后 7 次走访伊朗，一次比一次更深刻地感觉到经济困难和政治高压带给民众的不快和沉闷，深切感受到这是一个社会底层充满各种渴望的国度。

2009 年，伊朗因国家发展方向一度产生温和派与强硬派、改革派与保守派的巨大冲突并引发社会大分裂，其实已暴露出伊朗国家发展的战略问题。这次来自底层的普遍不满和大规模骚乱，则前所未有地将矛头指向高层内政外交甚至质疑国家政治体制和总体战略，再次向伊朗大局敲响警钟，表明这个拥有 8000 多万人口的古老国度在经历几十年伊斯兰革命痛苦实践后，霍梅尼主义已成为决定政权生死存亡的大问题。

五　结语

2017 年对伊朗而言是不寻常的一年，伊朗作为“阿拉伯之春”7 年来的最大赢家，已经在多个方面收获了丰硕的地缘博弈果实，显示了地区超级大国的实力和智慧。同时，随着反恐战争大势已定，叙利亚内战即将收官以及美国因政府更迭而调整中东政策，伊朗达到顶峰的影响力也进入拐点，尤其是综合国力的局限性和地缘矛盾的不可调和性，使充满张力的伊朗地缘扩张已无法持续或更进一步，必然面临新的政策调适的新十字路口。

总 报 告

General Report

B.2 2017年伊朗政治、经济与社会形势*

冀开运　王国兵**

摘　要： 2017年伊朗国家整体形势风云变幻，是不平凡的一年。伊朗总统鲁哈尼赢得连任，经济上增速虽然放缓，但依旧保持增长。2017年伊朗“十月风波”事件的爆发也暴露出了自伊斯兰革命以来伊朗社会潜在的诸多经济弊端和社会问题，亟待解决。另外，自特朗普上任以来，美伊关系持续紧张加剧了地区形势的发展，需要客观看待并冷静地处理。中伊之间在2017年继续保持较为良好的合作势头，未来两国关系合作空间巨大，值得期待。

* 本文系西北大学研究生创新项目（项目编号：YZZ17073）的阶段性成果。

** 冀开运，西南大学伊朗研究中心主任，西南大学历史文化学院教授；王国兵，西北大学中东研究所博士生。

关键词： 特朗普 鲁哈尼 “十月风波” 中伊关系

2017年伊朗国家整体形势稳中有变，热点颇多，是不平凡的一年。在政治上，伊朗在2017年5月进行了总统大选，最终在与保守派人士莱西的多轮竞争后，由鲁哈尼获得57%的选票，成功继任伊朗第12届总统。[①] 在2017年的下半年，起源于宗教圣城马什哈德的“十月风波”（伊朗历法的十月即公历的12月）席卷伊朗国内多个城市，一度让伊朗各地社会秩序动荡不安，最终虽然归于平静，但此次民众运动已经暴露出了伊朗当下社会发展阶段的诸多矛盾，也意味着鲁哈尼政府在下一执政周期里必须下大力气解决民生问题。此外，2017年（伊历1396年）是最高领袖哈梅内伊在新年贺词（诺鲁孜节为伊朗新年，一般在3月20日前后）所提出的“抵抗型经济、生产及就业提升之年”[②]，伊朗经济在美国制裁压力下仍然保持增长殊为不易。在社会发展层面上而言，2017年的伊朗社会面临可持续发展的压力较大，存在环境污染问题、人口问题、水资源短缺等一系列隐忧，失业现象和妇女权利等社会问题更是引起外界关注。在外交方面，2017年是美国总统特朗普上任的第一年，这是美伊关系发展的重要不确定性因素，特朗普屡屡扬言退出伊朗全面核协议（JCPOA），为地区安全形势蒙上了浓厚的阴影。最终结果也证明他的确是不按照国际惯例行事，为国际社会带来各种问题。在中东地区局势演变方面，以沙特和以色列为首的中东国家积极配合美国对伊政策，打压、排挤、孤立多种手段并用，为伊朗外部安全持续带来风险。此外，在新时代“一带一路”背景下，中伊之间文明交往的良好势头并没有受到太多外界影响，继续保持前行。未来，如何更好地开展互惠合作也非常值得期待。综上所述，2017年，伊朗是困难重重、形势变幻的一年。

① Ben Smith, “Iran and the Re-election of Rouhani,” https: //www. parliament. UK/commons – library, p. 3.

② 《对外投资国别指南（伊朗）》，“走出去”公共服务平台，http: //fec. mofcom. gov. cn/article/gbdqzn/，第2页。

2018 年的伊朗也注定会有更多挑战需要应对。

在政治发展方面，伊朗国内政治派系间的斗争依旧存在。众所周知，伊朗实行政教合一制度，最高精神领袖居最高地位，在 1989 年宪法修正案后，最高精神领袖和总统间的权力斗争也告一段落。在宗教领袖之下，实行行政、司法、立法三权分立制度。具体到行政权力而言，关于总统的人选事关国家政策的制定与执行，也关乎各个党派的政治利益，因此十分重要。在 2017 年 5 月的这次总统大选中，保守派阵营的莱西与改革派阵营的鲁哈尼竞争一度十分激烈。作为伊玛目礼萨的圣陵守护人的莱西呼声很高，他还被认为是最高精神领袖哈梅内伊的接班人选之一。选举期间，保守派阵营屡屡发声批评鲁哈尼政府自 2013 年上台以来的所作所为不尽如人意。尽管伊朗在 2015 年伊核全面协议达成之后，石油出口有所增加，但经济恢复远没有达到预期，失业率依旧在高位运行，通货膨胀率也很高。再加上物价上涨带来的民生矛盾也较为尖锐，引发民众的不满。鲁哈尼最终虽然凭借出色的外交成绩获得大选的胜利，但其第二个任期内也必将面临更多的挑战。首先，自 2017 年初商界精英特朗普就任美国总统以来，伊核协议前景的不确定性在逐渐增加。特朗普本人通过社交软件频频对伊释放强硬信号，反对奥巴马的对伊立场，认为伊朗核协议是“存在严重缺陷的，必须予以修正”。[①] 从默认到废除很有可能只是时间过程。因此，如何应对美国退出伊朗核协议所带来的负面效应，这是鲁哈尼政府必须考虑和解决的问题。其次，伊朗国内政治派系间的整合难度依旧很大。弥合分歧，凝聚向心力来应对外部危机是鲁哈尼政府眼下要做的重要工作。尽管自 2016 年以来，改革派阵营始终占据伊朗议会一半以上的席位，但保守派的势力依旧很大，再加上伊斯兰革命卫队涉足伊朗经济领域程度较深，能量很大，不容小觑。其他多位政坛大佬对于伊斯兰革命价值体系的坚持和对以欧美为代表的西方文化持有的敌视态度，对鲁哈尼政府开展工作具有一定消极作用。近日来，部分负面事件的曝

① Kenne Katzman, “Iran: Politics, Human Rights, and U. S. Policy,” CRS Report for Congress, RL 32048, February 8, 2018, p. 23.

光也损害了鲁哈尼政府的公信力。如强硬派代表、司法总监萨迪克·拉里贾尼被伊朗媒体曝出有60余个银行账户，涉嫌贪污腐败，但调查进度始终迟缓不前，引发外界猜测和质疑。此外，伊斯兰革命卫队及其下属的巴斯基民兵对伊朗政治选举的干预也令鲁哈尼政府十分担忧。尽管哈梅内伊曾在2016年下达过禁止军队参政的命令，但效果并不显著。如圣城旅的前任指挥官苏莱曼尼对伊朗外交事务的干预能力就依旧很强大。对于政府决策机制来说，这些非制度性因素容易造成干扰，影响决策的科学化。另外，最高精神领袖与总统间的嫌隙也是影响伊朗政治稳定的一大危机，鲁哈尼个人与哈梅内伊的关系十分微妙，如何增强双方互信程度，解决好经济改革和保持伊朗政局稳定这对矛盾体，将改革引发的阵痛和风险降至最低，这些都将是考验鲁哈尼和其政治团队的时刻。再次，以2017年末的“十月风波”为契机，下大力气解决好民生问题，对于伊朗政权的稳定和鲁哈尼政府来说都十分重要。起始于宗教圣城马什哈德的抗议游行示威活动的源头是物价上涨所引发的民怨，保守派阵营趁机给鲁哈尼政府制造麻烦，但长年积累的矛盾瞬间爆发，难以控制，超出了保守派人士的预想。尽管在抗议活动后不久伊朗政府就关闭了当地的各大社交软件，但风潮依旧迅速蔓延。从目前掌握的情况看，这场政治抗议运动并不局限于经济问题，而是国内社会各阶层对神权政治过多干预世俗生活的严重不满和反感，具有一定的革命色彩。值得关注的是，在这次抗议示威活动中还出现了“无耻的哈梅内伊滚出伊朗”和“不要伊斯兰共和国”等直接否定伊朗政权合法性的口号。眼下虽然暂时不会危及政权统治，但抗议直指“教法学家监国”体制的合法性，也将会加剧伊朗国内政治的进一步分化。眼下，当务之急是实现伊朗内部高层官员的团结，协力解决好民生问题。最后，实现民主化的目标依然任重道远。2009年“绿色运动”的领袖人物卡鲁比和穆萨维夫妇如今依然在他们的家中被监禁，不予审理，引发外界媒体对伊朗政治透明程度的强烈质疑。另外，尽管在鲁哈尼政府任期内，伊朗政党的参政意识在崛起，且稍显活跃，但实力依旧较小。如国家信任党、伊斯兰参与阵线、伊斯兰革命圣战组织等党组织活动范围依旧有限，无法真正发挥作用。2017年改革派中的政坛元老拉夫桑贾尼去世，这对于该阵营来说也是一大损失。因此，未来伊朗政坛究竟会如何演变，值得继续跟踪关注。

在经济增长层面上看，2017 年伊朗经济总体表现较为良好，保持了增长态势，但增速放缓，暴露出的问题也较多。统计数据显示，2016 年度伊朗 GDP 增长率达到了 12.5%，但 2017 年下降到了个位数，仅为 3.5%。[①]这主要与强调公平不重视效率的伊斯兰经济体制、落后的外资吸引体制、国内政治掣肘力量势力强大等因素有关。再加上受 2017 年世界石油市场的动荡影响，伊朗经济在 2017 年增速放缓也就在情理之中了。值得分析的是，伊朗经济结构表面上看趋于合理化，如非石油经济比例逐渐上升，2017 年占 GDP 比重达到了 86.5%，服务业、工业也是主力行业，石油经济占比有所下降。[②] 但这并不意味着伊朗经济结构就摆脱了对油气资源的依赖，伊朗出口创收依旧主要依靠石油和天然气，2017 年达到了 658 亿美元，占到了其出口总额的 2/3。[③] 其经济改革的道路依旧长路漫漫，困难重重。还有，近年来伊朗物价上涨过快，给国计民生带来了很多问题。伊朗中央银行的统计数据显示，2017 年伊朗居民消费指数（CPI）增长率达到了 10%，其中在食品花销上比去年同期增长了 15.2%，基尼系数持续走高，尤其是 2017 年第四季度，食品价格上涨压力较大，达到了 19.9%。[④] 这给民众日常生活带来的压力可想而知。由此引发民生危机也就不足为奇了。此外，伊朗通货膨胀率在 2017 年也达到了 9.6%。[⑤] 汇率方面，2012 年，美元兑换里亚尔的汇率为 1∶19000，到了 2017 年 5 月为1∶32450。里亚尔一再贬值也对伊朗经济和百姓生活造成了较大影响。普通家庭的生活成本大幅上涨，引发的社会

---

① *The World Factbook—Central Intelligence Agency*, https://www.cia.gov/library/publications/the-world-factbook/geos/ir.html.

② Central Bank of Iran (CBI), "CPI and Inflation," Winter 1396 (2017/2018), https://www.cbi.ir/showitem/18049.aspx.

③ Central Bank of Iran (CBI), "Economic Trends," Winter 1396 (2017/2018), https://www.cbi.ir/category/EconomicTrends_en.aspx, p. 13.

④ Central Bank of Iran (CBI), "Consume Price Index," https://www.cbi.ir/category/1624.aspx.

⑤ Central Bank of Iran (CBI), "Economic Trends," Winter 1396 (2017/2018), https://www.cbi.ir/showitem/18049.aspx.

问题也就随之而来。尽管伊朗政府在银行储蓄方面做出了调整，如伊朗中央银行 2017 年的短期存款利率保持在 10% ~15%[①]，但是相比于里亚尔的贬值速度而言，这只是杯水车薪。此前，尽管前任伊朗央行（CBI）行长瓦里奥拉赫·塞弗曾在社交媒体平台 Telegram 上写道："伊朗中央银行会区别对待外汇市场短期波动和长期趋势的情况，并在决策中充分考虑这一点，以此来确保汇率的长期稳定。"但从实际效果看，要达到这一目标，显然要做的努力还有很多。从外部资本利用的角度而言，伴随美国对伊朗经济制裁的逐渐升级，国际资金对伊朗国内各个项目的投资热情也在逐渐冷却，大多数跨国企业都持避害心态，在有计划地将资本逐渐撤离伊朗。2017 年 1 月，伊朗议会通过了第六个五年计划，这个五年计划预估伊朗未来五年需要 3250 亿美元的外资额度，但由于伊朗政府较低的办事能力、行政腐败事件频发以及受美国单边制裁影响等多重原因，这一宏伟蓝图实现难度依旧较大。[②] 再加上伊朗受制裁影响，无法与 SWIFT 这样的国际银行结算系统实现全方位对接，伊朗政府还对外资征收高额关税，上述种种因素都会导致伊朗经济在未来很长的时间内想要实现快速发展都会举步维艰。

尽管伊朗经济存在长时间的结构性矛盾，但想保持经济高速稳定增长并非不可能，首先就必须利用好自身的资源优势，同时必须加快经济体制改革的步伐。我们知道，伊朗在国土面积、人口数量、油气资源储量等方面具有先天优势，是地道的中东大国。伊朗国土面积达到 164.8 万平方公里，人口也有 8200 多万，石油和天然气储量分别居世界第四位和第一位。经济总量和人口数量均列中东北非地区第二位。此外，伊朗的铁、铜、铬、铅、金矿及大理石等非金属矿产资源储量均居世界前列。[③] 但在伊斯兰革命后，伊朗

---

① Central Bank of Iran（CBI），"Money and Credit Policies in 1396（2017/2018），" https：//www. cbi. ir/simplelist/1467. aspx.

② *BTI* 2018：*Iran Country Report*，https：//www. bti – project. org，p. 24.

③《对外投资国别指南（伊朗）》，"走出去"公共服务平台，http：//fec. mofcom. gov. cn/article/gbdqzn/，第 2 页。

的国营和半国营经济始终占据其经济总量的80%，其中大部分还被宗教人士，特别是阿加扎德哈（Aghazadeh-ha，宗教人士的亲属）控制，高度垄断的经济体系下，私营经济难以与之抗衡，市场活力也就难以释放。再加上伊朗税收系统效率低下，很多国有或半国有经济实体凭借政策支持，免税或者逃避税收，也进一步影响了伊朗国家财政收入的增长。[①] 再有，伊朗目前依旧不是世界贸易组织（WTO）成员，其经济对外开放程度还有所保留，获得贸易投资的机会也就更加有限。综上可知，鲁哈尼政府面临的经济体制改革压力巨大，但又不得不解决这一问题。

在社会方面，伊朗社会内部还面临着可持续发展的巨大压力。空气污染、水资源短缺、人口增速放缓、社会贫困人数较多等问题都将对政府的治理能力提出重大考验。空气污染治理方面，伊朗政府取得的效果依旧不佳。2016 年 5 月的统计数据显示，德黑兰、阿瓦士、科尔曼巴德是伊朗空气污染最为严重的三大城市。世界银行的统计数据显示，空气污染所引发的一连串问题，已导致伊朗国民总收入损失近 305 亿美元。[②] 首都德黑兰常常因为空气污染严重而让中小学生停课。这一问题如何解决尚待伊朗政府和民众的共同努力。水资源短缺问题也是一大难题。伊朗前副总统玛苏梅·埃伯特卡尔（Masoumeh Ebtekar）在 2015 年对外宣布伊朗面临严重的水资源危机。鲁哈尼政府虽然采取多项措施改善这一问题，但鉴于先天自然条件和社会经济水平所限，效果依旧不佳。当然，也并非全无功绩可言，在治理伊朗北部乌尔米耶湖泊问题上，鲁哈尼政府已经做到不让湖泊面积缩小，但想要彻底解决生态恶化问题，面临的问题依旧很多。人口问题近年来也是伊朗社会问题之一。自 1990 年伊朗人口增长率开始下降，从 1987 年的 3.9% 下滑到 2011 年的 1.29%，如果下滑趋势继续，伊朗人口增长率在 2036 年将降至 0%。联合国人口基金会预计，伊朗 2030 年人口中值将从 28 岁增至 40 岁。面对人口增长速度放缓和老龄化趋势，最高精神领袖哈梅内伊认为伊朗未来

① *BTI 2018*：*Iran Country Report*，https：//www. bti – project. org，p. 21.

② *BTI 2018*：*Iran Country Report*，https：//www. bti – project. org，p. 25.

有必要增长1500万人。2014年5月20日，哈梅内伊就公布了他的人口政策提纲，如增加出生率，保证平均每个妇女抚养2.3个孩子；消除低年龄婚姻障碍，支持年轻夫妇并改善家庭的成员结构；提高妇女在怀孕和哺乳期间的资源供给；等等。[①] 伊朗人口在近三年来有所增长，截至2017年7月，达到8202万人，虽然依旧低于哈梅内伊的人口政策目标，但也有所改善。[②] 当然，对于政府鼓励生育的做法，在伊朗国内也存在很多质疑声音，“尤其是伊朗目前还遭受着美国的经济制裁，国内面临通货膨胀、高失业率的困境，在这种情况下，伊朗高调宣布花巨资促进人口增长，或许只是在向外界展示自身虚脱的实力”。[③] 在消除社会贫困方面，伊朗政府要做的工作也有很多。2016年，伊朗相对贫困人口比例大约在40%，绝对贫困人口人数在33%。这一巨大的贫困人口数量对于任何一个社会来说都是巨大的隐患，再加上扶贫工程是一个难度很高的系统工程，想要彻底解决这一问题依旧很难。在帮助社会边缘人群，尤其是城市流浪者方面，伊朗国内社会组织已经在积极行动。如“仁爱之墙”（Wall of Kindness）组织就在德黑兰帮助了1.5万余人。[④] 但仅仅依靠社会组织力量，恐怕不足以根治伊朗社会的贫困问题。在教育方面，伊朗民众的识字率在不断提高，2016年达到了87.2%，比2010年的84%有所提高，其中男性识字率高于女性。2016年伊朗入学人数也达到了430万，其中46.1%是女性。这是社会进步的一个表现。但是，伊朗大学生的失业率达到了45%，这对于社会稳定来说并不是一个好消息。[⑤]

在外交方面，2017年的伊朗外交可谓是热点频发。美国总统特朗普在

---

① Sayyid Ali Khamenei, “Ali Khamenei on Iran's Population Policy,” *Population and Development Review*, Vol. 40, No. 3, 2014, pp. 573 – 575.

② CIA, “Iran,” July 14, 2017, https: // www. cia. gov/library/publications/resources/the – world – factbook/ geos/ print_ ir. html.

③ 《伊朗废除二十多年“计划生育”鼓励人口增长》，http: //news. sohu. com/20120808/n350172297. shtml。

④ *BTI 2018*: *Iran Country Report*, https: //www. bti – project. org, p. 11.

⑤ *BTI 2018*: *Iran Country Report*, https: //www. bti – project. org, p. 27.

1 月上台后，美伊关系持续恶化，全面行动计划（JCPOA）的框架已难以束缚特朗普本人对伊朗政权的敌视之心。2017 年初，特朗普签署“禁穆令”，限制包括伊朗在内的七个伊斯兰国家公民进入美国，引发国际和国内舆论的一片反对之声。之后，伊朗试射导弹再度引发美国财政部加快对伊实施经济制裁的步伐。2017 年 4 月初，特朗普政府认为伊朗核协议仅仅是“延迟伊朗成为核国家的进程”，需要进行修改。2017 年 10 月 13 日，特朗普发声不认可伊朗在履行协议中所做出的努力，要求国会和总统府共同解决伊核协议所存在的“严重缺陷”。①伊朗总统当即做出回应，称该协议是一份国际协议，美国无权单方否定。2018 年 1 月初，特朗普表示将最后一次延长对伊朗核问题的制裁豁免期。最终在 2018 年 5 月 9 日，白宫正式宣布退出伊朗核协议，并宣布将对伊朗实施最高级别的制裁。目前除美国之外，其他缔约五国和国际社会普遍认为伊朗核协议是多边主义的重要成果，是通过外交途径达成的解决国际争端的典范，应该予以遵守。特朗普遵循“美国优先”原则，破坏了这一重要成果，已经给地区形势和国际秩序带来了不稳定影响。对于鲁哈尼政府来说，如何发展抵抗型经济应对 2018 年 11 月到来的美国“终极制裁”大考验，将是一个艰难的挑战。美国奉行单边主义的行动也让其他国家处于尴尬境地，无论是当下的经济制裁还是不久之后到来的全面制裁，都会影响与伊朗发展贸易关系的企业与个人。因为资本具有天然的避险属性，即使欧盟一再强调会全力支持欧洲企业与伊朗合作，但像道达尔这样的跨国公司还是暂停了与伊朗的经济合作，接下来预计会有更多的外国企业撤离伊朗。从短期看，伊朗暂时不会采取过激行动，会主动寻求国际社会和国际组织帮助其渡过难关。但从长远看，不排除其恢复铀浓缩，加快核技术发展步伐的可能性。从目前地区形势看，以色列与伊朗发生正面冲突的可能性较大，一旦伊朗决定抛弃核协议，重启铀浓缩将给以色列以先发制人的借口，届时中东秩序将会更加无序和混乱。此外，

① Kenne Katzman, “Iran: Politics, Human Rights, and U. S. Policy,” CRS Report for Congress, RL 32048, February 8, 2018, p. 23.

如何应对以沙特为首的逊尼派势力，维持伊朗在叙利亚、伊拉克、黎巴嫩等什叶派新月国家中的影响力，这对于2018年的伊朗外交和国家安全显然都具有重要价值。

中伊之间在2017年保持了较为良好的势头。近年来，中国与伊朗双边关系稳步提升，尤其是在经贸领域的合作愈加紧密。伊朗长期是我国主要的能源供应国之一，双方互补性强，在伊朗遭受制裁时，两国关系还得到进一步的巩固。目前，伊朗是我国在中东地区的第三大贸易伙伴，全球第六大原油进口来源地、重要的工程承包市场以及投资目的地；我国则是伊朗最大的贸易伙伴，也是伊朗最大的石油及非石油产品出口市场和第五大外资来源地。在我国实施的“一带一路”倡议下，中伊合作在建设和国际产能方面已经取得积极进展。工程承包就是一大亮点。中资企业在伊朗承揽了许多大型工程项目，涉及高铁、水利、交通、能源、钢铁及石化等诸多领域。贸易方面，中伊双边贸易市场潜力巨大，互补性强。我国从伊朗进口的商品包括原油、石化产品、矿产品、食品等，我国对伊出口的商品主要有机械设备、电子产品、钢材建材以及轻工产品等。投资方面，2017年因美伊关系持续紧张，我对伊投资热情相较2016年有所下降。伊朗《德黑兰时报》的报道显示，伊朗与中国在2017年前10个月的贸易额达到304亿美元，比2016年同期的250亿美元增长了22%。中国从伊朗进口了大约154.6亿美元的原油，比2016年同期的120亿美元上涨了29%，9月中国从伊朗进口的石油平均每天达78.4万桶。与此同时，中国对伊朗的出口同比增长15%，达到149.4亿美元。[①] 2017年中伊两国贸易额总量达373亿美元，比2016年增长19.3%。2017年中国平均每天从伊朗进口原油63万桶。中国依然是伊朗最大的贸易伙伴。

未来，中国与伊朗或将迎来更好的合作契机。首先，美国咄咄逼人的对伊政策会迫使伊朗不得不再次转向亚洲，尤其是中国这个世界第二大经

---

① 《2017年前十月中伊双边贸易增长22%》，中华人民共和国驻伊朗伊斯兰共和国大使馆经济商务参赞处，http://ir.mofcom.gov.cn/article/zxhz/hzjj/201801/20180102695701.shtml。

济体；其次，尽管伊朗人骨子里“崇尚欧美”，但也会慢慢感觉到欧美国家并不想真正帮助伊朗，纵观全球只有中国、印度等国家能够帮助伊朗，连任的鲁哈尼政府需要与中国进行更多的合作。当然，对伊朗市场进行投资必须做好充分的市场调查。要增加市场分析和风险把控，增加对伊朗法律法规及项目信息的研读，前提是要有真实可靠的项目信息。同时，客观地进行投资环境的评估，主动适应伊朗法律环境的特殊性，做好企业注册的各项准备。在贸易环节中也要警惕伊朗方面的违约可能和拖欠贷款的风险。还要关注汇率变化、海关税率及贸易环节等方面的问题。在大型工程承包环节中，基于风险较大的背景，也应提前做好各项预案，在工程实际操作中，规避工程延期风险，加强对伊方人员的培训。处理好与当地政府的关系，尊重当地宗教信仰和风俗习惯，特别是伊斯兰教法对服饰的要求。以上种种都是对伊投资所要注意的重点。

中伊两国未来发展具有广阔的合作空间。2016 年 1 月，中国国家主席习近平访问伊朗，将两国关系提升至全面战略伙伴关系，两国政治互信进一步增强，经贸往来与资金融通水平进一步提升，基础设施建设进一步拓展，油气资源领域合作进一步深化。目前，按照两国签署的“一带一路”合作备忘录，双方正切实加强两国发展战略的对接，实现共同发展。放眼未来，承载两国悠久历史的“丝绸之路”将在新时代记录下中伊两国政策沟通、贸易畅通、设施联通、资金融通、民心相通的新的伟大历史进程。

总之，中伊之间长历史、多层次、全方位的交往将会继续巩固两国的传统友谊，为未来更广阔的合作奠定更好的基础。

分 报 告

Sub Reports

B.3

2017年伊朗经济形势及前景分析*

韩建伟**

摘 要： 2017年伊朗经济面临越来越严峻的外部压力干扰，使得伊核协议带来的红利逐渐消失。特朗普以遏制伊朗为核心的中东战略再次将伊朗经济推入衰退的边缘。2017年伊朗经济总体上还能保持稳定，但是石油产出达到上限，非石油产出远远不够拉动经济，使得经济增长重新疲软。虽然关系民生的通胀问题、汇率问题及就业问题在2017年没有明显的恶化，也没有出现好转，长期累积的风险却在增加，对伊朗政治稳定产生了消极影响。伊朗政府试图推进一些改革政策，但是收效甚微。在2018年美国退出伊核协议之后，伊朗经济的发展前景更加晦暗不明。

* 本文是国家社科基金青年项目"伊朗伊斯兰革命后的经济现代化研究"阶段性成果（项目批准号：13CSS022）。

** 韩建伟，上海外国语大学中东研究所副教授。

关键词： 伊朗　经济　制裁　改革

与2016年相比，2017年伊朗经济形势不够乐观。经济增长疲软，改革措施推进缓慢，深层结构性问题没有明显变化，宏观经济指数改善不多，甚至有恶化的趋势。导致这一问题出现的主要原因是伊朗地缘政治危机及与美国博弈的不断尖锐化。

一　2017年伊朗经济所面临的外部形势

2017年，伊核协议带给伊朗的红利正在被逐渐侵蚀。一方面是伊朗自身的原因；另一方面是外部压力的增大。伊朗自伊核协议签署之后，并没有把精力全心全意放在发展经济上，而是高度重视扩大地区影响。趁着美国战略收缩和俄罗斯介入叙利亚问题之际，伊朗趁势扩大了在叙利亚问题上的发言权，并进一步增强了在黎巴嫩、也门问题上的影响力。伊朗崛起加剧了地缘政治的失衡，沙特、以色列对伊朗的扩张十分敌视，以伊朗为首的什叶派阵营与以沙特为首的逊尼派阵营形成对峙态势。

2017年1月唐纳德·特朗普入主白宫，美国的外交政策出现重大调整。作为共和党人的特朗普的一个重要目标是推翻前任总统奥巴马任内几乎所有的内外政策，特朗普尤其仇视2015年达成的伊核协议，认为其是“美国历史上最糟糕的、最单边受益的协议”。[①] 但是在2017年，特朗普并没有从伊核协议中立即退出，毕竟这是联合国多边框架下达成的拥有强大法理基础的协议。但是美伊关系在逐步恶化。自2017年2月以来，特朗普以伊朗发展弹道导弹为由对伊朗重新实施制裁。而随着特朗普5月访问中东沙特、以色列、巴勒斯坦三国，特朗普政府的中东政策轮廓开始成形，即改善并加强与传统盟友沙特、以色列的关系，遏制伊朗的崛起。在美伊关系日趋紧张的情势下，伊朗

① The Times of Israel, “Full Text of UN President Trump's UN Speech,” September 19, 2017, http://www.timesofisrael.com/full-text-of-us-president-trumps-un-speech/.

政府忙于应付不断增大的外部压力，对内治理经济越来越有心无力。而最令人担忧的是，伊朗为了抵制美国、沙特及以色列的威胁，采取强硬对抗的策略，不断扩大对叙利亚、黎巴嫩及也门的干涉，引发了一系列的恶性循环，不仅给本国经济带来了沉重的负担，更引发了美、沙、以更多的遏制行动。2017 年 10 月，特朗普向国会称不再承认伊朗遵守核协议，使得外界对特朗普最终撕毁协议的预期加大。这对伊朗国内经济与社会稳定造成不容忽视的消极影响。

截至目前，伊朗官方机构没有公布有关 2017/2018 年度完整的经济数据，只有季度数据可以参考。但根据欧佩克提供的年度报告，伊朗在 2017 年按照生产力平价指数（PPP）的增长率为 6.5% 。[①]

二 2017年伊朗经济形势的基本面分析

第一，从季度数据来看，2017 年伊朗经济增长具有极大的不稳定性。

图 1 显示，到伊历 1395 年（2016/2017 年度）第三季度，伊朗石油生产和出口达到最高值，比上一季度分别增长 8.8% 和 12.5% 。但是从第四季度开始，伊朗原油生产和出口分别下降 1.4% 和 4.5% 。这表明伊朗石油生产已经达到了上限。受外资和技术引进限制的影响，尽管仍有潜力挖掘，但在现有条件下伊朗石油进一步增产困难重重。2017 年上半年，世界原油价格又一度跌至每桶 50 美元以下。但随着世界经济的复苏，尤其是发展中国家经济增长强劲对石油的需求增加，从 2017 年下半年开始，石油价格逐渐走出低迷态势。至 2018 年 1 月，世界每桶原油价格达到 66.85 美元。[②] 但是油价的有限上升对伊朗石油收入的增加帮助不大。这对 2017 年伊朗 GDP 变化趋势产生了很大的影响。从表 1 可以看出，受石油 GDP 增长的影响，伊历 1395 年第四季度的 GDP 增长依然十分强劲。但从伊历 1396 年开始，石

---

① OPEC, "Monthly Oil Market Report 2017," http://ir.mofcom.gov.cn/article/jmxw/201803/20180302718941.shtml.

② OPEC, "Monthly Oil Market Report," February 12, 2018, http://www.opec.org/opec_web/en/publications/338.htm, p. 1.

油GDP的贡献率急剧下降，到第三季度仅仅贡献了1%。这直接拉低了伊朗GDP的增长率。相比之下，非石油GDP表现稳定，季度增长平均维持在3%~5%之间。但是伊朗GDP的起伏主要是由石油的生产和出口决定的，反映了伊朗石油资源经济的本质。

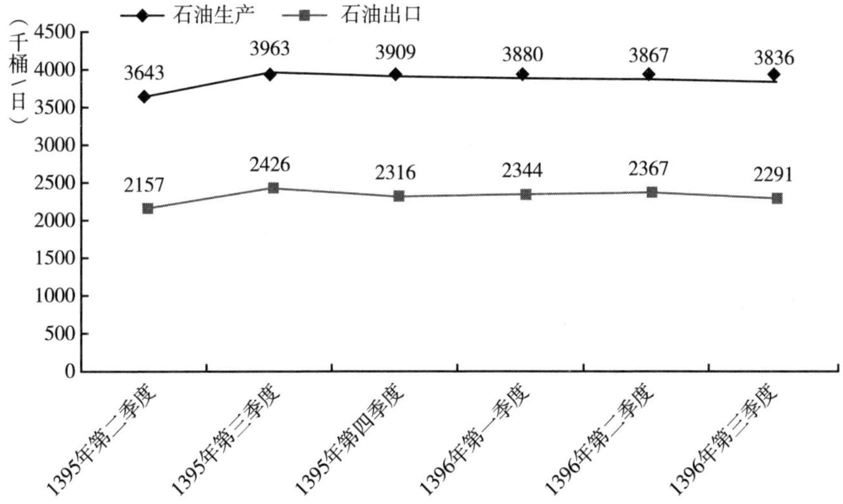

图1　2016~2017年伊朗按季度石油生产和出口

资料来源：CBI, *Economic Trend*, 1395, Q4, p.7; 1396, Q1, Q2, Q3, p.2. https://www.cbi.ir/category/EconomicTrends_en.aspx。

注：伊历1395年第二季度即2016年6月21日~9月21日，1395年第三季度即2016年9月22日~12月20日，1395年第四季度即2016年12月21日~2017年3月20日，1396年第一季度即2017年3月21日~6月21日，1396年第二季度即2017年6月22日~2017年9月22日，1396年第三季度即2017年9月23日~2017年12月21日。

表1　2017年伊朗按季度的石油和非石油GDP

单位：万亿里亚尔，%

	1395年第四季度	1396年第一季度	1396年第二季度	1396年第三季度
石油GDP占比	12.5	4.4	4.6	1.0
非石油GDP占比	3.5	4.0	4.3	3.6
总固定资本形成	2664	484	845	697
私人消费支出	6495	1781	1785	1734
公共消费支出	1752	384	531	477

资料来源：CBI, *Economic Trend*, 1395, Q4, p.1; 1396, Q1, Q2, Q3, p.1。

与此同时，伊朗固定资本形成、私人及公共消费支出都大幅度萎缩。在特朗普制裁伊朗及可能撕毁伊核协议的预期下，伊朗国内投资及消费都受到了很大的影响。以建筑业为例，私人投资新建项目在2016/2017年度的第二个季度一度有快速增长（19.8%），但是从第三季度转为负增长（-9.0%），第四季度下降更剧烈（-30.8%），2017/2018年度前两个季度私人投资新建项目继续下降8%和4.6%，直到第三个季度有所反弹（增长23.4%）。[①] 但是，这一季度的反弹并不具有代表性。

总的来说，2017年在全球油价没有大幅度上升的情况下，伊朗石油生产达到上限，对经济增长的拉动作用明显减弱；而非石油产业并没有特别优异的表现，对GDP的贡献率有限。外部压力增大、制裁风险上升导致了社会避险心理，使得投资下降。经济不景气又与私人及公共消费的萎靡不振紧密联系在一起。这是2017年伊朗经济的主要特点。

第二，2017年伊朗财政收支与上一年持平，财政赤字仍然是一个极大的困扰。

仅从数据来看，2017/2018年度的财政收入有所增长，与此同时支出也有增加。但是如果扣除通货膨胀因素，实际收入和开支都会缩减。但是财政赤字增加是不容置疑的事实。2017/2018年度的财政赤字比上一年度增长29%。伊朗政府一直致力于提高税收比例，增加财政收入。但税收比例的提高从根本上得益于国内经济的发展，尤其是制造业、服务业水平的提高。从该年度的税收数据可以看出，伊朗税收比例明显不合理：间接税比例太高，甚至超过了直接税，而间接税主要是对商品和服务征税。由于这部分税收极不规范，最终会转嫁到消费者身上，加重了普通民众的负担，也反映出伊朗征税系统繁复，不够透明合理的缺陷。直接税主要由企业税、收入税及财富税组成。企业税是占比最大的一部分，其增减决定了直接税的规模和增减幅度。但是企业税的征收不同季度表现得很不稳定，起伏很大，使得伊朗税收规模忽高忽低，缺乏稳定性。

---

① CBI, *Economic Trend*, 1396, Q3, p. 10.

表 2　2013/2014～2017/2018 年度财政收支

单位：万亿里亚尔

	2013/2014	2014/2015	2015/2016	2016/2017	2017/2018
收入	717.3	977.6	1123.8	1573.8	1741.0
税收	494.2	709.7	791.9	1038.3	1164.6
其他收入	223.1	267.9	331.9	535.5	576.4
支出	1197.6	1438.3	1706.9	2137.6	2538.2
收支平衡	-480.3	-460.7	-583.1	-563.8	-797.2
处置非金融资产	612.1	631.9	673.6	790.5	1139.0
收购非金融资产	220.2	299.5	277	574.8	713.7
非金融资产收支	391.9	332.4	396.6	215.7	475.8

资料来源：CBI, *Economic Trend*, 1396, Q3, pp. 24-25。

表 3　2016～2017 年度直接税和间接税构成

单位：万亿里亚尔

	2016 年第二季度	2016 年第三季度	2016 年第四季度	2017 年第一季度	2017 年第二季度	2017 年第三季度
直接税	143.3	103.7	145.8	93.5	138.4	104.4
企业税	100.3	62.7	95.2	48.7	91.5	65.1
收入税	36.5	34.5	42.7	39	39.7	32.8
财富税	6.5	6.5	7.8	5.8	7.2	6.5
间接税	104.9	118.2	213.9	88.3	111	148.2
进口税	29.3	35	107.5	18	23.2	46
商品和服务税	75.5	83.2	106.5	70.3	87.8	102.2

资料来源：CBI, *Economic Trend*, 1396, Q3, p. 25。

第三，与上一年比较，2017 年伊朗国际收支没有明显的恶化，也没有明显的好转。

表 4 显示，2017 年伊朗石油生产和出口尚能保持稳定增长，非石油出口也有所增加，因此保障了经常账户盈余。但是 2017 年进口开支明显增多，因此到 2017/2018 年度第 9 个月的经常账户盈余要略低于上一年度。2017 年资本账户逆差比上一年有所减少，但是表现很不稳定。在 2017/2018 年度前 3 个月资本账户逆差比上一年大大改善，但是到第 6 个

月结束，逆差规模突然扩大。资本账户逆差的扩大是伊朗经济风险加大的直接后果，资本流入的速度下降，与此同时资本流出的速度在增加。该年度外汇储备也表现出同样的变化趋势。2017/2018 年度前 3 个月外汇储备逆差明显下降；但是到第 6 个月结束，逆差规模又迅速扩大；等到第 9 个月末，外汇逆差已经超越了上一年度的同期水平。伊朗国际收支的极端不稳定与整体经济的不景气与脆弱性紧密联系在一起，尤其受到外部政治环境的强烈影响。

表 4　2016/2017 与 2017/2018 年度国际收支状况比较（前 9 个月）

单位：百万美元

	2016/2017			2017/2018		
	前 3 个月	前 6 个月	前 9 个月	前 3 个月	前 6 个月	前 9 个月
经常账户	5231	8690	11915	3723	7441	10914
商品账户	6522	10649	16036	5059	10726	16369
出口	18905	38144	60292	7264	44278	69078
石油	11640	24807	39877	14166	29902	46370
非石油	7264	13337	20415	7176	14376	22708
进口	12383	27495	44256	16283	33552	52710
服务账户	-1610	-2794	-5222	-1713	-4010	-6567
收入账户	198	558	685	263	501	771
经常转移账户	121	277	416	114	224	341
资本账户	-5022	-10836	-14134	-1338	-6294	-11793
国际储备变化	-6171	-7644	-7875	-1585	-5553	-8631

资料来源：CBI, *Economic Trend*, 1396, Q3, pp. 12 - 13。

三　与民生紧密相关的经济指标风险加大

第一，2017 年伊朗消费价格指数基本稳定，没有出现恶性通货膨胀的现象，但是物价上升的风险越来越大。

通货膨胀的下降是鲁哈尼政府的最大经济政绩之一。2017 年伊朗能够维持物价基本稳定，将通胀水平保持在 9% ~10% 之间。物价指数上升最快的是食品和饮料类，到2017年底此类商品物价比上一年上涨13.2%，高于通胀指数平均水平，其他上升较快的还有教育、娱乐及住房等支出。[①] 伊朗尚能将通胀水平维持在10%左右的主要原因有：美国制裁并没有全面恢复，伊朗进出口贸易渠道畅通，国内供应还有保障；国内经济尚能保持一定的活力，也能在一定程度上满足市场供应；民心还比较稳定，没有出现哄抢及蓄意抬高物价等投机行为。但是，通胀指数继续下降的可能性几乎没有，这是由伊朗经济并没有获得快速稳定发展所决定的，供应与需求之间的矛盾依然尖锐。另外，受外部制裁压力增大的影响，伊朗民众的焦虑感也在增加，经过一段时间势必传导到经济层面，使通货膨胀的突然上扬成为可能。这一潜在风险在2017年底演化为一场大规模动乱。动乱的起因是部分民众不满鸡蛋涨价而自发形成一场抗议当前伊朗政权经济政治政策的运动，波及包括伊斯法罕、德黑兰在内的十几个大中城市。这次抗议活动虽然很快平息，但是其警示意义不容低估。尤其在美国步步紧逼的情况下，不仅低水平的通货膨胀目标很难实现，现有的通胀水平也难以维持。由于物价水平直接关系到人民日常生活，因此这不仅是一个经济问题，还是一个政治问题。未来伊朗政权能否维持稳定，通胀指数将是一个重要的影响因素。

第二，2017年，伊朗汇率依然在小幅度贬值，还没有发生大规模贬值的现象，但是贬值的风险在不断上升。

2017年，伊朗的外汇政策没有太大变化，外汇格局也没有出现较大的调整。一方面存在政府管制下的浮动官方汇率；另一方面依然存在活跃的平行市场汇率。平行市场汇率完全按照供需关系决定，侧面反映了官方汇率制度的缺陷，即官方汇率不能反映真实的汇率价格。伊朗汇率不断贬值在本质上反映了美元外汇短缺及伊朗经济竞争力差。外汇的小幅度贬值带有极大的脆弱性，容易受到重大政治事件的干扰，尤其是美国制裁所引发的美元进一步短缺的危机的困扰。伊朗政府尚没有实现外汇统一的能力。若是强力推进

① CBI, *Economic Trend*, 1396, Q3, p. 11.

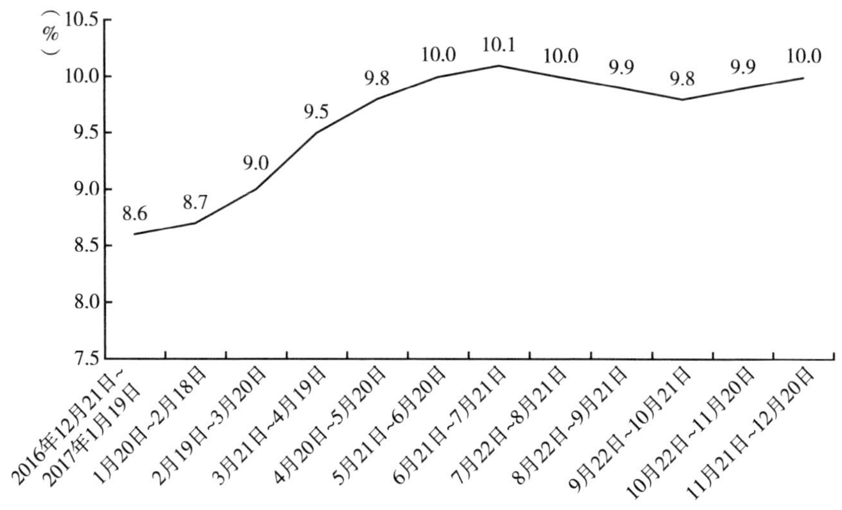

图 2　2017 年通货膨胀率

资料来源：CBI，“CPI and Inflation，” https：//www. cbi. ir/Inflation/Inflation_ en. aspx。

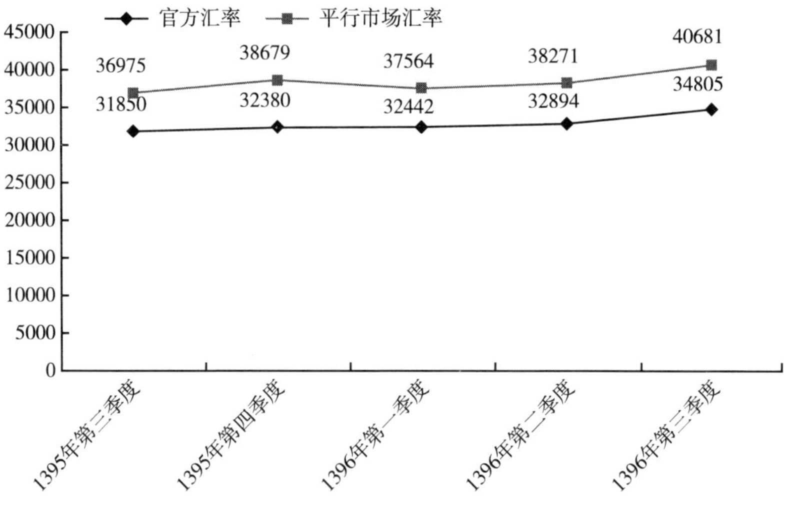

图 3　伊历 1395 年第三季度至 1396 年第三季度美元兑里亚尔汇率

资料来源：CBI，*Economic Trend*，1396，Q3，p. 16。

统一汇率，有可能会进一步刺激地下机构的汇兑业务，导致平行市场汇率投机行为更加猖獗，最大的受害者是普通群众。但若是任由平行市场汇率存在，也会危及货币信用及政府权威，令政府的金融货币制度形同虚设。伊朗政府在外汇政策上面临进退维谷的艰难选择。

第二，2017 年伊朗的失业问题没有多少改观，扩大就业的目标没有转化为实际行动。

尽管鲁哈尼政府一直向民众承诺要振兴就业，但是在经济重新疲软的情况下，振兴就业无异于一纸空谈。根据表 5 伊朗统计中心发布的数据，伊历 1396 年（2017/2018 年度）的就业指数与往年没有太大变化。该年度伊朗总失业率为 12.1%，男性失业率略低于平均数，女性平均失业率接近 20%。全国劳动参与率没有明显提高，仅比 40% 略高，与上一年度持平。就业存在性别差距鸿沟。女性的劳动参与率仅为 16%，意味着高达 84% 的妇女是不参与任何工作的。但由于伊朗存在大量隐藏性就业人口，不少妇女实际上拥有某份工作，往往是非正式部门的岗位，因此官方没有统计进去。官方女性就业率应该低于实际就业率，即使如此，女性就业率依然很低。

表 5　伊历 1396 年伊朗就业基本指数

单位：%

劳动力指数	全国	男性	女性	城市	农村
劳动参与率(≥10 岁)	40.3	64.5	16	39.7	42.4
失业率(≥10 岁)	12.1	10.2	19.8	13.4	8.2
失业率(15～24 岁)	28.4	24.2	43.7	31.9	20.7
失业率(15～29 岁)	25.3	20.8	41.0	27.6	18.6
就业率(≥10 岁)	35.5	57.9	12.8	34.3	38.9
农业就业率	17.6	16.8	21.3	5.4	50.0
制造业就业率	32	33.5	25.5	34.5	25.5
服务业就业率	50.4	49.8	53.2	60.1	24.4
不充分就业率	10.4	11.6	5.1	9.3	13.4

注：就业率的数据只来源于 2016/2017 年度的前两个季度。

资料来源：SCI, *A Selection of Labor Force Survey Results*, 1396, https：//www.amar.org.ir/Portals/1/releases/LFS_ Year_ 1396.pdf, p. 6。

年轻人无疑是失业的主要群体，15～24 岁的年轻人失业率最高（接近 30%），而导致这一年龄段失业率过高的主要原因还是妇女的失业率太高（高于 40%），另外男性的失业率也高达 24.2%。这也说明尽管在过去几十年伊朗的教育事业获得了巨大的发展，但似乎无助于就业问题的解决。伊朗的就业结构仍然深受伊斯兰传统文化价值观的影响。对于不少妇女来说，走出学校的同时往往意味着失业或者重新回归家庭。从就业的产业分布来看，伊朗就业人口一半以上集中在服务业，其中女性的就业率高于男性；而在制造业中，男性的就业率明显高于女性；农业中男女就业的比例大致相当。农业作为以家庭为单位的生产活动，通常需要家庭成员紧密合作，因此在性别差异上反而没那么明显。伊朗就业还体现出城乡二元化问题。城市服务业就业率高达 60%，而农村仅比 20% 略高，说明农村的服务业比较滞后，也无法吸纳太多劳动力人口。值得注意的是，伊朗还存在大量不充分就业人口。[①] 伊历 1396 年不充分就业率高达 10.4%，其中男性不充分就业人口略高于女性，农村高于城市。这也是大量非正式经济及小商品经济存在的必然结果。

四　2017年伊朗主要改革政策及挑战

鲁哈尼政府在稳定物价、增加石油出口的基础上，也试图推进经济体制改革，清除经济发展的制度性障碍。2017 年 2 月国际货币基金组织伊朗常务理事的报告全面地阐述了伊朗当前的主要经济政策与目标：（1）财政政策：提高石油收入，降低财政赤字，实现预算平衡；（2）货币与汇率政策：维持通胀个位数水平，稳定并力图统一汇率；（3）金融改革：改革政府拖欠银行贷款、扭曲的信贷政策、虚弱的风险管理和不充分的监督等问题；（4）经济结构改革：为了持续的发展和创造就业，需要经济多元化、基础

① 按照伊朗统计中心的标准，不充分就业人口指的是一周就业时间低于 44 小时的劳动人口。

设施投资、发展私有部门、改善营商环境、激活就业市场等。[①] 2017 年伊朗政府试图在以下几个方面优化经济环境和改革经济体制，但是收效甚微。

第一，坚持不断扩大开放，加大吸引外资的力度。

2017 年，除了在石油产业领域继续落实“新石油合同”外，其他产业也相继通过了引进外资的雄伟计划，如中小制造业、矿业、废物处理、基础设施建设等产业。2017 年 9 月，伊朗第一副总统贾汉基里称，自伊核协议签署以来，伊朗已吸引了 140 亿美元的外来投资。[②] 2017 年 11 月，“伊朗投资、经济与技术支持组织”（OIEAI）批准了 31 个总价值 7.1 亿美元的外来投资项目。[③] 2018 年 2 月，“伊朗小工业和产业园组织”称大约有 37 个项目在建设之中，共计接受外来投资 20 亿美元。[④] 但随着特朗普政府加大制裁力度和撕毁伊核协议的预期影响，伊朗投资风险上升，外来投资商对伊朗的投资环境保持高度谨慎的态度。伊朗吸引外来投资的难度正在加大。年底骚乱为吸引外来投资蒙上更厚重的阴影。国际投资者出于对伊朗政局稳定性的担忧，观望态度增强。

第二，有意识地发展非石油制造业，促进产业结构多样化。

伊朗政府多次表态要发展非石油产业，实现产业多样化，降低对油气资源的依赖。在第六个五年计划中（2017～2021 年），伊朗设定了雄心勃勃的非石油产业增长目标。但是伊朗贸易促进组织副主席莫多蒂表示：“为实现伊朗‘六五’计划 21.7% 的出口增长目标，需要每年投资 650 亿美元，

---

① IMF Country Report, “2016 Article IV Consultation-Statement by the Executive Director for the Islamic Republic of Iran,” February 2017, http://www.imf.org/en/Publications/CR/Issues/2017/02/27/Islamic－Republic－of－Iran－2016－Article－IV－Consultation－Press－Release－Staff－Report－and－44707, pp. 3－6.

② Tehran Times, “$ 14b of FDI Absorbed after JCPOA Implementation,” September 24, 2017, http://www.tehrantimes.com/news/417081/14b－of－FDI－absorbed－after－JCPOA－implementation.

③ Tehran Times, “$ 712m of Foreign Investment Projects Ratified,” November 5, 2017, http://www.tehrantimes.com/news/418240/712m－of－foreign－investment－projects－ratified.

④ Tehran Times, “$2b Worth of Foreign-Funded Projects Underway in Industrial Parks,” February 26, 2018, http://www.tehrantimes.com/news/421565/2b－worth－of－foreign－funded－projects－underway－in－industrial－parks.

五年累计要投资3250亿美元。”[①] 他透露，伊朗非石油出口的84%主要是由国内500家企业担负的，其余7439家企业份额为16%。总的来说，非石油产业公司规模较小，“伊历前10个月，7939家企业对外出口非油产品，其中10亿~20亿美元的企业有1家，3亿~10亿美元的企业有15家，1亿~3亿美元的企业有33家，0.5亿~1亿美元的企业有37家”。[②] 小规模的非石油产业与大规模的油气产业形成鲜明对比，2017年伊朗非石油产业出口仅仅增加了不到5%。在伊朗经济发展受阻的情况下，未来非石油产业增长20%是一个难以实现的目标。

第三，推进银行制度改革。

伊朗的银行业极不规范，一方面存在大量不正规的钱庄，另一方面银行本身经营大量非银行业务。伊朗银行属于伊斯兰体系，名义上没有利息，但银行可以通过投资参与经济活动的方式获取利润。这就导致伊朗银行不仅仅是一个金融机构，还直接参与经营过程，妨碍了伊朗职能的专业化和提高效率，也容易形成寻租集团。2017年11月，伊朗宣布开始整治银行的非银行业务，新任财政部部长马苏德·卡尔巴塞命令所有银行需在2018年6月21日之前停止所有非银行业务。[③] 另外，银行私有化改革也将进一步实施。但是，银行制度的改革势必遭到既得利益集团的反对，推进的难度很大，因此改革前景晦暗不明。

除以上所述，鲁哈尼政府还试图推进补贴制度改革，并于2017年底将削减补贴纳入下一年度的财政预算，但是很快引发了民众的抗议运动。在制裁压力增大和政权岌岌可危的状况下，致力于削减补贴的改革恐怕难以推进下去。

---

① 中国商务部：《伊历前十个月伊朗非油产品增长5%》，http：//ir. mofcom. gov. cn/article/jmxw/201803/20180302718941. shtml。

② 中国商务部：《伊历前十个月伊朗非油产品增长5%》，http：//ir. mofcom. gov. cn/article/jmxw/201803/20180302718941. shtml。

③ 《伊朗开始整治金融机构的非银行业务》，http：//www. sohu. com/a/201951563_ 99916697。

五 2018年以来伊朗经济形势的新变化

2018 年以来，伊朗形势朝着不利的方向发展。特朗普为了履行竞选时期的承诺，提高国内支持率，经过了一年多的思量，终于在退出伊核问题上下定了决心。虽然众所周知特朗普做出决定的时间是 5 月，但是受撕毁协议的预期影响，伊朗经济开始表现出极大的不稳定性。自 4 月起，伊朗本币里亚尔大幅度贬值，至 4 月 8 日，里亚尔对美元汇率已经跌破 55200 关口，6 个月内贬值了近 1/3。[①] 为了抑制里亚尔的继续下跌，政府决定取消长期存在的官方汇率与平行市场汇率的差异，自 4 月 10 日起，伊朗汇率固定在 1 美元兑 42000 里亚尔，与此同时不再允许民间以其他的汇率标准私自兑换外币。[②] 但这种方式并没有从根本上解决外汇短缺的问题。4 月 18 日，伊朗政府决定用欧元替代美元作为外汇交易货币。[③]

里亚尔的疯狂贬值预示着伊朗经济的困境正在加深。与此同时，伊朗的外部地缘政治环境不断恶化。4 月 30 日，以色列总统内塔尼亚胡突然抛出了大量“证据”，并公开电视讲话证明伊朗并没有遵守核协议，还在秘密发展核武器。[④] 特朗普积极回应了内塔尼亚胡，并于 5 月 8 日不顾国际社会反对之声，一意孤行地退出了伊核协议。经过数十年的艰苦谈判才达成的伊核协议，顷刻间化为泡影。

美国退出伊核协议对伊朗经济造成重大消极影响。在伊核协议签署之后，伊朗经济总体上向良性发展，但是根基依然十分脆弱。鲁哈尼政府发展

---

① Al-Arabiya, “Iran's Rial Hits New Record-low on Trump Fears,” April 8, 2018, https: //english. alarabiya. net/en/business/economy/2018/04/08/Iran – s – rial – hits – new – record – low – on – Trump – fears – . html.

② 财经报社：《40 年梦想终于实现，伊朗里亚尔实现汇率统一》，2018 年 4 月 11 日，http: //forex. fx168. com/1804/2491962. shtml。

③ Xinhua Net, “Iran Replaces USD with Euro in Foreign Transactions,” April 18, 2018, http: //www. xinhuanet. com/english/2018 – 04/18/c_ 137120510. htm.

④ Xinhua Net, “Israel's Netanyahu to Divulge ‘Significant’ Intelligence on Iran's Nuclear Program,” April 30, 2018, http: //www. xinhuanet. com/english/2018 – 04/30/c_ 137147656. htm.

经济的主要抓手还是依靠吸引外资和技术。但在美国重新制裁的阴影下，伊朗不仅在未来很难获得新的融资，不少在伊企业担忧制裁而最终选择撤离伊朗。虽然欧洲政府坚决维护伊核协议，却无力阻止欧洲巨头公司纷纷撤离伊朗。法国石油巨头道达尔公司最先表示撤出伊朗，而丹麦航运公司马士基以及德国能源公司温特斯也决定停止在伊业务，而法国标致汽车公司也暂停在伊朗设立合资厂的计划。在大批外资企业撤出伊朗的背景下，伊朗的经济雪上加霜。到 6 月底，平行市场伊朗里亚尔兑美元汇率已经突破 70000 大关。11 月 4 日是美国规定的外资企业撤出伊朗的最后期限，伊朗市场的恐慌情绪进一步加深，会促使更多企业离开伊朗，一些合同也无法延续下去。另外，美国要断绝伊朗出口石油的全部渠道，勒令所有国家都要在 11 月 4 日之前停止从伊朗进口石油。像韩国、日本等国在美国压力下，都有可能被迫停止从伊朗进口石油，并停止与伊朗其他方面的经济合作关系。伊朗国内长久以来已经积压了众多的社会、民生问题，很可能会在外部制裁加剧的情况下发生社会动荡。伊朗正在面临一个严峻的时刻。

结　语

在伊核协议签署两年多之后，伊朗从该协议中获得的红利正在消失，甚至当前的处境比 2012 年还要险恶。奥巴马执政时期，美国基本上奉行多边主义，在中东地区采取缓和战略，一定程度上保障了伊朗经济发展的可能性。但特朗普时代的美国，其中东战略调整为以遏制伊朗并实现政权更迭为主要目标，在退出伊核协议之后，试图通过全面制裁和打压伊朗确保沙特、以色列中东盟友的安全，并保障美国在中东的主导权。特朗普步步紧逼、赶尽杀绝的姿态，令伊朗重新陷入危机的旋涡。伊朗和平发展经济的时机又一次失去，等待伊朗的首先是如何对抗美国的制裁，而不是如何进行经济体制改革，如何提高民众生活。但是，在当前伊朗政权面临严峻考验的情况下，经济民生问题会与政治稳定密切联系在一起，极有可能成为引爆社会动荡的导火索。

B.4

2017年伊朗外交新动向

吕海军*

摘　要： 2017年伊朗外交的主要内容为积极与西方国家发展经贸关系，但对伊核问题全面协议可能出现的变数也有所防备；在伊斯兰世界，与土耳其在地区事务上密切合作，并在暗中与沙特较量；与俄罗斯、中国以及上海合作组织积极交往。这一年，伊朗外交既坚持了伊斯兰准则，也顺应时局变化进行了必要的调整。

关键词： 伊朗　中东　外交

一　伊朗外交的新动向

2017年国际形势发生了非常复杂的变化，伊朗在外交方面随之出现一些新动向。美国特朗普政府对伊核问题全面协议的指责与质疑促使伊朗对以美国为主的西方国家的态度出现调整；中东地区的叙利亚战后重建问题、卡塔尔断交事件、也门危机等地区焦点问题为伊朗提供了提升地区影响力的机会，伊朗积极介入、力图发挥重要作用；面对伊核协议可能面临的变数，伊朗未雨绸缪，积极与俄罗斯、中国以及上海合作组织等国家和国际组织密切联系，以缓解面临的压力。

---

* 吕海军，历史学博士，西北师范大学讲师，主要研究方向为中东政治文化。

（一）伊朗与西方国家

特朗普总统2017年1月20日正式就职之后，美国对伊朗的政策发生重要调整。伊核问题全面协议正式执行以后，美国和欧盟宣布将解除对伊朗的制裁，伊朗迎来难得的发展机遇，但特朗普总统上台后，伊核问题再次成为焦点问题，应对伊核协议可能面临的变数成为这一年伊朗外交的重点内容。

2017年10月13日下午，特朗普正式发表讲话，他表示，伊朗并没有遵守全面协议的精神，在多方面违反协议。因此，他不会向国会证实伊朗履行协议的承诺。协议没有全面、永久地限制伊朗的核发展计划，伊朗则利用协议获得大量资金用于发展核计划。如果协议不按美国的意见修改，美国将退出协议。特朗普表示，即使国会与政府不能形成共识、美国与盟友达不成新的方案，美国也做好了退出协议的准备。[①] 不仅如此，特朗普还宣布将采取综合措施打击伊朗。首现，美国将与盟友合作，对抗伊朗破坏稳定与支持地区恐怖主义势力代理人的行动；其次，将对伊朗实施新的制裁，以阻止其对恐怖主义的资助；再次，将对抗伊朗扩散导弹和常规武器，威胁邻国、全球贸易和航行自由的行动；最后，美国将封死伊朗通往核武器的所有道路。[②] 此后，国会又把是否恢复对伊朗制裁的“皮球”踢给了特朗普，要求他在2018年1月中旬或之前做出决定。

这一年，尽管伊核协议前途未卜，伊朗依然利用解除制裁后的难得机遇，扩大油气资源的出口，积极发展与西方国家的经贸关系，并且取得较好的效果。2017年1月，来自12个国家的29家企业被批准参与伊朗的油气项目招标，其中欧洲企业13家，占将近半数。这些企业包括壳牌、道达尔、埃尼、俄气、卢克石油、西班牙石油集团、挪威DNO、德国温特沙尔油气公司、斯伦贝谢、波兰国家能源公司、法国佩伦克石油公司、奥地利石油天然气集团和马士基集团。[③]

---

① 《特朗普拒绝认定伊朗遵守核协议》，《世界知识》2017年第21期，第8页。

② 张松：《特朗普“否决”伊核问题全面协议》，《文汇报》2017年10月15日。

③ 张琪：《伊朗2017迎油气全盛时代》，《中国能源报》2017年1月9日。

面对特朗普政府对核协议态度的转变，伊朗在积极维护与西方国家经贸互通的同时，在外交上主要从以下几个方面入手，尽可能地维护国家利益。

第一，从外交舆论方面反驳美国的指责，表示伊朗已经认真执行伊核问题全面协议的相关内容，占领舆论制高点。

针对特朗普对伊核协议的否定态度，伊朗多次公开予以反驳。就在特朗普 10 月 13 日在白宫发表讲话并将对伊朗进行制裁的当天晚上，伊朗总统鲁哈尼发表讲话指出，伊核问题全面协议是一份国际协议，美国没有权力单方面否定，其他各方都不同意特朗普的做法。伊朗外交部当天也发表声明说，只有国际原子能机构有权认定伊朗是否遵守了伊核协议，而该机构此前发布的 8 份报告均认可伊朗履行了协议义务。[①] 10 月 18 日，伊朗最高领袖哈梅内伊警告美国勿撕毁伊核协议，并称如果美国撕毁伊核协议，“伊朗也会随即撕毁”该协议。[②]

第二，利用美国与欧盟之间的分歧，保持与西欧主要国家的良性沟通，缓解来自美国的压力。

在对伊核全面协议问题上，西欧盟友和美国有明显的分歧。伊朗利用它们之间的分歧，积极与西欧国家保持沟通，孤立美国，这一举措取得明显的成效。就在特朗普拒绝向国会证实伊朗遵守核协议的当天，法国总统马克龙、德国总理默克尔和英国首相特蕾莎·梅发表联合声明，对特朗普的决定表示担忧，三国坚定支持伊核协议以及落实协议的相关内容，认为保留这一行动计划符合三方的共同利益。[③]

第三，坚持民族主义立场，表示绝对不会屈服于美国的压力，做出单方面让步，借此凝聚国内力量，赢得国际社会的理解与支持。

2017 年 8 月 13 日，伊朗议会以接近全票的投票结果通过一揽子反制美

---

① 马骁、穆东：《鲁哈尼：美国无权单方面取消伊核协议》，新华网，http：//us. xinhuanet. com/2017 - 10/14/c_ 1121802488. htm，2017 年 10 月 14 日。

② 穆东：《哈梅内伊警告美国勿撕毁伊核协议》，新华网，http：//m. xinhuanet. com/mil/2017 - 10/19/c_ 129722582. htm，2017 年 10 月 19 日。

③《特朗普拒绝认定伊朗遵守核协议》，《世界知识》2017 年第 21 期，第 8 页。

国制裁的法案，内容包括向伊朗弹道导弹系统研发项目和伊斯兰革命卫队境外行动增拨逾5亿美元预算，将更多美国政府机构和官员列入签证黑名单等。鲁哈尼在8月15日的议会演讲中表示，如果美国继续对伊朗施加威胁和制裁，伊朗将有能力在“一小时”内完成核计划的重启。[①] 10月13日，鲁哈尼发表电视讲话强调，伊核问题全面协议不可能修改。伊朗将按照承诺，继续与国际原子能机构和联合国合作。一旦伊朗在协议下的利益得不到尊重，伊朗将“毫不犹豫地做出反应”，将继续加强防卫能力，“更加坚定不移”地发展弹道导弹项目。伊朗外交部也发表声明称，包括伊朗伊斯兰革命卫队在内的伊朗武装力量是实力的象征、安全的捍卫者。“任何反对它们的举动都将招致伊朗强有力的反击。”[②] 11月4日，为表示对美国的不满，伊朗在德黑兰美国大使馆旧址附近展出一枚射程2000公里的导弹，以纪念占领美国驻伊朗大使馆38周年。

（二）伊朗与伊斯兰世界

第一，在叙利亚问题上，与俄罗斯、土耳其密切合作，提升伊朗在地区事务中的影响力。

随着“伊斯兰国”势力的节节败退，伊朗继续支持巴沙尔政府，积极与俄罗斯、土耳其合作，要求各方势力进行政治对话，早日启动战后重建。2016年土耳其发生未遂军事政变之后，土耳其与美国的关系转冷，而与俄罗斯的关系升温。在叙利亚问题上，伊朗、俄罗斯和土耳其立场趋于一致，主张在巴沙尔政府的主导下进行政治对话，反对美国等西方国家对叙利亚进行空中打击。

伊朗、俄罗斯和土耳其支持巴沙尔政府与叙利亚各方势力进行政治对话。2017年1月13日，伊朗、俄罗斯和土耳其三国副外长在莫斯科举行磋商，讨论即将在哈萨克斯坦首都阿斯塔纳举行的叙利亚和谈筹备情况。三方

① 李嘉宝：《核协议，美伊再斗法》，《人民日报》（海外版）2017年8月19日。

② 马骁、穆东：《鲁哈尼：美国无权单方面取消伊核协议》，新华网，http://us.xinhuanet.com/2017－10/14/c_1121802488.htm，2017年10月14日。

集中讨论了和谈的筹备和举行问题，一致认为阿斯塔纳和谈的使命是保证在叙利亚实现长期、稳定的停火，保证继续打击列入联合国名单中的恐怖主义团伙，以及为叙利亚危机政治调解进程提供必要推动力。[①] 在伊朗、俄罗斯和土耳其的倡议和推动下，2017 年叙利亚各方势力在阿斯塔纳先后进行了 8 轮谈判。虽然谈判并没达成令各方满意的结果，但伊朗在叙利亚问题上的发言权和影响力明显提升。

伊朗反对美国对叙利亚进行空中打击。2017 年 4 月 7 日凌晨，以叙利亚政府军拥有化学武器为由，位于地中海东部的两艘美国军舰向叙中部霍姆斯省的沙伊拉特军用机场发射了 59 枚战斧式巡航导弹，造成叙方多名军民死亡。4 月 9 日，伊朗与俄罗斯发表联合声明称，作为叙利亚盟友，俄伊将强力回应针对叙利亚的侵略行为。据叙利亚媒体报道，鲁哈尼当日和巴沙尔通电话，称美国的军事打击是侵略行为，并表示伊朗支持叙方打击恐怖主义及其为和平解决危机所做的努力。[②] 4 月 14 日，俄罗斯外长拉夫罗夫、伊朗外长扎里夫和叙利亚外长穆阿利姆在莫斯科举行会谈，就美国军事打击叙利亚、化武袭击调查、叙利亚和谈以及联合反恐等议题进行讨论。三方一致认为美国对叙利亚空军基地的军事打击是侵略行为，严重违反了国际法和《联合国宪章》。[③]

第二，在卡塔尔断交事件与也门危机中，与沙特暗中较量，提升地区影响力。

2016 年初，沙特宣布与伊朗断交之后，两国关系恶化，卡塔尔断交事件、也门危机为伊朗提供了对抗沙特、提升地区影响力的机会。

卡特尔外交事件为伊朗提供了对抗沙特的有利时机。2017 年 6 月 5 日，巴林、沙特阿拉伯、阿联酋、埃及、也门、利比亚六国及南亚的马尔代夫指

① 胡晓光：《俄罗斯、土耳其和伊朗就叙利亚和谈举行磋商》，新华网，http：//www. xinhuanet. com/2017 -01/14/c_ 129446000. htm，2017 年 1 月 14 日。

② 车宏亮：《俄罗斯和伊朗表示将强力回应针对叙利亚的侵略行为》，新华网，http：//m. xinhuanet. com/2017 -04/10/c_ 1120781044. htm，2017 年 4 月 10 日。

③ 王晨迪：《俄罗斯、伊朗和土耳其三国外长讨论叙利亚问题》，新华网，http：//www. xinhuanet. com/world/2017 -04/15/c_ 1120813994. htm，2017 年 4 月 15 日。

责卡塔尔支持恐怖主义活动并破坏地区安全局势，分别宣布与卡塔尔断绝外交关系。6 月 23 日，沙特阿拉伯、阿联酋、埃及和巴林向卡塔尔政府发出一份包含 13 条要求的清单，其中包括关闭半岛电视台以及减少与伊朗的联系。清单还要求，关闭在卡塔尔的土耳其军事基地，并交出在其领土上的所有被点名的恐怖分子。

伊朗积极和卡塔尔发展外交关系。面对沙特等国的压力，卡塔尔表现出强硬的态度，一方面购买武器，增强军事力量；另一方面，主动与伊朗发展关系，表示愿意重新派遣驻伊朗大使，恢复两国关系。8 月 24 日，伊朗外交部发言人巴赫拉姆·卡西米发表声明说，卡塔尔大使返回德黑兰是“合理”且“积极”的举动，“伊朗始终准备着，在相互尊重、照顾彼此利益的框架下，发展与周边邻国的关系”。①

伊朗在也门危机中与沙特较劲。2014 年 9 月，也门什叶派胡塞武装夺取首都萨那，后占领南部地区，迫使也门总统哈迪前往沙特避难。2015 年 3 月，沙特等国对胡塞武装发起大规模军事行动，也门冲突升级。沙特指认伊朗向胡塞武装提供军事援助。针对沙特的指责，伊朗一方面否认向胡塞武装提供武器装备和资金支持；另一方面，指责沙特干涉也门内政。2017 年 8 月 30 日，鲁哈尼发表电视讲话指出，沙特应将也门事务还给也门人民决定。如果沙特停止干涉也门事务，不再支持本地区恐怖分子，伊朗和沙特关系将回归正轨。对话是解决两国分歧的最好途径。②

（三）伊朗与其他国家

第一，伊朗与俄罗斯密切合作，缓解来自美国的压力。

近年来，俄罗斯与美国等西方国家关系的持续紧张，为伊朗与俄罗斯发展关系提供了有利时机。对伊朗而言，发展和俄罗斯的关系，不仅可以获得

---

① 马骁：《伊朗表示欢迎卡塔尔大使重返伊朗》，新华网，http://www.xinhuanet.com/2017-08/24/c_1121538796.htm，2017 年 8 月 24 日。

② 马骁：《伊朗总统呼吁沙特停止干涉也门事务》，新华网，http://www.xinhuanet.com/2017-08/30/c_1121572464.htm，2017 年 8 月 30 日。

资金资助和技术援助，发展本国经济，而且可以借助俄罗斯的力量，打破美国的制裁。2017 年伊朗与俄罗斯实现元首互访，两国关系进一步提升，经贸合作和外交互动达到新的高度。

2017 年 3 月 27 ~28 日，鲁哈尼总统访问俄罗斯与普京会谈。双方签署联合声明，同意就深化各领域合作进行对话，继续巩固互利关系，全力将双边关系提升为新层次的战略伙伴将。访问期间，双方讨论了伊朗与欧亚经济联盟建立自贸区的问题，在铁路、油气、原子能、旅游等领域共达成 15 份协议。①

11 月 1 日，俄罗斯总统普京访问伊朗，分别与伊朗总统鲁哈尼和最高领袖哈梅内伊举行会晤。普京对伊朗核问题全面协议表示支持，双方还同意就叙利亚问题、反恐、双边能源和经贸合作等方面加强协调。在伊核协议上问题上，普京在与鲁哈尼的会谈中表示，伊核问题全面协议是一份积极的协议，有助于维护国际和平与稳定，国际原子能机构是唯一有权确认伊朗是否遵守该协议的机构。鲁哈尼表示，在确保各方履行伊核问题全面协议方面，俄罗斯发挥的作用十分关键且具有建设性。他重申，伊核问题全面协议是一份多边协议，维护这一协议就是促进地区和世界的和平与稳定。在反恐问题上，鲁哈尼表示，伊朗和俄罗斯为地区反恐事业做出了突出贡献，双方应继续保持交流合作。包括叙利亚问题在内，伊俄双方是化解地区紧张局势的关键。在能源合作方面，俄罗斯和伊朗还一致认为，应加强两国的能源合作和经贸关系。鲁哈尼欢迎俄罗斯企业投资伊朗基础设施建设项目，以及能源、工业和物流业。普京则表示，两国在能源及经贸方面保持了良好合作，俄罗斯企业愿意参与伊朗的发展项目。②

第二，伊朗积极发展与中国的关系，拓展外交空间，助力本国经济发展。

近年来，伊朗积极响应中国提出的“一带一路”倡议，两国经贸往来水平进一步发展。2016 年 1 月，习近平主席访问伊朗，将两国关系提升到

---

① 张继业：《普京：俄罗斯和伊朗将向新层次战略伙伴关系迈进》，新华网，http://www.xinhuanet.com/world/2017-03/29/c_1120713013.htm，2017 年 3 月 29 日。

② 李震等：《核协议、叙利亚、能源合作——普京访问伊朗聚焦三大议题》，新华网，http://www.xinhuanet.com/world/2017-11/02/c_1121897627.htm，2017 年 11 月 2 日。

新的高度。2017 年，中伊双方高层互动、经贸往来和文化交流等领域活动频繁，两国关系呈现出良好的发展势头。

2017 年 8 月 6 日，中国习近平主席特使何立峰在伊朗总统府会见伊朗总统鲁哈尼。会见中，何立峰转达了习近平主席对鲁哈尼连任总统的祝贺，表示中方愿与伊方保持高层交往，深化“一带一路”框架下的务实合作，加强在涉及彼此核心利益问题上的相互支持，以及在国际和地区事务上的沟通与配合，不断丰富中伊全面战略伙伴关系内涵。鲁哈尼感谢习近平主席派特使出席其就职典礼，请何立峰转达他对习近平主席的亲切问候和良好祝愿。鲁哈尼表示，伊方高度重视发展伊中关系，始终将中国作为伊朗外交政策的优先方向，愿与中方深入对接“一带一路”倡议，推动两国各领域务实合作全面提质增效，更好地造福两国人民。

2017 年 4 月 22 日，中国国务院副总理刘延东访问伊朗并与伊朗副总统萨塔里举行会谈，两国签署了科技、文化、艺术等领域双边合作文件。4 月 25 日，伊朗和中国签署阿拉克重水堆改造首份商业合同。合同主要涉及阿拉克重水反应堆改造概念设计和部分初步设计相关的咨询服务。合同的签署得力于两国政府的大力支持和双方企业团队的努力，是中伊经贸合作深入发展的重要表现。5 月 25 日，中国葛洲坝集团股份有限公司承建的一处大型水电项目在伊朗西部洛雷斯坦省鲁德巴河谷地区正式并网投产，伊朗能源部部长奇特奇安出席典礼，并在致辞中赞扬鲁德巴项目体现了中国水电企业的先进设计和施工水准。6 月 15 日，中国海军远航访问编队抵达伊朗阿巴斯港，开始进行为期 4 天的友好访问。伊海军第一海防区司令阿扎德准将在欢迎仪式上说，中国海军编队的来访，有助于进一步提升两国两军关系。9 月 18 日，由中国驻伊朗大使馆主办的中国文化节暨中国电影周活动在德黑兰当代艺术馆开幕。12 月 14 日，首届中国贸易博览会在德黑兰太阳城国际展览中心开幕，吸引逾千家当地采购商前来参观洽谈。据主办方介绍，展会有家居和工业两大主题，设置纺织、五金、灯具、机械、家具、家居、建材、电力、家电九大展区。来自中国浙江、上海、江苏、广东、山东、江西、福建、河南等省市的参展企业 351 家，展位 705 个，展厅总面积 1.4 万平方米，展品1万余种。

第三，伊朗继续申请加入上海合作组织，力图打开外交新局面。

上海合作组织自2001年成立以来，秉持以“互信、互利、平等、协商、尊重多样文明、谋求共同发展”为基本内容的“上海精神”，经受住世界风云变幻的考验，国际影响力不断提升，成为地区间合作发展的典范。2017年，伊朗继续以观察员国身份，积极参与上海合作组织的相关活动。

伊朗2005年成为上海合作组织观察员国，从2008年起多次申请成为上海合作组织正式成员国。在2010年峰会上，上海合作组织正式取消了长期以来暂停吸纳新成员国的做法，但同时在法律上把那些受到联合国制裁的国家排除在外。鲁哈尼就任总统以来，多次表示了伊朗申请加入上海合作组织的意愿。伊核问题全面协议的签署，为伊朗加入上海合作组织创造了条件。2016年6月，在乌兹别克斯坦首都塔什干举行的上海合作组织第15届年度峰会上，俄罗斯总统普京认为，伊核问题全面协议的签署，联合国对伊朗制裁的解除，为伊朗加入上海合作组织扫清了障碍。2017年，伊朗为加入上海合作组织积极努力，伊朗的申请得到上海合作组织大多数成员国的认同。2017年4月，上海合作组织成员国外长理事会例行会议在哈萨克斯坦首都阿斯塔纳召开，会议上讨论了伊朗成为正式成员国的事宜，但这一建议遭到个别成员国反对而搁浅。2017年6月9日，上海合作组织元首理事会第17次会议在哈萨克斯坦阿斯塔纳举行，伊朗外长扎里夫出席会议并参加相关活动。

二　伊朗外交的常与变

伊朗发展对外关系时既坚持一些比较稳定的常态原则，也会顺应时局变化，做出必要的调整，2017年的外交动向也体现了这一特点。

（一）伊朗对外关系的常态原则

伊朗外交的常态原则是指伊朗对外关系中相对比较稳定的原则，主要包括坚持伊斯兰准则、维护国家利益、打破外界制裁。

第一，伊斯兰准则是伊朗对外关系的理论之基。

伊斯兰革命后，伊朗的内政外交出现重大转折，伊斯兰准则成为处理内部事务和发展对外关系的指导性原则。用伊斯兰的方式解决伊斯兰世界面临的问题是霍梅尼发动伊斯兰革命以及革命后重塑伊朗的重要理论原则。革命之后，《伊朗伊斯兰共和国宪法》（以下简称《宪法》）确定了伊斯兰准则的核心地位。《宪法》第一条明确规定“伊朗政权是伊斯兰共和制，伊斯兰国家必须执行安拉的法律和《古兰经》，这是伊朗人民自古以来的坚定信仰”。第三条第16款规定“以伊斯兰准则为基础制定国家对外政策，对所有穆斯林尽兄弟义务，全力支持世界上受压迫的人民”。第一百五十二条规定伊朗“维护所有穆斯林的权利”。[①] 如此一来，伊斯兰准则成为伊朗对外政策的理论基石。霍梅尼谈及伊朗外交部与驻外使馆时强调：“如果外交部伊斯兰化了，它比其他各部更能对外显示我们的伊斯兰本质。”“伊斯兰共和国驻外官员的一举一动必须与伊斯兰制度相符合。”[②]

伊斯兰准则体现在伊朗的外交中主要表现为泛伊斯兰主义：（1）穆斯林大团结；（2）“输出革命”；（3）伊斯兰“圣战”。[③] 伊朗伊斯兰共和国的前十年，伊朗在对外政策上推行上述政策，通过穆斯林大团结反抗以美国为首的西方势力对中东事务的干预，通过“输出革命”提高伊朗在伊斯兰世界的地位，通过伊斯兰“圣战”反对犹太复国主义和其他“敌对”势力。但是，伊朗的泛伊斯兰主义外交有不同于其他伊斯兰国家的鲜明特点。在逊尼派穆斯林占绝大多数的伊斯兰世界里，以什叶派立国的伊朗只是少数，所以伊朗以“输出革命”的方式推行泛伊斯兰主义的主要目的一方面在于赢

---

① *Constitution of the Islamic Republic of Iran*, Translated by Dr. Hossein Mohyeddin Ghomshei, Tehran: Ministry of Islam Guidance, Office for the Planning & Coordination of Foreign Propogation, pp. 15, 17, 83.

② 霍梅尼：《伊玛目霍梅尼箴言集》（中文本），伊玛目霍梅尼著作整理与出版机构（国际事务处），1997，第160页。

③ 赵广成：《霍梅尼外交思想的渊源和理论体系》，世界知识出版社，2016，第77~94页。该书作者提出，霍梅尼的三身份认同（阿亚图拉、伊朗人和反君主制斗士）是其外交思想的三个理论来源。

得伊斯兰世界的支持，证明伊朗伊斯兰革命的合法性，另一方面还在于与沙特等逊尼派国家争夺在伊斯兰世界的主导地位。

霍梅尼时代，伊朗的泛伊斯兰主义外交不仅没有取得预期效果，反而使伊朗在伊斯兰世界中陷入孤立境地。后霍梅尼时代，伊朗调整对外政策，逐渐放弃“输出革命”，缓和与其他伊斯兰国家的关系，但是利用泛伊斯兰主义，反对以色列、对抗美国的制裁依然是伊朗外交中的重要策略。近年来，伊朗坚持泛伊斯兰主义立场，利用什叶派身份，在叙利亚问题、伊拉克问题上增强自身的影响力，在也门危机中与沙特抗衡，伊斯兰准则依然是伊朗对外政策的理论基石。

第二，维护国家利益是伊朗对外关系的现实之需。

霍梅尼晚年已经认识到对外关系中维护国家利益的重要性。霍梅尼时代，恰是美苏冷战激烈进行的时代，各国在外交中重视意识形态斗争，甚至将之凌驾于国家利益之上，伊朗当时的对外政策也有类似的特征。伊斯兰革命之后，通过“输出革命”的方式向其他伊斯兰国家宣传伊斯兰革命成为伊朗对外关系的主要内容。但这样的做法使伊朗在伊斯兰世界陷入孤立之中，损害了国家利益，霍梅尼在世时就做出过一些调整。例如，当两伊战争进入困难阶段之后，霍梅尼默许伊朗从美国购买武器，即“伊朗门”事件，战争到最后阶段，伊朗不得不与萨达姆这一“伊斯兰的敌人”握手言和。在其宗教与政治遗嘱中，霍梅尼也认识到修改对外政策、维护国家利益的重要性。他对外务部部长及将来的官员讲道：“为改革外务部和我们的大使馆、为修改我们的外交策略、为保护国家的独立和利益、为与不干涉我国内政的外国政府建立友好关系、为避免任何形式的依赖所导致的任何恶果，你们肩负着重大的责任。”不仅如此，他也意识到伊朗和伊斯兰国家的关系恶化不符合伊朗的利益，因此指出：“为改进你们与伊斯兰国家的关系努力奋斗吧，唤醒其他伊斯兰国家的政府领导人，号召他们团结起来、统一起来。”①

---

① 霍梅尼：《伊斯兰革命的篇章》，香港穆民先驱审译，香港穆士林布道会，1990，第35页。

后霍梅尼时代，伊朗基本放弃对外“输出革命”，推行以国家利益为核心的对外政策。拉夫桑贾尼、哈塔米、内贾德三任总统多次出访伊斯兰国家，积极改善与它们的关系，利用伊斯兰身份获取对方的支持，而不是以伊斯兰为载体输出伊朗革命。鲁哈尼总统在任期间，继续保持这一外交政策。2017 年，伊朗虽然和沙特在卡塔尔断交事件与也门问题上暗中较量，但总体上利用伊核问题全面协议签署的机遇，积极与伊斯兰国家发展关系，维护伊朗的现实利益。

可见，伊朗虽然在外交理论上依然坚持伊斯兰是对外政策的基本准则，但在现实外交中已经将国家利益置于首要地位，因此各国与伊朗交往时应该正视这一转变，避免一些不必要的外交误判。

第三，打破国际制裁是伊朗对外关系的当务之急。

伊朗与美国的关系是伊朗对外关系中的头等大事，也是困扰伊朗的头等难题。20 世纪后半期，伊朗与美国的关系经历了由朋友到仇敌的转折。巴列维王朝时期，伊朗是美国的重要盟友，成为美国在中东地区对抗苏联的主要战略支柱之一。伊斯兰革命之后，伊朗与美国关系恶化，最终走向敌对。霍梅尼认为，“任何国家都没有像美国那样给我们带来如此巨大的灾难”，“我们所面临的不幸都是美国一手造成的”。[①] 基于这种判断，反对美国成为霍梅尼时代伊朗对美国政策核心内容。

长期与美国对抗给伊朗带来双重影响。一方面，通过与美国对抗，伊朗将自己树立为反对美国霸权主义与殖民主义的斗士，不仅将国内民众的民族主义激情凝结起来，巩固了伊斯兰政权，而且也赢得了伊斯兰世界反美力量的支持，提高了地区影响力。另一方面，以美国为首的西方国家的制裁成为制约伊朗发展的主要障碍。在制裁之下，伊朗的石油等物资无法正常出口，外部资金与先进技术亦不能及时引入，严重牵制伊朗的经济发展。除此之外，制裁长期将伊朗排斥于国际体系之外，使伊朗在国际舞台上无法正常发

① 霍梅尼：《伊玛目霍梅尼箴言集》（中文本），伊玛目霍梅尼著作整理与出版机构（国际事务处），1997，第 170 页。

挥作用。

后霍梅尼时代，打破制裁成为伊朗对外关系的当务之急。伊朗深知，若想打破制裁，关键是改善与美国关系。拉夫桑贾尼、哈塔米担任总统之时，多次表达了与美国改善关系的意愿。鲁哈尼就任总统之后，改变前任内贾德总统的做法，向美国释放善意，就核问题积极与各方谈判，并在 2016 年取得突破性成果。2017 年是伊核问题全面协议正式实施的第一年，虽然面临诸多挑战，但是抓住这一机遇，打破国际制裁是伊朗外交的主要内容。

（二）伊朗对外关系的顺势权变

伊朗为了维护国家利益、拓展外交空间，顺应时局变化，对外政策经常会出现一些灵活务实的转变。

第一，务实调整伊斯兰外交理论。

伊朗《宪法》明确规定，伊斯兰准则是伊朗对外政策的基础，具体而言就是要维护伊斯兰世界的团结，反对伊斯兰的敌人（主要是美国和以色列），维护所有穆斯林的利益。霍梅尼所倡导的伊斯兰准则，在革命之初的确能起到凝聚民众爱国热情、为革命提供合法性的作用。但事实上，伊朗所坚持的伊斯兰准则在很大程度上违背了现实中的国家利益。伊斯兰世界的团结是理想中的状态，近代以来伊斯兰世界就没有实现过真正的团结，现实中的国家利益之争经常使伊斯兰国家之间关系紧张甚至处于敌对状态。反对美国和以色列使伊朗长期与世界大国、地区强国处于敌对状态，并不符合伊朗的利益。维护所有穆斯林的利益，既非伊朗国力所能承担，而且还会引起其他伊斯兰国家的警觉。

伊朗外交中存在理论与现实的冲突，完全坚持伊斯兰准则有违国家利益，但是放弃伊斯兰准则就会动摇伊斯兰革命的合法性。为了化解这种结构性矛盾，伊朗外交在高调坚持伊斯兰原则的前提下，经常会做出一些调整。这就不难理伊朗外交中的一些行为：（1）常态性反对美国，但是又愿意与美国对话，不触碰美国在中东的战略底线；（2）外交舆论中高调反对以色列，但不采取直接行动；（3）呼吁伊斯兰世界团结，但暗中支持什叶派力

量与逊尼派较量。伊朗外交中的这些务实机变，明显地体现在 2017 年的外交活动中。

第二，灵活发展运用“第三方主义”外交策略。

“第三方主义”是指近代以来，伊朗遭到英国与俄国的南北夹击，国家安全面临严峻的威胁时，积极将德国、美国等外部力量引入伊朗，使它们之间相互制衡，从而维护国家独立，保障国家利益。恺伽王朝时期伊朗就明确提出“第三方主义”的外交思想，并计划争取美国来抵消英国与俄国的威胁。礼萨国王时期，伊朗试图利用德国力量来平衡英国与苏联（俄）的威胁。巴列维王朝时期，伊朗奉行亲美政策，全面推行这一外交战略。霍梅尼时代，伊朗坚持输出伊斯兰革命，反对伊朗依附于任何一个大国，推行“不要东方，不要西方，只要伊斯兰的”革命外交政策，“第三方主义”外交暂时退出伊朗外交舞台。

后霍梅尼时代，伊朗积极发展、灵活使用“第三方主义”。伊斯兰革命后，伊朗在外交上最突出的困境，一方面是“输出革命”的泛伊斯兰主义对外政策引发的伊斯兰国家对伊朗的孤立与警惕，另一方面是与美国敌对以及由之引发的国际社会对伊朗的孤立与制裁。对于前者，伊朗基本放弃“输出革命”，与伊斯兰世界的关系得到改善；对于后者，伊朗积极发展“第三方主义”外交传统，利用其他力量平衡美国的压力。伊核问题是美国加在伊朗头上的“紧箍咒”，也是国际社会制裁伊朗的法理依据。在这方面，伊朗积极与俄罗斯、中国以及欧洲国家合作，以之削弱美国的主导权和影响力。2017 年，当特朗普政府对伊核问题全面协议表示否定之后，伊朗立即与协议其他各方及时沟通，赢取主动，以抵消来自美国的压力。后霍梅尼时代伊朗所处的国际环境虽不同于巴列维王朝时期，但伊朗外交中依然可见“第三方主义”外交的影响。

第三，“向东看”打开外交新局面。

伊斯兰革命以前，西方是伊朗学习的榜样，积极发展与西方国家的关系是伊朗外交的重要内容。霍梅尼时代，伊朗奉行不与东、西方结盟的独立自主的外交政策。20 世纪 90 年代以来伊朗出现“向东看”外交策略，到内贾德总统时期得到比较全面的体现。[①] 鲁哈尼就任总统之后，继续推行“向东看”外交政策。伊朗的“向东看”主要是积极与俄罗斯、中国、印度、中亚各国以及相关国际组织发展关系，以平衡美国的制裁，摆脱外交上的孤立局面。2017 年伊朗与俄罗斯、中国、上海合作组织的积极交往正是“向东看”外交政策的具体表现。

伊朗的“向东看”外交政策取得了比较明显的效果，在一定程度上缓解了来自美国的压力，现阶段伊朗依然会持续发展与相关国家以及国际关系组织的关系。但需要指出的是，伊朗的“向东看”很大程度上是应对美国压力的策略性选择，如果伊朗与美国关系改善，发展与西方国家的关系，并借此融入国际社会将会是伊朗外交的首选方案。

---

① 蒋真、王国兵:《伊朗“向东看”战略与“丝绸之路经济带”的构建》,《中东问题研究》2017 年第 1 期，第 137 ~ 140 页。

外交热点篇

Diplomatic Reports

B.5

“特朗普时代”美伊关系探析

王国兵*

摘　要： 当下的国际社会正处于关键变化时期，存在诸多不确定性与确定性因素，这一特点在美伊关系这对矛盾体上表现得较为彻底。目前，特朗普政府对伊核协议的“不认可”态度加剧了两国关系的紧张状态，引发各方关切。整体来看，美伊关系的发展受诸多确定性因素影响，有历史积怨的累积、国家战略利益的冲突、国内政治的牵绊和特朗普个人因素的加持等主客观条件，但归根结底还是两国关系不正常化的结果。目前，特朗普政府对伊政策尚不明晰，伊朗态度也有所保留，欧盟国家、沙特、以色列等利益攸关方则对伊核协议的态度存在分歧，种种因素又为美伊关系未来发展留下了隐患。总之，短期来看，

* 王国兵，西北大学中东研究所博士生。

美伊关系有可能会继续恶化，但应会保持在可控范围之内。

关键词： 关系　恶化　特朗普政府　伊朗

一　核心概念

从概念上分析，所谓确定性，是指一种状态，即没有疑问。确定性所对应的信息与知识是没有错误的和完备的。相反，不确定性则是指一种有疑问、知识不完备乃至无知的状态。[①] 不确定性是相对确定性而言，两者是一对相互交织的概念。具体到国际关系研究领域，对不确定性这个概念的研究既存在共识也呈现出一定的差异。现实主义和自由主义从客观角度衡量“不确定性”，认为“信息不对称”和“国际体系的无政府性”导致“不确定性”的存在。建构主义与认知主义则是从主观思维来判定“不确定性”的存在，认为是哲学上的“不可知性”和规范认同的变化属性导致“不确定性”的存在。[②]

“毫不夸张地说，今天的世界是处于一个‘不确定性’状态。”[③] 有学者指出，“不确定性完全不存在或能够得以全然避开是绝无可能的，因为它植根于不断演化与挑战的国际形势与地缘政治格局之中。作为国际政治格局演化的最新里程碑，2008 年爆发的国际金融危机从世界经济、世界政治等多个层面深刻影响着国际形势的变化，使之呈现出经济大动荡、体系大变革和格局大调整的新局面。”[④] 如今，尽管全球经济形势在趋向好转与稳定，

---

① *Webster's Ninth New College Dictionary*, Springfield: Merrian-Webster Inc. , 1991, pp. 223, 1284, 转引自李少军《国际关系研究中的确定性与不确定性》，《世界经济与政治》2015 年第 6 期，第 24 页。

② 葛红亮：《“不确定”时代国际安全的“确定性”重塑》，《国际安全研究》2018 年第 1 期，第 13 页。

③ 郑有年：《中国为什么要躲避大国“命运”?》，[新加坡]《联合早报》网，http://www. zaobao. com/forum/views/opinion/story20170418 -750204，2017 年 4 月 18 日。

④ 杨洁篪：《大变革、大调整、大发展——2009 年的国际形势与中国外交》，《求是》2010 年第 1 期，第 57 页。

但经济增长仍然乏力，国家间的贸易壁垒逐渐升级，国际力量对比变化也预示着世界秩序的调整。在过去的2017年，商界精英唐纳德·特朗普赢得美国总统大选、英国公投脱欧、意大利修宪公投失败这一系列“黑天鹅”事件频繁涌现。[①] 其中，特朗普治下的美国将会给世界带来何种影响最令外界关注。目前，根据部分观察家的看法，特朗普总统身上具有三点“不确定性”：其一是特朗普的主张在多大程度上能得到落实具有不确定性；其二是特朗普对全球政治经济带来的不确定性；其三是特朗普能否顺利完成第一届任期的不确定性。[②] 作为目前世界上唯一的“超级大国”，特朗普总统的“不确定性”显然会作用于美国，也不可避免地会影响美伊关系发展的走向。纵览2017年美伊关系走势，两国从2016年缓和的趋势逐渐转向紧张状态，目前正处于有可能发生剧烈变化的敏感期。这主要是由于特朗普总统在2017年上任后一改奥巴马政府对伊“怀柔”的政策。2017年10月13日特朗普发表声明，不认可伊朗在核协议上所做出的努力，紧接着又在最新一期美国《国家安全战略报告》中，将伊朗定位为“独裁政权”，视其为美国国家安全的威胁之一。[③] 一时间，美伊关系成为国际社会关注的焦点，国际舆论纷纷猜测特朗普是否会兑现诺言，在2018年5月退出伊朗核协议框架，进而加剧美伊关系的紧张形势，引发“蝴蝶效应”，从而导致更多不可预测性事件的发生。

二　“特朗普时代”影响美伊关系的确定性因素

需要强调的一点是美伊两国自1980年正式断交以来，至今已近40年之久，这是决定两国关系现状的一个基本点。无论是民间交往还是官方层面，

---

① “黑天鹅事件”（Black Swan Event）指非常难以预测、不寻常、超出人类预知并会产生重大影响的事件，有时会带来负面作用。

② 刘胜军：《特朗普的三重不确定性》，《金融时报》中文网，https：//www.ftchinese.com/story/001071762？page＝1，2017年3月15日。

③ “National Security Strategy of United State America，” December 18，2017，https：//www.whitehouse.gov/wp－content/uploads/2017/12/NSS－Final－12－18－2017－0905.pdf.

两国之间都积累了过多的负面情绪，这会出现彼此信息获取不对称的现象，导致两国更加难以实现良性的沟通，从而为两国关系真正的改善设置了障碍。2017 年特朗普的当选并迅速成为一种政治和社会现象，无疑是美国特定的国内外环境相互作用的结果，而他上任之后对伊朗保持强硬态度的背后则有诸多确定性因素的影响。

（一）两国历史积怨的确定性

从历史进程的角度分析，美伊关系自 1979 年伊朗政权更迭后就出现了重大转折，正所谓“冰冻三尺，非一日之寒”。新生的伊朗伊斯兰共和国政权一改巴列维王朝时期的“亲美”立场，高举反美大旗。卡特政府于 1979 年 10 月允许巴列维国王赴美治疗，引发伊朗民众的强烈不满。再加上两国早在 20 世纪 50 年代就因“摩萨台事件”有过不愉快的经历。最终，“伊朗人质危机”爆发，卡特政府随即开启对伊朗的制裁，对伊朗在美资产实施冻结。1980 年里根竞选总统成功后，对伊朗继续保持敌对态度，1984 年 1 月还将伊朗定性为“恐怖主义的支持者”。[①] 1988 年 7 月 3 日，美军在海湾误击伊朗的 655 号航班，造成机上 290 名乘客遇难，进一步刺激了伊朗民众的敏感神经，两国对立的情绪持续积累。在两伊战争期间，美国对伊拉克萨达姆政权的暗中支持也令伊朗十分恼怒。1988 年 4 月 18 日，美国与伊朗甚至爆发了小规模的武装冲突，伊朗方面最终损失了数艘海军舰船，其中包括一艘护卫舰。1989 年，伊朗的“伊玛目”霍梅尼去世，哈梅内伊接掌最高权力后，继续对美保持敌对态度，他认为“西方国家总是使用殖民主主义和傲慢态度对待伊朗，美国是伊朗和整个伊斯兰世界最主要的敌人，伊朗永远不会与美国建立外交关系”。[②] 克林顿政府在 1996 年 8 月又出台了著名的《伊朗和利比亚制裁法》（也称“达蒙托法”），该法案的目标是对从事能够显著促进伊朗勘探、开发石油公司资源能力的投资人（包括非美国自然人

① Donette Murray, *US Foregin Policy and Iran*, London and New York: Routledge Press, 2010, p. 13.

② Yvette Hovsepian Bearce, *The Political Ideology of Ayatollah Khamenei: Out of the Mouth of the Supreme Leader of Iran*, London and New York: Routledge, 2016, p. 282.

及公司）施加制裁，以降低“伊朗资助恐怖主义和开发大规模杀伤性武器的能力”。[①] 尽管两国之间也时有缓和，如 1998 年 6 月，时任美国国务卿的玛德琳·奥尔布赖特呼吁建立美伊之间的信任，实现双方关系的正常化。2000 年 4 月 17 日，她再次强调美国对伊朗干预的时代已经过去。哈塔米上台后，一度也出现了所谓的“德黑兰春天”，但很快两国关系又再次陷入冰点。2002 年 8 月伊朗核设施曝光于世人面前后，引发世界舆论的巨大反响。小布什政府在这一年的国情咨文中将伊朗定性为“邪恶轴心”，2006 年 1 月 31 日，小布什总统还扬言要推翻伊朗政权，建立“民主与自由的政权”。[②] 总之，两国积怨持续累积，无法在短时间内消弭。

尽管在奥巴马当选总统后，美伊之间出现了转机，但嫌隙不曾中断。奥巴马政府认为可以通过外交手段解决伊朗问题，2009 年 3 月 21 日，在伊朗迎来诺鲁孜节（新年）之际，奥巴马政府释放了对伊缓和信号，称“是时候致力于解决摆在我们眼前的问题，这将会有利于美伊之间形成更加紧密的关系”。奥巴马在任期间还曾多次致信哈梅内伊表达对伊朗政权的善意，但终究不能改变两国关系的敌对状态。2014 年，伊朗任命哈米德·阿布杜拉比（Hamid Aboutalebi）担任伊朗驻联合国代表，但美国政府认为他是当年“伊朗人质危机”的参与者而禁止其入境，伊朗政府最终只好更换人选。2015 年伊朗政府反对美国颁布的新签证条例，称“这会限制欧洲商人前往伊朗的商务工作，影响伊朗经济的恢复”。2015 年签订伊核协议后，伊朗又再次试射弹道导弹，刺激了美国政界敏感的神经。2016 年 1 月初，伊朗核协议正式生效后，美国虽然解冻了当年巴列维国王用以购买美国军火武器所支付的 17 亿美元，但此举也依旧遭到非议，部分国会议员公开质疑“这是在付给伊朗赎金”。[③] 总之，美伊两国在近 40 年的交往时间中，敌对才是主

---

① Donette Murray, *US Foregin Policy and Iran*, London and New York: Routledge Press, 2010, p. 90.

② Kenne Katzman, “Iran: Politics, Human Rights, and U. S. Policy,” CRS Report for Congress, RL 32048, February 8, 2018, p. 19.

③ Kenne Katzman, “Iran: Politics, Human Rights, and U. S. Policy,” CRS Report for Congress, RL 32048, February 8, 2018, p. 20.

线，缓和只是部分阶段，历史的积怨已经深深烙印在两国大多数国民的心目中。所以，特朗普在2017年上台后，又采取了对伊强硬政策让美伊关系再次陷入低谷，埋下了危机和隐患，真可谓是“旧账未了，又添新债”。

（二）战略利益冲突的确定性

就美伊关系而言，两国之间存在诸多战略利益的冲突。众所周知，国家在开展外交活动中，战略利益是重点考量的指标。国家战略利益是一个整体，其中经济利益、安全利益、政治利益、社会利益、国际利益都是根本性的国家战略利益。[①] 经济利益方面，美国对伊朗的制裁给伊朗经济发展造成了不小的压力。2006～2016年，美国财政部通过持久且有效的金融手段尽可能地阻止了伊朗获得石油美元。2013年美国政府责任署的报告（Government Accountability Office Report）显示，美国财政部通过与60多个国家的145家银行达成合作阻止了至少约80家外国银行与伊朗的商务往来。再加上国际组织也配合美国对伊朗的制裁，效果更加明显。如全球银行间金融通讯协会（SWIFT）在2012年发表声明配合美国和欧盟对伊朗制裁的决定，直到2016年伊朗核协议签订后才放松。[②] 所以在美欧等国的经济制裁压力和全球经济总体不景气等多重因素作用下，伊朗石油产量从2011年底的400万桶/日下降到2013年第四季度的273万桶/日，GDP增长率也从2011年的3.5%下降到2013年的－7.7%。[③] 很明显，伊朗经济的不景气会影响伊朗民生情况的改善，这当然也会增加伊朗民众对美国国家的反感情绪，所以在伊朗街头经常可以看到“美国去死”（American Death）的口号。

美国对伊朗政权更迭的战略目标极大地威胁了伊朗国家的安全利益、政治利益和社会利益。从美国历年的国家安全战略报告中可以看出，伊朗都属于对美国外部安全造成威胁的国家。美国对伊朗的“民主促进基金”（Iran

① 门洪华：《中国国家战略利益的拓展》，《战略与管理》2003年第2期，第89页。

② 中国驻伊朗使馆经商处：《伊朗金融系统重归SWIFT》，2016年1月20日，http：//www.mofcom.gov.cn/article/i/jyjl/j/201601/20160101238081.shtml。

③ “Islamic Republic of Iran and the IMF,” http：//www.imf.org/en/Countries/IRN#countrydata.

Democracy Promotion Funding）也自2004年起至今已有14年。在小布什政府时期，美国每年都花费数千万美元用于支持伊朗国内的非政府组织，对具有美国和伊朗双重国籍的人士实施思想宣传，加大对驻伊朗“美国之音”等媒体的支持力度。[①] 另外，美国还对反伊朗政府的人士提供庇护，如对前巴列维王朝国王的后代提供政治避难，对埃坎巴尔·甘吉（Akar Ganji）、阿卜杜·索罗什（Abdolkarim Soroush）、希林·阿巴迪（Shirin Abadi）等所谓的伊朗“不同政见人士”提供经济支持。而对于谋求政权更迭的这一目标，特朗普在2017年6月访问沙特时模糊提到，希望伊朗政府可以转变为一个“公正和正义”的政府。[②] 在2017年岁末伊朗国内爆发大规模游行示威运动后，特朗普通过社交媒体表态支持民众的行为，称“现在是改变的时刻”。可见，美国政府所采取的种种行动都在威胁着当今伊朗伊斯兰共和国的政权，会给伊朗社会产生不良影响，自然会遭到伊朗政府的反感和抨击。

在国际利益方面，伊朗始终怀揣地区大国的抱负，美国却不愿看到中东出现一个做大做强的伊朗。伊朗当今最高领袖哈梅内伊认为伊斯兰世界应当实现团结，在伊斯兰世界中伊朗又具有广泛的影响力。哈梅内伊认为“伊朗具有担当伊斯兰世界联盟的旗手资格，一是源于伊朗伊斯革命的神圣性；二是伊朗是伊斯兰世界进步的先锋；三是伊朗拥有自我韧性与意志力顽强等特质，可领导伊斯兰世界”。[③] 但是，沙特与以色列作为美国在中东地区的重要合作伙伴和政治盟友都不愿看到伊朗在中东地区的崛起。因此，美伊两国在国家战略利益上存在较大冲突且很难调和。

（三）国内政治制约的确定性

从美伊两国的国内政治角度看，皆存在限制两国关系正常化的政治派

① Kenne Katzman, “Iran: Politics, Human Rights, and U. S. Policy,” CRS Report for Congress, RL 32048, February 8, 2018, p. 34.

② Kenne Katzman, “Iran: Politics, Human Rights, and U. S. Policy,” CRS Report for Congress, RL 32048, February 8, 2018, p. 30.

③ Karim Sadjadpour, *Reading Khanmeini*: *The World View of Iran's Most Power Leader*, Carnegie Endowment for International Peace, 2009, pp. 6 - 21.

别。伊朗国内政治发展有保守派与改革派、温和派等不同阵营，尽管现在是以鲁哈尼为首的温和派上台执政，但保守派阵营的能量不容小觑。已故最高领袖霍梅尼、现任最高领袖哈梅内伊、议长拉里贾尼、前总统内贾德、专家委员会成员卡尚尼等人都是这一阵营的代表人物。霍梅尼生前主张反对美国与以色列政府，称它们为“大撒旦”和“小撒旦”。[①] 而哈梅内伊则基本沿袭了霍梅尼反对殖民主义的主张，认为“西方国家总是使用殖民主主义和傲慢态度对待伊朗，美国是伊朗和整个伊斯兰世界最主要的敌人，伊朗永远不会与美国建立外交关系”。[②] 哈梅内伊近期还就美伊关系发表看法，言辞颇为坚决，称“我从来都不是一个外交家，而是一个革命主义者”。[③] 另外，伊斯兰革命卫队作为保守派阵营利益的坚定支持者，也同样持反对美国的立场。尽管目前是鲁哈尼担任总统，保守派实力相较于内贾德时期有所降低，但鲁哈尼政府很难消除来自特朗普政府对伊朗的敌视及其连带效应。[④] 所以，未来伊朗保守派势力将很有可能因外部环境局势的紧张而出现壮大的机会。

反观美国国内政治，也同样存在限制与伊朗改善关系的政治力量。尽管民主党与共和党在对待伊朗核协议上存在意见相左之处，但大致方向保持一致。目前，大部分共和党人士认为“伊朗核协议是前任总统奥巴马与伊朗之间达成的交易，会资助伊朗的毛拉获得大量资金，对下任总统不应具有约束力”。[⑤] 但大部分民主党人却认为核协议对美国大有好处，应当坚持。其实，两党看似立场分歧，但其实对伊朗的遏制心理基本一致。曾几何时，民

---

① Ray Takeyh, *Guardians of the Revolutions: Iran and the World in the Age of the Ayatollahs*, New York: Oxford University Press, 2009, p. 35.

② Akbar Ganji, “Who is Ali Khamenei? The Worldview of Iran's Supreme Leader,” *Foregin Affairs*, Vol. 92, No. 5, 2013, pp. 38 – 42.

③ Kenneth Katzman, “Iran's Foregin and Defense Politics,” CRS Report for Congress , RL 44017, January 19, 2018, p. 3.

④ 陆瑾、刘岚雨：《伊朗政治温和派的崛起及其影响》，《现代国际关系》2017 年第 10 期，第 48 页。

⑤ United State Institute of Peace, “ Republican and Democratic Platforms on Iran, ” July 25, 2016, http://iranprimer.usip.org/blog/2016/jul/25/republican-and-democratic-platforms-ira.

主党出身的美国总统会对伊朗实施制裁，如卡特总统鉴于“伊朗人质危机”而出台了对伊朗的制裁政策，克林顿总统也出台了针对伊朗的“达蒙托法”。事实也证明出身于共和党的小布什、特朗普总统同样会对伊朗保持强硬，将伊朗定性为“邪恶轴心”并放言要退出伊朗核协议。因此，美国国内政治对伊朗的核心立场就是基于自身的国家利益，对伊朗始终抱有戒心。

（四）特朗普总统个人因素的相对确定性

特朗普在美伊关系问题上，呈现出了人格中非常规的个性特质并具有“反建制派”的倾向，具有相对确定性。对特朗普的人格特质的研究是国际关系研究领域的热点，学界认为，特朗普在对外政策决策过程中具有强烈的“交易思维”、“军人情结”、反建制派等特点。① 具体到美伊关系而言，特朗普坚持“扶友制敌”的立场，特朗普认为对沙特和以色列这样的盟友关系必须加强，因此 2017 年 5 月特朗普首次出访外国，就选择了沙特和以色列。在访问沙特时特朗普提出“除非伊朗成为和平的合作者，否则我们应联合起来孤立伊朗，阻止伊朗继续支持恐怖主义活动，直到有一天伊朗人民真正地获得他们本应有的权利和正义为止”。② 而对伊朗这个“敌人”，源于美伊两国不愉快的“历史记忆”，必须坚决绞杀。而从特朗普 2017 年中东之行所发表的演讲内容看，他对伊斯兰极端主义的憎恨也是原罪般的，“这并不是一场不同宗教信仰、不同教派、不同文化之间的战争，这场战争是野蛮的罪犯要屠戮人命，而不同宗教信仰的正直的人们要共同保护人类，这是一场善恶之争”。③

特朗普上任以来所表达出来的人格特质已对美伊关系发展产生了羁绊，尤其是在核协议的存废立场上，特朗普更是逐渐显露出“反建制派”的特

---

① 刁大明：《特朗普政府对外政策的确定性与不确定性》，《外交评论》2017 年第 2 期，第 65 页。

② Kenne Katzman, “Iran: Politics, Human Rights, and U. S. Policy,” CRS Report for Congress, RL 32048, February 8, 2018, p. 23.

③ 王一鸣、时殷弘：《特朗普行为的根源》，《外交评论》2018 年第 1 期，第 118 页。

点。“反建制主义”凸显了美国历史由来已久的“反智主义”特点，特朗普对待奥巴马沿袭下来的既定政策存在先天的“逆反”情绪，“总要先问一个‘为什么’，然后再问一个‘为什么不可以更改’”。[①] 在人事任免方面也可看出端倪，特朗普坚持“反建制派”的倾向，在组建团队上放弃了专业性与忠诚度的惯常做法，十分强调忠诚的重要性，对拂逆其个人意愿的官员予以撤换。如前任国务卿蒂勒森在伊核协议问题上与特朗普意见相左。所以，和总统“波长”一致的现任中情局局长迈克·蓬佩奥代替蒂勒森出任国务卿，一时间让世界舆论哗然。[②] 对待伊朗核协议，特朗普的态度也存在一个转变的过程，从2017年初程序上的默认到逐渐不认可，要求修改协议中所存在的“严重缺陷”，否则就威胁退出伊朗核协议，这种种反常规的举动都是其人格特质的具体表现。未来，特朗普是否会按照美国总统政治周期的一般规律，遵循某些传统立场的延续轨道尚不得知，但对伊保持强硬的态度则较为确定。

三　“特朗普时代”影响美伊关系的不确定性因素

即使特朗普对伊基本立场相对确定，但从美国国内的反对声音到欧盟国家的理性呼吁，这些外部因素究竟如何影响特朗普的最终决策尚不得知。另外，如果美国加大对伊朗的制裁力度，中东地区局势将如何复杂演变更不确定。美伊关系未来发展存在诸多不确定性，要点如下。

（一）特朗普政府对伊政策的不确定性

特朗普对伊外交实践与“美国优先”的竞选原则相悖逆，存在对伊外

---

① 寿慧生：《给中国的忠告：重视特朗普的个性特点》，FT 中文网，http：//www. ftchinese. com/storty/001070773，2016 年 12 月 29 日。转引自王一鸣、时殷弘《特朗普行为的根源》，《外交评论》2018 年第 1 期，第 117 页。

② 刘晨、朱东阳：《迈克·蓬佩奥：与特朗普“波长”一致的美国新国务卿人选》，新华网，http：//www. xinhuanet. com/world/2018 -03/21/c_ 129834160. htm，2018 年 3 月 20 日。

交底线的不确定性。从特朗普竞选时期就提出“美国优先”的原则逻辑出发，对特朗普政府来说，对伊外交的原则本应是保持两国关系现状，抓紧时机解决美国国内的就业和经济问题，提高自身“内功”。留在伊朗核协议框架之中对美国来说应是极为有利的选择。因此，美国国内部分外交专家和退伍军人近日也联名提出建议，奉劝特朗普留在伊朗核协议，列举出十点原因，认为“这会使美国更安全，并能获得更多的道德收益”。[①] 但从特朗普的人格特质和具体实践看，他对这样的声音显然并没有过多考虑，反而步步紧逼伊朗。在核心班底成员方面，特朗普更是动作频频，预示着其更加强硬的对伊外交风格路线。继解雇“意见不合”的蒂勒森后，他又在 2018 年 3 月聘请了小布什前总统时期的“鹰派人物”代表约翰·博尔顿出任美国国家安全顾问。约翰·博尔顿随即表态“效忠”特朗普，称“我说过的话都已过去，未来将按照总统想法来实施”。[②] 所以，目前看来，特朗普一再对伊释放强硬信号，最终可能会激发矛盾，引发不可预估的后果。

特朗普对伊政策的路径选择也尚未定型。目前处于总统“学习期”的特朗普，虽然对伊朗政权持敌视态度且对伊朗核协议“不认可”，但应当如何妥善地开展对伊外交，不至于酿成严重后果，仍然需要成熟的外交智慧来应对，但特朗普似乎并不赞同这一点。特朗普曾表达其对国际事务的关注和熟悉，“多年来我一直关注国际局势……花一些时间来了解国际局势、看书，并成为一个弄潮儿……关注全球，你会发现自己能够领跑这个时代”。[③] 但这位既不具备政治经验也不熟悉国际事务的商界弄潮儿对国际事务的“游戏规则”几乎完全忽视，一再做出让国际社会惊讶的事情。从美国以往对伊外交的实践和理念看，对伊朗一味打压可能会造成伊朗国内保守

---

① “National Security Veterans Rrge Trump not to Scrap Iran Nuclear Deal - CNN Politics,” https：//www. cnn. com/2018/03/27/politics/experts - trump - iran - nuclear - letter/index. html.

② “Mike Pompeo：Trump’s Loyalist New Diplomat and Ex-spymaster,” *BBC News*, http：//www. bbc. com/news/world - us - canada - 38029336.

③ 〔美〕唐纳德·特朗普、梅瑞迪丝·麦基沃：《永不放弃——特朗普自述》，蒋旭峰、刘佳译，上海译文出版社，2016，第 164 页。

派再次上台等美国不愿接受的后果。所以，美国对伊朗的外交政策应有柔性手段，长远看，美国对伊外交的路径选择应兼具系统化和多样化，不应只挥舞“大棒”，一味蛮干。

国会对特朗普外交决策的影响大小同样存在不确定性。从法律效力来看，核协议存在结构性的缺陷，美国国会负有一定责任。这主要是由于在美国法律体系中，依据宪法第二条第二款关于“条约”的规定，由参议院三分之二参议员审议通过并批准美国加入的国际协议才可称为“条约”(treaty)；而不需要获得参议院批准的国际协议为“行政协议”（executive agreement)。条约的约束力极强，也就是说高于美国国内的法律。由于当年共和党反对，奥巴马政府签署核协议后，并没有寻求国会将协议作为条约通过，因而核协议在美国不具备条约的法律地位。[①] 因此，从特朗普政府的角度看，核协议只是一份行政条约，而非正式条约。特朗普政府也正是利用这一点，将“皮球”踢给了国会，交国会审议伊核协议中所存在的“严重缺陷”。另外，美国第 115 届国会自 2017 年组建以来，虽然共和党占据了大部分席位，但参议院中还有近一半的席位由民主党成员占据。[②] 共和党内对于特朗普的外交决策具有规劝的作用，民主党成员则有监督的作用。虽然国会总体上对特朗普的约束有限，但在修改伊朗协议这个议题上仍有一定的塑造空间。

（二）国际因素对美伊关系影响的不确定性

目前看，美伊关系的核心是伊朗核协议的存废问题，欧盟国家并不十分支持特朗普，而以色列、沙特等国却积极支持特朗普的做法。伊朗核协议是美国、德国、法国、英国、中国、俄罗斯与伊朗历经多年谈判而最终达成的具有历史性意义的协议。其中法国、英国、德国与美国是北约盟友，相对而

---

① 秦天：《伊核协议：正在走向慢性死亡?》，《世界知识》2017 年第 22 期，第 16 页。

② Patricia Zengerle, “U. S. Congress to Let Iran Deadline Pass, Leave Decision to Trump,” *Reuters*, December 13, 2017, https://www. reuters. com/article/us - iran - nuclear - congress/u - s - congress - to - let - iran - deadline - pass - leave - decision - to - trump - idUSKBN1E62HP.

言，对特朗普外交决策影响较大。俄罗斯和中国扮演的是调停者角色，对伊朗核协议持支持态度，不赞同特朗普的做法。对欧盟国家来说，放松制裁后的伊朗对欧盟出口石油和双方开展商品贸易都有利于彼此。2017 年 10 月欧盟外交政策主管莫盖里尼再次强调“这不是一个双边协议。该协议不属于任何单一国家，也不是任何一个单一国家可以终止的。作为国际社会，当然也作为欧盟，我们不能承受毁掉一项行之有效并且得到切实履行的核协议之重”。[①] 她强调，这个多边协议也得到联合国安理会 2231 号决议的一致支持。法国总统马克龙、英国首相特雷莎·梅、德国总理默克尔也多次表示对特朗普的做法感到担忧。欧盟国家作为美国传统意义上的政治盟友，对特朗普最终的外交决策影响力究竟能有多大尚不确定，但是欧盟国家已在积极做出努力。2018 年 3 月 28 日，在布鲁塞尔举行的欧盟大使级会议讨论了对伊朗实施追加制裁的可能性，欧盟希望以此满足特朗普政府“遏制伊朗弹道导弹计划和地区影响力”的要求，以此来劝说美国留在伊核协议中。

以色列与沙特等国对伊朗核协议的态度则与欧盟相反。以色列总理内塔尼亚胡对伊朗核协议持反对立场，早在 2015 年还未签订伊核协议之时，就对外宣称“将尽一切可能阻止伊朗核协议”。[②] 而据法尔斯通讯社报道，沙特王储萨勒曼在 2018 年 3 月 31 日表示，“如果不对伊朗实施更加严厉的制裁，沙特可能会在未来 10～15 年内与伊朗发生战争”。[③] 另外从特朗普外交决策的选择看，其家族成员扮演了较为关键的部分。[④] 特朗普总统的大女婿贾里德·库什纳和女儿伊万卡·特朗普对以色列的亲善友好世人皆知，这究竟可以在多大程度上影响特朗普的外交抉择也不确定。但从目前的决策生态看，特朗普总统做出对伊朗缓和举措的可能性不高。

---

① 《特朗普对伊朗新政策备受争议 欧洲领导人表担忧》，中国网，http：//www. china. com. cn/news/world/2017－10/14/content_ 41730978. htm。

② 《以色列时报》2015 年 2 月 27 日，http：//cn. timesofisrael. com。

③ 《沙特王储称 10 到 15 年内发动对伊朗战争 伊朗回应》，凤凰网，http：//news. ifeng. com/a/20180331/57218732_ 0. shtml。

④ 刁大明：《特朗普政府对外政策的确定性与不确定性》，《外交评论》2017 年第 2 期，第 79 页。

（三）伊朗政治保守派回击的不确定性

伊朗政坛保守派的态度还有所保留，对美国回击的后续动作尚不确定。近年来伊朗外部存在国际制裁的制约，内部有经济结构的矛盾，再加上伊朗经济增长较为乏力，民生危机一再凸显。2017 年末伊朗爆发了自 2009 年以来最大规模的民众抗议运动，起因就是“鸡蛋价格上涨”这类的民生问题。以鲁哈尼为首的温和派自上台以来与西方国家达成的伊朗核协议是其外交资产中最闪耀的一笔，鲁哈尼认为伊朗不应该有“永远的敌人”，奉行实用主义外交政策，认为伊朗核协议“是伊朗与世界不同国家建立友谊气氛和合作的开始”。[①] 但是，从现实效果看，特朗普上任后对伊朗所施加的压力已在加大，在 2017 年 6 月 15 日又出台了《以制裁反击美国敌人法案》（The Countering America's Adversaries through Sanction Act of 2017），制裁国家名单中就包括了伊朗。[②]

而伊朗保守派的能量不容小觑。他们对伊朗对外“委曲求全”的现状并不满意。如果特朗普届时退出伊朗核协议，伊朗外部的经贸环境可能会更加糟糕。届时，伊朗政局发展也会受到影响，保守派阵营有机会再次崛起，并做出对美国“出尔反尔”的回应。最高领袖哈梅内伊在 2018 年 3 月就特朗普的“危险做法”发表声明，称“当年的里根总统比特朗普聪明得多且更有权力，给伊朗也制造了很多威胁，伊朗都能坚持和抵抗”。[③] 言辞之间表达了他对特朗普幼稚行为的轻蔑和不屑。在国内应对举措方面，伊朗早在 2014 年就实施“抵抗经济政策”，专注于提高本国经济的独立性，试图减轻国际社会对伊朗制裁所带来的压力。2018 年 3 月 21 日在迎来诺鲁孜节（伊

---

① Kenneth Katzman, “Iran's Foregin and Defense Politics,” CRS Report for Congress, RL 44017, January 19, 2018, p. 3.

② Kenneth Katzman, “Iran Sanctions,” CRS Report for Congress, RL 20871, February 21, 2018, p. 72.

③ “Iran's Khamenei: If ‘Smarter’ Reagan Failed in Hardline Stance, Trump will too,” *The Times of Israel*, https://www.timesofisrael.com/irans-khamenei-if-smarter-reagan-failed-in-hardline-stance-trump-will-too/.

朗新年）之际，最高领袖哈梅内伊到访马什哈德的伊玛目礼萨圣陵时（Shrine Imam Reza）呼吁民众积极支持“伊朗产品”，以抵御外部势力的制裁。[①] 在地区影响力方面，伊朗在叙利亚危机、也门局势、伊拉克战后重建、巴以问题等多项中东事务中具有号召力和影响力，如果伊朗动用上述砝码“对抗”美国及美国在中东地区的盟友，将会给乱象丛生的中东局势注入更多的复杂因素。至于伊朗会在何时何地对美国展开“回应”尚不确定，但应该不会太迟。

四 “特朗普时代”美伊关系发展的前景

确定性因素和不确定性因素为美伊关系的发展留下了基本框架，也为预估美伊关系的走向提供了一些端倪。

首先，美国可能会在下一步继续加强对伊朗导弹系统的制裁力度，出台更多的制裁法案。目前，美伊关系的中心问题虽是核协议问题，但还有人权问题、意识形态、弹道导弹、伊朗地区作用等羁绊存在。目前，相较于伊朗核协议的复杂性，以伊朗弹道导弹系统为由进一步向伊朗施压的做法显然更具可操作性和现实性。从 2018 年 2 月美国公布的《核态势评估报告》看，美国已经为抑制伊朗发展核技术“量身打造”了具体策略。“伊朗发展核武器是美国和国际社会乃至地区安全的威胁，必须加以遏制。当前，世界核技术发展呈现两大不确定性：一是地缘的不确定性，二是携带技术的不确定性。对待伊朗，需要让他们的领导人明白，发展核武器袭击美国或美国的盟友、伙伴都会被导弹拦截系统所阻止，同时要加快速度提高美国的进攻与防御性武器装备，以排除伊朗导弹系统的威胁。”[②] 因此，对伊朗保持武力威慑是特朗普

---

① Khamenei. ir, “Ayatollah Khamenei Delivers Speech on the First Day of 1397 Persian New Year,” http://english. khamenei. ir/photo/5573/Ayatollah - Khamenei - delivers - speech - on - the - first - day - of - 1397 - Persian.

② “Nuclear Posture Review Final Report,” https://media. defense. gov/2018/Feb/02/2001872886/ - 1/ - 1/1/2018 - NUCLEAR - POSTURE - REVIEW - FINAL - REPORT. PDF.

所奉行的基本原则。而针对伊朗导弹系统实施进一步的制裁就是在根除“隐患”。当然，对伊朗遏制的策略一定会是综合性的。特朗普可能会与以色列、沙特等国开展进一步的安全合作，构建防范伊朗势力扩散的“包围圈”。

其次，美伊关系牵扯着国际社会的关注，欧盟国家将会扮演协调者的角色，力促将特朗普留在伊朗核协议框架中，但也存在被迫妥协而出台对伊朗加大制裁政策的可能性。从欧盟的立场出发，为了降低特朗普可能在2018年5月退出伊朗核协议的风险，有两种方案可供选择。第一种是找到合适的理由将美国继续留在伊朗核协议中，比如适度对伊朗导弹系统实施制裁以配合美国。如2018年3月28日，在布鲁塞尔举行的欧盟大使级会议上，欧盟国家讨论了对伊朗实施追加制裁的可能性，以此希望满足特朗普政府“遏制伊朗弹道导弹计划和地区影响力”的要求，以此来劝说美国留在伊核协议中。[①] 当然这种做法是否会“激怒”伊朗尚不可知。另一种做法是由于特朗普一意孤行，美国单方面退出伊朗核协议，造成较为严重的后果。欧盟届时应要发挥杠杆作用，面临与伊朗的关系调整问题。欧盟可能会以经济利益为诱饵，安抚伊朗，并出台多项对伊朗的“补偿”条款。[②] 目前，伊朗方面已多次表示，如果美国“撕毁”伊核协议，伊朗将针锋相对采取反制措施。伊朗原子能组织发言人贝赫鲁兹·卡迈勒万迪在2017年3月初公开表示，“若美国退出伊核协议，伊朗有能力在两天内生产出纯度高达20%的浓缩铀。尽管仍远低于制造核武器所需的90%纯度，但已大大超出伊核协议所约定的5%纯度的民用标准”。[③] 显然，伊朗此举有可能会激化美伊关系的矛盾，将对中东局势产生更多难以预测的后果。

综上，从短期看，美伊关系并没有改善的可能。这主要是基于两国之间

---

① 《伊核协议前景日趋黯淡》，新华网，http：//www. xinhuanet. com/world/2018 - 03/30/c_129840704. htm。

② Rand Report，“Saving Transatlantic Cooperation and the Iran Nuclear Deal：A View from Europe and the United States，” https：//www. rand. org/content/dam/rand/pubs/external_ publications/EP60000/EP67500/RAND_ EP67500. pdf，pp. 2 - 4.

③ 《伊核协议前景日趋黯淡》，新华网，http：//www. xinhuanet. com/world/2018 - 03/30/c_129840704. htm。

确定性因素的影响，深层次的矛盾结构难以迅速解决。从美伊之间的不确定因素审视，可以预见两国之间将会充满挑战，或许正如美国参议院外交委员会主席鲍勃·库克（Bob Corker）所预测，“特朗普应不会在今年5月12日认定伊朗核协议”。[①] 因此，国际社会当然需要做好一切准备应对这一问题所产生的风险。长远看，美伊关系是一对持续长达40余年的矛盾体，根源性矛盾在于两国关系的不正常化。但正所谓“没有永恒的敌人，只有永恒的利益”，美伊关系或许会有和解的一天，只希望这一天不会让我们等得太久。

① “Corker Talks Pompeo Nomination, North Korea, Iran Nuclear Deal on Face the Nation,” United States Senate Committee on Foreign Relations, https：//www. foreign. senate. gov/press/chair/release/corker－talks－pompeo－nomination－north－korea－iran－nuclear－deal－on－face－the－nation.

B.6

2017年伊朗与沙特阿拉伯关系解析

陈俊华 汪 泰 任梦茹*

摘 要： 以2016年发生的“尼米尔事件”为标志，伊沙两国关系进入21世纪的冰点期。2017年以来，伊沙之间宗教旧恨未解又添新仇，暴恐袭击与代理人战争愈演愈烈，地缘争霸正面对抗，两国逐渐进入在经济、地缘政治、宗教影响力乃至地区领头羊之争方面的全面对抗。就影响伊沙两国关系因素而言，以国家利益和宗教影响力为代表的内因和美俄中东地缘战略的外因是伊沙关系走向的主导因素，同时两国的在意识形态和地区事务中的分歧也对伊沙关系有举足轻重的影响。由于地缘政治竞争中的利益难以调和，短期来看两国关系缓和空间不大，反而在石油市场领域的竞争可能加剧，同时美国将会在伊沙双边关系走向中扮演重要角色。

关键词： 伊朗-沙特关系 尼米尔事件 宗教因素 美国

发生在2016年的“尼米尔事件”使伊朗与沙特阿拉伯（下文简称伊沙）这两个中东伊斯兰大国之间爆发了严重的政治危机，直接导致两国的断交。2017年伊朗支持下的也门胡塞武装袭击沙特炼油厂使双方交恶愈演

---

* 陈俊华，西南大学地理学院副教授，博士，西南大学伊朗研究中心副主任，中国地理学会西亚地理研究中心副主任；汪泰，西南大学地理学院硕士研究生；任梦茹，西南大学地理学院硕士研究生。

愈烈，把两国关系直接推向了冷战边缘。特朗普上台后一直推行亲沙制伊的政策并离间伊沙两国关系，先是积极修复与沙特的关系，相反对伊朗则是棍棒加“恐吓”的态度，而后直接参与沙特支持的德黑兰暴恐活动，进一步导致两国关系恶化。

一　伊朗与沙特阿拉伯关系现状浅析

（一）宗教旧恨未解又添新仇

伊斯兰教内部逊尼派与什叶派的教派矛盾与冲突由来已久，2016 年的“尼米尔事件”更是把中东两大国家沙特和伊朗推上了风口浪尖。2016 年 1 月 2 日，以沙特处死国内什叶派知名教士谢赫·尼米尔·尼米尔事件为导火索，沙特与伊朗之间的争端从口水战上升到外交战，沙特率先与伊朗断交，此后巴林、苏丹、吉布提、索马里和摩洛哥等阿拉伯国家纷纷切断了与伊朗的外交关系，以伊沙两国为代表的宗教纷争进入白热化阶段。2016 年 6 月，伊朗抵制麦加朝觐，近 30 年伊朗首次没有派朝觐团到麦加。9 月 10～15 日，沙特用波斯语卫星频道播出了麦加朝圣的程序，对此伊朗最高领袖哈梅内伊指责利雅得将宗教问题政治化。由此伊沙双方关系全面停滞。

进入 2017 年，两国旧恨未解，又添新仇，“尼米尔事件”持续发酵。2017 年 5 月，在与什叶派武装分子的冲突中，沙特军队包围了尼米尔的家乡，数十名什叶派平民被杀。① 同年 6 月，伊朗国有新闻机构 Press TV 报道说，古兰经理事会主席和被处决的尼米尔的两个表兄弟在加提夫被沙特安全部队击毙。“尼米尔事件”的持续发酵也使沙特与伊朗之间的宗教矛盾逐渐演化为伊斯兰世界的教派对抗。

---

① “You might Get Shot Any Time: Saudi Forces Raid Shia Town as Riyadh Welcomes Trump,” RT, May 19, 2017.

（二）暴恐活动与代理人战争愈演愈烈

伊沙之间的恶交已经不仅仅局限于“嘴仗”与外交战，似乎有“更上一层楼”的趋势。2017 年发生的暴恐活动以及发生在也门的伊沙之间代理人冲突升级，使伊朗和沙特之间的直接军事对峙危险大幅增加。

2017 年 6 月 7 日上午，伊朗首都德黑兰连续发生两起恐怖袭击事件，伊朗议会大厦和已故伊朗宗教领袖霍梅尼陵墓遭受恐怖袭击，共有 18 人在恐怖袭击中遇难，至少 52 人受伤。此次恐怖袭击事件打破了多年来伊朗国内来之不易的安全稳定局面。虽然极端组织“伊斯兰国”（ISIS）在恐怖袭击事件发生后不久宣布对事件负责，但是伊朗谴责沙特阿拉伯是德黑兰袭击的主要嫌疑人，称伊朗拥有证明沙特阿拉伯、以色列和美国参与德黑兰袭击的情报。①

沙特国王萨勒曼将伊朗、土耳其和伊斯兰极端组织称为“邪恶三角”，并将伊朗最高领袖哈梅内伊与阿道夫·希特勒相提并论，指责伊朗一直在暗中支持恐怖分子，认为伊朗是代理人战争的始作俑者。2017 年也门内战则是伊沙双方代理人战争更为激烈的表现。胡塞武装是也门北部的一支反政府武装，属于什叶派的分支宰德派。由于担心也门会成为另一个什叶派掌权的国家，沙特开始扶持也门前总统萨利赫打击胡塞武装。2017 年 11 月 4 日，沙特皇家空军在利雅得国际机场拦截了一枚导弹，沙特认为伊朗是此事的幕后黑手。虽然伊朗外交部坚称发射弹道导弹事件与伊朗无关，是胡塞武装的独立行为，但伊朗外长朱贝尔毫不避讳地宣布，导弹是伊朗提供的，由真主党激进分子从也门胡塞叛军控制的地区发射。② 沙特谴责伊朗正在挑战沙特的底线，并加强了对胡塞武装的轰炸。此后，胡塞武装与亲萨利赫的部队关系急速恶化，多次发生激战，沙特方面也开始通过空投武器装备支援萨利赫

① Kareem Shaheen, “Iranian Military Blames Saudis after 12 Killed in Tehran Terrorist Attack,” June 7, 2017, https://www.theguardian.com/world/2017/jun/07/shootings - iranian - parliament - khomeini - shrine.

② Sarah El Sirgany, “Iran's Actions may be ‘Act of War,’ Saudi Crown Prince Says,” November 7, 2017, https://edition.cnn.com/2017/11/07/middleeast/saudi - iran - aggression - yemen/index.html.

部队。2017 年 12 月 4 日，萨利赫被胡塞武装打死，其支持者发誓为其复仇，双方矛盾更加突出。

愈演愈烈的暴恐活动和代理人战争无疑是当下伊沙对抗的主要方式，对于本来已经恶化的伊沙关系无疑是火上浇油。

（三）地缘争霸正面对抗

在中东昔日“老大”埃及衰落后，在中东地区和中东国家中一直缺乏绝对领导者，伊朗的帝国情结、沙特的称霸梦想使双方在地区领导权争夺上呈现愈演愈烈的趋势。

2017 年，伊沙在地区领导权的争夺上互不相让，甚至出现了对抗公开化、阵营化等特征，上演了中东版的“两雄争霸”，在面对叙利亚内战、也门冲突、黎巴嫩总理辞职、卡塔尔断交等地区问题中寻求各自战略利益。伊朗在伊沙争霸中逐渐占据上风，而沙特则稍逊一筹。什叶派的势力范围在乱象丛生的中东地区不减反增就是最好的案例，伊朗借助伊拉克战争构筑了包括伊朗－伊拉克－叙利亚－黎巴嫩真主党在内的“什叶派新月带”，成功打入了阿拉伯国家的内部，沙特对此如坐针毡，借此宣扬“什叶派威胁论”，试图通过强化逊尼派国家联盟来孤立和打压伊朗的什叶派。这种对抗还延伸到巴林、黎巴嫩、卡塔尔、巴基斯坦、阿富汗、尼日利亚和摩洛哥的争端，以及在北非和东非、南亚部分地区、中亚和高加索地区的广泛对抗。[①]

二　伊沙交恶的根源探析

（一）宗教意识形态斗争是伊沙交恶的首要因素

什叶派与逊尼派是伊斯兰教的两大主要派别，其最大分歧在于先知穆罕

---

① Zack Beauchamp, “Iran and Saudi Arabia's Cold War is Making the Middle East even more Dangerous,” March 30, 2015, https://www.vox.com/2015/3/30/8314513/saudi－arabia－iran.

默德继承人的合法性问题。什叶派坚持世袭制，认为只有穆圣的女婿兼堂弟阿里及其直系后裔（即穆罕默德·哈希姆家族）才是合法的继承人；而逊尼派则认为哈里发只是信徒的领袖，穆罕默德的门徒、由穆斯林公社推选的哈里发（即安拉使者的继承人）是合法继承人。

逊尼派与什叶派虽然都属于伊斯兰教，但二者差异巨大、互不认可，从本质上来说，是由于长期的政治分裂进而衍生出不同的思想和法律教义。作为少数派的什叶派自产生以来，便与逊尼派不睦。双方矛盾起于教派、民族等观念性因素，但并不局限于信仰层面，权力等物质性因素才是双方冲突的实质。而在当今国际政治中，外部力量的插手则对两大教派力量消长和矛盾冲突的态势变化具有至关重要的影响。1979 年伊朗伊斯兰革命、2003 年伊拉克战争和 2011 年开始的阿拉伯剧变浪潮，都是两大教派冲突在中东地区呈现新态势的关节点。

2017 年 6 月初，以沙特为首的数个阿拉伯国家相继宣布与卡塔尔断绝外交关系，并逐渐演变成波斯湾地区数十年来最为严重的危机之一。原因就是卡塔尔与伊朗的交好，沙特媒体指责卡塔尔站到了逊尼派国家“敌人”什叶派国家的一边。此次事件折射出什叶派与逊尼派之间不可调和的矛盾。可见逊尼派和什叶派不仅是伊沙两个民族国家的凝结剂，而且逐渐演变成了伊沙地区博弈的工具，对伊沙关系发展的影响不可忽视。

（二）国家利益之争是双方关系恶化的核心

第一，伊沙石油经济之争。沙特和伊朗不仅在政治、宗教上矛盾重重，同样也是国际油市上的“死对头”。伊沙两国丰富的油气资源和相似的经济结构，使两国争相拓展各自的石油市场，以此来增加国家的外汇收入，故而伊沙在国际石油市场的竞争难以避免。伊沙在能源政策上存在巨大分歧进一步刺激了两国关系的恶化。拥有庞大石油储量和较少人口的沙特，更有兴趣从长远角度看待全球石油市场，并鼓励降低油价，从而保证其全球市场份额。相比之下，伊朗在两伊战争和国际社会严厉制裁后经济发展远远落后于沙特，伊朗被迫在短期内关注高物价，所以其追求的是通过石油产量的控制和占据国际石油市场增加外汇收入。近年来，萨勒曼国王对国内政策进行了重大改革，进一步影响了2016年的地区动态。随后在与俄罗斯的石油产量谈判中沙特不断要求伊朗减产，沙特将打压伊朗石油的国际市场落实到其外交的具体事务中，可见两国石油经济竞争的激烈。

第二，安全利益之忧。中东地区自古以来作为兵家必争之地战火不熄，伊沙之间的代理人战争使双方面临的安全威胁有增无减，相比伊朗，沙特对伊朗在地区事务中的一举一动更为敏感。一方面，随着伊朗精心构筑的“什叶派新月带”轴心在阿拉伯半岛逐渐成形，这个“新月带”打入了阿拉伯世界的内部，是对以沙特为首的阿拉伯逊尼派阵营的严重挑战。另一方面，伊朗核问题一直以来都是沙特的心头之患，一旦伊朗拥有核武器，那么伊朗将完全打破伊沙实力平衡，可以说对地区领导权的“龙椅”触手可及。随着伊朗核制裁的解除，伊朗的石油将重新回到国际市场，这不仅意味着伊朗石油收入的增加，而且还代表着伊朗对“什叶派新月带”势力资助财力的恢复。可以说伊朗对于沙特的安全利益的威胁无处不在。为此，沙特为了应对伊朗不断增加的威胁不得不大幅增加国防支出，大量进口先进的美式武器，力争保持对伊朗的战略平衡。

（三）周边国家局势是地区领导权之争的着力点

双方借周边国家的乱局纷纷拓展自己的势力范围，力图在地区领导权的争夺上走在对方前面。

第一，也门内战对伊沙关系的演变举足轻重。积贫积弱的也门作为伊沙地缘争霸的主要战场，是伊沙关系走向的重要域内因子。也门胡塞武装是伊朗扩大“什叶派新月带”势力范围和对抗沙特及其支持的也门哈迪政府的重要支点。胡塞武装建立的政府虽然没有得到国际社会的承认，但其什叶派的身份和其带来的巨大威胁使敏感的沙特做出了强烈的反应。2016年10月沙特派兵空袭了胡塞武装大本营萨那，直接造成740人伤亡。作为回应，2017年7月胡塞武装向沙特的炼油厂发射了导弹并导致该炼油厂直接爆炸，该导弹正是由伊朗提供。2018年3月初，胡塞武装杀死了四名沙特神枪手，以报复沙特对针对其的多次空袭。[①] 也门内战本质上是由伊朗支持的胡塞武装和以沙特为首的阿拉伯国家支持的哈迪政府之间的较量，任何一方取胜都将对伊沙关系产生不可小觑的影响。如若胡塞武装取得胜利，将意味着伊朗主导的“什叶派新月带”势力范围的进一步扩展，将会对沙特的地缘政治安全造成严重影响；反之，则意味着沙特在阿拉伯世界的大国和领头羊地位将得到进一步的强化。

第二，叙利亚危机对伊沙关系的影响不容忽视。自叙利亚危机爆发以来，伊朗对叙利亚政府的支持彻底而且统一，包括最高精神领袖、政治和军方均坚持支持阿萨德政权，反对反政府武装并做出了实质行动，在过去5年的叙利亚战争中伊朗为巴沙尔政权提供了力所能及的支持，直接派出地面部队支援叙利亚政府军，部队曾担任顾问、保安人员、特种部队、技术人员和前线部队的角色。相反，沙特和美国则支持叙利亚的反对派，并称巴沙尔政权是恐怖主义。在一定程度上叙利亚危机加剧了伊沙关系的恶化，使两国直接军事对峙的风险增加，叙利亚成为影响伊沙关系的不可忽视的域内国家。

第三，伊沙对地区领导权之争。伊朗作为中东地区极具影响力的什叶派国家的领头羊，在经济发展潜力、工业水平、人口红利和资源禀赋等领域极具优势，加之伊朗扼守霍尔木兹海峡，控制世界石油运输通道波斯湾的咽喉，可谓“一夫当关，万夫莫开”，伊朗强大的文化连续性支持使其更有潜力成为中东地区的领头羊。沙特作为中东地区逊尼派国家大本营和海合会国家的“老大哥”，不仅在经济上领先伊朗，而且有海合会等富有的兄弟国家，值得一提的是美国也为其盟友，在地区事务中美国一向采取支持沙特遏制伊朗的政策，在强大的“背景”和经济实力支持下，沙特在西亚乃至中东称王称霸的兴趣越来越浓。因此，沙特和伊朗都瞄准地区的大国之位，从而造成了两国的纷争。

（四）“镜像”式民族主义是伊沙争斗的发起点

民族主义是对一个民族的忠诚和奉献，特别是指一种特定的民族意识，

① “Yemeni Sharpshooters Kill Four Saudi Soldiers in Retaliatory Attacks,” *Shiite News*, March 7, 2018.

即认为自己的民族比其他民族优越，特别强调促进和提高本民族文化和本民族利益以对抗其他民族的文化和利益。[①] 沙特的阿拉伯民族和伊朗的波斯民族是一种镜像的关系，即都认为本民族是最优越的，而对方民族次之，彼此对于对方的认识也是相互对称的。沙特民族中心思想是阿拉伯世界从大西洋至阿拉伯海的所有人建立一个有着共同语言、文化、宗教与历史遗产的国家，具有很强的征服者和统一特性。伊朗人民接受了认主独一的《古兰经》，自认为波斯人至高无上，其他民族无法媲美。同时伊朗伊斯兰化的过程也是伊斯兰教伊朗化的过程。伊朗人一直崇尚自己的民族性。阿拉伯民族和波斯民族在中心思想上的巨大分歧和两国悠久的历史演变使民族主义不仅在中东地区扎根，而且随着时间的推移不断加强。[②] 正是由于这种狭隘的“镜像”式民族主义，使得波斯民族的伊朗与周边阿拉伯国家的关系在新时期摩擦事件屡见不鲜，进而影响两国关系的发展。

（五）美国是伊沙对抗的催化剂

沙特与伊朗之间在地缘政治、民族矛盾和教派冲突的矛盾是双方关系恶化的内因，而美国则是影响伊沙关系最关键的外部因素，也是伊沙关系恶化的催化剂。特朗普上台后，伊沙关系不断恶化直至断交是美国中东政策消极影响的集中体现。美国中东政策对伊沙关系的离间主要体现在以下几个方面。

第一，特朗普上台后美国极力渲染“伊朗威胁论”，并推行利用沙特对伊朗进行遏制的政策，破坏了当时正日益改善的伊沙关系。

第二，美国不断增加对沙特的军售，增加了沙特在伊沙对抗中的筹码，沙特在伊沙地缘争霸中的不利地位得到改善，先进的美式装备增强了沙特的军事能力，同时使伊朗的国防压力倍增，伊朗则不断通过发展不对称武器来抵消这种优势，进一步刺激伊沙关系在军事上对峙的可能。

第三，特朗普政府否定奥巴马政府在伊核问题上的外交遗产，单方面撕

---

① 徐讯：《民族主义》，中国社会科学出版社，1998，第40页。

② James Gelvin, “Modernity and its Discontents: On the Durability of Nationalism in the Arab Middle East,” *Nations and Nationalism* 5（1），1999.

毁核协议，并采取史无前例的强硬政策制裁伊朗，将伊朗列为支持恐怖主义的国家，以此激化沙特与伊朗的新一轮对抗。

对于美国来说，遏制伊朗既有减少伊朗石油出口，为美国石油出口降低阻力的一面，也可以通过强化美国与沙特盟友关系，为推动军售创造条件，可谓一箭双雕。在利益面前美国绝对不会放松对伊朗的遏制，这无疑增加了沙特对抗伊朗的底牌。

三　未来伊沙两国关系的前瞻

（一）伊沙双雄对峙，短期内难以调和

总体上来看，伊沙双方的对抗已经不仅仅局限于宗教和民族，而是演变为涉及地区事务、经济、军事、安全等全方位的对抗，双方为争夺中东地区领导权，在短期内仍将延续二元对立的状态，难以调和。从伊沙关系恶化的宗教因素来看，伊沙两国的教派矛盾已持续千年，并且伊沙因宗教矛盾直接恶化，所以伊沙在宗教上的博弈短期内难以缓和；双方在也门和叙利亚代理人战争等地区问题上面，因受到多重因素干扰继续对抗的可能性极高，加之美国和俄罗斯等大国做后盾，伊沙关系缓和在短期内也难以实现。

伊核协议签署之后，伊朗经济随着制裁的逐渐解除有所好转，在地区事务中的投入力度加大，包括投入资金和物力援助叙利亚、也门，打击 ISIS 等，在中东的地缘影响力也不断上升。而且伊朗发展不对称武器及其在国际社会中始终保持热度，可以预见在短期内伊朗在中东地区的影响力只增不减。与此同时，沙特作为最大的产油国，依靠其雄厚的经济实力和美国的支持，将依然是伊朗在中东最主要的竞争对手之一。

（二）伊沙双方在石油市场领域的竞争可能加剧

通过石油价格战来打压竞争对手是沙特惯用的行之有效的手段之一。伊朗是世界第四大石油生产国、欧佩克第二大石油输出国，石油也是伊朗的经

济命脉和外汇收入的主要来源之一。因此，自伊朗重返国际原油市场以来，沙特就开始运用石油价格来遏制伊朗。沙特和伊朗在争夺市场份额的大战中寸土不让，沙特方面坚决维持低油价，企图对伊朗施加经济压力，以此延缓伊朗经济恢复的速度。

2018 年 5 月 8 日，美国单方面宣布退出伊核协议并将对伊朗采取“最高级别”的经济制裁，要求所有国家在 11 月 4 日前停止进口伊朗石油，否则将面临制裁。对此，沙特方面第二天就迅速做出回应，暗示将提高原油产量以弥补市场供应短缺。此后，美国总统特朗普表示，沙特国王萨勒曼已同意他的要求，即增加石油产量“可能最多”为 200 万桶。沙特政府也发表声明：美沙两国领导人均认同保持石油市场稳定的重要性，沙特王储本・萨勒曼强调了产油国弥补任何潜在石油供应短缺的必要性。

反观伊朗方面，伊朗驻石油输出国组织代表侯赛因・卡赞普尔・阿德比利表示，沙特等国根本填补不了伊朗遭“封杀”所致的石油供应缺口。同时，伊朗也利用控制着世界石油运输的战略通道——霍尔木兹海峡这一优势对美国的制裁威胁发出了强硬的回应。伊朗暗示，如果美国制裁其石油出口，伊朗部队就会封锁霍尔木兹海峡，中断波斯湾的石油运输。

（三）美国将是伊沙双边关系走向中的重要角色

沙特与伊朗之间存在地缘政治、民族矛盾和教派冲突是双方关系恶化的内因，但美国则是影响伊沙关系最为关键的外部因素。由于伊朗坚持反美、反以色列立场，美一直视伊朗伊斯兰政权为美推行中东战略的一大障碍。美国的中东政策中对伊朗的遏制和打压将影响伊朗与沙特之间的力量平衡，进而左右伊沙关系的最终走向。

特别是 2018 年 5 月美国单方面退出伊核协议以后，美国展现出十分明确的对伊强硬政策，预示着美国与伊朗之间的对抗或将加剧，这将对中东地区安全和稳定造成负面影响。因此，美国很可能成为伊沙两国关系调整的重要转折点。

B.7

2017年伊朗和叙利亚关系*

陈利宽**

摘　要： 2017年以来，伊朗和叙利亚之间的同盟关系继续发展巩固，两国在政治、外交、军事、经济和科技文化领域的合作紧密，伊朗继续对叙利亚巴沙尔政权进行全方位支持。两国关系的发展也遭受伊朗国内经济低迷、伊朗国内恐怖主义威胁增多、美国及其盟友的打压等不利因素的挑战。两国关系将在经受各种挑战后继续强化，共同的国家战略利益、共同面临的风险和挑战的长期存在以及伊朗在外交上的灵活性将使两国的同盟关系更加牢固。

关键词： 伊朗　叙利亚　同盟

一　伊朗对叙利亚的坚定支持依旧

2017年以来，伊朗和叙利亚之间的同盟关系牢固依旧，两国在政治、外交、军事、经济和科技文化领域的合作紧密，伊朗继续对叙利亚巴沙尔政权进行全方位支持。

* 本文是陕西省教育厅重点科研项目“当代土耳其反西方思潮研究”（项目编号：16JZ081）和延安大学2017年博士科研启动项目（项目编号：YDBK2017－30）的阶段性成果。

** 陈利宽，博士，延安大学历史系讲师，西南大学伊朗研究中心兼职研究员。

（一）政治支持

1. 谴责美国及其盟友干预侵犯叙利亚

2017 年 4 月 7 日，特朗普以巴沙尔政府使用化学武器攻击平民为借口下令空袭叙利亚，美军对叙利亚政府军事基地发射了 59 枚战斧式巡航导弹。伊朗政府强烈谴责美军空袭叙利亚，声援巴沙尔政权。“伊朗强烈谴责任何此类行动……这些措施将加强叙利亚的恐怖分子力量……这将使叙利亚和该地区的局势复杂化”，伊朗学生通讯社（ISNA）援引外交部发言人巴赫拉姆·卡西米（Bahram Qasemi）的话说。[①] 伊朗驻联合国代表霍拉姆里·霍什鲁（Gholamali Khoshroo）于4 月 8 日发言称美国对叙利亚的空中打击帮助了恐怖分子。[②] 伊朗外长扎里夫表示：“美国对叙利亚的空中打击严重违反了国际法，是威胁的先例。”[③] 伊朗最高领袖哈梅内伊针对美国对叙利亚发动的空袭表示，伊朗不会因为美国的对叙打击而选择从叙战场撤退。[④] 4 月 11 日，伊朗外长扎里夫要求联合国安理会秘书长安东尼奥·古铁雷斯（Antonio Guterres）对叙利亚化学武器袭击事件进行公正调查。[⑤] 同一天，伊朗国防部部长侯赛因（Hossein Dehqan ）准将和俄罗斯国防部部长绍伊古进行电话会议，双方共同谴责美国对叙利亚发动空袭，认为美国的行为违反

---

① Saudi Arabia, “Iran, Others React to US Strike in Syria,” *Syria News*, Al Jazeera, https://www.aljazeera. com/news/2017/04/saudi – arabia – iran – react – strike – syria – 170407054521418. html.

② “U. S. Airstrike on Syria Emboldens Terrorist, Iran Says,” *Tehran Times*, http://www. tehrantimes. com/news/412460/U – S – airstrike – on – Syria – emboldens – terrorist – Iran – says, April 8, 2017.

③ “Zarif: U. S. Airstrike on Syria Sets ‘Dangerous Precedent’,” *Tehran Times*, http://www. tehrantimes. com/news/412452/Zarif – U – S – airstrike – on – Syria – sets – dangerous – precedent, April 8, 2017.

④ “Ayatollah Khamenei Says Iran not Cowed by U. S. Attack on Syria,” *Tehran Times*, http://www. tehrantimes. com/news/412491/Ayatollah – Khamenei – says – Iran – not – cowed – by – U – S – attack – on – Syria, April 9, 2017.

⑤ “Zarif Pushes for Global Investigation of Chemical Attack in Syria,” *Tehran Times*, http://www. tehrantimes. com/news/412519/Zarif – pushes – for – global – investigation – of – chemical – attack – in – Syria, April 11, 2017.

国际法和联合国宪章，是在为虎作伥，助长了恐怖分子的嚣张气焰。①

4 月 18 日，伊朗国防部部长侯赛因准将警告美国欺凌弱小国家和干涉别国内政，他称美国的强权时代已经走向终结。他还批评美国支持恐怖分子的行为，今天叙利亚等地恐怖分子正使用美国的武器到处肆虐。② 23 日，伊朗武装力量参谋长马苏德·贾瓦耶里（Massoud Jazayeri）准将发表讲话，认为大国的强权政治是今天中东地区叙利亚等国出现恐怖主义的重要根源。他将矛头指向以美国为首的西方国家。③ 27 日，以色列军队以打击黎巴嫩真主党武装力量为由使用弹道导弹对大马士革机场附近的一个军事仓库发动袭击。伊朗和俄罗斯政府当日强烈谴责了以色列的这次空袭。④ 次日，伊朗外交部发言人卡西米发表讲话，谴责此次袭击是犹太复国主义政权对叙利亚领土的攻击。他认为："以色列犹太复国主义政权的反复侵犯损害了叙利亚的主权和领土完整，也违反了国际社会一直反恐的共识。"他呼吁联合国不要对该事件保持沉默。⑤

6 月 4 日，伊朗驻叙利亚大使贾瓦德·托尔克巴迪（Javad Torkabadi）在大马士革表示，伊朗政府坚定支持叙利亚巴沙尔政府。他强调伊朗已经发现了美国和以色列在叙利亚冲突中有多个阴谋计划，伊方将坚决与这两国做斗争。⑥ 23 日，美国白宫宣称叙利亚政府正在密谋另外一次化学武器袭击。

① "Iran, Russia's Defense Chiefs Discuss U. S. Air Strike on Syria," *Tehran Times*, http: //www. tehrantimes. com/news/412540/Iran – Russia – s – defense – chiefs – discuss – U – S – air – strike – on – Syria, April 12, 2017.

② "Iran Warns America against Bullying Other Countries," *Tehran Times*, http: //www. tehrantimes. com/news/412771/Iran – warns – America – against – bullying – other – countries, April 19, 2017.

③ "Terrorism is Result of Hegemonic Policies: Iranian General," *Tehran Times*, http: //www. tehrantimes. com/news/412876/Terrorism – is – result – of – hegemonic – policies – Iranian – general, April 23, 2017.

④ "Iran, Russia Review Recent Development in Syria," *Tehran Times*, http: //www. tehrantimes. com/news/412987/Iran – Russia – review – recent – development – in – Syria, April 29, 2017.

⑤ "Iran Says Israeli Attack on Syria Violates International Law," *Tehran Times*, http: //www. tehrantimes. com/news/413005/Iran – says – Israeli – attack – on – Syria – violates – international – law, April 29, 2017.

⑥ "Tehran to Stand behind Syria: Diplomat," *Tehran Times*, http: //www. tehrantimes. com/news/414007/Tehran – to – stand – behind – Syria – diplomat, June 6, 2017.

针对美方的说法，伊朗最高国家安全委员会秘书阿里·沙姆哈尼于28日对美国发出警告，说美国在叙利亚的非法行为是最明显的玩火自焚的例子。他还借此谴责美国在4月对叙利亚发动非法军事打击。①

9月3日，卡西米强烈谴责美军在叙利亚封锁运送叙利亚儿童和妇女车辆的行为，这些车辆要将包括妇女儿童在内的叙民众运出交战区。② 12日，沙姆哈尼在评论美国的叙利亚反恐战争时表示，美国及其盟友并不是真正的反恐，他们试图通过操控恐怖组织实现自身的利益。③

10月7日，伊朗军队高官穆罕默德·巴盖里（Mohammad Baqeri）少将在接受采访时强调伊朗和叙利亚关系的重要性，他认为叙利亚是伊朗与恐怖分子作战的最前线。他还谴责以色列犹太复国主义政权在背后支持活跃在叙利亚的恐怖组织。④ 11日，鲁哈尼在接受采访时表示，美国总统表示准备退出核协议，对伊朗恼火。原因是伊朗伊斯兰革命卫队在叙利亚对美国支持的“伊斯兰国”的打击使美国蒙羞。⑤

2018年1月26日，伊朗最高国防大学（Supreme National Defense University of Iran）校长称美国等西方国家正在将“伊斯兰国”武装人员遣散到阿富汗和中亚地区。⑥ 3月14日，在美国以化武袭击为由要军事打击巴

① “Iran Warns U. S. not to ‘Play with Fire’ in Syria,” *Tehran Times*, http://www.tehrantimes.com/news/414622/Iran-warns-U-S-not-to-play-with-fire-in-Syria, June 28, 2017.

② “Iran Condemns U. S. Siege of Civilians in Syria,” *Tehran Times*, https://www.tehrantimes.com/news/416534/Iran-condemns-U-S-siege-of-civilians-in-Syria, September 4, 2017.

③ “Shamkhani: U. S. Seeking to Manage, not Eradicate Daesh,” *Tehran Times*, https://www.tehrantimes.com/news/416733/Shamkhani-U-S-seeking-to-manage-not-eradicate-Daesh, September 12, 2017.

④ “Iran Sees Syria as Main Front Line against Enemies: Commander,” *Tehran Times*, https://www.tehrantimes.com/news/417339/Iran-sees-Syria-as-main-front-line-against-enemies-commander, October 7, 2017.

⑤ “Rouhani: U. S. Angry because IRGC Humiliated Daesh,” *Tehran Times*, https://www.tehrantimes.com/news/417526/Rouhani-U-S-angry-because-IRGC-humiliated-Daesh, October 11, 2017.

⑥ “U. S. Moving ISIS Militants to Afghanistan: Iranian General,” *Tehran Times*, https://www.tehrantimes.com/news/420722/U-S-moving-ISIS-militants-to-Afghanistan-Iranian-general, January 27, 2018.

沙尔之际，伊外交部发言人卡西米猛烈抨击美国对中东地区的敌对政策，他认为美国没有干涉叙利亚的权力。[①] 2018 年 4 月 13 日，美英法再次空袭叙利亚，旨在回应大马士革郊区杜马发生的疑似化武袭击。伊朗各界再次强烈谴责美国的非法行径。伊朗外交部谴责以美国为首的西方对叙军事干涉，并称这违背了国际法和国际准则，侵犯了叙利亚的领土和主权，将给地区造成严重后果。[②] 伊朗伊斯兰议会发言人谴责美国军事打击叙利亚，称哪里有美国干涉哪里就有恐怖主义。[③] 7 月 1 日，伊朗军方高级发言人阿布拉菲兹·舍卡齐（Abolfazl Shekarchi）准将称，美国海军正将化学武器运往海湾国家，然后转运到叙利亚和伊拉克。美国试图再次通过危险的举动显示它在叙利亚和伊拉克的存在感，以挽救其在叙利亚的不利态势。[④] 该发言意在谴责美国将会继续以化学武器为由头军事打击叙利亚政府军。9 月 5 日，伊朗外交部副部长安萨里称，有证据显示恐怖分子正往伊德利卜省运送化学武器。

2. 政治互访频繁

2017 年 1 月 1 日，伊朗最高领袖哈梅内伊的顾问阿里·阿克巴尔·韦拉亚提（Ali Akbar Velayati）在和叙利亚外长会晤中表示伊朗将与叙利亚长期保持战略合作。他说："自从哈菲兹·阿萨德先生时期开始，伊朗就与叙利亚保持长期战略关系，这种关系将持续下去。"[⑤] 韦拉亚提称赞叙利亚解放阿勒颇的战斗，称之为"胜利中的胜利"。拉里贾尼表示，伊朗长期和叙

---

① "Iran Warns U. S. about Intervention in Syria," *Tehran Times*, https://www.tehrantimes.com/news/422086/Iran-warns-U-S-about-intervention-in-Syria, March 4, 2018.

② "Iran Condemns U. S. Military Attack on Syria Strongly," *Tehran Times*, https://www.tehrantimes.com/news/422597/Iran-condemns-U-S-military-attack-on-Syria-strongly, April 14, 2018.

③ "Wherever U. S. has Made Military Intervention Terror has Emerged: Larijani," *Tehran Times*, https://www.tehrantimes.com/news/422705/Wherever-U-S-has-made-military-intervention-terror-has-emerged, April 16, 2018.

④ "U. S. Transferring Chemicals to Iraq, Syria: General," *Tehran Times*, https://www.tehrantimes.com/news/424969/U-S-transferring-chemicals-to-Iraq-Syria-general, July 1, 2018.

⑤ "Velayati Calls Iran-Syria Ties 'Strategic'," *Tehran Times*, http://www.tehrantimes.com/news/409677/Velayati-calls-Iran-Syria-ties-strategic, January 1, 2017.

利亚政府和人民站在一起，叙利亚政府和人民必将是胜利者。他认为“伊斯兰国”和“胜利阵线”的存在是地区和平与安全的主要威胁，而叙利亚站在反恐前线，他呼吁地区国家和伊斯兰世界共同努力对抗恐怖势力。① 次日，伊朗外交部发言人卡西米在记者招待会上发言，驳斥路透社发布的叙利亚将被各方划定势力范围的报道，他表示伊朗现在正捍卫叙利亚的领土和主权完整，将来还会这么做。②

4 月 9 日，鲁哈尼与巴沙尔举行电话会议，鲁哈尼谴责美国空袭叙利亚，并表示伊朗将坚定地和进行反恐斗争的叙利亚人民站在一起，维护叙利亚的领土完整。③

8 月 6 日，沙姆哈尼和叙利亚总理哈米斯在德黑兰举行会晤。沙姆哈尼强调叙利亚各方通过内部谈判达成和解的重要性。他还批评西方国家的举措正在破坏叙利亚的反恐斗争和破坏地区和平。他表示，伊朗将继续坚定地支持叙利亚政府和人民，直到叙利亚迎来和平。④

9 月 30 日，伊朗伊斯兰议会发言人的高级顾问侯赛因·阿米尔·阿不都拉欣（Hossein Amir-Abdollahian）与叙利亚议员、叙民族对话委员会副主任侯赛因·拉吉卜·侯赛因（Hussein Ragheb al-Hussein）进行会晤，他表示伊朗将一直援助叙利亚政府和人民进行反恐战争，伊朗将尽最大能力帮助遭受“伊斯兰国”围攻的福阿（Fua'a）和卡法亚（Kafraya）等什叶派民众居住城镇的居民。⑤

---

① “Velayati Calls Iran-Syria Ties ‘Strategic’,” *Tehran Times*, http://www.tehrantimes.com/news/409677/Velayati-calls-Iran-Syria-ties-strategic, January 1, 2017.

② “Report of Dicing Syria into Zones of Influence Nonsensical: Iran,” *Tehran Times*, http://www.tehrantimes.com/news/409725/Report-of-dicing-Syria-into-zones-of-influence-nonsensical-Iran, January 2, 2017.

③ “Rouhani Reassures Assad of Iran's Support,” *Tehran Times*, http://www.tehrantimes.com/news/412493/Rouhani-reassures-Assad-of-Iran-s-support, April 9, 2017.

④ “Iran Says to Continue Backing Syria until Security Prevails,” *Tehran Times*, https://www.tehrantimes.com/news/415710/Iran-says-to-continue-backing-Syria-until-security-prevails, August 6, 2017.

⑤ “Tehran Fully Backs Besieged Residents of Fua'a, Kafraya in Syria,” *Tehran Times*, https://www.tehrantimes.com/news/417187/Tehran-fully-backs-besieged-residents-of-Fua-a-Kafraya-in-Syria, September 30, 2017.

10月18日，叙利亚军队参谋长阿尤布（Ali Abdullah Ayoub）中将和伊朗军队高官巴盖里少将在大马士革举行联合记者招待会，他表示，伊朗和叙利亚两国的关系牢不可破。他说："叙利亚和伊朗伊斯兰共和国在许多领域有共同的观点，尤其是在打击恐怖主义方面达成一致。"巴盖里表示，伊朗支持叙利亚国家和人民的反恐战争，尊重中东国家的主权和领土完整。他还强调以色列对叙利亚的侵犯是不能接受的。①

次日，巴盖里与叙总统巴沙尔会面。他表示伊朗将继续支持叙利亚的反恐战争，巴沙尔总统对哈梅内伊领袖以及伊朗人民的帮助表示感谢。巴沙尔还称赞伊朗军队在保卫叙境内什叶派圣地战斗中取得的成就，高度赞赏两国在保卫圣地战斗中的合作。他表示，恐怖分子已经穷途末路。② 25日，伊朗和叙利亚两国在德黑兰举行会晤，韦拉亚提和叙利亚外交部副部长费萨尔·梅克达德（Faisal al-Mekdad）参会，费萨尔表示叙利亚政府在反恐战争中获得的成就要归功于伊朗的稳固支持。③

2018年3月1日，伊朗最高领袖哈梅内伊在和叙利亚宗教事务部部长穆罕默德·阿卜杜·萨塔尔·赛义德（Mohammad Abdul-al-Sayyed）率领的叙利亚代表团会谈时高度赞扬巴沙尔总统。他认为巴沙尔是坚持抵抗恐怖组织的斗士。他处事果断。叙利亚处在反恐前线，我们有义务帮助叙利亚。4日，安萨里率团访问叙利亚，与叙总统巴沙尔在内的高官进行了会晤。双方就在阿斯塔纳对话、日内瓦对话以及索契对话的框架下解决叙利亚问题的前景进行了交流。

4月16日，伊朗伊斯兰议会国家安全与外事委员会成员贾迈利（Mohammad-Javad Jamali）表示，伊朗将派遣代表团访问叙利亚，美国的军

---

① "Syrian Army Chief: Syria-Iran Ties are Strategic," *Tehran Times*, https://www.tehrantimes.com/news/417713/Syrian-Army-chief-Syria-Iran-ties-are-strategic, October 18, 2017.

② "Iran's Military Chief Meets Syrian President," *Tehran Times*, https://www.tehrantimes.com/news/417753/Iran-s-military-chief-meets-Syrian-president, October 20, 2017.

③ "Victory over Terrorists Owed to Iran: Syrian Diplomat," *Tehran Times*, https://www.tehrantimes.com/news/417937/Victory-over-terrorists-owed-to-Iran-Syrian-diplomat, October 25, 2017.

事打击不会影响叙利亚和伊朗两国的团结。[①] 9月10日，伊朗前叙利亚问题特使谢巴尼（Mohammad Reza Rauf Sheibani）在接受伊朗伊斯兰共和国通讯社采访时表示，在伊德利卜之战中伊朗将会寻求减少平民伤亡，消灭恐怖分子，坚持叙利亚领土不可分割。[②]

3. 为叙利亚寻求国际支持

（1）和俄罗斯、土耳其三国主导叙利亚问题阿斯塔纳和谈

2017年1月13日，伊朗外交部副部长安萨里和土耳其、俄罗斯同僚在莫斯科举行会面，三方就本月将要举办的阿斯塔纳叙利亚问题和谈进行了提前磋商。23日，伊朗、土耳其和俄罗斯三国协调叙利亚在哈萨克斯坦的阿斯塔纳进行和谈。会议取得了一些重要成果。第一，俄土伊三国就建立叙利亚停火联合监督机制保证停火协议的全面实施等问题达成共识；第二，区别对待叙反对派组织和极端组织，各方就打击恐怖组织达成共识；第三，叙反对派武装加入谈判进程，增强谈判的代表性和可操作性。阿斯塔纳会谈使和平解决叙利亚危机迈出重要一步。2月16日，三国就上个月各方达成的停火协议的后续执行再次在阿斯塔纳开会。[③] 同日，伊朗副外长安萨里和俄方外交部官员在阿斯塔纳就叙利亚近期局势和停战协定维持等问题进行磋商。[④]

5月4日，在第四轮叙利亚问题阿斯塔纳和谈上，伊朗、土耳其、俄罗斯三国同意在叙利亚境内建立四个冲突降级区，在划定的区域内实现停火休

---

① "Iranian Parliamentary Team to Visit Syria after U. S. Attack," *Tehran Times*, https: //www. tehrantimes. com/news/422697/Iranian – parliamentary – team – to – visit – Syria – after – U – S – attack, April 17, 2018.

② "Iran's Priority is to Minimize Human Casualty in Idlib," *Tehran Times*, https: //www. tehrantimes. com/news/427392/Iran – s – priority – is – to – minimize – human – casualty – in – Idlib, September 10, 2018.

③ "Iran, Russia, Turkey Set to Hold Talks on Syria in Astana," *Tehran Times*, http: // www. tehrantimes. com/news/410734/Iran – Russia – Turkey – set – to – hold – talks – on – Syria – in – Astana, February 3, 2017.

④ "Iranian, Russian Officials Review New Developments in Syria," *Tehran Times*, http: // www. tehrantimes. com/news/411151/Iranian – Russian – officials – review – new – developments – in – Syria, February 15, 2017.

战。这一举动为叙利亚全境实现停火创造了良好条件。[①] 26日，伊朗外交部发言人卡西米表示，在条件需要时伊朗将会派遣军队到叙利亚和土耳其、俄罗斯沟通四个冲突降级区政策的执行情况。9月15日，伊朗、俄罗斯、土耳其三国在阿斯塔纳发起叙利亚问题和谈，三方同意落实四个冲突降级区。10月30日，第七轮阿斯塔纳和谈举行，此次和谈的主要成果是建立了伊土俄三国监督停火的机制。

11月19日，伊土俄三国外长在叙利亚会晤，三方达成旨在结束叙利亚动乱的协议。[②] 22日，三国首脑在俄罗斯南部城市索契举行会谈，三方就叙利亚相关问题交换了意见，并发布联合声明。声明涉及三国联合打击叙利亚境内恐怖组织、肯定阿斯塔纳和谈的作用等问题，实现叙利亚问题政治解决需要在建立包容、自由、平等、透明、叙人主导的政治进程以及举行自由、公正选举的条件下进行，三国将对此予以协助。但一切涉及解决叙利亚危机的政治提议都不能破坏叙主权、独立、团结与领土完整。三国呼吁叙政府、反对派以及叙国内各界代表在尊重上述原则的基础上参加将于近期在索契举行的叙利亚全国对话大会。三国呼吁国际社会为帮助缓解叙利亚局势、促进稳定提供支持。

2018年1月20日，土耳其在叙利亚境内的阿夫林地区开展大规模的空中和地面军事行动以打击叙利亚库尔德人武装。伊朗外交部发言人呼吁土耳其终止在该地区的军事行动，称此将给“伊斯兰国”东山再起提供机会，不利于叙利亚和平进程。他称伊朗坚决维护叙利亚的主权和领土完整。他要求土耳其遵守阿斯塔纳和谈协定，通过政治对话解决争端。[③]

9月7日，伊朗、俄罗斯和土耳其三国领导人叙利亚问题峰会在德黑兰举

---

① "Iran, Turkey and Russia Agree on Syria Safe Zones," *Tehran Times*, http://www.tehrantimes.com/news/413152/Iran-Turkey-and-Russia-agree-on-Syria-safe-zones, May 5, 2017；马学清：《叙利亚战争2016~2017：战争的转折与大国博弈》，载杨光主编《中东发展报告No. 19（2016~2017）》，社会科学文献出版社，2017，第201页。

② "Iran, Russia, Turkey Agree on Key Syrian Issues," *Tehran Times*, https://www.tehrantimes.com/news/418594/Iran-Russia-Turkey-agree-on-key-Syrian-issues, November 19, 2017.

③ "Iran Urges Quick End to Military Operations in Syria's Afrin," *Tehran Times*, https://www.tehrantimes.com/news/420562/Iran-urges-quick-end-to-military-operations-in-Syria-s-Afrin, January 21, 2018.

行，三国领导人会后发布共同声明，三方承诺共同努力打击“伊斯兰国”等恐怖组织，尊重叙利亚的主权和领土完整，通过政治谈判方式解决叙利亚冲突，呼吁国际社会对叙利亚进行人道主义援助，帮助叙利亚难民返回国内居住。[①]

（2）加强与其他国际组织和国家的合作

2017 年 1 月 11 日，伊朗非洲与阿拉伯事务部代表安萨里与欧盟代表海尔格·施密德在布鲁塞尔进行会面，伊方代表要求叙利亚重建问题不能设置任何前提条件，反恐的同时重建工作应该同步开展。[②] 3 月 1 日，伊朗总统鲁哈尼在出席经济合作组织会议与土耳其总统埃尔多安以及巴基斯坦总理谢里夫会晤时重申，伊朗尊重地区国家的领土和主权完整，反对任何破坏叙利亚等国领土完整的行为。伊朗支持通过对话和互相尊重的方式解决争端。鲁哈尼呼吁各国努力尽快结束流血战争，终止外部势力干涉地区政治。[③] 8 日，伊朗常驻海牙禁止化学武器组织代表阿里·里扎·贾汉吉（Alireza Jahangiri）在该组织第 84 届执行委员会会议上谴责在叙利亚使用化学武器的行为。他呼吁该组织阻止一些国家颠倒是非，编造叙利亚政府使用化学武器的谎言以军事打击叙政府。[④]

7 月 4 日，出席叙利亚问题阿斯塔纳论坛的伊外交部副部长安萨里在阿斯塔纳会见了联合国叙利亚问题特使斯塔凡·德·米斯图拉（Staffan de Mistura）。安萨里强调联合国在促进叙利亚内部和谈和缓解叙利亚紧张局势过程中发挥的重要作用。米斯图拉表示，联合国支持伊朗、土耳其和俄罗斯

① “Rouhani, Putin, Erdogan Stress Co-op until Terrorists Routed in Syria,” *Tehran Times*, https: //www. tehrantimes. com/news/427254/Rouhani - Putin - Erdogan - stress - co - op - until - terrorists - routed, September 7, 2018.

② “Iran Seeks Syria Reconstruction without Precondition,” *Tehran Times*, http: //www. tehrantimes. com/news/409980/Iran - seeks - Syria - reconstruction - without - precondition, January 12, 2017.

③ “Rouhani Meets Turkey's Erdogan, Pakistan's Nawaz Sharif,” *Tehran Times*, http: //www. tehrantimes. com/news/411581/Rouhani - meets - Turkey - s - Erdogan - Pakistan - s - Nawaz - Sharif, March 3, 2017.

④ “Iran Condemns Use of Chemical Weapons in Syria, Iraq,” *Tehran Times*, http: //www. tehrantimes. com/news/411787/Iran - condemns - use - of - chemical - weapons - in - Syria - Iraq, March 3, 2017.

在阿斯塔纳的会谈。[①]

伊朗还加强与中国等国在叙利亚问题上的沟通。2月21日，中国叙利亚问题特使解晓岩到德黑兰和伊朗高官进行会晤，双方表示将增强共同磋商并就相关问题交换看法。[②] 8月21日，安萨里访问黎巴嫩。在贝鲁特，他与包括黎巴嫩总统米歇尔·奥恩（Michel Aoun）在内的高官进行会晤，会晤的重点是地区问题尤其是叙利亚问题。安萨里和黎巴嫩外长表示两国都支持通过阿斯塔纳和谈解决叙利亚冲突。[③] 9月25日，伊朗国家战略委员会主任卡马尔·哈拉奇（Kamal Kharrazi）与法国外交学院国际部主任米歇尔·杜克罗斯（Michel Duclos）进行会晤，他表示将欢迎法国参与阿斯塔纳叙利亚各方会谈。[④] 2018年1月20日，伊朗官方发布消息，表示欢迎法国参与伊朗、俄罗斯、土耳其等国倡导的叙利亚和谈。[⑤] 4月21日，联合国叙利亚问题特使米斯图拉到伊朗商谈叙利亚问题，他表示伊朗之行对他特别重要，伊朗是叙利亚问题的重要参与者。[⑥] 6月15日，安萨里到日内瓦与土耳其、俄罗斯和联合国举行四方会谈，讨论将来的叙利亚宪法委员会。根据讨论方案，将有100名政府和国内反对派代表及50名外国支持的叙反对派成员参与未来的宪法起草。[⑦]

---

① "Iranian Diplomat Meets UN Syria Envoy in Astana," *Tehran Times*, https: //www. tehrantimes. com/news/414810/Iranian – diplomat – meets – UN – Syria – envoy – in – Astana, July 4, 2017.

② "Chinese Special Envoy for Syria to Travel to Iran," *Tehran Times*, http: //www. tehrantimes. com/news/411261/Chinese – special – envoy – for – Syria – to – travel – to – Iran, February 20, 2017.

③ "Iran, Lebanon Reaffirm Support for Syria Talks," *Tehran Times*, https: //www. tehrantimes. com/news/416157/Iran – Lebanon – reaffirm – support – for – Syria – talks, August 22, 2017.

④ "Iran Urges France to Join Astana Talks on Syria," *Tehran Times*, https: //www. tehrantimes. com/news/417107/Iran – urges – France – to – join – Astana – talks – on – Syria, September 25, 2017.

⑤ "Iran Welcomes Involvement of France in Syria Talks: Source," *Tehran Times*, https: //www. tehrantimes. com/news/422297/Iran – welcomes – involvement – of – France – in – Syria – talks – source, April 4, 2018.

⑥ "UN Envoy de Mistura visits Tehran for Syria Talks," *Tehran Times*, https: //www. tehrantimes. com/news/422858/UN – envoy – de – Mistura – visits – Tehran – for – Syria – talks, April 17, 2018.

⑦ "Iran Joins Quartet to Discuss Syrian Constitutional Committee," *Tehran Times*, https: //www. tehrantimes. com/news/424547/Iran – joins – quartet – to – discuss – Syrian – constitutional – committee, June 18, 2018.

（二）经济和人道主义支持

2017年1月3日，由伊朗议会国家安全与外交事务委员会主席阿拉艾丁·布鲁杰尔迪（Alaeddin Boroujerdi）率领的伊朗议会代表团到叙利亚访问，得到巴沙尔总统的接见。双方回顾两国的长久关系，并就提升双边关系交换了看法。双方还达成若干经济合作协议。[①]

2017年初，大马士革的城市居民用水出现困难，伊朗协调土耳其、俄罗斯和联合国帮助恢复对大马士革的城市供水。[②]

1月16日，叙利亚总理伊玛德·哈米斯（Imad Hamis）率团访问伊朗。访问期间，两国进行了广泛的经济磋商。他和伊朗最高国家安全委员会秘书阿里·沙姆哈尼（Ali shamhani）就两国在经济政治和安全领域达成的一系列协议进行磋商。[③] 经济领域，伊朗同意在叙利亚合作建设油气存储设施和码头，两国就移动通信运营、肉牛饲养等领域的合作达成备忘录。伊朗商业、工业、矿业和农业商会（Iran Chamber of Commerce, Industries, Mines and Agriculture ，简称ICCIMA）主席格拉姆·侯赛因·沙菲尔（Gholam-Hossein Shafeie）与叙方就伊朗私营企业在叙经济重建中的作用等问题进行磋商。双方研究联合成立商贸委员会、两国互派贸易代表团等问题。沙菲尔认为两国的经济交往不应该局限于商贸领域，两国应拓展在工业项目领域的合作。伊朗政府愿意让更多的企业参与和叙利亚的经济合作。[④]

---

① "Assad Says Gains in Syria Shared by Iran," *Tehran Times*, http://www.tehrantimes.com/news/409791/Assad – says – gains – in – Syria – shared – by – Iran, January 4, 2017.

② "Russia, Iran, Turkey Working to Restore Water Supply to Damascus," *Tehran Times*, http://www.tehrantimes.com/news/410021/Russia – Iran – Turkey – working – to – restore – water – supply – to – Damascus, January 13, 2017.

③ "Syrian PM Visits Iran," *Tehran Times*, http://www.tehrantimes.com/news/410149/Syrian – PM – visits – Iran, January 16, 2017.

④ "Iranian Private Sector Discusses Enhancement of Bonds with Syria," *Tehran Times*, http://www.tehrantimes.com/news/410202/Iranian – private – sector – discusses – enhancement – of – bonds – with – Syria, January 18, 2017.

5月25日，伊朗和叙利亚两国在大马士革签署一系列促进两国经济进一步合作的协议。出席签字仪式的有叙利亚经济与外贸部部长穆罕默德·萨米尔·哈里尔（Mohammad Samer al-Khalil）和伊朗经济发展促进委员会赛义德·奥哈迪（Saieed Ohadi）。[①] 7月28日，ICCIMA主席马苏德·汉萨里（Massoud Khansari）和叙利亚驻伊朗大使阿德南·穆罕默德（Adnan Mahmoud）举行会谈，双方将签署关键领域的经济合作备忘录，以推动两国关系的发展。叙方表示，伊朗企业在叙利亚经济重建中扮演重要角色。[②]

8月18日，ICCIMA副主席侯赛因·萨拉瓦尔齐（Hossein Salahvarzi）和叙利亚商会主席穆罕默德·贾桑·卡拉（Mohammad Ghassan Al Qallaa）在大马士革会晤，双方表示将继续推进商贸合作，伊朗私营部门表示渴望到叙利亚发展。[③]

9月12日，伊朗能源部官员萨塔尔·马莫迪（Sattar Mahmoodi）表示，伊朗已经和叙利亚政府签署多项协议，伊方将帮助叙利亚重建发电厂和电力运输设施。叙利亚国家新闻称，叙利亚政府签署了一份为阿勒颇建立伊朗发电厂的合同，叙利亚国家通讯社报道称，这初步表明，德黑兰预计将在叙利亚重建中发挥重要作用。据美联社报道，叙利亚电力部部长祖哈尔·卡布托里（Zuhair Kharboutli）访问伊朗时，与伊朗麦纳（Mapna）公司签署了合同。这笔合同的估值为1.3亿欧元。伊朗建设的五家天然气发电厂将为战前叙利亚最大城市阿勒颇提供125兆瓦的电力。卡布托里还与伊朗签署了谅解备忘录，将在拉塔基亚沿海地区建立五家发电厂，并在全国范围内恢复电力

① "Tehran, Damascus Sign Document on Boosting Economic Co-op," *Tehran Times*, http://www.tehrantimes.com/news/413771/Tehran-Damascus-sign-document-on-boosting-economic-co-op, May 27, 2017.

② "Iran, Syria to Ink MOU on Strategic Economic Co-op," *Tehran Times*, https://www.tehrantimes.com/news/425929/Iran-Syria-to-ink-MOU-on-strategic-economic-co-op, July 29, 2018.

③ "Iran, Syria to Expand Economic Ties through Chambers of Commerce," *Tehran Times*, https://www.tehrantimes.com/news/416025/Iran-Syria-to-expand-economic-ties-through-chambers-of-commerce, August 18, 2017.

基础设施。这些新电厂将发电 540 兆瓦。[①]

11 月 25 日，鲁哈尼总统向巴沙尔总统道贺，祝贺叙利亚政府击败“伊斯兰国”，光复国土。他还表示伊朗已经准备好帮助叙利亚实施战后重建。[②]

（三）军事支持

2017 年以来，伊朗招募大量阿富汗人到叙利亚援助叙利亚政府军作战。据伊朗烈士与军人退伍组织（Martyrs and War Veterans Organization）领导人的说法，3 月 13 日最高领袖哈梅内伊已经发布宗教法令鼓励伊朗政府同意在伊朗政府进行登记的阿富汗人赴叙利亚参加保卫什叶派宗教圣地的战斗。[③]

据法尔斯通讯社 6 月 12 日报道，伊朗军队法特米扬旅（Fatemiyoun Brigade）被派往伊拉克和叙利亚边境地区执行任务。伊斯兰革命卫队司令卡塞姆·苏莱曼尼将军到该旅慰问。2014 年，该旅由伊朗政府招募的阿富汗人组建，到叙利亚帮助叙利亚政府进行反恐战争。该旅战斗人员数量估计在 2 万人以上。[④]

6 月 18 日，伊朗军队为反击“伊斯兰国”在德黑兰发动的恐怖袭击，对代尔祖尔的“伊斯兰国”武装人员发动导弹打击。伊斯兰革命卫队共发射 6 枚地对地中程弹道导弹。6 月 19 日，革命卫队发布了伊军无人机在行动中飞越城市所记录的航拍视频，确认导弹已成功击中目标。[⑤]

2017 年 9 月 24 日，伊斯兰革命卫队出动无人机对叙利亚伊拉克边境的

① “Iran Signs Deals to Reconstruct Power Lines in Syria,” *Tehran Times*, https://www.tehrantimes.com/news/416721/Iran-signs-deals-to-reconstruct-power-lines-in-Syria, September 12, 2017.

② “Rouhani Declares Iran is Ready to Rebuild Syria,” *Tehran Times*, https://www.tehrantimes.com/news/418802/Rouhani-declares-Iran-is-ready-to-rebuild-Syria, November 25, 2017.

③ “Iran Granted Citizenship to Afghans Fighting in Syria: Tasnim,” *Tehran Times*, http://www.tehrantimes.com/news/411899/Iran-granted-citizenship-to-Afghans-fighting-in-Syria-Tasnim, March 13, 2017.

④ “Iran Deploys Forces at Syria-Iraq Border: Fars,” *Tehran Times*, http://www.tehrantimes.com/news/414213/Iran-deploys-forces-at-Syria-Iraq-border-Fars, June 13, 2017.

⑤ “Iran Fires Missiles at ISIS in Syria for Tehran Attacks,” *Tehran Times*, http://www.tehrantimes.com/news/414399/Iran-fires-missiles-at-ISIS-in-Syria-for-Tehran-attacks, June 19, 2017.

叙利亚代尔祖尔地区“伊斯兰国”目标进行轰炸，摧毁多个目标。[①]

10月5日，由阿富汗人组成的伊朗军队法特米扬旅在代尔祖尔地区的反恐战争中取得重大突破。该旅指挥官在接受采访时说，目前该旅正在向代尔祖尔省要地迈亚丁市推进。[②]

10月23日，伊朗被动防御组织（Passive Defense Organization）军官格拉姆·里扎·贾拉里（Gholam Reza Jalali）准将表示，该组织将加大向叙利亚、伊拉克等国提供军事训练。[③] 12月18日，阿里·沙姆哈尼表示，伊朗将继续留在叙利亚帮助叙政府肃清恐怖分子。[④]

11月21日，伊斯兰革命卫队圣城旅苏莱曼尼少将（Major General Qassem Soleimani）向哈梅内伊报喜，称对“伊斯兰国”的作战取得重大胜利。在伊朗的帮助下，叙利亚政府军解放了最后一个被“伊斯兰国”占领的据点布卡迈勒（Bukamal）。[⑤]

7月2日，伊朗最高国家安全委员会秘书沙姆哈尼在发言时表示，伊朗在叙利亚和伊拉克的角色是帮助由伊朗、叙利亚和黎巴嫩三方组成的“抵抗联盟”（Axis of Resistance）反对美国、反对以色列和打击恐怖主义。他对三方在叙利亚和伊朗的反恐战争中取得的成绩表示肯定。[⑥]

---

① “Iran Drones Destroy Several Daesh Bases in Syria,” *Tehran Times*, https：//www.tehrantimes.com/news/417119/Iran-drones-destroy-several-Daesh-bases-in-Syria, September 25, 2017.

② “Fatemiyoun Brigade Advancing against Daesh in Syria,” *Tehran Times*, https：//www.tehrantimes.com/news/417310/Fatemiyoun-Brigade-advancing-against-Daesh-in-Syria, October 5, 2017.

③ “Iran Provides Passive Defense Training for Syria, Iraq, and Hezbollah,” *Tehran Times*, https：//www.tehrantimes.com/news/417863/Iran-provides-passive-defense-training-for-Syria-Iraq-and-Hezbollah, October 24, 2017.

④ “Iran Remaining in Syria to Finish off Terrorists：Shamkhani,” *Tehran Times*, https：//www.tehrantimes.com/news/419463/Iran-remaining-in-Syria-to-finish-off-terrorists-Shamkhani, December 18, 2017.

⑤ “General Soleimani Congratulates Ayatollah Khamenei on Victory over Daesh,” *Tehran Times*, https：//www.tehrantimes.com/news/418649/General-Soleimani-congratulates-Ayatollah-Khamenei-on-victory, November 19, 2017.

⑥ “Shamkhani Praises Resistance Front's Stunning Successes against Terror in Iraq, Syria,” *Tehran Times*, https：//www.tehrantimes.com/news/414725/Shamkhani-praises-resistance-front-s-stunning-successes-against, July 2, 2017.

2018 年 1 月 30 日，参加索契叙利亚和谈的伊外交部副部长侯赛因·贾巴里·安萨里（Hossein Jaberi Ansari）表示，伊朗军事顾问是应巴沙尔总统邀请合法进入叙利亚的，他们长期帮助叙政府军进行反恐作战。在反恐作战任务完成后，伊朗军事顾问将撤出叙利亚。①

8 月 26 日，伊朗国防部部长阿米尔·哈塔米（Amir Hatami）访问叙利亚，相继会晤了叙利亚国防部部长和总统巴沙尔，并签署了一项军事合作协议。叙伊双方没有正式公布这份军事合作协议的详细内容。哈塔米 27 日在接受采访时透露说，协议包含“复苏叙利亚国防工业”的内容，伊朗方面确保提供“良好服务”。他说，协议“为重建叙利亚军事工业铺平了道路”，将帮助叙利亚政府军和国防工业完全恢复“战斗力”。哈塔米说，伊朗将帮助叙利亚重建军队和军事工业。②

（四）科技文化支持

2017 年 4 月 8 日，伊朗著名电影导演埃博拉西姆·哈塔米科亚（Ebrahim Hatamikia）计划拍摄一部真实反映叙利亚内战的电影。他曾因为拍摄反映两伊战争的电影而出名。该电影将拍摄地点放在叙利亚，以伊朗人的视角反映叙利亚内战。该影片的拍摄也显示出伊朗对叙利亚的支持。4 月 9 日，伊朗在德黑兰摄影中心（Iranian Photographers Center）举行主题展览，以庆祝叙利亚政府收复阿勒颇省。③

4 月中旬，第 35 届伊朗曙光旬国际电影节在德黑兰举办。数部以打击“伊斯兰国”为题的电影公开展出。伊朗曙光旬国际电影节于 1982 年创办，是伊朗庆祝伊斯兰革命胜利系列活动的重要组成部分。经过 30 多年的发展，

---

① “Tehran Says Military Advisors to Leave Syria after Victory over Terror,” *Tehran Times*, https: //www. tehrantimes. com/news/420908/Tehran - says - military - advisors - to - leave - Syria - after - victory - over, January 31, 2018.

② 《邀盟友重建军队 伊朗不顾美制裁施压力挺叙利亚》，http: //news. cctv. com/2018/08/29/ARTI4sAwoZZRnnvCRoEKV4yx180829. shtml ，2018 年 8 月 29 日。

③ “Tehran Photo Exhibit Explores Liberation of Aleppo,” *Tehran Times*, http: //www. tehrantimes. com/news/412476/Tehran - photo - exhibit - explores - liberation - of - Aleppo, April 4, 2017.

已经成为伊朗和中东地区最重要的电影节之一。[①] 同年 10 月 13 日，伊朗伊斯兰共和国广播电视台（Islamic Republic of Iran Broadcasting，简称 IRIB）首席执行官阿卜杜·阿里·阿斯加里（Abdol Ali Asgari）到大马士革开启两国的文化交流活动。他与叙利亚多名文化部官员以及电影制作商进行交流。[②]

2018 年 1 月 12 日，伊朗伊斯兰阿萨德大学（Islamic Azad University）的创始委员会负责人阿里·阿克巴·韦拉亚提（Ali Akbar Velayati）称经过与叙利亚总统巴沙尔的磋商，该大学可以在叙境内的所有城市建立大学分支。[③]

4 月 28 日，伊朗宣布在叙利亚建立一个干细胞研究中心，转让伊朗的相关技术。鲁瓦杨研究所（Royan Institute）是具体的实施机构，该机构成立于 1991 年，隶属于教育文化研究院（Academic Center for Education, Culture and Research，简称 ACECR），设于叙利亚的干细胞研究中心将于 2019 年上半年建成。[④]

7 月 1 日，伊朗科技部部长曼苏尔·格拉米（Mansour Gholami）和叙利亚高等教育部部长阿特夫·纳贾夫（Atef Naddaf）在叙利亚会面，他表示，伊朗将支持在叙利亚建立科技园区，推动叙利亚技术发展，增进两国的科技合作。[⑤]

---

① "Films on War against Daesh to Come under Spotlight at Fajr Festival," *Tehran Times*, http://www.tehrantimes.com/news/412627/Films-on-war-against-Daesh-to-come-under-spotlight-at-Fajr-festival, April 15, 2018.

② "IRIB CEO Visiting Syria," *Tehran Times*, https://www.tehrantimes.com/news/417533/IRIB-CEO-visiting-Syria, October 13, 2017.

③ "IAU Plans to Establish Universities in Iraq, Syria," *Tehran Times*, https://www.tehrantimes.com/news/420496/IAU-plans-to-establish-universities-in-Iraq-Syria, January 20, 2018.

④ "Iran to Establish Four Stem Cell Research Centers Abroad," *Tehran Times*, http://www.tehrantimes.com/news/423127/Iran-to-establish-four-stem-cell-research-centers-abroad, April 30, 2018.

⑤ "Iran Ready to Launch Science Parks in Syria," *Tehran Times*, https://www.tehrantimes.com/news/425076/Iran-ready-to-launch-science-parks-in-Syria, July 4, 2018.

二　伊朗叙利亚关系发展面临的挑战

（一）伊朗国内局势不稳

2017年12月28日，在伊朗第二大城市、什叶派宗教圣地库姆爆发大规模反政府示威游行，伊朗群众走向街头，表达对伊政府的不满。游行迅速向内沙布尔、卡什卡尔和亚兹德等多个城市蔓延。示威者喊出一句重要口号"忘掉叙利亚，关心伊朗"。该事件显示了伊朗民众对于政府大力支援叙利亚政府而在国内政治经济事务中无所作为的不满。

（二）地区恐怖主义的威胁增多

2017年6月7日，伊朗首都德黑兰境内伊朗伊斯兰共和国已故奠基人、伊玛目霍梅尼陵园和伊朗议会大厦遭遇恐怖袭击，造成18人死亡、52人受伤。6月10日，伊朗政府宣布击毙策划恐怖袭击的"伊斯兰国"武装组织头目。[①]

同月29日夜，伊朗国内的库尔德反政府武装"东库尔德人斯坦自卫军"对伊朗边境地区的弹药库、导弹基地和军事基地等军事设施进行偷袭，偷袭者使用迫击炮、火箭筒、手榴弹和轻型火炮等武器装备。袭击共造成伊朗三个基地弹药库爆炸，导弹发射基地爆炸起火，其中一枚短程弹道导弹被炸毁。此外，袭击还造成包括一名指挥官在内的近20名士兵死亡。伊朗认为，发动此次袭击的库尔德武装得到美国和以色列支持，袭击者使用了先进的夜视器材。俄罗斯媒体俄卫星网也持同样观点，认为库尔德武装的幕后支持者是美、以两国军队，两国为库尔德武装提供武器设备和情报支持。两国想通过此举阻挠伊朗对叙利亚的支援，以挽救在叙境内德拉地区作战中处于劣势的叙反对派武装。

---

① "Iran：Mastermind of Tehran Terror Attacks Killed," *Tehran Times*, http：//www. tehrantimes. com/news/414161/Iran – Mastermind – of – Tehran – terror – attacks – killed, June 11, 2017.

（三）美国及其盟友的打压和遏制

以色列以伊朗试图在叙利亚地区保持长期存在为由向各方施压对抗伊朗。2017年3月2日，内塔尼亚胡在莫斯科同普京总统进行会晤，他重申以方反对伊朗在叙利亚建立长期军事据点。[①] 在内塔尼亚胡看来，只要伊朗在叙利亚有存在，叙利亚就永远难以得到和平。他怀疑伊朗企图利用在叙利亚的军事存在打击以色列。4月9日，以色列空军对叙利亚境内的叙军和伊朗军队的军事目标实施军事打击，造成7名伊朗军事顾问死亡。[②] 5月11日，以色列空军对叙利亚发动袭击，伊朗谴责以色列，称以色列的行为显示了以色列地区霸权行径，以色列不能忍受地区出现稳定、安全与和平，称叙利亚政府有自卫的权力。[③] 7月，以色列试图在美国、约旦和俄罗斯之间的降级协议中插入条款，以使伊朗部队与被占领的戈兰高地保持至少40公里的距离，但失败了。结果，它决定将问题掌握在自己手中。

2018年2月10日凌晨4点30分，一架以色列AH－64阿帕奇直升机在北部城镇贝特谢安（Beit Shean）附近击落了伊朗制造的RQ－170无人机。自2018年初以来，以色列空军加强了对叙利亚伊朗基地和前哨的袭击。

以色列担心伊朗在叙利亚的军事存在威胁本国的安全利益。7月29日，伊朗伊斯兰议会发言人的高级顾问侯赛因·阿米尔·阿不都拉欣庆祝叙利亚军队收复库奈特拉市，称在叙利亚军民的努力下有可能解放被以色列占领的戈兰高地。[④]

---

① "Netanyahu to Discuss Iran's Activity in Syria with Putin," *Tehran Times*, http：//www.tehrantimes.com/news/411684/Netanyahu－to－discuss－Iran－s－activity－in－Syria－with－Putin, March 6, 2017.

② "Tehran Says Israel's Syria Airstrike won't Go Unanswered," *Tehran Times*, https：//www.tehrantimes.com/news/422542/Tehran－says－Israel－s－Syria－airstrike－won－t－go－unanswered, April 10, 2018.

③ "Iran Slams Israeli Attack on Syria," *Tehran Times*, https：//www.tehrantimes.com/news/423430/Iran－slams－Israeli－attack－on－Syria, May 11, 2018.

④ "Syrians Able to Liberate Israeli-occupied Golan Heights," *Tehran Times*, https：//www.tehrantimes.com/news/425941/Syrians－able－to－liberate－Israeli－occupied－Golan－Heights, July 30, 2018.

（四）伊朗遭受一定的伤亡

2017年1月1日，伊朗伊斯兰革命卫队准将乔里玛利·乔里扎德赫（Qolamali Qolizadeh）在叙利亚境内保护什叶派宗教圣地的战斗中阵亡。[①]

伊朗外交部强烈谴责2月26日发生在叙利亚城市霍姆斯的恐怖袭击，称此举意图在于阻断正在进行的叙利亚各方政治对话。伊朗军事情报官哈桑·达拉布尔（Hassan Daabul）将军在此次袭击中牺牲，此次恐怖袭击共造成32人死亡。[②]

7月11日，伊朗军队的一名炮兵指挥官迈赫迪·朱迪（Mehdi Joudi）在叙利亚与“伊斯兰国”作战过程中阵亡。[③]

8月7日，伊朗援助叙利亚的军事顾问团成员穆赫辛·侯贾吉（Mohsen Hojaji）在叙利亚和伊拉克边境地区被“伊斯兰国”武装分子抓获，8月9日被杀死。[④] 8月13日，在叙利亚与“伊斯兰国”作战的伊朗伊斯兰革命卫队指挥官贾莫哈迈德·阿里普尔（Janmohammad Alipour）上校阵亡。[⑤] 10月19日，成千上万的伊朗人参加了被“伊斯兰国”俘虏和杀害的伊朗士兵穆赫辛·侯贾吉的葬礼。几个月前伊朗烈士基金会负责人宣布，伊朗部队在叙利亚内战中的死亡人数已经超过2100人。[⑥]

---

① “Iranian General Martyred in Syria,” *Tehran Times*, http://www.tehrantimes.com/news/409680/Iranian-general-martyred-in-Syria, January 1, 2017.

② “Iran Condemns Terror Bombing in Syria’s Homs,” *Tehran Times*, http://www.tehrantimes.com/news/411478/Iran-condemns-terror-bombing-in-Syria-s-Homs, February 26, 2017.

③ “Iranian Army Officer Killed in Syria,” *Tehran Times*, https://www.tehrantimes.com/news/415045/Iranian-army-officer-killed-in-Syria, July 13, 2017.

④ “ISIS Beheads Iranian Serviceman in Syria,” *Tehran Times*, https://www.tehrantimes.com/news/415841/ISIS-beheads-Iranian-serviceman-in-Syria, August 11, 2017.

⑤ “IRGC Officer Killed in Syria,” *Tehran Times*, https://www.tehrantimes.com/news/415909/IRGC-officer-killed-in-Syria, August 14, 2017.

⑥ “Iran’s Involvement in Syria is Costly. Here’s why Most Iranians still Support it,” *The Washington Post*, https://www.washingtonpost.com/news/monkey-cage/wp/2017/10/19/irans-involvement-in-syria-is-costly-heres-why-most-iranians-still-support-it/?utm_term=.d259cbbbfb79.

三　伊朗和叙利亚关系的前景

尽管未来伊朗与叙利亚关系发展会遭受一系列挑战，但两国的同盟关系将长期能够经受住历史的考验。

首先，伊朗和叙利亚的同盟关系有着牢固的基础。两国结盟的产生最主要的原因是国家利益的需要。20 世纪 70 年代末 80 年代，为了共同应对地区强国萨达姆治下的伊拉克的挑战和威胁，两国形成实质性的战略同盟关系。当时阿萨德政权执政依赖的阿拉维派并不为主流的什叶派所认可，叙利亚属于阿拉伯国家。而叙利亚在两伊战争中却出于国家利益的考量，坚决支持和本国无任何宗教认同和民族认同的伊朗。而霍梅尼在之后出于强化两国关系的考量，发布教令承认叙利亚阿拉维派在什叶派中的合法地位。两国宗教认同出现在利益认同之后。为应对 90 年代美国和土耳其的挑战以及 21 世纪以来美国和以色列的威胁和挑战，两国的战略同盟关系一直保持并得到强化。叙利亚危机以来，两国的同盟关系更加牢固。支持叙利亚巴沙尔政权也是伊朗现实利益的需要。2017 年 1 月 4 日，哈梅内伊在接见为保卫叙利亚境内宗教圣地而献身的伊朗战士家属时表示："如果我们不在叙利亚境内将这些灾祸阻止，我们将不得不在德黑兰、霍拉桑和伊斯法罕面对它们。"① 2 月 18 日，在接受梅尔通讯社（Mehr news agency）采访时，伊朗伊斯兰议会发言人高级顾问阿卜杜拉辛表示，支持巴沙尔政权是伊朗应对威胁能够做到的最佳选择。假如伊朗不帮助叙利亚政府，恐怖主义者将在伊朗国内发动恐怖袭击。②

其次，两国面临的地区威胁和挑战长期存在。第一，叙利亚反对派和恐怖组织依然制约叙利亚的安全稳定。自 2015 年俄罗斯出兵叙利亚以来，叙

① "Shrine Defenders' Families Meet Leader," *Tehran Times*, http：//www.tehrantimes.com/news/409833/Shrine-defenders-families-meet-Leader, January 1, 2017.

② "Backing Assad was Iran's Best Decision：Advisor," *Tehran Times*, https：//www.tehrantimes.com/news/421360/Backing-Assad-was-Iran-s-best-decision-advisor, February 18, 2018.

利亚反对派和恐怖组织的力量遭受沉重打击，叙利亚政府军收复大片国土，控制大多数地区。但是，在伊德利卜省和代尔祖尔等地仍然盘踞着反对派和恐怖组织的势力。这些力量的存在对于两国来说都是挑战。土耳其为支持反对派在伊德利卜省保持军事存在，还没有放弃巴舍尔下台的主张，这对叙利亚政府来说也是一大挑战。第二，东北部库尔德人势力的冲击。在美国等国的支持下，已经形成了事实上的自治地位。叙利亚库尔德人自治地位的形成威胁到叙利亚的领土和主权完整，也会刺激伊朗境内库尔德人的独立运动。第三，美国及其盟友的挑战。对伊朗，美国特朗普政府退出核协议加大对伊朗的制裁力度。对叙利亚，美国经常以"化武袭击"为由对叙利亚实施军事打击，在库尔德人地区保持军事存在。美国还支持以色列对叙利亚以及伊朗在叙军事目标实施打击。而以沙特为首的所谓逊尼派联盟也在不断对伊朗和叙利亚等国实施打压和遏制。

最后，伊朗外交的灵活性有助于化解两国关系面临的风险。伊朗在全力支持巴沙尔政权的同时主张通过政治对话协商的方式解决叙利亚问题而不是一味诉诸武力手段。2017 年 1 月 8 日，伊朗外交部发言人卡西米通过伊朗全球卫星电视台（Arabic-language Al-Alam TV）发言表示，叙利亚问题最终应该通过政治协商的方式解决，战争不可能长期持续下去。4 月 3 日，伊朗总统鲁哈尼发表讲话，他认为叙利亚危机的解决不能通过武力来完成。① 伊朗在应对叙利亚危机时坚持硬实力和软实力的结合。第一，伊朗从本国过去的苦难经历与反对霸权主义和强权政治的过程中，深刻认识到对待西方国家及其盟友的挑战，一味的妥协和退让只会让对手更加嚣张。在叙利亚危机中，伊朗给予巴沙尔政权坚决支持。伊朗军事方面的支持是巴沙尔政权能够在战场上坚持下来在谈判桌上赢得有利位置的重要原因。第二，伊朗善于争取国际社会的支持。除了加强与同样支持巴沙尔政权的俄罗斯之间的沟通和合作之外，伊朗也积极寻求其他国际组织和国家的支持。国际组织方面，伊

① "Rouhani Warns against Unwanted Foreign Forces in Syria," *Tehran Times*, https://www.tehrantimes.com/news/422294/Rouhani-warns-against-unwanted-foreign-forces-in-Syria, April 3, 2018.

朗加强与联合国、禁止化学武器组织等的协商合作。大国方面，伊朗利用土耳其国内遭受恐怖袭击、库尔德人以及未遂军事政变等问题带来挑战的机会拉拢土耳其，最终伊朗、土耳其、俄罗斯三国共同推动叙利亚问题阿斯塔纳和谈，三国还在俄罗斯索契、伊朗德黑兰等地就叙利亚问题进行磋商，为解决叙利亚问题发挥积极作用。伊朗还积极呼吁西方大国法国参与阿斯塔纳和谈，加强与中国在叙利亚问题上的协商，增强与黎巴嫩在叙利亚问题上的合作。伊朗还参与联合国主导的叙利亚问题日内瓦和谈。第三，在向叙利亚派兵问题上虚虚实实。伊朗虽然已经给予巴沙尔政权军事支持，但是还不公开承认本国在叙利亚的军事存在，不承认向叙利亚派兵，只承认向叙利亚派遣军事顾问。伊朗在叙利亚派兵打着民兵和阿富汗籍雇佣兵的口号。这都有助于增强伊朗在国际社会的回旋余地，避免过度刺激以色列。使用大量外籍士兵参战也有助于缓解国人对于本国军队在叙利亚战事中伤亡的不满。

B.8
2017年伊朗与中亚五国关系动向

王 莹*

摘 要： 伊朗作为中亚五国的重要邻国，在宗教、文化、语言、民族等多个层面与各国有着密切的历史渊源，是率先承认中亚五国独立并建立正式外交关系的国家之一。近年在地区及国际形势复杂多变的背景下，伊朗同中亚五国在经贸、能源、跨境交通等领域保持着较为稳定的往来。2017 年伊朗同中亚五国的关系稳步向前并呈现出新的发展趋势。

关键词： 伊朗 中亚五国 经贸合作 运输走廊

1991 年苏联解体后，原苏联加盟共和国的乌兹别克斯坦、吉尔吉斯斯坦、塔吉克斯坦、土库曼斯坦、哈萨克斯坦相继宣告独立，成为主权国家。伊朗作为中亚各国的主要邻国，在民族、历史、宗教、文化等诸多方面与中亚各国渊源密切，是率先承认中亚五国独立的国家之一。中亚地区政治版图的重构为伊朗拓展其在该地区的影响力提供了新的发展空间和契机。中亚五国地处欧亚内陆腹地，凭借独特的地理位置成为连接欧亚大陆的重要交通节点，也是维护地区安全形势及保障能源供应的关键区域，因而一直是国际和地区大国展开地缘政治博弈的焦点。此外，中亚五国独立后面临经济转型、社会发展等现实问题，国民经济亟待复苏，各国政府均重视改善本国投资环境、接受发展援助，从而借助外资弥补本国建设资金、技术等方面的不足，

* 王莹，北京外国语大学波斯语专业讲师。

这为伊朗适时发展与中亚五国的往来关系提供了良好时机；同时伊朗作为中亚地区的重要邻国拥有里海及波斯湾出海口，能够为中亚内陆国家提供能源、货物运输的便捷贸易通道，区位优势明显，因此从利益诉求和战略考量来看，伊朗与中亚五国国家关系的发展互有需要，其中经贸往来是双方共同关注的优先领域，同时逐步拓展彼此间的往来合作空间，在互惠互利的基础上推进国家关系的发展。

伊朗同中亚五国正式建交后推行积极务实的实用主义外交，在维护国家利益的前提下与邻国和其他中亚国家加强相互往来，以“经济外交”为先导建立良好的双边关系，同时积极参与各种区域性合作组织，寻求多边合作渠道。[①] 20 世纪 90 年代伊朗总统拉夫桑贾尼及其继任者哈塔米均非常重视发展地区关系。哈塔米时期的外交部部长哈拉齐在联合国大会的第一次讲话中明确提出该时期伊朗外交政策的最高优先权是“增强我们同邻近国家的信任、信心与和平”。[②] 在实用主义外交思想的指引下，伊朗同中亚国家间的高层互访和双边往来逐渐增多，同时伊朗还积极参与贸易过境、能源转运等多边经济项目，通过区域合作加强同中亚各国的联系。近年来，囿于国际社会制裁和国内经济发展困境，伊朗的进出口贸易总额严重下滑，但伊朗同中亚五国在能源、交通、农产品等传统经贸合作领域一直保持着较为稳定的往来，在复杂多变的国际格局下努力谋求更多的互利合作空间。2017 年受多重因素的影响，伊朗同中亚五国的往来关系在稳步发展的同时也呈现出新的发展态势。

一　伊朗与哈萨克斯坦的关系

1992 年 1 月 29 日，伊朗与哈萨克斯坦正式建交，此后双方一直保持着

① Mohiaddin Mesbahi, “Iran and Central Asia: Paradigm and Policy,” *Central Asian Survey*, Volume 23, Issue 2, 2004, p. 111.

② Edmund Herzig, “Regionalism, Iran and Central Asia,” *International Affairs*, Volume 80, Issue 3, 2004, p. 506.

稳定、友好的外交关系。在伊朗遭受国际制裁的困难时期，哈萨克斯坦积极斡旋，主张通过外交政治手段解决伊核问题。2013 年哈萨克斯坦在首都阿斯塔纳主办了两轮伊核问题六方谈判。2016 年底，伊朗总统鲁哈尼应邀对哈萨克斯坦进行正式国事访问，并表示伊朗感谢哈萨克斯坦长期以来在国际场合给予的支持以及为推动伊朗核问题解决所发挥的积极作用。[①] 伊朗和哈萨克斯坦同为伊斯兰国家，是环里海地区的主要力量，近年来在地区形势持续多变的背景下两国加强互动，在经贸、过境运输、农业、地区合作等重点领域的合作尤为提升，双边关系得到了长足发展。

哈萨克斯坦位于欧亚大陆中心位置，在发展过境运输、物流中转方面占据优势地位，因此在陆路交通及过境运输方面，两国积极展开双边合作，努力形成优势互补，同时为经贸和投资领域的长期合作发展创造有利条件。在《2015 年前哈萨克斯坦共和国国家交通领域发展战略》中，哈萨克斯坦政府明确提出要建立现代化国家交通基础设施，有效利用和发展本国过境潜力，降低运费，创造良好的投资环境。2007 年，哈萨克斯坦、土库曼斯坦和伊朗三国首脑签署建设乌津（哈）－格济尔卡亚－别列克特（土）－艾特列克－戈尔甘（伊）铁路政府间协议，南北运输走廊项目开始启动。[②] 2009 年哈、土、伊铁路开始建设，线路总长度为 934.5 公里，其中哈萨克斯坦境内线路 130 公里，伊朗境内段长 82 公里。2014 年底，连接哈萨克斯坦、伊朗、土库曼斯坦的南北铁路走廊全线投入运营，三国总统在德黑兰共同出席通车仪式。该线路的建成使三个国家间的铁路运输量从每年 300 万吨增加到 1000 万吨，预计到 2020 年这一数字将达到 2000 万吨。[③]

哈土伊过境铁路线的开通大幅提升了沿线相关国家的交通运输潜能和货

---

① 《伊朗同哈萨克斯坦加强合作共同签署协议》，《阿斯塔纳时报》2016 年 12 月 23 日，https://astanatimes.com/2016/12/iran－kazakhstan－to－enhance－cooperation－ink－agreements－on－health－shipping－travel－labour－and－trade/。

② 杨雷：《中亚新跨国铁路的建设及其利益协调》，《欧亚经济》2016 年第 1 期，第 78 页。

③ 《伊朗—土库曼斯坦—哈萨克斯坦铁路连线揭幕》，铁路公报网站，http://www.railwaygazette.com/news/news/asia/single－view/view/iran－turkmenistan－kazakhstan－rail－link－inaugurated.html，2014 年 12 月 4 日。

物往来交易，也为伊朗、哈萨克斯坦同欧洲、亚洲其他国家的连通提供了更为便利的对接和中转渠道，推动区域经济贸易合作稳步发展。2016 年 2 月，首班中国 - 哈萨克斯坦 - 土库曼斯坦 - 伊朗铁路集装箱货运试行专列抵达伊朗。[①] 该次货运列车从中国浙江省义乌市出发，耗时两周从中国东部沿海将货物运抵波斯湾，比海运节省一半时间，为从中国到波斯湾的跨国多式联运提供了更为优化、便捷的货运路线。2017 年 11 月，中国、哈萨克斯坦、伊朗和土库曼斯坦铁路部门代表在阿斯塔纳举行四方会谈并签署议定书，重点讨论了货物运输关税、集装箱运输等议题，各方同意组织定期的集装箱服务并明确各方集装箱编组列车的负责运营商。[②] 此外，双方还进一步推进跨里海国际运输领域的合作，实现伊朗与里海周边国家的联运，进一步发展出口贸易及能源运输。同伊朗对接对于哈萨克斯坦的物资、能源中转过境并进入欧洲至关重要。自 2017 年 8 月，伊朗与里海原油互换合作在中断 8 年后得以恢复，哈萨克斯坦通过阿克套港口向伊朗北部城市内卡输入里海原油的工作正式重启。[③]

在经贸方面，伊朗同哈萨克斯坦以及地区组织欧亚经济联盟积极往来，在多个领域开展双边交流和区域合作。2017 年上半年，伊朗与哈萨克斯坦之间的贸易额为 2. 73891 亿美元，其中大部分来自哈萨克斯坦的出口。在区域经济合作方面，2017 年 3 月 7 日，欧亚经济联盟成员国总理会议颁发指令，就与伊朗签订建立自由贸易区的临时协议启动磋商工作。[④] 2018 年 5 月 17 日，欧亚经济联盟与伊朗签署建立自贸区的临时协议，就未来三年期间

---

① 《中国—哈萨克斯坦—土库曼斯坦—伊朗首列火车试运行》，中华人民共和国驻土库曼斯坦大使馆经济商务参赞处，http：//www. mofcom. gov. cn/article/i/jyjl/e/201602/20160201255557. shtml，2016 年 2 月 15 日。

② 《哈萨克斯坦、中国、土库曼斯坦和伊朗同意增加铁路运输量》，伊通社，http：//www. irna. ir/en/News/82745274，2017 年 11 月 28 日。

③ 《哈萨克斯坦与伊朗恢复原油互换合作》，哈萨克斯坦国际通讯社，https：//www. inform. kz/cn/article_ a3166693，2018 年 2 月 26 日。

④ 《欧亚经济联盟—伊朗自贸区协定商签工作开始启动》，中华人民共和国驻乌兹别克斯坦大使馆经济商务参赞处，http：//kz. mofcom. gov. cn/article/jmxw/201703/20170302529536. shtml，2017 年 3 月 8 日。

对多个商品实施关税优惠问题达成共识。在该协议框架下，伊朗 246 种商品和欧亚经济联盟成员国的 175 种商品有望享受关税优惠政策，其中哈萨克斯坦有 102 种出口商品被涵盖在内，包括牛羊肉、豆类、大麦、大米、植物油、轨道产品以及电池等产品；伊朗向欧亚经济联盟成员国出口的商品包括干果、水果等可享受近 10% 的关税优惠，部分果蔬商品在固定季节享受优惠关税。[①] 2017 年，欧亚经济联盟与伊朗贸易额达 27 亿美元，该协议的签署与实施进一步促进了伊朗和欧亚经济联盟成员国之间的贸易往来和经济合作。

伊朗和哈萨克斯坦两国间的农产品贸易一直保持较为稳定的发展。2017 年前三季度哈萨克斯坦的农产品及农业加工产品出口总额为 13 亿美元，与伊朗之间的贸易额约占 20% 。[②] 哈萨克斯坦对伊朗的农产品供应主要包括肉类、乳制品、牲畜、谷物、豆类及油料作物。根据哈萨克斯坦海关监管委员会的统计数据，2017 年前三季度哈萨克斯坦已向伊朗出口约 118 吨活羊和 132 吨羊肉，价值约 86 万美元。截至 2017 年底，哈萨克斯坦向伊朗运送总共 200 吨肉类。此外，前三季度伊朗从哈萨克斯坦已进口 28100 吨油籽作物，占哈国油籽作物出口的 6% 。在农业合作方面，双边投资合作项目也在逐步增加。2017 年伊朗戈勒斯坦省和哈萨克斯坦卡萨尔农业部门签订合作协议，共同实施域外农业活动。[③] 伊朗农业部部长霍加迪在同哈萨克斯坦副总理兼农业部部长梅尔扎赫梅托夫会晤时表示，目前伊朗农业企业已在哈萨克斯坦种植了四种水稻品种，伊朗愿意向阿方提供耕地技术支持以及水稻培育及种植经验，同时在渔业和水产养殖方面加强合作；哈方同意双方在肉类、动物产品、检疫问题等方面继续深化合作，欢迎伊朗在农作物自给自足

---

① 《伊朗与欧亚经济联盟的协议将为哈萨克斯坦上百种商品出口创造便利条件》，哈萨克斯坦国际通讯社，https：//www. inform. kz/cn/eeu_ a3255019，2018 年 5 月 17 日。

② 《伊朗同哈萨克斯坦将增加非能源部分出口，农业成为重点领域》，里海新闻，https：//caspiannews. com/news－detail/iran－kazakhstan－look－to－boost－non－energy－exports－focus－on－agriculture－2017－11－30－51/，2017 年 11 月 30 日。

③ 《伊朗同哈萨克斯坦签署省际农业合作谅解备忘录》，伊朗梅赫尔通讯社，https：//en. mehrnews. com/news/124634/Iranian－Kazakh－provinces－ink－agricultural－MoU，2017 年 4 月 8 日。

方面向阿方推介经验，并提议成立农业合作联合工作组，共同开拓贸易发展新思路。①

数据表明过去近十年伊朗对哈萨克斯坦的出口持续增加，即便在对伊制裁期间双方的贸易额出现波动甚至严重下滑，但仍旧保持比较平稳的贸易往来（见表1）。在制裁后时代的第一年（2016～2017 年度）哈萨克斯坦对伊朗的出口额即再次反弹，增长率达到 143%。2017 年，两国贸易额已达到 3.84 亿美元，继续保持积极向好的发展势头。②

表1　伊朗同哈萨克斯坦近年来非石油贸易额

财政年度	出口额（百万美元）	增长率（%）	进口额（百万美元）	增长率（%）	贸易差额（百万美元）	交易额（百万美元）
2009～2010	57	-17	222	-25	-165	279
2010～2011	65	14	124	-44	-59	189
2011～2012	84	29	136	10	-52	220
2012～2013	135	61	186	37	-51	321
2013～2014	210	56	84	-55	126	294
2014～2015	205	-2	176	110	29	381
2015～2016	138	-33	87	-51	51	225
2016～2017	173	25	211	143	-38	384

资料来源：伊朗贸易促进组织和德黑兰商会统计数据。

二　伊朗同乌兹别克斯坦的关系

1992 年 5 月 10 日，伊朗同乌兹别克斯坦正式建交，此后两国元首进行了多次互访，双方在外交、经贸、交通、科技、文化等领域逐步建立起定期

① 《发展伊朗与哈萨克斯坦在谷物、水产养殖和农产品贸易领域的合作》，伊朗政府网站，http：//dolat. ir/detail/301781，2017 年 11 月 26 日。

② 《伊朗和哈萨克斯坦的贸易额达到 3.85 亿美元》，伊朗塔斯尼姆通讯社，http：//www. tasnimnews. com/fa/news/1396/10/26/1629339/حجم-مبادلات-تجاری-ایران-و-قزاقستان-به-385-میلیون-دلار-رسید，2018 年 1 月 16 日。

对话沟通机制并达成多项重要合作协议，为两国间的往来交流开辟了良好的发展空间。

在同伊朗的关系发展进程当中，乌兹别克斯坦一直积极推动同伊朗以及周边其他中亚国家间的联运、转运，改善本国交通运输的基础设施建设，努力实现过境运输路线的便捷化、多元化。乌兹别克斯坦是中亚地区人口最多的国家，也是典型的双内陆国家。由于乌兹别克斯坦及其周边邻国均无出海口，国民经济发展、物资运输、对外贸易都受到了极大制约，因此，交通运输建设始终是乌兹别克斯坦发展国民经济、推动对外关系的关键领域。目前乌兹别克斯坦境内已基本形成东西贯通、南北相连的铁路布局，建造跨境交通运输走廊对于提升乌兹别克斯坦本国经济以及该地区的过境运输潜力、实现跨境贸易便利化和区域内互联互通的战略意义不言而喻。对于伊朗而言，利用其地域优势与周边国家联合开发跨境运输也有助于伊朗进一步扩大市场份额及贸易规模，符合其同乌方发展合作的现实需求。

2003 年 6 月，在时任乌兹别克斯坦总统卡里莫夫的倡导下，伊朗、乌兹别克斯坦、阿富汗三方国家元首在德黑兰共同签署了《关于发展货物运输过境路线的合作协议》，为开展交通领域的多方合作奠定了基础。根据此协议，三方将兴建或修复各国境内道路，以实现乌方货物经由阿富汗中转至伊朗阿巴斯港口的目标。

为加强欧亚地区货物运输的便利与连通，2011 年 7 月，乌兹别克斯坦总统批准了关于建设连接中亚国家和波斯湾港口的国际交通走廊协议——《阿什哈巴德协议》，此项协议由乌兹别克斯坦发起并由伊朗、乌兹别克斯坦、土库曼斯坦、阿曼、卡塔尔五国共同签署，2016 年 4 月 23 日《阿什哈巴德协议》生效。该条跨国联运通道自乌兹别克斯坦将中亚多国与波斯湾及阿曼港口相连，有效降低了过境运输成本，提升了货物周转效率。[①] 2017 年在伊朗同乌兹别克斯坦举行的第五轮外交事务部际例行磋商会议中，伊朗

① 《中亚国家与波斯湾交通运输走廊协议生效》，中华人民共和国驻乌兹别克斯坦大使馆经济商务参赞处，http：//www. mofcom. gov. cn/article/i/jyjl/e/201604/20160401304953. shtml，2016 年 4 月 25 日。

外交部副部长易卜拉欣·拉希姆普尔强调《阿什哈巴德协议》的实施对实现跨区域运输至关重要，并表示将继续深化伊朗同乌兹别克斯坦在经贸、投资、运输、通信等领域的合作关系。[①]

伊朗同乌兹别克斯坦双方领导人在正式会晤中都表示出推动两国在各领域加强合作的政治意愿。2017 年 9 月 10 日，伊朗、乌兹别克斯坦两国总统在出席第一届伊斯兰合作组织成员国科学技术峰会时举行会晤，伊朗总统鲁哈尼对拓展德黑兰与塔什干在所有领域尤其是贸易和经济领域的关系表示欢迎，并阐明“在伊朗与乌兹别克斯坦两国关系的发展道路上不存在任何阻碍”，“伊朗能够为乌兹别克斯坦的货物提供进入波斯湾和公海的最短路径”，并欢迎乌方企业家、投资商参与伊朗建设，同时鼓励伊朗本国企业积极参与乌方市场投资。[②]

为落实两国元首在此次峰会期间达成的重要共识，双方在已有的经贸合作框架内开展了一系列的往来活动。2017 年 10 月 18 日，伊朗 – 乌兹别克斯坦商业论坛在德黑兰召开。伊朗总统鲁哈尼在接见到访的乌方政府代表团时表示“在加强两国间过境运输的合作同时，还应推动银行业合作、简化签证办理手续”，并强调伊朗的技术、工程公司能够提供符合国际标准的精准服务，将更加积极地参与乌兹别克斯坦的建设。[③] 此次论坛期间双方签署了一系列双边合作协议，其中包括价值 2550 万美元的乌方农产品及纺织品供应协议以及价值 750 万美元的合作意向协议，双方还就伊朗向乌兹别克斯坦供应石油进行了初步洽谈。2018 年 4 月，伊朗同乌兹别克斯坦政府间经济、贸易和科技合作联委会第十二次会议在德黑兰召开，双方就经贸、金融、旅游、科技、交通、海关、电力、纺织等领域的合作及成立两国实业界

---

① 《乌兹别克斯坦同伊朗举行政治磋商》，乌兹别克斯坦今日新闻，http://www.ut.uz/en/politics/uzbekistan – iran – hold – political – consultations/，2017 年 3 月 13 日。

② 《伊朗：乌兹别克斯坦通往波斯湾的最近路径》，伊朗梅赫尔通讯社，https://en.mehrnews.com/news/127690/Iran – Uzbekistan – s – nearest – path – to – Persian – Gulf，2017 年 9 月 10 日。

③ 《伊朗总统鲁哈尼会见乌兹别克斯坦外交部长》，伊朗总统官方网站，http://www.president.ir/fa/101215，2017 年 10 月 18 日。

委员会交换了意见，一致同意成立金融及法律事务协调委员会，双方代表还重点讨论了双边关税特惠贸易协议草案，商定在一个月内完成各自27项拟免关税商品清单并提交对方研究。为加强航空运输领域的合作，双方决定本次会谈期间每周共开通四班德黑兰－塔什干直通航线，乌方航线将于5月正式开通。①

随着公路、铁路、航空运输领域的全方位合作及货物运输能力的提升，两国间的贸易额也呈现稳步发展的态势（见表2）。近年来，即便受到国际制裁的严重制约，伊朗对乌兹别克斯坦的出口仍保持逐年增加；而在对伊经济制裁取消后，乌兹别克斯坦对伊朗的出口额出现明显上升，伊朗对乌贸易额则出现较大幅度的下滑。根据乌兹别克斯坦官方最新统计数据，2017年伊朗同乌兹别克斯坦两国的贸易额为3.251亿美元，其中伊朗对乌兹别克斯坦的出口额为5810万美元，主要出口产品包括建筑材料、机电设备、水果、干果以及塑料制品，伊朗从乌兹别克斯坦进口的主要产品包括棉花及棉纤维、有色金属、化学纤维、矿质肥料等。②

表2　伊朗同乌兹别克斯坦近年来非石油贸易额

财政年度	出口额（百万美元）	增长率（%）	进口额（百万美元）	增长率（%）	贸易差额（百万美元）	交易额（百万美元）
2010～2011	61	－6	97	－31	－36	158
2011～2012	76	25	138	42	－62	214
2012～2013	91	20	169	22	－78	260
2013～2014	102	12	141	－17	－39	243
2014～2015	104	2	63	－55	41	167
2015～2016	238	129	36	－43	202	274
2016～2017	175	－26	94	161	81	269

资料来源：伊朗贸易促进组织和德黑兰商会统计数据。

① 《伊朗与乌兹别克斯坦关系的新篇章》，伊朗工矿贸易部贸易促进组织官网，http://www.tpo.ir/index.aspx? fkeyid=&siteid=1&pageid=701&newsview=6253，2018年4月15日。

② 《乌兹别克斯坦共和国与近东，中东和非洲国家的合作：乌兹别克斯坦与伊朗的关系》，乌兹别克斯坦外交部网站，https://mfa.uz/en/cooperation/countries/376/? print=Y。

三 伊朗与土库曼斯坦的关系

土库曼斯坦南部与伊朗接壤，两国的共同边界线达1206公里，土库曼斯坦被视为伊朗通往中亚的门户，且两国同属于油气储量丰富、开发潜力巨大的里海地区沿岸国家，因此地缘政治、经济利益成为影响两国关系发展的主要因素。1992年2月18日，伊朗和土库曼斯坦两国正式建交。近年来，伊朗和土库曼斯坦两国高层互访频繁，双方合作领域不断拓宽，其中能源、交通、经贸、地区安全是两国往来交流的重点方向。

在天然气管道运输方面，伊朗一直是土方天然气出口的主要对象国之一。土库曼斯坦的天然气储量高居中亚国家之首、世界第四位，能源优势明显。1995年6月，伊朗为解决北部省份天然气供应短缺问题同土库曼斯坦签署天然气买卖协议，双方修建了第一条土伊天然气输送管道线，即科尔佩杰—库尔德库伊管道，1997年管道建成后土库曼斯坦开始正式向伊朗输送天然气。2010年，土伊天然气管道东线（达乌列塔巴德—谢拉赫斯—汉格兰管道）建成通气，两条管线为两国间的天然气输送计划提供了基础设施保障。目前土库曼斯坦每年向伊朗方面供应约100亿立方米的天然气。[①]

受国际形势、经济利益、能源安全以及地区关系等多方因素的制约，土库曼斯坦和伊朗两国间的天然气合作常出现纷争，天然气供应时有中断。2017年1月1日，土库曼斯坦暂停了对伊朗的天然气供应并要求伊朗方面支付拖欠款项。伊朗方面对此举做出回应，称将诉诸国际仲裁来解决问题。[②] 针对天然气输送问题两国举行多次协商，意图缓和目前存在的能源合作僵局。2018年3月，伊朗总统鲁哈尼访问土库曼斯坦之际，两国元首重新讨论了里海能源领域天然气互换交易、加强能源合作的可能途径，并表示

① 《中亚天然气出口途径》，中华人民共和国驻土库曼斯坦大使馆经济商务参赞处，http：//www. mofcom. gov. cn/article/i/dxfw/jlyd/201305/20130500115685. shtml，2013年5月7日。

② 《伊朗同土库曼斯坦的天然气争端仍在继续》，伊通社，http：//www. irna. ir/en/News/82791342，2018年1月10日。

双方共同努力将土库曼斯坦天然气出口到阿塞拜疆、亚美尼亚等第三国，将能源领域的双边伙伴关系提升到更高水平。[①] 依照以往两国在天然气供应纠纷问题上的处理办法和现实利益诉求，土库曼斯坦仍需要伊朗作为其天然气出口的门户，伊朗也需要维持稳定的国内供气，同时借助良好的伊土双边关系在中亚周边国家开拓更大的协同发展空间，因此双方最终仍可能通过谈判达成富有建设性的意见，恢复和发展两国的能源合作，从长远角度来看也更符合双边利益。

除了天然气管道输送，土库曼斯坦电力资源丰富，在满足本国经济社会发展需要的同时，还积极向伊朗及其他周边国家出口电力。土库曼斯坦国家电力集团同伊朗塔瓦尼尔公司、土耳其输电公司于 2003 年 12 月签订三方电力合作协议，土库曼斯坦通过两条输电线路（马雷—马什哈德、巴尔坎纳巴特—甘巴特—霍伊巴什卡列）向伊朗、土耳其出口电力。目前土库曼斯坦每年过境伊朗向土耳其出口 3 亿度电力。2018 年，两国元首在会晤期间就扩大能源合作取得共识，双方同意重新启动从土库曼斯坦到伊朗的电力传输，并开始第三条 500 千伏的输变电线路建设项目，从萨拉克斯到梅尔夫的电力转移新线路将由伊朗公司承建，未来伊朗和土库曼斯坦之间的电力传输能力有望达到 850 兆瓦。[②]

除了能源领域的合作，在安全议题上尤其是联合打击恐怖组织和毒品犯罪集团方面两国也保持积极沟通，加大合作力度。由于两国拥有共同边界，土库曼斯坦对遏制阿富汗毒品过境并流向伊朗具有重要影响，同时伊朗将土库曼斯坦视为打击恐怖主义、遏制伊斯兰极端主义的合作伙伴。2018 年 3 月，在伊朗总统鲁哈尼出访土库曼斯坦之际，双方再次重申将扩大安全伙伴关系，以共同应对恐怖主义、遏制毒品贩运，以维护两国共同利益、加强该

① 《伊朗欢迎与土库曼斯坦进行天然气交换》，《伊朗财经论坛报》2018 年 4 月 3 日，https：//financialtribune. com/articles/energy/83888/iran – welcomes – gas – swap – deals – with – turkmenistan。

② 《伊朗同土库曼斯坦的电力传输将增加至 850 兆瓦》，伊通社，http：//www. irna. ir/en/News/82873429，2018 年 3 月 28 日。

地区的稳定与安全。①

在跨境交通方面，近年来土库曼斯坦为提高运输能力致力于拓展更为便捷、现代化的运输通道，本国境内现已基本形成东西贯通、南北相连的铁路布局，与各个邻国包括伊朗、乌兹别克斯坦、哈萨克斯坦之间均有铁路对接站点。由亚洲开发银行和伊朗开发银行提供金融支持的哈土伊过境运输线路已于2014年建成通车，至2022年将达到其全部设计能力。② 从经济角度来看，该条南北交通走廊为中亚国家通过伊朗过境货物运输、区域物流发展及客运提供了最短途径，对提升沿途国家进出口潜力具有重要意义，将有力推动里海地区的发展。

伊朗是土库曼斯坦的主要经济伙伴之一，两国间的贸易额一直在稳步前进（见表3）。最新数据显示，2017年伊朗同土库曼斯坦的贸易往来超过10亿美元，居中国、土耳其之后成为土库曼斯坦第三大贸易合作伙伴。土库曼斯坦主要从伊朗进口金属、塑料制品、马铃薯、水果，同时向伊朗出口电力、天然气、棉花、纺织品和矿产资源。③

表3　伊朗同土库曼斯坦近年来非石油贸易额

财政年度	出口额（百万美元）	增长率（%）	进口额（百万美元）	增长率（%）	贸易差额（百万美元）	交易额（百万美元）
2010～2011	400	16	86	-79	314	486
2011～2012	526	32	48	-44	478	574
2012～2013	749	42	44	-8	705	793
2013～2014	859	15	77	75	782	936
2014～2015	973	13	101	31	872	1074
2015～2016	721	-26	6	-94	715	727
2016～2017	546	-24	32	433	514	578

资料来源：伊朗贸易促进组织和德黑兰商会统计数据。

① 《伊朗、土库曼斯坦应抓住机会加深合作》，伊朗总统官方网站，http：//www.president.ir/en/103619，2018年3月27日。

② 《哈萨克斯坦—土库曼斯坦—伊朗铁路2022年将达到全部设计能力》，哈萨克斯坦电视台，http：//kazakh-tv.kz/en/view/business/page_189418_，2017年12月12日。

③ 《2017年伊朗与土库曼斯坦贸易额超10亿美元》，《伊朗日报》2018年3月2日，http：//www.iran-daily.com/News/210929.html? catid=3&title=Tehran--Ashgabat-trade-exceeds--1b-in-2017--Turkmen-official。

四 伊朗与吉尔吉斯斯坦的关系

1992 年 5 月 10 日，伊朗同吉尔吉斯斯坦正式建交。迄今为止，两国的外交关系较为平稳，但是经济往来规模并不大，这其中既有吉尔吉斯斯坦国内政局动荡带来的负面影响，也存在伊朗遭受多年经济制裁、外贸增长乏力的现实制约。伊核问题全面协议达成后，伊朗同吉尔吉斯斯坦的双边关系呈现积极发展态势，双方都展示出深化合作的意向，不断拓展两国间的外交、经济往来。2016 年底，伊朗总统鲁哈尼对吉尔吉斯斯坦进行了国事访问，两国元首在会晤后共同签署了《伊朗同吉尔吉斯斯坦 2016 ~ 2026 年长期合作纲要》，为未来十年两国关系的发展明确了路线图。2017 年正值伊朗同吉尔吉斯斯坦正式建交 25 周年，在此形势下伊朗同吉尔吉斯斯坦的双边关系面临着新的发展机遇。

伊朗总统鲁哈尼出访吉尔吉斯斯坦期间两国发表联合声明，共同表示愿意在互利互惠的伙伴关系基础上继续进行政治对话，建立高层互访机制，加强两国议会间的往来，在区域及国际组织框架内加强互动，鼓励两国积极开展民间友好往来和文化交流活动。在地区安全方面，双方同意在共同打击恐怖主义、极端主义、毒品贩卖、拐卖人口及其他有组织犯罪活动等领域增进沟通与合作。在经贸合作方面，发挥两国经济贸易联合委员会的协调机制作用，采取切实措施改善投资环境，在能源、旅游、交通、卫生、工矿业、农业、科技等方面继续开展交流与合作，推进重大项目的实施。① 两国首脑的正式会晤为推进伊朗同吉尔吉斯斯坦的多领域合作创建了良好的政治和经济平台，明确了未来伊朗和吉尔吉斯斯坦两国关系的发展方向和重点，为接下来进一步落实相关领域的合作奠定了坚实基础。

2017 年 4 月 19 日，伊朗外交部部长扎里夫率领伊朗经贸代表团到访吉

① 《伊朗和吉尔吉斯斯坦发表联合声明》，伊朗塔斯尼姆通讯社，http：//www.tasnimnews.com/fa/news/1395/10/03/1275690/بیانیه-مشترک-27-بندی-ایران-و-قرقیزستان-منتشر-شد，2017 年 1 月 22 日。

尔吉斯斯坦。扎里夫强调伊朗总统2016年底对吉尔吉斯斯坦的访问具有建设性意义，为两国发展联系铺平了道路，双方应当全面加强各领域的双边关系，特别是在经济领域，伊朗公司将参与吉尔吉斯斯坦的基础设施建设项目，包括建造水坝、发电厂以及公路，并提高贸易进出口总量。吉尔吉斯斯坦外交部部长指出两国尽管发展潜能巨大，但贸易额一直处于较低水平，应通过两国间的联合经济委员会扩大双边经贸关系。吉方愿意在交通、工业、能源、科技和食品行业等领域与伊朗建立合资企业，同时与欧亚经济联盟成员国的联系将为伊朗企业提供更多发展机会，吉方为此已准备好向伊朗运输货物。①

吉尔吉斯斯坦作为中亚地区的东线门户，是亚欧运输走廊中的主要节点国家，伊朗同吉尔吉斯斯坦在交通合作方面取得了积极成果，目前双方已签署了关于降低两国铁路运输关税的谅解备忘录。同时，伊朗对过境中亚连通伊中两国的铁路建设项目也颇为关注，积极同吉方开展交通及跨境运输项目的对接。2017年4月26日，伊朗道路与城市发展部部长阿巴斯·阿霍迪就扩大两国交通合作议题与来访的吉尔吉斯斯坦议会代表团举行会谈，并表示伊朗愿意参与到中国—塔吉克斯坦—阿富汗—吉尔吉斯斯坦铁路建设项目当中。中塔阿吉铁路干线项目如建成将进一步连接“土库曼斯坦—伊朗—波斯湾”线路，大幅提升欧亚大陆交通运输的潜力。②

为落实两国议会间开展定期交流与沟通，2017年4月，吉尔吉斯斯坦议会代表团访问伊朗，伊斯兰议会议长拉里贾尼在德黑兰会见了到访的吉方代表团，双方签署了关于加强政治和经济合作的谅解备忘录。两国同意进一步开展立法机构间的交流与合作，通过建立议会友好小组、组织定期交流及层级互访等形式促进议会间的友好往来，在立法程序、监管机制、行政管理、数据交换技术等方面分享发展经验，为两国经贸关系发展搭建法律基

① 《伊朗和吉尔吉斯斯坦准备开展全面合作》，伊朗梅赫尔通讯社，https：//en. mehrnews. com/news/124890/Iran – Kyrgyzstan – ready – for – comprehensive – cooperation，2017年4月19日。

② 《通过吉尔吉斯斯坦连接中国的铁路线》，伊朗梅赫尔通讯社，http：//www. mehrnews. com/news/3962659/راه-اندازی-راه-آهن-ایران-چین-از-مسیر-قرقیزستان，2017年4月26日。

础，推动两国相关法律制度进一步完善。[①]

在落实卫生医疗领域的合作方面，伊朗卫生及医疗教育部部长格兹扎德·哈什米于2017年7月率团访问吉尔吉斯斯坦并同吉方卫生部长举行会谈，会谈后双方共同签署了三份关于卫生、医疗和药物合作开发的谅解备忘录，同时决定设立联合委员会以进一步落实协议的执行情况。[②]在两国卫生部门达成的合作框架内，吉尔吉斯斯坦方面也做出积极回应并派出卫生领域代表团于2018年1月访问伊朗。双方决定成立双边工作小组，为伊朗医药产品进入吉尔吉斯斯坦医药市场做好准备工作。吉方表示伊朗医药产品和医疗设备的输送将对吉尔吉斯斯坦的药品和医疗设备供应产生积极影响，吉方还邀请伊朗参加在首都比什凯克举办的第13届“2018国际医药展览会”。[③]

2017年是吉尔吉斯斯坦的总统选举年，最终热恩别科夫在投票选举中获胜，成功当选新一届吉尔吉斯斯坦共和国总统。伊朗总统鲁哈尼发文祝贺热恩别科夫宣誓就职，并表示“在全面发展伊朗伊斯兰共和国与吉尔吉斯斯坦共和国两国关系方面不存在任何限制，希望随着两国间协议的实施，进一步巩固双边友好关系”[④]，明确表达了伊朗继续同吉尔吉斯斯坦发展友好关系的外交态度。

总体而言，过去几年两国间的贸易规模下滑趋势较为明显（见表4），对伊国际制裁取消后，伊朗同吉尔吉斯斯坦的双边往来获得了新的发展动力。2017年，两国在政治、经济、贸易、交通等领域持续开展了一系列互动交流，推动两国关系持续发展，2016年双边贸易额约为2200万美元，其中伊朗对吉尔吉斯斯坦出口货物主要包括干果、水果、地毯、石化产品、建

---

① 《伊朗、吉尔吉斯斯坦两国议长签署合作备忘录》，伊通社，http：//www. irna. ir/fa/News/82504468，2017年4月24日。

② 《伊朗、吉尔吉斯斯坦两国卫生部部长举行会谈并成立协议执行委员会》，伊通社，http：//www. irna. ir/fa/News/82601689，2017年7月17日。

③ 《伊朗将为吉尔吉斯斯坦提供药品及医疗设备》，伊朗财经论坛网，https：//financialtribune. com/articles/economy－business－and－markets/80323/iranian－medicines－medical－equipment－for－kyrgyzstan？utm_ campaign＝more－like－this，2018年1月20日。

④ 《伊朗总统鲁哈尼对吉尔吉斯斯坦新任总统表示祝贺》，伊朗总统官方网站，http：//www. president. ir/fa/101202，2017年10月17日。

筑材料、玻璃材料等，从吉方主要进口肉类、谷物[①]，两国正努力通过各领域的中长期合作计划将交易量提高到双方可接受的水平，但经贸关系的复苏和提升仍需时日。

表 4　伊朗同吉尔吉斯斯坦近年来非石油贸易额

财政年度	出口额（百万美元）	增长率（%）	进口额（百万美元）	增长率（%）	贸易差额（百万美元）	贸易额（百万美元）
2010～2011	40	-13	12	-8	28	52
2011～2012	40	0	4	-67	36	44
2012～2013	43	8	5	25	38	48
2013～2014	41	-5	4	-20	37	45
2014～2015	37	-10	3	-25	34	40
2015～2016	22	-41	2	-33	20	24
2016～2017	27	23	3	50	24	30

资料来源：伊朗贸易促进组织和德黑兰商会统计数据。

五　伊朗与塔吉克斯坦的关系

塔吉克斯坦宣告独立后，伊朗旋即于 1992 年 1 月 9 日同塔吉克斯坦正式建立外交关系，成为首个在塔国首都设立使馆的国家。塔吉克斯坦地处亚欧大陆交接地带，同乌兹别克斯坦、吉尔吉斯斯坦、阿富汗、中国等多个国家毗邻，在维护地区安全与稳定、发展过境贸易等方面具有重要的战略地位。同时，塔吉克斯坦与伊朗在语言、文化、民族等多个方面存在共同的历史纽带，两国自建交后一直保持着较为密切的往来。

鉴于伊朗同塔吉克斯坦两国在民族、语言、文化层面上的亲缘关系，文化外交在增强彼此间联系、推动两国关系发展中始终发挥着积极作用。伊朗

① 《吉尔吉斯市场伊朗产品清单及贸易交易量》，伊朗梅赫尔通讯社，https：//www.mehrnews.com/news/4249566/لیستی-از-محصولات-ایرانی-در-بازار-قرقیزستان-حجم-مبادلات-تجاری，2018 年 4 月 17 日。

同塔吉克斯坦以波斯语言、波斯文明为联结点，积极促进相互间在人文领域的文化交流活动。两国在建交初期即签署了文化领域的合作协议，伊朗、塔吉克斯坦可以在对方国家境内发行图书、杂志等出版物，举办图书展览会、文化周、电影节等文化推广活动，组织学者、艺术家进行互访，联合召开文学研讨会，设立波斯文化中心，加强学术交流，共同扩大两国之间的文化关系。[①] 2009 年，伊朗官方媒体法尔斯通讯社在塔吉克斯坦首都杜尚别设立工作站，进一步推动了两国媒体、社会文化的交流与合作。除了积极开展双边往来，伊朗、塔吉克斯坦和阿富汗三方还定期举行波斯语国家首脑会议，在共同的语言、文化基础之上寻求更广泛的多领域合作，自 2006 年以来已共同召开四届首脑会议和六次外长级会议。

伊朗在塔吉克斯坦内乱结束之后积极参与到塔国的经济恢复与重建中，两国签署了一系列合作协议，重点合作领域包括交通、电力、能源等基础设施建设项目。伊朗为塔方安佐布公路隧道工程提供援建并承建了塔吉克斯坦境内沙贡—扎加尔公路建设项目的第二和第三阶段。伊朗公司还参与了塔吉克斯坦桑格图德 2 号水电站的投资及施工建设。[②] 在打造过境运输走廊方面，塔吉克斯坦同伊朗、阿富汗签署了连接塔、伊、阿三国铁路干线的建设协议，并努力吸引外部投资和技术，进一步探讨中国经塔吉克斯坦通往伊朗的铁路建设对接规划，提升地区整体运输能力，同时为本国的贸易往来创造便利的物流运输条件。[③] 截至 2014 年，伊朗同塔吉克斯坦的双边贸易额已达到 2. 29 亿美元（见表 5），伊朗成为塔吉克斯坦的重要贸易伙伴。

---

① “Atkin Muriel: Tajiksitan’s Relation with Iran and Afghanistan,” in Ali Banuazizi and Myron Weiner eds. , *The New Geopolitics of Central Asia and Its Borderlands*, Bloomington: Indiana University Press, 1994, p. 94.

② 《伊朗在塔吉克斯坦修建大坝及水电站》，伊朗梅赫尔通讯社，https://en. mehrnews. com/news/29492/Iran - to - build - dam - hydropower - plant - in - Tajikistan，2008 年 8 月 20 日。

③ 《中企承建中亚首条铁路投入使用》，新华丝路网，http://silkroad. news. cn/news/5128. shtml，2016 年 8 月 25 日。

表 5 伊朗同塔吉克斯坦近年来非石油贸易额

财政年度	出口额（百万美元）	增长率（%）	进口额（百万美元）	增长率（%）	贸易差额（百万美元）	贸易额（百万美元）
2010～2011	164	1	29	-42	135	193
2011～2012	195	19	17	-41	178	212
2012～2013	263	35	35	106	228	298
2013～2014	248	-6	19	-46	229	267
2014～2015	223	-10	19	0	204	242
2015～2016	150	-33	12	-37	138	162
2016～2017	199	33	16	33	183	215

资料来源：伊朗贸易促进组织和德黑兰商会统计数据。

尽管两国间的贸易往来不断，但是近年来伊朗同塔吉克斯坦的政治关系趋冷，在一系列负面因素影响下两国关系逐步陷入僵局。2015 年 12 月，伊朗最高领袖哈梅内伊在德黑兰会见了塔吉克斯坦反对派伊斯兰复兴党领导人卡比力，此前塔吉克斯坦最高法院已将该组织列入极端主义和恐怖主义名单，塔吉克斯坦政府随即对伊朗此举做出强烈反应，两国关系急剧下滑。2016 年 3 月，伊朗石油富商赞贾尼因经济欺诈、贪污被判处死刑，由此引发的其个人在塔吉克斯坦银行的资产问题成为双方对峙的焦点，成为两国外交关系发展中的又一不利因素。[①] 随后塔吉克斯坦方面也采取了一系列措施，两国关系持续紧张。2016 年，塔吉克斯坦宣布对部分伊朗商品限制进口，并暂停了部分伊朗政府组织及文化机构在塔吉克斯坦的活动。[②] 2017 年 4 月，上海合作组织成员国外长理事会例行会议在哈萨克斯坦召开，会议讨论了伊朗成为正式成员国的进程，但这一建议遭到塔吉克斯坦的反对。[③]

目前伊朗同塔吉克斯坦之间的外交紧张局势依旧持续，短时间内或难以

① 《塔吉克银行方面表示赞贾尼在塔吉克银行没有资金》，伊通社，http：//www. irna. ir/en/News/82163223，2016 年 7 月 25 日。

② 《塔吉克斯坦远离伊朗转向沙特》，欧亚新闻网，https：//eurasianet. org/s/tajikistan – stepping – away – from – iran – to – saudi – arabia，2017 年 7 月 8 日。

③ 《上合组织将接收印巴实现首次扩员，塔吉克斯坦反对伊朗加入》，环球网，http：//world. huanqiu. com/exclusive/2017 – 04/10526715. html，2017 年 4 月 24 日。

得到明显改善，但两国在经济、文化、能源、地区安全等方面仍存在很多接触、沟通的契机，未来尚有可能通过渐进方式打破僵局，逐步化解两国的紧张关系。

结 论

伊核全面协议的达成客观上为伊朗同中亚国家发展往来交流、区域经贸合作开创了良好的外部环境。同时，伊朗的过境潜力和该国港口基础设施的能力能够确保中亚货物通过国际运输走廊进入波斯湾，继而转运至国际市场。伊朗通过“南北走廊”、环里海航运等多条交通路线也可以连通俄罗斯、中国和中亚各国，扩大自身在中亚地区的影响，这些都成为助推伊朗与中亚各国关系发展的内在驱动力。另外，外部力量的制约是中亚五国同伊朗外交关系发展过程的主要变量之一，应充分考虑到国际及地区局势的变幻给伊朗发展同中亚的关系带来的不利影响。受历史传统、地缘政治等多重因素影响，中亚五国一直奉行全方位平衡外交策略，国际、地区大国对中亚地区事务及对外关系施加着举足轻重的影响力，尤其是特朗普执政后美国政府对伊朗的态度再度强硬，中亚各国的对伊政策可能出现调整。加之伊朗多年来饱受国际制裁的困扰，经济发展受到掣肘，同中亚五国的外贸往来规模出现萎缩，考虑到中亚五国的经济总量及各国社会发展水平不一、国情各有不同，与伊朗建立全方位且同等规模的往来关系也不符合现实情况。但整体而言，伊朗同中亚各国间的往来合作意愿明显加强，经贸交流仍旧是重点领域，在政治、交通、区域合作等领域的频繁交流也展示出了伊朗同中亚五国努力提升对外关系的良好发展前景。

B.9

2017年伊朗与印度关系解析

张立明*

摘　要： 伊朗和印度两个文明古国在人种、语言和文化传统上有着悠久而密切的关系。两国政治关系友好，在经济领域互补性强，在反恐领域有共同的立场。最近几年双方在能源、交通领域合作密切，尤其是在恰巴哈尔港和南北运输通道建设方面的合作引人注目。美国退出伊核协议为两国关系的下一步发展蒙上了阴影。印度在美国的压力下可能会减少进口伊朗石油、退出油气合作项目；两国的基础设施建设合作项目也有可能由于金融制裁而无法如期完成。

关键词： 印伊关系　能源　恰巴哈尔港　南北运输通道

印度和伊朗同为世界文明古国，两国在人种、语言和文化传统上有着悠久而密切的关系。两国1950年正式建交，从建交到冷战结束之前，两国由于分属不同的阵营，关系比较冷淡，但也没有根本性的利益冲突。冷战结束后，随着国际形势的变化和经济的发展，两国因在国际事务和反恐问题上立场相近、经济上有较强的互补性，逐渐结成战略合作伙伴。近年来，两国在能源、恰巴哈尔港建设及与其相关的南北国际运输通道建设方面的合作引人注目。本文意在回顾两国关系发展的历史，梳理其

* 张立明，北京大学波斯语言文学硕士，德黑兰大学波斯语言文学博士，解放军信息工程大学波斯语专业副教授。

发展现状，探讨制约两国关系发展的因素，并对两国关系未来的发展做出展望。

一　密切、悠久的历史关系

印度前总理尼赫鲁在《印度的发现》里写道：“就人种来源和整个历史的关系而论，很少有比印度民族和伊朗民族关系更为密切的了。”

伊朗和印度的主体民族都是来源于中亚大草原的雅利安人。历史学家和语言学家推测，雅利安人大约从公元前2000年开始向南迁徙，迁移到伊朗高原的部落，后来形成了波斯主体民族，而越过今阿富汗的开伯尔山口，进入印度河谷的部落构成印度的主体民族。早在雅利安人迁徙之前，曾有一个“印欧民族共同体”长期生活在中亚大草原，因此他们的语言、文化有很大的共性。如今两国诸多类似的神话传说和语言学的研究结果印证了这一事实。在伊朗和印度的史诗和神话传说中，有很多共同人物，他们的名字相同或类似。比如两国神话传说中都提到一个名叫贾姆希德的国王，他的名字既出现在印度史诗《摩诃婆罗多》中，也出现在琐罗亚斯德教圣书《阿维斯塔》中，不仅名字一样，而且他的世系在印度和伊朗神话中都一样。古伊朗语的一支阿维斯塔语和梵语非常接近，现代学者正是借助梵语的研究成果编写出了阿维斯塔语和古波斯语的语法，他们从梵语推出了大量古波斯语词根。两国的宗教经典也存在很多类似性。印度教古老的经典《吠陀经》与《阿维斯塔》非常类似；《梨俱吠陀》和《阿维斯塔》中诸神的名字和故事有很多相同或类似之处。例如《梨俱吠陀》中的“米特拉”神，在《阿维斯塔》中称“米斯拉”；《梨俱吠陀》中的“亚姆”在《阿维斯塔》中叫“伊姆”（在现代波斯语中演变成“贾姆”）。

印度信德地区曾是强大的阿契美尼德王朝（公元前559～前330年）的一个行省，其名字出现在波斯波利斯的楔形文字铭文中。萨珊王朝（224～651年）的文献中曾记载伊朗国王派遣使者前往印度寻求治国智慧的故事。

印度的《五卷书》就是在这一时期被宰相白才尔外带回伊朗，翻译成巴列维语后，取名《卡里来与迪姆奈》，后者在伊斯兰初期被翻译成阿拉伯语，10 世纪又被翻译成波斯语，成为伊朗、印度、阿拉伯文化交流的一个经典案例。

伊朗伊斯兰化之后，两国的文化交流和人员来往更加频繁。7 世纪伊朗被阿拉伯人征服后，大批不愿皈依伊斯兰教的琐罗亚斯德教徒（又称拜火教徒、祆教徒）迁移到印度西海岸，形成以古吉拉特和孟买为中心的“帕西人”（即波斯人）聚居区。目前世界上有 5 万多名琐罗亚斯德教信徒，其中印度的帕西人就有 3 万多人，是世界上人口最多的琐罗亚斯德教徒聚居区。印度的帕西人较好地保留了古波斯的文化传统，西方学者对阿维斯塔语和琐罗亚斯德教的研究始于印度的帕西社区。在现代，帕西人在政治、工业、科学和文化等领域为印度和巴基斯坦做出了重大贡献。印度著名的帕西人包括达达拜·纳奥鲁吉（Dadabhai Naoroji，曾三次担任印度国民大会主席）、陆军元帅萨姆·曼纳克肖（Sam Manekshaw）、核能科学家霍米·巴哈巴（Homi Bhabha）、实业家 J. R. D. 塔塔（J. R. D. Tata）和塔塔家族。摇滚明星弗雷迪·墨丘利（Freddie Mercury，皇后乐队主唱）是出生在桑给巴尔的印度帕西人。祖宾·麦赫塔（Zubin Mehta）是西方古典音乐乐团的指挥，也是来自孟买的帕西人。

9 世纪随着伊朗地方王朝在伊斯兰世界东部的崛起，达里波斯语在地方王朝的保护和推广下，很快成为伊拉克以东的伊斯兰世界的官方、学术和仅次于阿拉伯语的宗教语言。从 11 世纪开始，随着伽色尼王朝、古尔王朝、德里苏丹国和莫卧儿王朝在阿富汗和南亚地区先后登上历史舞台，以波斯语为代表的伊朗伊斯兰文化对印度半岛的影响日益深入。

伽色尼王朝马合穆德苏丹对印度的多次征讨，首次将波斯语带入印度次大陆。到 1857 年印度莫卧儿王朝（1526 ~1857 年）被英国殖民者控制之前，波斯语一直是历代王朝的官方或宫廷语言，文人、学者和官员以学习、掌握和使用波斯语为荣。印度当地人也踊跃学习波斯语，波斯语和它承载的伊朗伊斯兰文化对印度各个领域和阶层产生了广泛和深刻的影响。早在 12

世纪，就有部分伊朗学者、艺术家、诗人向印度移民，他们的到来推动了波斯语和伊朗伊斯兰文化在印度地区的传播。13 世纪成吉思汗及其子孙的三次西征，给中亚西亚地区带来沉重的社会灾难，大批伊朗学者、苏菲长老、诗人、艺术家和其他社会人员背井离乡逃往印度，他们的到来带来了 14 ~ 15 世纪波斯语言和伊朗文化在印度次大陆的繁盛，形成了波斯文学史上有名的“印度体”时代，涌现出比德勒、阿米尔·德赫拉维等一大批波斯语诗人和学者。今天印度的图书馆仍保留大量波斯语手稿，有学者认为，印度存有的波斯语手稿甚至超过伊朗本土。拉姆普尔图书馆、奥斯菲亚图书馆、苏拉特图书馆、埃米尔都拉图书馆等目前保留着大量波斯语手稿。波斯语进入印度半岛后，还催生出一种新的语言——乌尔都语，有学者称“乌尔都语 = 波斯语词汇 + 印地语语法”，形象地说明了印度次大陆大部分穆斯林所操的这种语言与伊朗和印度之间的内在联系。

1857 年英国殖民者占领印度之前，统治印度广大地区的莫卧儿王朝的官方语言是波斯语。为了了解印度国情、配合英国在印度的殖民扩张，波斯语教学活动首先在印度半岛开始。世界上第一部波斯语语法《语法规则研究》和波斯语词典《确凿的证据》就首先诞生在印度次大陆，这一事实本身就说明了波斯语在当时印度的影响力。英国控制印度后，在接下来的一个世纪里，开始有计划地“去波斯化”，波斯语作为官方语言的地位逐渐被英语替代。但印伊之间的文化血脉并未因此而断裂。

印度的伊斯兰教是通过伊朗人传播到印度次大陆的，因此被打上了浓重的伊朗痕迹。伊朗的什叶派和苏菲教团在印度穆斯林中有较大的影响力。据估计，印度的穆斯林有 1.7 亿 ~1.8 亿人，占印度总人口的 14.8%，其中什叶派约有 3000 万，占该国穆斯林人口总数的 15% 左右。印度的穆斯林由于深受苏菲思想的影响，非常温和中庸。印度政府对穆斯林尤其是什叶派和苏菲教徒秉承宽容的政策，大多数印度什叶派穆斯林对伊朗的宗教机构表示出宗教上的忠诚。伊朗在印度什叶派社区的影响力在很多方面都很明显。例如，卡吉尔、查谟和克什米尔的伊玛目霍梅尼纪念信托基金（IKMT）由在伊朗接受培训的年轻神职人员管理。IKMT 的 Facebook 页面上甚至有伊朗最高领袖阿亚图拉·阿里·哈梅内伊的照片。另一位来自勒克明的什叶派神职人员穆拉纳·卡尔白·贾瓦德（Maulana Kalbe Jawad），是印度乌莱玛会议（MUD）的秘书长，在2006年维基解密公布的外交电报中，他被指控为德黑兰间谍。目前在印度有两名阿亚图拉，德里的神职人员阿亚图拉·阿齐德·阿尔－阿尔加拉维（Syed aqeed el-ul- gharavi）是驻库姆的阿亚图拉·谢赫·穆赫森·阿拉基（Sheikh Mohsen Araki）在印度次大陆的代表。勒克瑙一位著名神职人员阿亚图拉·赛义德·哈米杜尔·哈桑（Ayatollah Syed Hamidul Hasan）因在促进印伊关系中发挥的作用于2017年受到伊朗政府褒奖。

目前大约有8000名伊朗学生在印度学习。印度每年根据两国文化交流计划向伊朗学生提供67份奖学金。每年大约有4万名伊朗人访问印度。伊朗的印度人约有4000名。他们主要工作、学习生活在德黑兰、扎黑丹、库姆、伊斯法罕和马什哈德。

印度在伊朗的形象一直非常正面。英国广播公司（BBC）2006年对33个国家进行的全球问卷调查显示，71%的伊朗人对印度有好感，是所有受调查国家中最高的。伊朗在印度的公众形象与中东其他伊斯兰国家相比是正面的。[①] 良好、悠久的关系和良好的民意基础，奠定了伊朗和印度现代关系的基调，两国关系虽然磕磕绊绊，但没有根本性的利益冲突，两个国家会根据国际形势和国家利益调整彼此的关系，有时候冷淡疏远，有时候热烈密切。

二　伊朗印度关系回顾

印伊两国政府于1950年3月15日建立外交关系，双方签署了《永久和平友好条约》。伊朗国王曾两次访问印度（1956年3月和1978年2月），印度总理尼赫鲁1963年访问伊朗。甘地总理和德赛总理分别于1974年4月和1977年6月访问了伊朗。伊斯兰革命之前双方关系虽有短暂的亲近，但受

① "Iran's Relations with India," https：//iramcenter. org/en/irans – relations – with – india/.

美苏冷战格局的影响，很快由于伊朗加入美国主导的巴格达条约组织（即后来的中央条约组织）和在1965年、1971年两次印巴战争中伊朗支持巴基斯坦而恶化。在冷战期间的大部分时间里，奉行不结盟政策的印度与苏联关系密切，而伊朗则被视作美国阵营的马前卒，两国关系因而疏远。

1979年伊斯兰共和国建立后，印度很快予以承认。伊朗奉行理想主义的革命性外交政策，对外输出伊斯兰革命，支持所有国家的伊斯兰革命运动。作为世界穆斯林人口第二大国的印度，时刻警惕伊朗会威胁自己的安全、稳定和国家利益。意识形态的不同严重制约着伊印关系的发展。此外，双方在克什米尔问题、苏军入侵阿富汗问题上立场相左。1981年两伊战争发生后，印度未能公开谴责伊拉克的侵略行为以及后者在战争中使用化学武器，伊朗对此表示不满，指责印度作为不结盟运动协调局主席所做的调解不合理，不能为伊朗所接受。1992年印度阿约迪亚巴布里清真寺被毁事件发生后，伊朗要求印度修复清真寺，安慰精神受到伤害的穆斯林，印度认为此举是对自己内政的干涉。

1991年苏联解体，冷战结束，求发展、谋合作、促和平成为世界不可抗拒的大趋势。伊朗在两伊战争后经济上百废待兴，美伊断交后，伊朗在中东地区的影响被大大削弱，加上阿拉伯国家的敌视，伊朗备感孤立。为了扭转外交和经济上的困境，伊朗领导人在对外关系中逐步淡化伊斯兰意识形态，奉行务实的外交政策。印度从20世纪90年代拉奥政府实施自由化和私有化之后，经济发展加速，两国在发展经济方面尤其是能源领域具有很大的互补性。面对冷战后形成的美国一超独霸的局面，两国在反对霸权主义和单边主义、推动全球多极化方面有共同的立场。90年代末，塔利班在阿富汗崛起，在政治、外交和宗教方面采取极端政策，引起周边国家的严重不安。塔利班粗暴地对待国内的什叶派少数派穆斯林，使以什叶派为国教的伊朗深感不满和愤怒，此外塔利班在边境从事毒品贸易，也威胁到伊朗的稳定。受巴基斯坦支持的塔利班政府的宗教极端主义和跨界恐怖活动也严重影响了克什米尔地区和国内的穆斯林，对印度的安全构成严重威胁。因此在对待塔利班问题上，伊朗和印度找到了契合点，两国希望加强联系和合作，使阿富汗问题朝着有利于自身利益的方向发展。伊朗和印度为了维护自身利益，捐弃前嫌，关系逐步得到改善，朝着“战略伙伴关系”方向迈进 。拉奥总理于1993年访问伊朗，拉夫桑贾尼总统于1995年访问印度。1996年10月，印度副总统纳拉亚南访问了伊朗。

三 21世纪印伊关系的发展

进入21世纪，国内外形势的变化促使印伊两国最终建立战略合作关系。1979年伊朗伊斯兰共和国建国后，长期遭受以美国为首的西方国家的孤立和打压。2003年伊朗核问题浮出水面后，伊朗更是遭到国际社会政治孤立、经济制裁和军事威胁。伊朗政府为了摆脱外交困境，实施“向东看”的战略，积极发展同亚洲国家如中国和印度的关系。印度作为拥有12亿人口的大国，在南亚拥有不可动摇的霸主地位，近年来国家实力增强，已成为世界第六大经济体，在国际组织中拥有较大的影响力。随着经济发展和国力增强，印度已经不满足于南亚霸主地位，正积极谋求国际大国地位，渴望在域外地区尤其是中亚施加影响。伊朗作为中东地区大国，在伊斯兰世界尤其是对什叶派穆斯林具有很大的影响力。此外，双方在打击伊斯兰恐怖主义和极端势力、维护阿富汗稳定方面有共同的立场。两国经济的互补性更加凸显，双方在能源领域和过境通道建设方面的合作开始具备战略意义。20世纪90年代以来，印度经济改革不断拓展和深化，经济实现持续增长，已成为世界经济增长的主要亮点和新兴经济体之一。经济持续的高速发展使印度成为世界最大的能源消费国之一。

2015年，印度是世界第四大原油产品消费国，也是全球第四大石油净进口国，印度的原油供应缺口不断增大。2015年，印度的原油需求量为410万桶/天，而国内原油供应量仅为100万桶/天左右。英国石油公司《2017年能源展望》（*BP Energy Outlook 2017*）估计，印度的能源消耗每年增长4.2%，比全球主要经济体都要快。该报告预计，到2030年，印度预计将超过中国，成为全球最大的能源市场。到2035年，印度在全球能源需求中的

份额将增加到9%。天然气需求预计增长162%，石油需求增长120%，煤炭需求增长105%，可再生能源增长699%，核能增长317%，水力能源增长97%。但根据估算，到2035年印度的能源产量只占全球能源产量的5%，大部分能源需求只能依赖进口。对能源进口的严重依赖促使印度寻求更稳定、更安全的能源。而伊朗是能够满足印度需求的最近的国家。根据英国石油公司《2015年能源展望》报告，伊朗石油储量为1570亿桶，约占世界总储量的9.4%、中东储量的19.4%，居世界第四位。伊朗的天然气储量为34万亿立方米，是世界上天然气储量最丰富的国家。伊朗不仅拥有丰富的能源，而且位于波斯湾和里海两个世界巨大的油气区域中间。同时扼守世界能源运输大通道咽喉——波斯湾霍尔木兹海峡，战略位置非常重要。除了进口能源外，伊朗广阔的油气市场对印度有很大的吸引力。因此同伊朗建立良好的合作关系，对于保证印度的能源供给、保障能源安全具有重要意义。

伊朗是中亚国家和阿富汗出入海洋最便捷的陆上通道。传统上印度与中亚国家和阿富汗的贸易往来主要通过伊朗或巴基斯坦。印巴的紧张关系促使印度愿意绕过巴基斯坦，借道伊朗。中国提出“一带一路”倡议之后，印度也想打通通往阿富汗、中亚和欧洲的国际通道，获得更便捷的国际运输通道和更广阔的国际市场。伊朗也一直致力于打造中亚国家的过境通道，因此两国近年来在打造国际运输通道建设方面有较大的合作力度，引人注目的是印度投资开发伊朗恰巴哈尔港及其相关交通设施以及共同推动南北运输大通道的建设。

（一）政治关系

2001年4月，瓦杰帕伊总理访问伊朗期间，两国签署了《德黑兰宣言》，阐述了两国之间可能的合作领域。2003年1月24～28日，伊朗总统穆罕默德·哈塔米作为共和国日大游行的主宾访问了印度。访问期间双方签署了《新德里宣言》，阐述了两国建立战略伙伴关系的愿景。2012年8月28～31日，印度总理曼莫汉·辛格访问伊朗，出席在德黑兰举行的第16届不结盟运动峰会。访问期间会见了伊朗最高领袖阿亚图拉·阿里·哈梅内伊和总统内贾德。2013 年 8 月，印度副总统什里·哈米德·安萨里（Shri Hamid Ansari）出席了新当选的伊朗总统哈桑·鲁哈尼的就职典礼。2015 年 7 月在俄罗斯乌法上合组织峰会期间，伊朗总统邀请印方参与包括港口、铁路、高速公路等基础设施领域 80 亿美元的投资。

印度总理莫迪于 2016 年 5 月 22～23 日对伊朗进行了正式访问。双方签署了 12 个谅解备忘录和合作协议。印度、伊朗和阿富汗签署了三方过境运输协议，印度承诺投资 5 亿美元建设恰巴哈尔港，其中先期投入 8500 万美元完善港口设施。印度总理莫迪出席了在德黑兰团结大剧院举行的“印度－伊朗两大文明”国际研讨会的开幕式，并为一份“卡里来与迪姆奈”波斯文手稿展揭幕。莫迪总理会见了伊朗最高领袖阿亚图拉·哈梅内伊和鲁哈尼总统，双方发表了题为“文明连接，当代语境”的联合声明。

2018 年 2 月 15～18 日，伊朗总统鲁哈尼率团对印度进行正式访问。莫迪总理与鲁哈尼就贸易和投资合作、能源、互联互通、防务、安全和地区事务进行了实质性和建设性讨论。双方签订 15 份合作文件和谅解备忘录，包括避免双重征税、引渡、放宽外交人员签证条件。这些协议中，印度租借伊朗恰巴哈尔港协议引人注目。两国发表了题为“加强互通，向着幸福前进”的联合声明。声明中写道，“鉴于在能源领域两国的利益互补，形成天然的合作关系，双方一致同意将两国的关系从卖家与买家的关系提升为长期的战略合作伙伴关系。双方一致同意就包括法尔扎德－B 气田在内的能源领域的合作继续会谈”。①

（二）经贸关系

印度和伊朗经贸关系主要以石油贸易为主。印度是仅次于中国的伊朗原油的第二大买家，2015～2016 年度伊朗曾是印度的第三大原油供应国，从

① 《为消除印伊关系障碍献策》，https：//donya－e－eqtesad. com。

伊朗进口的石油占印度石油进口量的8%～14%。受国际市场油价波动及制裁因素的影响，双方的经贸额很不稳定。2013年、2014年、2015年、2016年双方的贸易额分别是152亿美元、130亿美元、90亿美元和128亿美元。2017年上半年，双方的贸易额为51亿美元，其中伊朗出口38亿美元，进口13亿美元，伊朗贸易顺差25亿美元。2016年，伊朗是印度排名第14位的贸易伙伴，但2017年上半年由于进口石油减少，下降到第16位。[①] 印度进口伊朗的商品主要是石油及其产品、无机/有机化学品、化肥、塑料和文具、水果和干果、玻璃和玻璃器具类、天然或养殖珍珠、宝石等。伊朗进口印度的商品主要包括大米、茶叶、钢铁、有机化学品、金属、电器机械、药物。两国经贸合作主要集中在能源、交通运输领域，其中围绕法尔扎德-B气田的开发、投资建设恰巴哈尔港及其相关设施及积极推动南北运输大通道建设是两国合作的重中之重。

1. 能源领域的合作

能源是两国合作的核心，也是拉近两国关系的主要因素。印度是伊朗原油的最大买主之一，也是伊朗遭受制裁时期没有中断采购伊朗原油的四个亚洲国家之一。2003年哈塔米总统访问印度时强调说，伊朗和印度在能源领域拥有根本的利益，这一领域应当成为两国未来战略关系的组成部分。2011年伊朗出口的石油占了印度石油进口总量的12%以上，是仅次于沙特阿拉伯的第二大石油出口国。但受到国际制裁的影响，2012年印度减少进口伊朗石油28%，进口量由2011年的180万桶/天，下降到2012年的130万桶/天，伊朗因此失去了这一地位。2015年伊核协议达成之后，印度逐渐增加伊朗石油进口，2016年达到每天进口24万桶。2016年莫迪在访问伊朗期间称希望从伊朗进口的石油量翻倍。2017年，伊朗出口印度石油约7.77亿桶，重新成为印度第二大石油进口国。根据印度商务部的数据，2014～2016年，从伊朗进口的石油占印度石油进口总量的6%，2017年上升到10%。[②]

---

① 《2016～2017年度印伊经贸关系》，http://newdelhi.mfa.ir/index.aspx? fkeyid=&siteid=159&pageid=16839。

② 《印伊经贸关系展望》，https://sanayepress.com/1397/03/12/。

2017 年印度的炼油厂平均每天向伊朗购买45 万桶原油，其中2017 年7 月达到创纪录的50 万桶。目前有7 家印度公司购买伊朗石油，其中包括最著名的埃萨（ESSAR）公司和瑞莱斯（Reliance）公司。据相关报道，2016 ~ 2017 财政年度（截至2018 年3 月），印度炼油商购买2720 万吨伊朗原油，这一数字同比增长了114%，创了新的历史纪录。[①] 2018 年伊朗总统鲁哈尼访问印度时宣布，伊朗欢迎印度企业参与伊朗的石油、天然气和能源开发。鲁哈尼在接见印度总理莫迪时说，伊朗可以以长期的战略合同框架来保障印度的能源需求。这个能源、运输领域的合同框架可以使两国变成可靠的战略伙伴。

在印伊石油贸易中，为了同像沙特和伊拉克这样的石油输出大国竞争，占有市场份额，伊朗向自己的大客户提供了很多优惠条件。德黑兰向新德里承诺，如果印度增加进口量，就提高石油运输费用的优惠力度。伊朗希望自己提供的优惠条件即便是再受到美国制裁，与中东其他石油输出国相比，仍然具备吸引力。自2016 年西方解除制裁以来，伊朗一直向印度提供运费折扣。路透社援引可靠来源消息报道说，德黑兰在2017 ~2018 年度将优惠幅度由80%降到了62% ，但同时提出，如果印度炼油厂增加购买量，这个数字可以改变。消息灵通人士称，伊朗目前向印度提供了100% 的优惠，也就是说伊朗免费送油上门。2018 年陪同伊朗总统鲁哈尼访印的伊朗石油部部长赞加内在会见印度石油部长后对记者说，印度的国营和私营炼油厂2018 ~2019年度每天将进口伊朗石油50 万桶。[②]

印度除了进口伊朗石油和天然气外，积极投资伊朗油气田。2005 年，两国在油气领域达成了约400 亿美元的大单，印度的ONGC 和Viedesh Limited 承诺从2009 年开始进口伊朗液化天然气，在25 年内印度每天从伊朗进口9 万桶原油和750 万立方米液化天然气。伊朗承诺每年向印度提供500 万吨原油，并有可能增加到750 万吨。印度的OVL 公司获得了亚达瓦兰

---

① 《美国强推原油封杀令　伊朗不屈服》，http：//jjckb. xinhuanet. com/2018 - 06/29/c_137288616. htm。

② 《伊朗印度石油关系新的一页》，https：//www. isna. ir/news/96113017324/。

油田 20% 的股份，还获得朱菲尔油田项目 100% 的开采权，该油田估计有每天 30 万桶的生产能力。目前困扰印伊油气合作的是有关法尔扎德 - B 气田的建设问题。

法尔扎德 - B 气田是一个伊朗与沙特共享的气田，该气田距离波斯湾法尔西岛 15 公里，储气量约 22 万亿立方米，可开采量约占 60%。2000 年，伊朗和印度三家石油公司组成的财团就该区域勘探和开发签订了初步合同。2008 年印度国家石油公司海外公司 ONGC 发现此气田，但到目前为止，只履行了其中的勘探部分。

伊朗受到制裁期间，为了吸引投资，对印度开发法尔扎德 - B 气田提供了非常优厚的条件，但印度慑于美国的制裁，投资开发计划一再延迟。伊核协议签署后，伊朗油气领域迎来大量新客户，伊方对双方合作方案进行调整，并多次敦促印方提出合理的合作计划，双方为此进行了多轮磋商，但由于彼此的诉求差异很大，至今未达成最终协议。印度方面指责伊朗不守信用，认为自己是气田的发现者，前期已投入超过 8000 万美元，而且在伊朗遭受制裁期间继续进口原油，所以有优先权开发该气田。

2017 年 6 月，《今日俄罗斯》透露，伊朗石油部部长称已经与俄罗斯石油天然气公司就开发法尔扎德 - B 气田、南帕尔斯气田和基什气田达成初步合同，印度对此非常生气，命令印度炼油厂 2017 ~ 2018 年度减少进口伊朗石油五分之一，从每天进口 24 万桶，减少到 19 万桶。伊朗作为回应降低了原油运输费用优惠力度，同时将回收油款的期限从 90 天缩短到 60 天。

2017 年 7 月，印度财团向伊朗提出了一项价值 110 亿美元的法尔扎德 - B 投资开发计划。提议在波斯湾钻探油井生产天然气，然后通过管道输送到陆上并建造一个工厂和液化天然气（LNG）船舶运输基地。伊朗方面提出印度要以购买卡塔尔液化石油气的价格购买气田所生产的天然气，而印方提出的价格只相当于三分之一。结果没有达成协议。2018 年 1 月 14 日，在鲁哈尼访问印度前夕，印度方面又提出一个 62 亿美元的投资建议，该建议只涉及气田的上游产业。鲁哈尼访印期间，双方同意就法尔扎德 - B 气田合作事宜继续谈判。2018 年 4 月 1 日，路透社透露印度方面提出了一个 40 亿美元的合作建议，该合作建议仅仅包括气田的开发和生产，不包括天然气制品和下游产品的开发。2018 年 4 月，伊朗石油部部长赞加内出席在新德里召开的国际能源大会第 16 次大会时称，两国关于法尔扎德 – B 气田的分歧已经消除，印度方面将在 2 个月内提出新的合作建议。

连接印伊两国的天然气管道建设也因美国的压力而夭折。IPI 天然气管道项目是 1990 年印度、伊朗和巴基斯坦商定的由伊朗向巴基斯坦和印度输送天然气的项目。该管道全长 2700 公里，从波斯湾的阿萨鲁耶将伊朗的南帕尔斯的天然气输往巴基斯坦和印度，其中伊朗境内管道为 1100 公里、巴基斯坦境内 780 公里，印度境内 600 公里。该项目预计投资 45 亿美元，原计划 2014 年完工。管道建成后，每天可以向印巴输送 1.5 亿立方米天然气，其中印度份额为 9000 万立方米，巴基斯坦为 6000 万立方米。尽管该项目不仅为印度提供廉价的天然气，而且有可能因此减少印巴之间的敌意和冲突（因此被冠以“和平天然气管道项目”，Peace pipeline），但印度在美国的压力下，同时担心自己的能源进口受制于巴基斯坦，2005 年最终宣布放弃该项目。目前该项目伊朗段已经完成，巴基斯坦段由于缺乏资金尚未启动。2018 年有媒体报道称，中国将修建伊朗至巴基斯坦的天然气管道，并可能将管道进一步向东延伸到中国境内。①

印度仍然想和伊朗建立直达的输气管道。2015 年 12 月 7 日，伊朗国家天然气公司总经理卡梅利（Ali-Reza Kameli）透露，伊朗与印度正在谈判建设一条通过阿曼海、印度洋的海底天然气管道。这个伊朗 – 阿曼海 – 印度海底天然气管道项目预计耗资 45 亿美元，建成以后该管道将成为印度新的天然气运输枢纽，每天将向印度西部的古吉拉特港输气。

2. 印度投资开发恰巴哈尔港及其相关的铁路、公路项目

恰巴哈尔港是一个位于伊朗东南部锡斯坦 – 俾路支斯坦省的港口。

① 《和平天然气管线助力中巴经济走廊》，http：//blog.sina.com.cn/s/blog_47ea0ee40102wo6l.html。

该港口有着得天独厚的地理优势：向北可以通过公路与伊朗内陆相连，向南则是广阔的阿拉伯海主航道，东面紧邻阿富汗与伊朗边境，西面是被称为“海上生命线”的霍尔木兹海峡。这一优越位置使该港既方便伊朗对外输出商货，也可以在必要时候成为军用港口，保证自己海上力量不被封锁。

伊朗多数港口位于波斯湾沿岸，恰巴哈尔港位于霍尔木兹海峡以外，是伊朗少有的远洋港口。该港口所在的海岸线长度超过 300 公里，是伊朗进入印度洋最理想的出海口。但恰巴哈尔港处于伊朗经济发展水平比较落后的地区，基础设施比较落后。巴列维王朝时期，政府曾启动大型港口项目，在该地区建立了海军及空军基地，对港口建设进行了规划，并且与承包商签订了相关合同，但 1979 年伊斯兰革命以后，由于资金不足而暂时搁置。1981 年两伊战争爆发以后，由于伊朗西部地区的港口和油轮受到伊拉克频繁攻击，严重威胁国家的经济命脉 。伊朗政府考虑重新启动恰巴哈尔港的建设，并优先建立了潜艇基地和各种配套设施，并部署了导弹快艇和海军陆战队，使该地成为伊朗重要的海军基地。

两伊战争结束后，为了恢复和发展经济、解决国内经济困难和失业问题，伊朗政府在沿海地区设立了三个自由贸易工业区，它们分别是位于波斯湾的基什岛、位于霍尔木兹海峡的格什姆岛和恰巴哈尔港贸易－工业自由区。恰巴哈尔港被定位成工业和商贸自由区。根据自由区发展规划，自由区占地 140 平方公里，分为 9 个功能区，其中 26% 的区域是贸易和服务区，39% 是工业区，25% 是旅游和居民区。恰巴哈尔港自由区的基础设施正在完善，大型的服务设施如城市自来水、污水管道、电力、通信、互联网、公路和港口已经投入使用。目前恰巴哈尔港拥有两个商用码头，分别是沙希德·卡朗塔里码头（Shahid Kalantari）和沙希德·贝赫什提码头（Shahid Beheshti），每个码头有 5 个泊位，占地约 485 公顷。恰巴哈尔港自由区提供了很多吸引外资的政策，如外国公司可以拥有独资公司、外资企业可以长期租赁土地，20 年之内免税，自由区内生产的商品免税，对接国际贸易规则和其他财政优惠举措。

恰巴哈尔港优越的地理位置，很早就引起印度的兴趣。早在 2003 年印度和伊朗就开发恰巴哈尔港已达成初步意向。印度同意帮助伊朗扩建恰巴哈尔港，建两个码头——一个多功能货运码头、一个集装箱码头。2008 年双方就建设一条自伊土（土库曼斯坦）边界萨拉赫斯到恰巴哈尔的铁路进行合作达成协议。该铁路南起恰巴哈尔港，往北依次经过锡斯坦 - 俾路支斯坦省会扎黑丹、南霍拉桑省会比尔詹德、圣城马什哈德，最终在土库曼斯坦和伊朗边境城市萨拉赫斯同中亚铁路网连接起来。这是一条中亚国家出入海洋最便捷的通道，同时也是伊朗政府发展东部落后省份经济的一大手笔。印方承诺提供建设该铁路线相关的技术、专业人员、机车和配件。2008 年 5 月，印伊联合工作组举行首次会议，双方进一步明确了合作的领域。印度铁路技术和经济服务公司（RITLS）和印度铁路建设公司（IRCON）承诺建设相关的港口、车站和集装箱码头。2010 年，铁路开工建设，但由于缺乏资金，目前进展缓慢。在印度的帮助下，伊朗升级了查巴哈尔—伊朗沙赫尔—扎黑丹—米拉克的公路，连通了米拉克和阿富汗的扎兰季，同阿富汗境内印度投资 7.5 亿美元援建的扎兰季—迪拉腊姆高等级公路相连，并入连通阿富汗 4 个主要城市的公路网。在恰巴哈尔港口卸货的货物可以通过卡车运送到阿富汗到中亚地区。此外伊朗和印度还就建设恰巴哈尔—法拉布—巴姆铁路，将恰巴哈尔港同伊朗现有的铁路网连接起来的项目建设达成一致。

印度投资建设恰巴哈尔港对两国来说是一个双赢的项目。从伊朗方面来说，遭受多年的制裁之后，在基础设施方面欠账太多，急需引进外资，印度主动投怀送抱，伊朗乐见其成。恰巴哈尔港所在的锡斯坦 - 俾路支斯坦省是伊朗经济发展比较落后地区。首先，印度投资一方面可以减少政府的财政压力，另一方面可以为当地人创造就业机会，降低失业率，减少贫困人口，维护社会稳定。其次，恰巴哈尔港是伊朗位于波斯湾之外唯一的一个深水良港。伊朗最大的国际贸易港口是位于霍尔木兹海峡附近的阿巴斯港，其吞吐量占到伊朗海运贸易的 85%。但阿巴斯港口仅能停靠 10 万吨以下的货轮，许多货物无法直接在港口卸货，只能先把货物运到阿联酋等国的港口，再从

那里进行中转。这样一方面受制于人，另一方面停靠他国港口还要支付一笔可观的费用。建立恰巴哈尔港深水港，可以弥补伊朗港口的结构性缺陷，减少对于外国港口设施的依赖性，也大大减少了本国货物的运输成本，同时也缓解了阿巴斯港的货运压力。建设恰巴哈尔港还可以规避波斯湾的战争风险。波斯湾作为中东重要的能源产地和运输通道，各国势力在此盘根错节，未来如果海湾发生战争，霍尔木兹海峡被封锁，伊朗的能源和军事力量可以不受制约，自由出入印度洋。最后，恰巴尔港建设可以推动过境贸易。伊朗是阿富汗和中亚国家通往海洋最便捷的通道，伊朗政府一直致力于打造通过伊朗本土的国际大通道，发展过境贸易。但由于以美国为首的西方国家的制裁，无论是中亚的油气资源还是阿富汗的对外通道，很少选择过境伊朗。伊朗利用目前连接中亚和阿巴斯港的公路、铁路线，可以连通中亚和海洋，但伊朗的铁路网主要集中在西部，东部由于自然条件恶劣、人口稀少和经济发展水平落后，至今没有通铁路。伊朗政府希望以开发恰巴哈尔港为契机，建设从印度洋到东北部重镇马什哈德的铁路，进而和中亚铁路连为一体，形成一条快速、便捷的国际运输通道。

印度投资恰巴哈尔港及其相关道路项目的建设具有经济和战略考量。从经济上讲，印度通过恰巴哈尔港可以更经济地获得伊朗出口的石油和天然气。通过该港口及其连接的道路，印度可以绕过战略对手巴基斯坦，便捷地进入中亚和阿富汗市场。出于战略上的考虑，印度积极参与阿富汗的战后重建，过去 5 年平均每年有 200 万吨援建货物运抵阿富汗。传统线路是通过海运将货物运抵伊朗的阿巴斯港或巴基斯坦的卡拉奇港，然后通过公路或铁路辗转运抵阿富汗。恰巴哈尔港到阿富汗的距离，比阿巴斯港和卡拉奇港分别近 90 公里和 700 公里，通过恰巴哈尔线路运输每集装箱货物将节省 500 ~ 1000 美元。从这个角度看，通过恰巴哈尔港的运输通道是印度通往阿富汗和中亚最近、最便捷的线路。从战略上讲，印度企图通过恰巴哈尔港的建设和租用，与中国的“一带一路”建设形成竞争。印度秉承英国殖民时代的思维，一贯视南亚地区为自己的势力范围。近年来，中国推进“一带一路”建设，秉承互利共赢的原则，积极投资海上丝路沿线国家的基础设施建设，先后投资建设和管理孟加拉国吉大港、缅甸的实兑港和科科岛、斯里兰卡的汉班托塔港、巴基斯坦的瓜达尔港和坦桑尼亚的巴加莫约港。中方的举动让印度十分不安，认为虽然目前这些港口的开发都声称属于商业性项目，但未来这些国家的港口有可能为中国日益增多的海军作业提供支持，严重威胁印度的国家安全。印度投资开发恰巴哈尔被视作是对中巴的战略反制。首先，恰巴哈尔港距离中巴经济走廊的出海口瓜达尔港不足100公里，未来可以有效地对中国在港口的举动实施有效的监控。其次，恰巴哈尔港位于一条重要的东西海上航道上，包括中国和日本在内的东南亚和东亚国家近55%的油气需求要靠这条航线供应，印度此举等于是在中国的海上丝绸之路上打入一个"楔子"。最后，印度和伊朗合力将恰巴哈尔港打造成南北运输大通道的桥头堡。印度帮助修建的铁路将伊朗的马什哈德、扎黑丹与恰巴哈尔港联系起来，打开了印度通向中亚和欧洲的新门户，绕过了巴基斯坦－中国的弧形区域。客观上具有同中国"一带一路"倡议相抗衡的意图。

2016年莫迪访问伊朗期间，双方正式签署了有关建设恰巴哈尔港的协议，印度决定投资5亿美元建设恰巴哈尔港，建设和租借恰巴哈尔港口10年，其中第一期投资8500万美元，用于完善港口设施。印度还承诺投资16亿美元，建设恰巴哈尔—扎黑丹500公里长的铁路。印度、伊朗和阿富汗三国签署了《恰巴哈尔港三方过境协议》。印度道路交通部部长Nityin Gaddikari称恰巴哈尔港为"通往黄金机遇的门户"。根据达成的协议，印度2016年开始投资改建沙希德·贝赫什提港，2017年12月3日一期工程顺利竣工。目前沙希德·贝赫什提港已成为伊朗的第三大战略港口，年吞吐量将达850万吨，可以停靠10万吨级至12万吨级大型货轮和超级大型集装箱船。按照计划，整个恰巴哈尔港分4个阶段建设，建成后总吞吐量将达7700万吨，将会成为伊朗联通中亚乃至世界的重要枢纽。2017年12月印度援助阿富汗的10万吨小麦，首次从恰巴哈尔港转运到阿富汗。[①]

---

① 《首批印度的小麦取道恰巴哈尔港运抵达阿富汗》，http：//www. bbc. com/persian/afghanistan－41955381。

2018 年 1 月，在伊朗总统鲁哈尼访印前夕，伊朗道路与城市发展部部长阿洪迪率团对印度进行了 3 天访问，双方围绕着交通领域的合作达成了 20 亿美元的合作意向，主要包括价值 10 亿美元的恰巴哈尔港通往扎黑丹的铁路项目、价值约 6 亿美元的合作生产 200 台火车机车的项目和价值约 4 亿美元合作生产钢轨的项目，印度方面表示愿意为三个项目融资，合作意向将在鲁哈尼访问印度时形成正式文本。2018 年鲁哈尼访问印度期间，双方签署了租借伊朗恰巴哈尔港码头协议。根据租借协议，印度将取得恰巴哈尔港项目一期沙希德・贝赫什提多用途集装箱港运营权，为期 18 个月。伊朗方面敦促印度尽快完成恰巴哈尔项目，印度政府则宣布 2019 年该项目将全部投入使用。

伊朗不仅希望印度投资恰巴哈尔港及其相关道路建设，更希望双方合作，将恰巴哈尔港自由区打造成一个新的经济发展中心。鲁哈尼访问印度结束后，2018 年 2 月 25 ~27 日，伊朗在德黑兰和恰巴哈尔举办了以恰巴哈尔港为中心的第二届国际投资机会推介会，会上推出了一系列雄心勃勃的计划，包括建设南北铁路、石化企业、钢铁、农业、渔业、机场、旅游、运输和过境运输、开发港口、城市建设、油气、工业、发电厂、海水淡化等项目，主要吸引印度投资者。

3. 合力推进南北运输通道（NSTC）建设

南北运输通道的计划最早成型于 2000 年 9 月，当时印度、俄罗斯和伊朗三国达成协定，计划通过轮船、铁路和公路等方式，建立一条从南亚途经西亚、高加索、俄罗斯到达欧洲的货运大通道。根据印度的设想，南北运输通道打开后，印度的货物可从西海岸和波斯湾经船运抵伊朗的阿巴斯港，再由陆路经伊朗送到里海，之后经阿塞拜疆运往哈萨克斯坦、俄罗斯等地，这将大大便利印度与欧洲的贸易。由于缅甸、泰国都有陆路与印度相连，此举亦可带动东南亚和欧洲的贸易。一旦项目完成，将成为连接欧亚大陆的一条独特线路。通过南北大通道的运输费用与传统的通过苏伊士运河的运输线路相比，路途缩短 40%，费用节省 30%。这项颇具商业价值的计划，很快吸引了包括中亚国家在内的其他 11 个国家的浓厚兴趣。

需要说明的是，南北运输大通道最初设想是将波斯湾的阿巴斯港作为桥头堡，利用伊朗的铁路和公路将货物运抵北部的里海港口，然后经里海航线运抵俄罗斯，直至北欧。这样的线路设想可以利用现有的基础设施，不用太大投资。但从印度出发的货物要经过多次水路联运，实行起来并不容易。2017 年 6 月，伊朗、俄罗斯和阿塞拜疆三国首脑在巴库会晤，商谈了南北运输通道项目的最后细节，决定建设一条阿巴斯港—圣彼得堡的高速公路。这样印度运抵伊朗的货物就不用频繁更换运输工具，可大大节约时间和成本。南北通道的另一个变化是，2016 年印度和伊朗商定，将恰巴哈尔港作为南北运输通道的桥头堡。恰巴哈尔港距离印度西海岸更近，港务条件更优越。同时双方商定建立南北大通道的东部支线。这条支线主要依托伊朗 2010 开始修建的恰巴哈尔—萨拉赫斯铁路线同中亚铁路网相连，未来考虑修建阿富汗支线。这条长达 1340 公里的铁路线，建成之后将是印度通往中亚最便捷的铁路线，也将成为伊朗东部交通的大动脉。在 2018 年伊朗总统访问印度发表的联合声明第八条中写道："双方强调要信守对南北国际运输通道的承诺，强调要将该通道同恰巴哈尔港连接起来。伊朗将在最短时间内在德黑兰举办南北国际运输通道的协调会。欢迎印度为加强地区间的连通、促进地区经济发展中心联系而加入国际陆路货运协定（TIR）和阿什哈巴德协议。"①

南北运输大通道可以加速国际贸易和过境运输，增加印度洋沿岸国家同俄罗斯和中亚的贸易，加强伊朗同俄罗斯、哈萨克斯坦港口的合作，为这些国家进一步合作搭建良好的平台，并为沿途国家带来超过 10 亿美元的过境费用，减少南亚国家对苏伊士运河的依赖，在沿线地区催生新的生产、经济和贸易中心。就印伊两国而言，印度借助伊朗提升大国地位的用意也非常明显。南北运输通道的设想也可以视作是印度对抗中国"一带一路"倡议的地缘战略举措。该通道无论从伊朗哪个港口开始，无论经过哪条路线，对伊

① 《鲁哈尼：伊朗对于欧美大企业具有吸引力》，https：//www. khabaronline. ir/detail/755699/Politics/government。

朗和印度都有极大的利好，所以双方极力推动该通道的建设。除了经济、政治利益外，印度可以进一步巩固它在南亚的霸主地位。对伊朗来说，南北运输通道不仅为国家经济创造收入来源，而且能提高伊朗在中亚及独联体国家中的经济和政治地位。

4. 其他经贸领域的合作

除了能源和交通领域的合作外，近年来印度在 IT 技术和产业方面的国际领先地位对伊朗有极大的吸引力。2016 年，鲁哈尼在同来访的印度总理莫迪会谈时，谈到了各个领域存在的合作机会，其中提到了双方在生物技术、纳米技术、IT 技术产业 、航天技术方面合作的潜力。他说："伊朗的科技园愿意为印度的企业提供场所进行科学研究和共同完成科研项目。"为了规避美国恢复制裁可能带来的金融风险，伊朗还加强了同印度金融业的合作。在鲁哈尼访问印度期间，双方一致认为建立有效的银行网络对于合法的经贸往来非常必要，印度将很快批准伊朗民营金融机构帕萨尔加迪银行在印度开设分行，双方还同意成立一个联合委员会，来研究通过亚洲清算联盟结算卢比和里亚尔事宜。此外，双方还决定在航海、农业和传统医药等领域进行合作。

（三）文化关系

1956 年两国签署第一份官方的文化合作协议，该协议由 1 个前言和 14 个条款组成，由时任伊朗驻印度大使阿里·阿斯加尔·海可马特同印度时任文化部部长穆拉纳·阿布凯拉姆·阿扎德在新德里签署。伊斯兰革命后，两国之间的文化活动和合作进入一个新阶段。这一时期，印度穆斯林尤其是什叶派穆斯林同伊朗建立了广泛的联系。革命后，两国的文化合作在新的协议框架内得到确立。1995 年，时任伊朗总统拉夫桑贾尼访问印度时，双方签署了两国文化、科技交流执行计划。2002 年，伊朗时任总统哈塔米访问印度，双方重新调整和签署了 2002 ~2005 年文化交流执行计划。2016 年印度总理访问伊朗，双方签署了新的文化交流计划。这些计划的签署，使两国政府的各个部门从事官方的文化活动。除此之外，伊朗伊斯兰文化联络组织作为伊朗最重要的对外文化联络机构，同印度文化关系委员会签署了谅解备忘录。

莫迪总理2016年5月访问德黑兰期间，签署了印伊文化交流计划，印度文化关系委员会（ICCR）与伊朗文化联络局（ICRO）、印度国家档案馆与伊朗国家图书馆和档案馆等合作文件。双方还商定在德黑兰大学开设印度学研究专业，成立印度－伊朗名人协会。2018年鲁哈尼访印期间，印度总理向鲁哈尼总统赠送了《摩诃婆罗多》波斯文译文手稿，鲁哈尼则向莫迪赠送了英语版的《卡里来与迪姆奈》动漫全集。在双方联合声明的第17条写道："为了强化文明和文化的根基，加强彼此在各个层面的了解，双方同意2018～2019年度印度在德黑兰举办文化周，德黑兰大学设立印度研究课程，在印度的外事服务机构为伊朗外交人员开设印度研究课程，支持印度的波斯语语言文学专业，强调在考古、博物馆、档案馆和图书馆之间的合作。"

目前在印度有超过30所大学开设波斯语专业，从事各个层次的波斯语和伊朗文化教学。除了专业学习波斯语言和文学的学生外，历史专业的学生也对学习波斯语抱有浓厚的兴趣，因为印度的很多史书是用波斯语写成的，要研究印度历史，必须精通波斯语，这本身表明了伊朗和印度语言文化密不可分的联系。考虑到波斯语在印度的重要性，印度总统向那些致力发展和推广文化语言（波斯语、梵语和巴利语）的学者颁发专门的奖励。伊朗在印度设有3个文化中心（新德里使馆文化处、新德里波斯语研究中心、孟买文化之家）。印度在驻德黑兰大使馆设立印度文化中心。伊朗设在新德里和孟买的文化中心定期举办波斯语学习班，并提供物质和精神上的支持。隶属于伊朗伊斯兰文化联络组织的新德里波斯语研究中心，除举办文学界的活动外，还就波斯语在印度状况进行研究。此外，一些民间机构也从事两国的文化交流，如设在加尔各答的伊朗人协会，已有700多年的历史，一直由热爱伊朗文化和艺术的人士管理。

双方派出各种文化代表团互访 。2015年7月27～31日在德黑兰举办的印度文化周，伊朗副外长拉希姆普尔担任主要嘉宾。由马吉德·侯赛因先生率领的印度卡瓦利（Qawwali）音乐代表团到伊朗访问演出。2016 年 6 月 21 日，第二届国际瑜伽日在德黑兰的印度学校 Kendriya Vidyalaya 举行，500 多名伊朗人参加了这次活动。2016 年 4 月 23 日，哈瑞普拉萨德·查拉西亚潘迪特（Pandit Hariprasad Chaurasia）在德黑兰团结大剧院举办了一场音乐会，嘉宾包括伊朗副外长拉希姆普尔、文化部副部长穆罕默德·扎德以及其他国家的大使。2016 年 1 月 10 日，印度大使馆在 Kendriya Vidyalaya 学校庆祝世界印地语日。大使馆还发行了一份双月刊杂志，名为《印度之镜》（*Mirror of India*），向伊朗公众介绍印度。2016 年 11 月 6 日，印度驻伊使馆与伊朗科学出版社、德黑兰大学、阿拉麦·塔巴塔巴伊大学、布哈拉文化组织共同纪念 Sardar Vallabhai Patel 诞辰 141 周年，参加这次活动的有留学印度伊朗人协会的负责人、来自不同大学的学者、Kendriya Vidyalaya 学校的师生，以及大使和大使馆官员。

四　制约印伊关系发展的因素及印伊关系展望

印伊两国发展关系有深厚的民意和政治基础，且不存在根本的利益冲突。近年来两国在能源、交通等领域开展了卓有成效的合作，也取得了引人注目的成绩。但两国的合作总体上说得多、做得少，有些项目的推进并不尽如人意。双方发展关系存在一些制约因素。其中印度同美国及其地区盟友的关系是制约印伊关系发展的主要因素。从双边关系来讲，伊朗的伊斯兰优先外交思想及印伊双方不同的战略诉求，也制约着两国关系的深入发展。

（一）印度同美国及其地区盟友的密切关系是制约印伊关系发展的主要因素

2015 年签署伊核协议后，伊朗利用解除伊核制裁后相对宽松的国际环境，积极发展弹道导弹技术，高调插手叙利亚、伊拉克事务，与以色列和以沙特为首的海湾国家关系降至冰点。特朗普上台后，重新加强同地区盟友的关系，在中东地区构建了针对伊朗的美国－以色列－沙特铁三角。进入21世纪，随着美国在反恐问题上对传统盟友巴基斯坦日渐失望和对中国崛起的担心，印度逐渐被视为美国在南亚地区的战略盟友，两国关系日益亲密。2005年美印发表联合声明，宣布建立全球合作伙伴关系，加强两国在经济、能源、环境、民生、不扩散核武器、高科技及空间技术领域的合作。目前美国是印度最大的投资国和第二大贸易伙伴，美国逐渐取代俄罗斯成为印度最大的武器出口国。

密切的美印关系是印伊关系发展的制约因素。印度出于国家全局利益的考虑，关键时候总是站在美国一方。2005年印度在国际原子能理事会上投票同意将伊朗核问题提交联合国理事会，让伊朗感到吃惊。印伊之间的很多合作项目也因美国的干扰而取消。2008年11月，美国众议院8名议员写信给美国进出口银行，要求在印度的石油公司停止向伊朗出口精炼油之前，推迟向其提供9亿美元的贷款。2009年伊朗从印度进口大约10%的精炼油，但最终在2010年，印度企业不顾双方已签订的合同，以价格因素为借口，停止了同伊朗的合作。美国对投资伊朗的印度公司的制裁和压力也产生了很大的影响。2007年，印度ESSAR公司同伊朗达成协议，准备在阿巴斯港建设一座日炼油30万桶的炼油厂，这个协议价值100亿美元。但2007年底，这家印度公司在美国压力下最终选择退出伊朗市场。因为美国明尼苏达州州长威胁这家印度公司，如果不终止在阿巴斯港的投资，将停止这家公司在该州的经营活动。2007年11月印度石油天然气合作公司联手辛迪加（Hinduja）集团，获得了价值75亿美元的开发南帕尔斯气田第12期40%的合同，3年之后，印度企业由于美国反对在伊朗投资，无法从银行获得必要的资金而放弃。正是在美国的压力下，印度放弃了印伊之间“和平石油管线”项目，转而在2010年同阿富汗、土库曼斯坦和巴基斯坦签署了TAPI输气管道协议。在保险方面，印度船运公司宣布，受制裁影响，无法为从伊朗进口石油的船只提供保险，最终伊朗和印度被迫为油轮寻求政府保险。

2018年5月8日，特朗普宣布退出伊核协议，给印伊未来合作前景蒙上阴影。美方试图拉拢包括印度在内的国家加入制裁伊朗的“朋友圈”。美国国务卿迈克·蓬佩奥5月21日在一次记者会上点名印度等国，希望它们与美国结成对抗伊朗的阵线。在28日一次记者会上，被问到印方如何看待美方举动时，印度外长斯瓦拉杰回答："印度只遵守联合国制裁决议，不会遵从任何国家实行的单边制裁。"[①]但美国退出伊核协议的效果已经逐渐显现出来。基础设施投资需要投入大量的设备和资金，印度为伊朗项目进行的大型国际招标由于没有竞标人而流标。路透社援引一直跟踪印度海外基础建设项目的可靠人士，称担负恰巴哈尔项目的印度公司还没有就项目所需的大型设备如重型起重机和叉车进行一次成功的招标。印度官员在接受采访时称，西方公司不愿意竞标。如瑞士利勃海尔工程集团、芬兰的卡哥特科公司对负责开发恰巴哈尔的印度环球港务公司说，它们国家的银行由于对美国政策心存疑虑，不愿意为同伊朗的贸易提供便利，因此它们无法去竞标。一名印度官员对路透社说，2017年9月举行了一次招标，由于担心美国恢复制裁，只有很少人竞标，这种担心从2018年2月开始进一步加强。一些招标由于得不到足够的投标人，从2017年9月到现在举行了三次招标，结果只有中国上海振华重工（ZPMC）一家投标。[②] 一名印度高级外交官对路透社说："美国总统特朗普的决定使我们重回项目开始的原点，应该重新审视这些合同。"[③] 印度本希望借助国际金融机构为投资伊朗的项目融资，考虑到美国在国际金融领域的霸主地位，这种愿望可能要落空。如果美国按照既定计划恢复对伊朗的能源和金融制裁，印度很有可能减少进口伊朗的油气，即便是购买，油款结算会同样面临制裁时期的困境，这些因素都可能影响两国的关系。2018年6月27日，美国驻联合国代表尼基·黑莉访问印度，在同印度总理会谈时要求印度减少进口伊朗石油。她强调说："在印度和美国建立牢固关系的情况下，我们希望印度能减少对伊朗的依赖。"[④]

---

① 《印度将不响应美国对伊朗制裁》，http://news.sina.com.cn/o/2018-05-30/doc-ihcffhsv3447014.shtml。

② 《制裁是印度开发恰巴哈尔面临的障碍》，http://www.bbc.com/persian/world-40248395。

③ 《路透社：美国退出伊核协议将危及恰巴哈尔项目》，http://www.bbc.com/persian/afghanistan-44188536。

④ 《美国要求印度减少进口伊朗石油》，http://www.bbc.com/persian/iran-44636594。

印度同以色列和以沙特为首的海湾国家日益密切的联系，同样是制约印伊关系发展的潜在因素。冷战结束后，以色列印度关系发展迅猛，两国在国防工业、高科技领域和航天领域有着密切的合作。2007 年印度将一颗以色列间谍卫星——TechSar 送入太空，该卫星用于监视伊朗的核活动。一旦发生战争，以色列可以用该卫星的网络导航。2009 年印度向以色列购买了一颗拥有全天候观测能力的间谍卫星 RISAT－2，以加强印度在孟买袭击之后的监测能力。以色列是印度现代国防技术、电子战系统、导弹和雷达尤其是空中预警与指挥系统的主要供货方，正在变成对印度最大的武器出口国之一。在 1999 年印巴发生的卡吉尔边境冲突中，以色列向印度提供了枪炮弹药、激光制导炸弹、空中无人运输机等设备。2007 年、2008 年连续两年以色列销售给印度的武器都超过 10 亿美元。印度还就购买先进的反导弹系统同以色列谈判，双方就共同研制远程地对空导弹“巴拉克”签订合同。印度和以色列还在打击恐怖主义和极端势力方面进行合作。伊斯兰极端势力的发展，使得巴基斯坦在克什米尔问题的立场更加强硬。以色列担心伊斯兰极端势力渗透巴勒斯坦，对自己构成威胁。两国从 2000 年开始，成立了反恐的年度磋商机制。印度为了同中巴竞争获得国防和商业利益愿意同以色列合作，但以色列同时担心同印度合作惠及伊朗。以色列视伊朗实力的增加是对自己安全的威胁。2002 年以色列总理访问印度时，曾要求印度领导人担保以色列的防务技术不会用于服务第三国尤其是伊朗。在双方的联合声明中，承诺要打击政府和非政府的恐怖主义行为，这被解读为针对伊朗和巴基斯坦的国家恐怖主义。

以沙特为首的海湾国家是伊朗在印伊能源合作领域强有力的竞争对手。印度同海湾国家合作委员会（GCC）建立了政治和经济合作框架，每年定期在一个成员国举行对话会。印度同海湾国家的贸易额从 2001 年的 56 亿美元，上升到 2013 年的 1300 亿美元。印度对海湾国家的出口占其对外出口的 75%，45% 的汽油从海湾国家进口。海湾国家还是印度最大的劳务市场，据统计，仅在阿联酋，目前就约有 260 万印度人工作和生活，约占阿联酋人口的三成，他们每年给印度带来高达 120 亿美元的外汇收入。沙特是印度石油的第一大出口国、第三大贸易伙伴。2015 年沙特和印度之间的双边贸易额突破了 400 亿美元，印度国内进口的石油中有约 20% 来自沙特。预计未来 20 年，印度从沙特的石油进口将翻倍。2016 年 4 月莫迪访问沙特，双方签署了 5 个双边协定，涵盖了反恐合作、情报分享、防务合作以及经济合作等多个方面。阿联酋是印度第三大贸易伙伴，印度则是阿联酋第二大贸易伙伴。卡塔尔是印度液化天然气的主要进口国，每年向印度出口液化天然气 500 万吨。

海湾国家本来就是伊朗油气对外合作领域强有力的对手，美国退出伊朗核协议给海湾油气输出国提供了良机。美国对伊朗重启制裁，伊朗的石油出口将下降，国际市场油价可能因供应减少上涨，沙特马上暗示将提高原油产量以弥补市场供应短缺。据路透社报道，一名沙特能源部官员表示："沙特将与欧佩克和非欧佩克主要产油国和消费国合作，以限制供应短缺的影响。"该官员同时表示："基于美国将退出伊朗核协议的决定，沙特承诺将着力稳定全球原油市场，维护原油生产者和消费者的利益，以及全球经济增长的可持续性。"①

（二）克什米尔问题的潜在影响

伊斯兰共和国成立初期，伊朗的外交政策带有浓厚的伊斯兰理想主义色彩，它坚信传播和保护伊斯兰思想是其神圣使命，援助和保护穆斯林是其义不容辞的责任。在这种意识形态主导下，克什米尔问题注定会成为印伊两国关系中的一个敏感问题。

克什米尔问题一直是印巴分治以来的一个矛盾焦点，双方为此多次发生对峙和战争。1979 年伊斯兰革命初期，伊朗在克什米尔问题上坚定地支持穆斯林兄弟巴基斯坦的立场，支持克什米尔穆斯林摆脱非穆斯林统治的解放运动。伊朗宣称"伤害巴基斯坦，就是伤害伊朗"，向巴基斯坦提供财政援

---

① 《美国宣布退出伊朗核协议　沙特暗示增产》，http：//forex. eastmoney. com/news/21，20180509869295284. html。

助和支持，并在德黑兰举行的宗教集会和参加伊斯兰革命日庆祝活动中邀请克什米尔穆斯林联合阵线领导人出席。此外，伊朗和其他成员一起，在伊斯兰国家组织中通过了巴基斯坦提出的有关克什米尔的解决方案。这种干预印巴事务的做法激化了印伊两国矛盾。1992 年印度阿约迪亚巴布里清真寺被毁事件发生后，伊朗要求印度修复清真寺，安慰精神受到伤害的穆斯林，采取有效措施防止再次发生类似事件。哈梅内伊指出所有穆斯林和伊斯兰国家都站在印度穆斯林一边，伊朗掀起全国性的示威游行。伊朗干涉印度的内政引起了印度政府的强烈不满。

冷战结束后，恐怖主义在阿富汗的崛起，使得伊朗同巴基斯坦逐渐疏远，和印度在中亚和阿富汗问题上逐渐走近。随着印度经济的发展，对能源的需求逐年上升，两国经贸关系日趋紧密，克什米尔问题逐渐从印伊关系中淡出。印度外长 1991 年访问德黑兰期间，伊朗首次称克什米尔是印度的一部分。1993 年 9 月拉奥总理访问德黑兰时，伊朗向印度保证不干涉包括克什米尔在内的印度内政。但事实上，伊朗在克什米尔问题上一贯采取“双重政策”，一方面保证不干涉印度内政，另一方面向巴基斯坦表示坚决支持克什米尔穆斯林争取自决权的斗争，这必然为两国关系发展留下隐患。

近年来，随着印伊两国关系的发展，伊朗政府为了避免刺激印度，在克什米尔问题上通常比较谨慎，大部分时间不公开表明立场，但这并不等于说伊朗就不会拿克什米尔问题做文章。伊朗在很大程度上视克什米尔问题为一个战略棋子，微妙地调整同印度和巴基斯坦的关系，维护自身的利益。2010 年，哈梅内伊在年度朝觐致辞中，强调广大穆斯林有支持克什米尔人民的“义务”，印度外交部为此召见伊朗驻印大使，抗议伊朗领袖的立场。有分析称，哈梅内伊彼时重提克什米尔问题是因为此前联合国通过了批评伊朗人权状况的决议，印度投了弃权票。2017 年 6 月 22 日，伊朗宗教领袖哈梅内伊在开斋节集会发言中，在谈到地区冲突时，出人意料地再次重提克什米尔问题。他说：“伊斯兰世界应当明确地支持也门人民，对那些在开斋节向人民发动进攻的压迫者表达憎恶，支持这些人民。对巴林和克什米尔人民同样如此。”哈梅内伊在这样一个宗教场合重提克什米尔问题，从政治的角度似乎无须更多解读，但一周之后再次提到这一问题，就显得非同寻常。2017年8月3日哈梅内伊在接见伊朗司法界的官员时说："司法部门应当在一些问题如制裁、美国没收（伊朗）财产、恐怖主义和支持世界被压迫的人物如谢赫·扎克扎基、支持缅甸和克什米尔的穆斯林方面，从法律的角度入手，坚决地表明自己支持或反对的立场。"考虑到哈梅内伊在伊朗外交政策方面的决定性地位，重提克什米尔问题显然有其内在的意图。舆论分析认为，哈梅内伊的这番讲话正好发生在印度总理莫迪按计划出访以色列的前夕。莫迪是第一个正式访问以色列的印度总理，哈梅内伊此番话意在敲打印度不要同以色列走得太近。不过，这一次印度保持了沉默，也许是看透了伊朗的伎俩，也许是不想影响近两年两国日益密切的合作。

（三）印伊不同的战略诉求

印度当今的外交策略是全方位的平衡外交，其核心是促进经济发展、谋求大国地位和遏制中巴。印度除了同美俄都保持着良好的关系外，同中东地区的大国如沙特、土耳其和以色列都保持着密切的关系，伊朗只能算是其外交棋局中的一颗棋子。印伊关系的发展往往受印度大国外交的制约。而对伊朗而言，虽然是中东地区的大国，由于多年遭受以美国为首的西方国家的制裁，国内经济形势糟糕，已经危及政权的稳定。伊朗现政府的当务之急是利用涉核制裁解除后的有利时机，尽快摆脱国际困境，加紧发展经济、改善民生。仅就印伊合作开发恰巴哈尔港而言，双方谋求的经济利益基本一致，但印方除此之外还有地缘战略上的考量，希望借此对抗中国和巴基斯坦。目前中国和伊朗有着密切的关系，中国是伊朗第一大贸易伙伴，双方的贸易额也远远超过印伊之间的贸易额。伊朗不会为了印度而得罪中国。我们注意到，2016年莫迪访问伊朗，双方就建设恰巴哈尔港签订协议，印方承诺投资5亿美元，获得恰巴哈尔港10年的租借权，其中先期投入8500万美元，用于一期建设。印度一改往常的拖延症，2017年12月按期完成了一期项目。但在2018年鲁哈尼访问印度双方签署的协议中，只涉及恰巴哈尔港一个码头为期18个月的租赁协议，并敦促印方尽快完成后三期工程，但只字未提租赁10年的事。2018年3月12日，正在印度访问的伊朗外长扎里夫在伊斯兰堡战略研究所发表演讲时表示，伊朗愿意参与中巴经济走廊建设，也已经向巴基斯坦和中国发出邀请，共同建设恰巴哈尔港。他还表示，恰巴哈尔港项目并非意在“包围或‘勒死’任何人”，伊朗不会允许任何人在其领土上伤害巴基斯坦。① 伊朗的这番表态让一心想通过投资恰巴哈尔港，从战略上制衡中巴的印度感到沮丧。除了照顾中巴的情绪，伊朗的安全担心也是印伊合作的一个因素。恰巴哈尔港此前是伊朗一个重要的军港，革命卫队和军队在此驻扎有海军和舰艇，恰巴哈尔港自由区的很多项目实际上是由革命卫队下属的企业牵头在搞。印度和美国目前关系密切，印度长期租赁伊朗的码头可能给伊朗国家安全带来潜在威胁，从而招致军方的反对。

综合以上因素，我们认为，印度和伊朗在地缘政治上的相近性、经济和能源领域合作的依赖程度以及两国良好的政治关系，决定了两国在未来一段时间内将保持友好关系。印度为了显示自己的大国地位，在某些情况下可能会顶住美国的压力，继续同伊朗的合作。但特朗普宣布退出伊核协议、恢复对伊制裁，对印伊关系的发展可能会造成比较大的影响。一是能源制裁可能导致印度减少伊朗的原油进口，印度企业可能会退出伊朗的油气项目；二是制裁导致伊朗无法获得油气收入和国际投资，印伊合作的一些基础设施项目如公路、铁路建设难以按期完成，进而影响南北国际运输通道的建设进程。

① 《伊朗邀中巴共建恰巴哈尔港 印度5亿美元打水漂》，http：//news. ifeng. com/a/20180315/56748817_ 0. shtml。

专　题　篇

Special Reports

B.10
浅析伊朗“十月抗议”的前因后果

刘岚雨　陆　瑾*

摘　要： 2017年末爆发的伊朗“十月抗议”是继2009年“绿色运动”之后伊朗发生的最大规模的反政府示威活动。一些伊朗民众以集体行动方式发泄对国家政治、经济和社会文化政策的强烈不满，并得到了外部敌对势力的一些声援。尽管这场抗议的直接导火索是经济问题，但根源在于社会矛盾激化，以及背后隐藏的政治派系博弈因素。随着特朗普政府对伊朗实施“极限施压”政策，伊朗国内经济深陷困境，社会团结和稳定遭受重创，鲁哈尼被迫搁置经济改革计划。虽然伊朗内外安全形势仍在持续恶化，但现阶段美国仍难以实现让伊朗经

* 刘岚雨，清华大学社会科学学院博士研究生，伊朗德黑兰大学访问学者，主要研究领域为伊朗国内政经关系；陆瑾，中国社会科学院西亚非洲研究所副研究员，海湾研究中心副秘书长，主要从事伊朗问题及中伊关系问题研究。

济崩溃乃至政权更迭的愿景。

关键词： 伊朗　十月抗议　经济压力　政治角力　外部干涉

2017 年 12 月 28 日至 2018 年 1 月 3 日，在伊朗发生了持续 7 天的街头抗议活动，因恰逢伊历十月（伊朗历 1396 年 10 月 7 ~ 14 日），故本文称其为“十月抗议”。这场突如其来的群体性事件初始于马什哈德，根据伊朗内政部部长阿普杜勒里萨·拉赫曼尼·法兹里公布的事件调查结果，示威活动在两个晚上蔓延至全国约 100 座城市，在其中的 42 座城市发生了抗议者毁坏私人或公共财物、纵火、砸玻璃等暴力行为，约有 900 名执法人员受伤和 5000 人被捕。根据街头巷尾的监控记录统计，参加这次抗议示威活动的人次约 10 万，实际参加人数应为 4 万 ~4.5 万人。[①]“十月抗议”是继 2009 年“绿色运动”之后伊朗发生的最大规模的反政府群众示威活动，抗议者的诉求从初始期的民生和经济议题迅速转变为政治议题[②]，折射出当前伊朗国内深层次的问题和主要矛盾。“十月抗议”是值得深入挖掘的历史事件，本文拟尝试从社会运动学角度对其性质及前因后果进行解读和分析，并对未来伊朗政治统治的稳定性做出大体判断。

一　“十月抗议”的性质及特征

根据有关社会运动和革命的理论，制度外群体性政治行为可分为集体行动、社会运动和革命三种类型。集体行动是指那些没有明确目标，组织化、制度化和所追求社会变革程度都很低的群体性政治行为；社会运动的制度化

① 《内政部长：调查显示即使在马什哈德的抗议活动也是无组织的》，伊朗新闻在线，https：//www.khabaronline.ir/detail/761669/Politics/government，2018 年 3 月 12 日。

② “Five Things you Need to Know about Protest in Iran，” *Al Jazeera News*，January 2，2018，https：//www.aljazeera.com/news/2017/12/protests－iran－171231083620343.html.

和组织化程度较高、目标较为明确，对社会变革的追求要大一些，但是仅限于体制内的变革；社会革命则是有大规模人群参加的、高度组织化的、旨在夺取政权并按照某种意识形态对社会进行根本改造的制度外政治行为。[①]这三者之间没有绝对的界限，都属于“对抗政治”，在特定时空条件下可以相互交织，互为因果，交替发生。有时可能难以进行明确区分。[②] 那么伊朗“十月抗议”属性到底是什么？是一场集体行动、社会运动，还是一场社会革命？与之前一次大规模抗议示威游行“绿色运动”相比，“十月抗议”更多地表现出“集体行动”的特征。

首先，“十月抗议”的群体抗争目标分散。在抗议口号中，“打倒专制”“我们不要阿訇统治的国家”是反对政治统治和法基赫体制；“打倒哈梅内伊”是反对最高领袖本人；“我们是雅利安人，不是阿拉伯人”是反对伊斯兰的意识形态；“我们的钱到底是去哪了？伊拉克、也门还是叙利亚？”是反对国家的对外政策；“伊朗什么最自由？偷窃和压迫最自由”是反对政治腐败。[③] 凡此种种的口号表现出抗议者诉求的多元性、个体性，这点与“绿色运动”有单一的、整体性的政治目标完全不同。“绿色运动”被视为一场深刻的社会运动，而“十月抗议”更像是一场大规模的群体性泄愤活动。

其次，“十月抗议”的组织化程度很低。其组织动员主要是通过网络社交工具在线上完成的，其中 Telegram 这一社交应用发挥了巨大作用，有近 50% 的伊朗人是这一应用软件的用户。[④] 尽管线上动员将民众带上了街头，但是没有任何个人或组织来承担之后线下抗议活动的组织工作，而且在抗议过程中没有得到任何政党和社会团体（如工人、城市商人和教师等）的公开支持或保护，以至于抗议群体内部涣散，在面对政府维稳力量时很容易被

---

① 赵鼎新：《社会与政治运动讲义》（第二版），社会科学文献出版社，2011，第 2～3 页。

② 阎小骏：《当代政治学十讲》，中国社会科学出版社，2017，第 204 页。

③ 马吉德·默罕默迪：《伊朗 96 年十月抗议口号分析》（波斯语），BBC 波斯语，http：//www. bbc. com/persian/blog - viewpoints - 42620668，2018 年 1 月 9 日。

④ “Iran Protests：Telegram and Instagram Restricted，” BBC，December 31，2017，https：//www. bbc. com/news/world - middle - east - 42529576.

驱散。实地观察结果显示，在德黑兰地区参与群体以25岁左右的青年为主，他们缺少组织资源和组织历练，而且其中一些人拥有强烈的看客心态，即“看看会发生什么”，行为存在明显的投机性。甚至有些人以游戏的心态加入游行队伍，只是为了拍摄视频和获取自拍。运动参与主体普遍软弱，在整个游行示威的过程中基本上遵循“敌进我跑、敌退我缓进”的策略，很大程度上降低了发生大规模冲突而导致街头运动激化的可能性。在那种只有5000～10000人口的小城市，即使发生冲突，治安部队和民兵组织也不会陷入应对的困境。“绿色运动”则是另一番图景，由改革派领导人发起，数百万人集中于首都德黑兰，游行队伍有序地沿着革命大道向自由广场行进。

最后，“十月抗议”的变革诉求不切实际。Amadnews是在“十月抗议”中线上组织动员的主要账户，它在自己的主页中罗列了抗议者的7点变革诉求，即全民公投、废除教法学家监政制度、撤销强制佩戴头巾法令、新闻自由、政教分离、司法独立和财富公正分配。①这些诉求或违背宪法规定，或对政权合法性构成挑战，在伊斯兰共和国政治统治没有面临严重危机的情况下根本没有可能被接受。此外，像财富公正分配、新闻自由这类问题在世界上根本就不存在绝对的衡量标准，政府可以根据民众诉求制定新政，也可以不加理睬、不做出回应。广大城市知识中产阶级接受了“绿色运动”的教训，对于这种不自量力且具有反现政的抗议行动不参与也不支持，既未能给政治统治带来毁灭性的伤害，也未能给公众带来实际利益。

二　“十月抗议”产生的原因

在分析“十月抗议”产生的原因时，形成了三种主流观点：经济压力说、政治斗争说和外部干涉说。经济压力说认为，食品价格上涨、经济形势每况愈下、失业问题严重、民众生活水平持续下降、民众不满情绪剧增等经

① “Iran Protests: Telegram and Instagram restricted,” BBC, December 31, 2017, https://www.bbc.com/news/world-middle-east-42529576.

济因素驱使抗议者走上街头。[①] 政治斗争说认为，抗议是在2017年总统选举中失利的“马什哈德帮”借物价突涨的契机制造的，以期破坏鲁哈尼政府的执政业绩。[②] 外部干涉说则认为，在参与抗议活动的人群中，有因为经济问题走上街头的抗议者，也有反政权的抗议者，其中反政权的抗议产生于美国、以色列、沙特和流亡海外的人民圣战者组织对伊朗的渗透。[③] 尽管上述三种观点也都有各自的事实作为推断的依据，但任何抗议的产生都必然是多种因素共同作用的结果，因此其中任何一种说法都不足以解析“十月抗议”行动的全过程。就像德黑兰大学政治学教授萨迪克·兹巴卡拉姆所说，“抗议是一系列经济压力、政治和社会政策失败所共同导致的”。[④] 但如若简单地将三个原因汇总，又会对抗议活动原因具有阶段性变化的特征造成忽视。因为在7天抗议过程中，上述三种原因时而三者具其一，时而三者具其二，也有三者皆具的时段。因此我们选择根据抗议口号和地区的变化，将“十月抗议”大致划分成两个阶段：第一阶段是2017年12月7日；第二个阶段从12月8日至2018年1月3日。

“十月抗议”第一阶段主要出现在马什哈德及其周边地区，初始抗议口号以经济问题和反对鲁哈尼政府为主，后转向国内政治和外交议题，而且既反政府又反政权。2017年12月7日清晨，在伊朗第二大城市马什哈德烈士广场突发群体性抗议集会，抗议口号主要是“对物价上涨说不”和“打倒鲁哈尼”。[⑤]在马什哈德附近的内沙普尔和卡什马儿也发生了抗议物价上涨的

① 《伊朗爆发示威游行抗议“鸡蛋涨价”》，新华网，http：//www. xinhuanet. com/world/2017 - 12/31/c_ 129779550. htm，2017年12月31日。

② “Lu Jin：Economic Issue or Political Game?” Beijing Review，February 1，2018，http：//www. bjreview. com/Opinion/201801/t20180129_ 800115592. html.

③ 《伊朗最高领袖：抗议和集会是民众的权力，但是不要将破坏性活动混淆其中》（波斯语），BBC波斯语，http：//www. bbc. com/persian/iran - 42620667，2018年1月9日。

④ 兹巴卡拉姆：《但愿这次政府官员不要重演2009年的悲剧》（波斯语），自由之声，http：//www. nedayeazadi. net/1396/10/22951，2017年12月31日。

⑤ 《52人在马什哈德的抗议集会中被捕》（波斯语），法尔达电台，https：//www. radiofarda. com/a/arrest - mashhad - protest - against - high - price/28944528. html，2017年12月29日。

示威活动，并出现暴力化倾向。[①]抗议行动的直接导火索可能与当月早些时候发生的一系列事件相关：首先，里亚尔对美元的汇率跌到 1 美元兑换 42000 里亚尔的历史最低点，造成民众对未来国家经济发展形势的担忧。[②]其次，鲁哈尼向议会提交了新一年的预算草案，其中为增加财政收入计划将汽油价格从 10000 里亚尔调整到 15000 里亚尔，引起民众对生活成本增长的担忧。[③]最后，鸡瘟造成鸡蛋供应量减少，导致鸡蛋价格上涨，增加了民众的生活开支。[④]

过去几年里，伊朗国内多次、多地发生过由民生和经济问题导致的民众抗议集会，但都没有像在马什哈德的抗议行动这样，仅在数小时后就不断扩大至全国范围的大小城市及地区。例如，2017 年 10 月 23 日，为抗议半国有金融机构卷走他们的钱财，3000 名群众在议会门前举行示威，打出“盗窃已经制度化，我们的内心充满仇恨”的标语，但是该抗议活动很快就被

---

① 《马什哈德的抗议集会趋向暴力》（波斯语），BBC 波斯语，http：//www. bbc. com/persian/iran－42503999，2017 年 12 月 27 日。

② 《美元达到历史最高价》（波斯语），东方新闻，https：//www. mashreghnews. ir/news/807817/%D8%A8%D9%86%D8%B2%DB%8C%D9%86－%DB%B1%DB%B5%DB%B0%DB%B0－%D8%AA%D9%88%D9%85%D8%A7%D9%86－%D9%85%DB%8C－%D8%B4%D9%88%D8%AF－%D8%AF%D9%88%D9%84%D8%AA－%D9%86%D8%AA%D8%B1%D8%B3%D8%AF－%D9%88－%DB%8C%D8%A7%D8%B1%D8%A7%D9%86%D9%87－%D9%87%D8%A7－%D8%B1%D8%A7－%D9%82%D8%B7%D8%B9－%DA%A9%D9%86%D8%AF，2017 年 12 月 11 日。

③ 《伊朗议会主义委员会发言人：民众担心汽油价格上涨》（波斯语），经济在线，http：//www. eghtesadonline. com/%D8%A8%D8%AE%D8%B4－%D8%A7%D9%86%D8%B1%DA%98%DB%8C－9/239629－%D9%85%D8%B1%D8%AF%D9%85－%D9%86%DA%AF%D8%B1%D8%A7%D9%86－%D8%A7%D9%81%D8%B2%D8%A7%DB%8C%D8%B4－%D9%82%DB%8C%D9%85%D8%AA－%D8%A8%D9%86%D8%B2%DB%8C%D9%86－%D9%87%D8%B3%D8%AA%D9%86%D8%AF%E3%80%82，2017 年 12 月 23 日。

④ 《国内鸡蛋价格上涨原因分析》（波斯语），伊朗学生通讯社，https：//www. isna. ir/news/96100402032/%D8%A8%D8%B1%D8%B1%D8%B3%DB%8C－%D8%AF%D9%84%D8%A7%DB%8C%D9%84－%D8%A7%D9%81%D8%B2%D8%A7%DB%8C%D8%B4－%D9%82%DB%8C%D9%85%D8%AA－%D8%AA%D8%AE%D9%85－%D9%85%D8%B1%D8%BA－%D8%AF%D8%B1－%DA%A9%D8%B4%D9%88%D8%B1，2017 年 12 月 25 日。

治安警察平息。[①] 2012 年夏天，在严厉的国际制裁下伊朗货币急剧贬值、通胀加剧，鸡肉价格也曾突涨近三倍，对人民生活造成严重伤害。当时也有小规模的骚乱，并很快被平息。为什么这次结果不同?

从抗议爆发的初始地点和之后事态的发展情况看，经济问题只不过是“十月抗议”发生的直接导火索，政治角力才是隐藏在背后的主要因素。在抗议爆发后不久就有媒体报道称，最初在马什哈德发生的抗议活动是由在第 12 届总统选举中败给鲁哈尼的候选人莱西的支持者组织发起的。[②] “马什哈德帮”利用经济问题向总统鲁哈尼发难的归因具有下述依据。首先，马什哈德是著名的宗教旅游城市，财政状况较好，城市管理严格，民众自发的理由不充分。其次，马什哈德是强硬保守派的大本营，莱西是马什哈德圣墓的监护人，支持莱西的力量在此制造事端不无条件。[③] 此外，在这一阶段的抗议活动中，马什哈德帮派成员是发声最频繁的，并将矛头指向鲁哈尼政府，而其他重要的政治势力，包括领袖、总统、议长、司法总监、革命卫队、哈塔米等都没有急于做出表态。在马什哈德抗议之初，莱西的岳父、马什哈德的周五聚礼主持阿亚图拉·艾哈迈德·阿拉姆霍达积极予以声援，声称自己看到当下民众的经济和生活状况觉得很羞愧。而其自相矛盾的做法是，在 2012 年同样发生鸡蛋价格上涨时，他曾公开表示，“人民吃不起鸡蛋，还可以喝洋葱汤”。在阿拉姆霍达表态后，另一位马什哈德人、德黑兰前市长加里巴夫立刻跳出来谴责保守派和改革派在腐败问题上乃一丘之貉，他曾在第 11 届总统选举中败给同为候选人的鲁哈尼，一直愤愤然。在运动发生后的第二天，莱西表示支持示威，要求政府满足民众的要求，而此时示威活动已经从抗议物价上涨的集会演变成了反政府的游行。

“十月抗议”进入第二阶段后，逐渐发展成为一场全国性的抗议活动。

① 《警察介入金融机构存款者在议会前的抗议集会》（波斯语），BBC 波斯语，http：//www. bbc. com/persian/iran－41721298，2017 年 10 月 23 日。

② 《在伊朗多个城市发生抗议集会》（波斯语），BBC 波斯语，http：//www. bbc. com/persian/iran－42513271，2017 年 12 月 29 日。

③ 陆瑾：《伊朗：街头抗议已平息，争论仍在继续》，《世界知识》2018 年第 3 期，第 42 页。

尽管抗争口号的政治色彩浓厚，而且打破了一些政治禁忌，但推动抗议急剧蔓延和政治化的原因不再是政治博弈而是经济压力，即便存在政治斗争和外部干涉因素，也只是借助抗议实现自身利益，并未能掌控抗议的进程。新加入的抗议者遍布伊朗东西南北大大小小的城市和地区，如拉什特、加兹温、库姆、哈马丹、克尔曼沙、伊斯法罕、阿瓦士、扎黑丹、戈尔甘、布什尔、阿尔达比勒、大不里士、卡拉奇、德黑兰、阿拉克、设拉子、亚兹德、阿巴丹等。虽然“马什哈德帮”很有势力，但并不足以在全国范围内煽动起如此规模的抗议活动。当抗议口号由抗议物价上涨和反对鲁哈尼政府转变成“打倒专制”、“毛拉无耻，滚出伊朗”和“打倒哈梅内伊”以及流露出对神权政治体制强烈不满时，“马什哈德帮”面对的是局面几近失控并将无法承担的后果。作为现行政治统治的受益者，政权体制的不稳定和崩塌必将造成对其切身利益的直接伤害。因此，“马什哈德帮”停止了对抗议群众的声援。12 月 30 日，莱西发推特呼吁民众停止抗议活动，通过同政府合作来解决当前的经济问题。①

伊朗官方宣称“十月抗议”的发展受到外部势力的资助，但外部干涉论对“十月抗议”变化的解释并未得到广泛认同。2018 年 1 月 2 日，最高领袖哈梅内伊首次公开表达对“十月抗议”的看法，谴责伊朗的敌人通过掌握的钱财、武器、政策和情报机构给伊斯兰政权制造麻烦。从亲政权媒体的报道看，渗透到此次运动中的外部敌人包括美国、沙特、以色列、英国以及总部设在巴黎的伊朗人民圣战者组织等国家和机构。运动爆发后，美国、德国、英国等西方国家确实非常积极地表态支持街头示威。美国总统特朗普甚至表示，倘若伊朗政权采取断网措施，他将动用美国的军用卫星向民众提供网络。不过，外部势力的渗透是否真的对此次运动发挥了关键影响，还是值得商榷的。人们注意到，运动持续时间较长、与治安力量对抗较为激烈的地方，往往是一些名不见经传的小地方，比如胡泽斯坦省的伊泽、洛雷斯坦

① 《莱西对近期抗议活动的反应》（波斯语），阿雷夫新闻，https：//www.alef.ir/news/3961009223.html，2017 年 12 月 30 日。

的德鲁德、伊斯法罕的沙音沙赫尔，很多受过良好教育的伊朗人甚至都不能确切说出这些地方的具体所在。从西方渗透角度看，像德黑兰这样大城市中的中产阶层往往应该是优选的对象，而上述偏远地区懂外语的人极少，外国人出入很容易被发现，除非是接受过外部敌对势力培训的本国人。此外，如果伊朗人民圣战者组织在暗中搞破坏，那么我们应该在运动中看到大量的破坏性事件，比如攻击治安力量的行为。但至少就报道而言，人们极少听到此类行为。[①] 由此看来，外部渗透对抗议在第二阶段的蔓延和政治化的作用是有限的。按照伊朗内政部部长的说法，没有发现任何一个团体、政治派别、反革命分子和敌人组织了本次抗议活动，但来自境外的敌人和反对者竭力对抗议活动进行引导和推动。[②]

本文之所以将“十月抗议”第二阶段急剧蔓延和政治化归因于经济问题，主要基于以下两个理由。首先，伊朗国内多数民众对腐败严重、经济萧条、失业率居高不下、补贴减少，日用消费品价格涨速加快都有切身的感受。在抗议活动结束后进行的民调显示，有 74.8% 的受访者存在对国家经济现状的不满。[③] 正是因为普遍性地对经济状况的不满，“十月抗议”才会在全国范围内蔓延。其次，此次抗议活动的参与者主要是年龄介于 18 ~ 35 岁的社会中下层青壮年，他们曾是鲁哈尼当选和连任总统的主要支持者，原本希望通过支持鲁哈尼执政来实现伊朗同西方关系正常化，进而促进国家实现经济繁荣。但是，现实的阻力使鲁哈尼无法推动境内外资本对工业生产投资、提高就业率和从根本上扭转他们生活水平不断恶化的趋势。在失望甚至绝望中，他们开始把根源归结于法基赫政治体制和最高领袖的掣肘，因此出现了经济困境引发的高度政治化的反体制话语。

依据制度外群体性政治行为的区分与定义原则，“十月抗议”可以被

① 刘岚雨:《关于伊朗十月运动的思考》，https://mp.weixin.qq.com/s/bxXXyGHDKX_HQ2lLj1iFNA，2018 年 1 月 6 日。

② 《内政部部长：调查显示即使在马什哈德的抗议活动也是无组织的》（波斯语），伊朗新闻在线，https://www.khabaronline.ir/detail/761669/Politics/government，2018 年 3 月 12 日。

③ 《对抗议者的民调：多数不满，31% 的受访者认为仍有改革的可能》（波斯语），BBC 波斯语，http://www.bbc.com/persian/iran-42984288，2018 年 2 月 7 日。

定性为一场目标分散、无领导、无组织和诉求、具有反动性的集体行动。尽管从发生抗议的城市数量角度看规模不小，但行动的强度、烈度、波及的社会群体都比较有限。抗议者的口号和诉求涉及国家的宏观经济、政治制度、领袖人物、意识形态和对外政策，反映了伊朗内忧外患的现实，同时折射出伊朗社会深处积蓄着对国家政治、经济和社会文化现状强烈不满的情绪。

三 “十月抗议”产生的后果

“十月抗议”的爆发让特朗普政府认识到，伊朗的政治统治处于严重危机状态，存在通过街头革命来实现政权更替的可能性。因此，美国不断从外部增加对伊朗的经济和舆论压力。2018 年 1 月 12 日，特朗普总统发表声明称将最后一次延长对伊朗问题的制裁豁免①，自此揭开了美国对伊朗极限施压的序幕。在特朗普总统表态后的当日，美国财政部宣布对 14 个与伊朗“支持武器扩散”有关的个人和实体进行制裁。②5 月 8 日，特朗普宣布单方面退出伊核协议，并称将对伊朗发起最高级别制裁。③ 8 月 7 日，特朗普如期在第一个 90 天的制裁宽限期结束后签署对伊制裁的总统行政令，对伊朗的美元、黄金和贵金属交易，石墨原料和金属半成品交易，汽车制造业、开心果和地毯出口等非能源领域重新施加制裁。若美伊之间未能达成令特朗普政府满意的新协议，美国将在新一轮 90 天的制裁宽限期结束后对伊朗能源、航运业和中央银行发起制裁，并威胁伊朗届时将使其原油出口“降至零”。

在“十月抗议”爆发后，美国方面开始越来越多地对伊朗民众的抗议

① 《特朗普表示最后一次延长针对伊朗核问题的制裁豁免期》，新华网，http：//www. xinhuanet. com/world/2018 - 01/13/c_ 1122253102. htm，2018 年 1 月 13 日。

② 《特朗普表示最后一次延长针对伊朗核问题的制裁豁免期》，新华网，http：//www. xinhuanet. com/world/2018 - 01/13/c_ 1122253102. htm，2018 年 1 月 13 日。

③ 《特朗普宣布退出伊核协议，将重新实施“最高程度”经济制裁》，澎湃新闻，https：//www. thepaper. cn/newsDetail_ forward_ 2118395，2018 年 5 月 9 日。

活动进行舆论支持。2018 年 1 月 3 日，特朗普在推特上称："非常尊重伊朗人民夺回腐败政府的努力。你们将会看到美国在适当时间对你们的巨大支持!"① 5 月 21 日，美国国务卿蓬佩奥称："最终，将由伊朗人民来选择他们的领导者。如果他们可以迅速做出选择，那将非常之棒。如果他们不做出选择，我们将继续保持强硬直至达到我今天提出的想要取得的结果。"② 7 月 22 日，蓬佩奥再次称，将采取新的举措来帮助伊朗民众绕过网络审查，还要通过建立一个新的波斯语频道，通过电视、广播和社交媒体来让伊朗国内普通民众知道美国和他们在一起。③ 此外，美国频频在伊朗民众经常使用的社交媒体中散播有关伊朗官员及其子女腐败、各地民众抗议、伊朗政府在叙利亚的巨大投入等报道来诋毁伊朗政府的合法性；美国还在其驻伊朗网络使馆的主页上不断传递美国对伊朗人民的反"专制"斗争的坚定支持。

美国过去几个月的"极限施压"使伊朗经济形势恶化，社会稳定面对严峻的挑战，政权维持国内局势稳定的成本日益增大。4 月初，民众基于对制裁影响的预期，在焦虑和恐慌中开始疯狂抢购美元、黄金、汽车等被认为可保值的物品。4 ~8 月，伊朗本币贬值超过 50%，随之带来生产成本和物价快速上涨，企业生产萎缩，失业率上升，民众消费能力大幅下降，工作最不稳定的底层民众深受生活艰辛的煎熬。伴随民众与政权之间裂痕加大，伊朗进入社会运动频发期。5 月 3 日发生，持续十多日的全国范围的卡车司机罢工事件④；6 月 24 日发生，从德黑兰开始，后来蔓延至伊斯法罕、阿拉

① "Trump Vows New Support for Iranian People," *VOA News*, January 3, 2018, https://www.voanews.com/a/trump-vows-new-support-for-iranian-people-/4190464.html.

② Robin Wright, "The Trump Administration Calls on Iraninas to 'Make a Choice about their Leadership'," *the New Yorker*, May 21, 2018, https://www.newyorker.com/news/news-desk/the-trump-administration-calls-on-iranians-to-make-a-choice-about-their-leadership.

③ "Trump's Loud Tweet was Part of a Detailed Strategy to Squeeze Iran," *NBC News*, https://www.nbcnews.com/storyline/iran-nuclear-talks/trump-s-loud-tweet-was-part-detailed-strategy-squeeze-iran-n893826.

④《伊朗卡车司机缘何罢工?》（波斯语），BBC 波斯语，http://www.bbc.com/persian/iran-44223876，2018 年 5 月 23 日。

克、克尔曼沙等地，持续多日的巴扎商人罢市和抗议活动[①]；7 月 31 日在伊斯法罕发生，之后蔓延至卡拉奇、德黑兰、设拉子、库姆、阿瓦士等十多个城市的民众抗议活动。[②] 这些影响较大的抗议活动除了与经济不断恶化直接相关，更与政府在应对“十月抗议”表现出的克制和退让姿态存在因果关系。“十月抗议”时，为避免美国找到撕毁核协议的借口，在平息抗议骚乱时，伊斯兰革命卫队只在极少数地区有限地介入；鲁哈尼政府也采取了极其谨慎、理性的方式，承认民众有权利抗议和批评，而且很快释放了绝大多数被逮捕的大学生。[③] 政府在应对“十月抗议”时展现出的克制和退让姿态减少了民众在抉择是否参与街头抗议时的顾虑，增加了民众参与抗议的可能，给政府维护社会稳定带来沉重的压力。

伴随经济形势持续恶化，派系政治下的权力斗争激化，进一步加大了民众与政权之间的裂痕。伊朗国内强硬保守派指责鲁哈尼政府应对经济困境不力，要求鲁哈尼改组政府内阁。在鲁哈尼撤换中央银行行长后，议会投票表决罢免了劳工部部长和财经部部长，并针对失业率飙升、货币贬值、经济增长疲弱、走私猖獗以及美国对伊朗实施金融制裁共 5 项问题对总统鲁哈尼进行了质询。最高领袖哈梅内伊指出，伊朗当前经济问题源于内部管理不善，不只是因为美国施压。他要求鲁哈尼政府在管理方面更有效、更具前瞻性。美国退出伊核协议后，强硬派要求当初促成这份协议的伊朗总统鲁哈尼向民众道歉。外长扎里夫批评这种政治内斗说，这个国家有些人没有利用达成伊核协议带来的机遇打好基础，反而选择政治斗争，导致出现绝望和失望情绪。在国家处于危难之际，伊朗权力阶层的政治竞争加剧，民众不再相信左派也无法相信右派，全社会被浓重的失望情绪笼罩着。不断扩散的失望情绪不仅在伤害鲁哈尼政府和某些政治派别，而且也对政权体制的稳定构成威

---

① 《德黑兰抗议；德黑兰、阿拉克和克尔曼沙的巴扎商人关闭了自己的商铺》（波斯语），BBC 波斯语，http：//www. bbc. com/persian/iran－44613646，2018 年 6 月 26 日。

② “Iran Protests Spread to 10 Cities in Widest Unrest Since January，” *VOA News*，August 2，2018，https：//www. voanews. com/a/iran－protests－spread－to－10－cities－in－widest－unrest－since－january/4511936. html.

③ 陆瑾：《伊朗：街头抗议已平息，争论仍在继续》，《世界知识》2018 年第 3 期，第 43 页。

胁。

“十月抗议”造成的远期后果是鲁哈尼经济改革计划的搁置。在鲁哈尼当选伊朗第十二届总统后推出了自己的经济改革计划，其中一个重要部分是将政府对社会的财政补贴减少一半，这意味着享受补贴的人数将从7600万人减少到4200万人。此外，鲁哈尼总统为实现其就业计划还致力于提升汽油和天然气的价格。[①] 但是，在经过“十月抗议”的风波后，最后确定的享受政府补贴的人数仍有7400万人[②]，而油气价格上调的计划也被无限期推后。[③] 事实上，鲁哈尼政府这两项经济改革计划已基本破灭。经济改革的失败意味着政府财政仍将继续受到财政补贴的严重拖累，将会影响伊朗在基础建设领域的发展，不利于就业问题的解决。

四　结语

在美国“极限施压”政策下，伊朗在全国范围内保持社会稳定变得越来越困难。但抗议活动频发并不代表伊朗政治统治即将崩溃，毕竟伊朗伊斯兰共和国历史上爆发过多次社会运动，执政者在实践中积累了丰富的维护国家稳定和抵御外来干涉的经验，有较强的社会控制力。20世纪90年代伊朗实施私有化政策后，产业工人为保护自身权益、抗议国有工厂出售和拖欠他们的工资，堵塞了从卫星城卡拉季至首都德黑兰的主要高速公路。1999年

---

① 《97预算：鲁哈尼解决就业和补贴改革之梦》（波斯语），Deutsche Welle 波斯语，https://www.dw.com/fa-ir/%D8%A8%D9%88%D8%AF%D8%AC%D9%87-%DB%B9%DB%B7-%D8%B1%D8%A4%DB%8C%D8%A7%DB%8C-%D8%B1%D9%88%D8%AD%D8%A7%D9%86%DB%8C-%D8%A8%D8%B1%D8%A7%DB%8C-%D8%A7%DB%8C%D8%AC%D8%A7%D8%AF-%D8%A7%D8%B4%D8%AA%D8%BA%D8%A7%D9%84-%D9%88-%D8%A7%D8%B5%D9%84%D8%A7%D8%AD-%DB%8C%D8%A7%D8%B1%D8%A7%D9%86%D9%87%D9%87%D8%A7/a-41746848，2017年12月11日。

② 《伊朗民众今年能够拿到多少补贴?》（波斯语），在线新闻，https://www.khabaronline.ir/detail/763178/Economy/macroeconomics，2018年3月16日。

③ 《大规模民众抗议导致政府推迟上调石油和天然气价格》（波斯语），VOA波斯语，https://ir.voanews.com/a/gas-price/4473665.html，2018年7月8日。

和2003年夏季，德黑兰大学学生举行上千人的静坐和游行示威，目标指向伊斯兰政权的神权制度，并得到知识精英的支持。[①]进入21世纪以来，教师在政府大厦前就解决拖欠和提高工资以及养老金问题的抗议活动屡见不鲜。2009年改革派抗议总统选举舞弊的“绿色运动”，诱发了自伊斯兰革命以来伊朗最为严重的政治危机。面对这些大规模的抗议活动，政治统治者或以安抚或以暴力镇压手段阻止了运动进一步升级。

此外，伊斯兰共和国的政治统治者不仅客观上掌握着充足的资源来应对任何反政权的社会运动，而且主观上也展现出不惜一切代价维护统治秩序的决心。从资源上来看，伊斯兰政权绝对垄断着国家武装力量，警察、民兵、革命卫队、军队等国家机器都牢牢控制在政权手中，国家石油收入和网络通信也在伊朗政府掌控之中。从决心上来看，伊斯兰革命政权维护统治的意志不会轻易受到任何外来势力的干扰。相反，任何外部势力的干预只会增加政权的安全忧患意识，从而进一步增强对社会的管控，这与当年备受美国卡特总统进行人权诟病所影响的巴列维国王有着本质区别。[②]

伊朗需要进行体制性变革，无论是在政治还是经济领域。但在当前的国内外形势压力下，广大伊朗民众，尤其是中产阶级精英们更希望国家长治久安，内部以团结代替党派之争，对外在战略上适当调整，把国家政策重点聚焦于解决国内经济和民生问题。因此，在可预见的未来，伊斯兰共和国仍将在重重危机中步履艰难地继续前行。

① 张铁伟:《列国志・伊朗》，社会科学文献出版社，2005，第102～105页。

② 刘岚雨:《关于伊朗十月运动的思考》，https://mp.weixin.qq.com/s/bxXXyGHDKX_HQ2lLj1iFNA，2018年1月6日。

B.11 2017年伊朗宗教与政治互动关系研究

黄一玲*

摘　要： 伊朗是一个深受宗教影响的中东国家，本文简要阐述了伊朗宗教与政治关系，探讨了当前伊朗宗教发展的趋势特点及其影响，并在此基础上分析了2017年以来伊朗宗教与政治互动关系，这对于理解伊朗现状，更科学地制定对伊朗外交政策具有积极意义。

关键词： 伊朗　宗教　政治

宗教和政治历来属于社会上层建筑的范畴，两者之间互动与联系是重要的研究课题。当前伊斯兰政治力量在中东强势崛起，它不仅改变着中东各国的政权形态，而且对中东地区政治转型以及地缘格局产生着深远影响。伊朗是政教关系极为特殊的一个伊斯兰国家。本文着重以伊斯兰教为例，在分析伊朗政教关系历史特征的基础上进一步分析2017年以来伊朗宗教与政治之间的互动关系，力图总结相关规律与经验，以期加深对伊朗的国别研究，更加清晰地了解伊朗的对外政策走向，可以为我国政府对伊朗外交提供参考，同时为我们处理宗教与政治发展等关系提供借鉴。

一　伊朗宗教与政治互动关系

伊朗的文明发展与宗教密不可分。伊朗是中东地区举世公认的具有数

* 黄一玲，女，华东政法大学副教授，西南大学伊朗研究中心兼职研究员，察哈尔学会研究员。

千年悠久历史的文明古国，也是伊斯兰教什叶派的最重要分布地，其在伊斯兰世界中占据着特殊而重要的地位。伊朗宗教与政治关系历史悠久。伊朗政体既不同于东方的人民民主专政的政体，也不同于英美等西方资本主义式的政体，而是深受宗教影响的特殊政体。伊朗政体的基石包括伊斯兰教义和人民选举制度。伊斯兰革命之后伊朗建立起了一个以伊斯兰教为基础的共和体制，伊朗巴列维国王政府所倡导的世俗化、西方化价值观受到批判。当前的伊朗是高度宗教化的国家，政教合一。伊斯兰教在伊朗享有极高的地位。伊斯兰信仰是伊朗政治制度的基础。实施伊斯兰法是伊斯兰化的核心内容。① 伊朗现有宪法强调伊斯兰信仰、体制及最高领袖的权力不容更改。在伊朗政体中，《古兰经》是伊朗宪法的源泉，体现伊朗社会信奉的核心价值观，伊朗的立法、行政、司法机构都受到宗教的影响，建立了一个特殊的“教法学家统治”体制。掌握着全国立法权的宪法监护委员会和最高司法委员会的主要成员包括教法学家。教法学家被认为是先知的受托人，是精通伊斯兰法的规范者，任何法律需要获得教法学家认可才能通过。伊朗最高领袖及宪法监督委员会把握伊朗社会发展的方向，维护伊朗国家的核心利益，它们的职责是监督和评判伊朗的现有法律和政策是否符合伊斯兰教义，是否符合伊朗信奉的核心价值观。宗教教义在国家政治生活中具有举足轻重的影响。根据经过大阿亚图拉霍梅尼阐发的伊斯兰什叶派第十二伊玛姆教派教义，在伊玛姆隐遁时期，法基赫（教法学家）作为穆斯林乌玛的领袖代行伊玛姆的一切权力。在法基赫（教法学家）监护制度下，伊斯兰教义与当代伊朗政治制度的变革有着莫大的关系。② 伊朗在中东政治变迁中发挥了重要影响。伊斯兰教义中包含了很多与现代政治理念类似的概念，如大众参与（shura，nasiha）、社会契约、基于真主主权和“沙里亚法”（Sharia）的法治以及扶危济困（ nasiha，

① 王彤：《当代中东政治制度》，中国社会科学出版社，2005，第271页。

② 房宁、吴冰冰：《伊朗伊斯兰共和国：教义与民意之间的政治桥梁——比较政治学视角下伊朗政治制度》，中国社会科学网，2013年8月5日。

mazalim）、尊重生命、保护个人自由和财产、禁止贪污受贿等。[1]

虽然伊朗政行政和立法机关是参照西方国家方式通过选举产生，但伊朗政治生活全面宗教化，宗教权力超越世俗权力，伊朗政治生活中的最高权力属于宗教权威。影响伊朗政治发展的关键因素之一是最高宗教领袖。伊朗最高宗教领袖通常是一个杰出的、学识渊博的伊斯兰学者与道德楷模。法基赫是伊朗伊斯兰共和制的权力中枢，法基赫是武装部队总司令，有宣战和停战的权力，有权任命宪法监护委员会半数成员，任命总检察长和最高法院院长，批准总统候选人和根据最高法院和议会的提议任免总统。[2] 法基赫的监护主要通过宪法监督委员会，该委员会主要由高级教士和伊斯兰法学家担任。法基赫通常是由得到民众接受并具有圣人般品德和才智的人担任。例如，霍梅尼被伊朗人民公认为典型的法基赫。宗教权威成为国家与社会最高的政治领导人的现象在人类历史上是极其罕见的。通常其他国家统治者是依靠经济军事实力获取权力。从这个角度讲，伊朗政体中的宗教领袖担任领导人现象具有特殊意义。这一现象的产生与什叶派特殊的组织架构具有一定关系。什叶派穆斯林实行教士等级学衔制和导师追随制度，什叶派将教士分为：霍贾特伊斯兰、阿亚图拉、大阿亚图拉三大级别，三个递进的级别要经过长期和严格的宗教研习和学术研究，根据所达到的学术水平和研究成果，经过极其严格的筛选制度逐步晋升。[3] 唯有勤奋聪慧之人苦读苦修才有可能熟悉伊斯兰经典并要有所创新，而能成为造诣深厚、道德高尚的宗教领袖更是需要付出超出常人的努力。这就使得民众对宗教领袖异常崇拜，领袖的言论具有不可忽视的影响。这也导致伊朗广大民众对宗教权威的信奉，对于宗教权威的信奉进而成为维系伊朗伊斯兰政体的重要条件。

---

① M. R. Khai, "Political Islam, Democracy and Arab Spring," *Air Power Journal*, Winter 2011, pp. 123 – 124.

② 王彤：《当代中东政治制度》，中国社会科学出版社，2005，第263页。

③ 房宁、吴冰冰：《伊朗伊斯兰共和国：教义与民意之间的政治桥梁——比较政治学视角下伊朗政治制度》，中国社会科学网，2013年8月5日。

综上，伊朗政体具有多元复杂性。正如学者房宁、吴兵兵等人所指出的，一方面是宗教领袖以及宪监会，体现着伊斯兰教义，具有传统主义色彩，其理论基石是“法基赫的监护”理论；另一方面是经过人民选举产生的总统和议会，受到现代民主主义的影响，体现着经选举表达的伊朗社会各阶层人民的愿望和诉求，反映人民群众的眼前利益，体现共和主义的思想。这要求伊朗国家的法律、政策既要符合伊斯兰教义又要符合伊朗民意，保障伊朗政体双重价值的平衡。[①] 通过平衡教法学家和世俗政治家的权力，将“教义”与“民意”相互结合，将社会的根本、长远、整体利益与个体的眼前、局部、短期利益结合起来才是明智之举。

二　2017年以来伊朗宗教与政治关系特点分析

（一）伊朗宗教发展新趋势分析

伊朗国际环境并非优良，由于之前遭受西方制裁，伊朗存在融入国际社会的课题。伊朗目前是一个经济文化发展不平衡的国家。在这样的国家中，不同个体融入现代化文明进程的程度存在较大差距，宗教信仰存在个体化差异。在伊朗，宗教被视为历史文化的载体与身份认同的基础。调查发现伊朗民众的宗教信仰与生活正在出现一种新的发展趋势和特点。伊朗人在公共领域中对周五聚礼与清真寺礼拜等宗教活动的参与程度与参与热情相对下降。调查显示每周五去清真寺礼拜的人数在减少，甚至有近5%的受访者表示从没有去过圣城马什哈德。[②] 伊朗大部分社会群体对宗教规定严格遵守程度不如以往，部分社会群体中出现价值分化现象。在总体上伊朗民众对官方宗教认可的基础上，宗教信仰个人化发展趋势加强。中国学者徐漫在其研究论文《伊朗民众宗教信仰与宗教生活新趋向剖析》中指出，近年来针对伊朗人宗教信仰的相关调研显示伊朗人参加周五礼拜及其他宗教活动和宗教组织的比

① 房宁、吴冰冰：《教义与民意：伊朗政体的双重结构》，《文化纵横》2013 年第 4 期。

② 徐漫：《伊朗民众宗教信仰与宗教生活新趋向剖析》，《世界宗教文化》2012 年第 4 期。

例大大低于其他伊斯兰国家，只有 12% 的受访者每周去一次或一次以上清真寺参加礼拜，这一比例低于许多其他中东伊斯兰国家。调查显示伊朗人对宗教机构活动的满意程度也有所降低。有 35.7% 的受访者认为宗教机构没有能够给人们提供道德上、家庭生活上或精神需求上的回答，而 50.3% 的受访者认为宗教机构没有解决社会问题。此外，个体教育水平对宗教信仰个人化的发展有着重要影响。伊朗的教育相对比较发达。根据联合国教科文组织的调查结果，全球 15 岁以上人群识字率为 84.1%。而伊朗 15 岁以上民众的识字率已经达到 86%，15～24 岁的达到 98.7%，伊朗初等教育的普及率已经接近 100%。[①] 伊朗初等教育、中学教育以及高等教育的发展水平都高于中东地区的平均水平。教育水平的提升使得个体自主性提升，调查显示在伊朗教育程度与宗教信仰程度呈反比关系。在伊朗受教育程度越高者越重视自身的民族身份认同而非宗教身份认同。一方面，随着新科技革命席卷全球，网络这一对现代社会产生深刻影响的因素正在伊朗迅速普及。伊朗是中东地区互联网用户人数最多的国家，其互联网用户总数已经占到伊朗总人口的 40% 还多。在此背景下，伊朗的文化媒体产业得到快速发展。伴随网络虚拟社会的兴起，伊朗年轻一代的宗教意识形态已不如父辈浓厚。虽然在伊朗日常生活中仍存在宗教检查和道德检查，但是借助网络媒介，西方价值观和生活方式在伊朗被部分年轻人了解并日益获得追捧。例如，尽管官方要求女性外出时须戴头巾和穿长外衣，否则可能会受到处罚，但是越来越多受到良好教育的伊朗年轻妇女推崇西方式的现代着装。此外，在伊朗，人们通过卫星可以收看来自欧美的波斯语频道节目，以前被官方宗教定义为“不纯洁”的流行音乐也受到一些伊朗青年人的欢迎。通过互联网的普及趋势可以预见宗教信仰个人化在伊朗社会将日益普遍，伊朗社会生活中的公共领域和私人领域会加速分离，社会价值观出现多元分化趋势。但另一方面，伊斯兰教日益意识形态化、政治化和工具化，宗教与教育紧密结合。例如，在霍梅尼时期，伊朗军警和政府雇员必须参加政治意识形态局所办的伊斯兰意识

① 徐漫：《伊朗民众宗教信仰与宗教生活新趋向剖析》，《世界宗教文化》2012 年第 4 期。

形态培训班。意识形态宣传强化了伊斯兰教对伊朗社会的整合作用。宗教被弗里德曼划归为传统主义身份认同体系，虽然伊朗宗教个人化倾向在加强，但是在传统观念仍占据主导地位的社会中，宗教是伊朗文化的基础之一，什叶派穆斯林身份是一种历史性身份。调查显示超过 90%的伊朗民众在日常生活中会花时间祈祷，普通教众对自身什叶派穆斯林身份的高度认同以及伊朗国内民众中超高的宗教信仰比例使伊斯兰价值观在当今的伊朗依然保持着强大的生命力。

（二）2017年以来伊朗政治与宗教互动关系特征

西南大学著名学者冀开运教授指出伊朗的政教关系具有连续性。所谓连续性是指伊朗的政治与宗教关系自人类文明开始以来就非常密切。① 伊朗政治与经济互动关系特征具有连续性。本文开头所论述的伊朗政教关系的某些持续性特点在 2017 年度依然存在。与此同时，我们也应认识到伊朗政治与宗教关系还具有阶段性特征。2017 年伊朗宗教与政治之间维持着微妙的均衡关系。哈梅内伊曾经批评过总统鲁哈尼的执政业绩，哈梅内伊掌控的司法机构还抓住鲁哈尼亲属的把柄对鲁哈尼进行了敲打。② 与此同时，我们也可以看到在现任总统鲁哈尼再次当选时，哈梅内伊赞扬了选民的参与热情。综合各方情况总体来看，虽然鲁哈尼与哈梅内伊关系比较复杂，但是相较前任内贾德，鲁哈尼作为温和型政治人物，其与伊朗宗教领袖哈梅内伊之间存在更为融洽的关系。

2017 年伊朗宗教力量与政府力量之间在部分议题上出现了积极地相互配合的特点。例如，2017 年伊朗宗教领袖哈梅内伊与总统鲁哈尼在伊朗对外政策方面相互配合，共同维护伊朗的国家利益。例如，在中东进入后伊斯兰时代的背景之下，2017 年 11 月根据最高领袖哈梅内伊的指示，伊朗伊斯兰革命卫队发出警告，若德黑兰当局继续感受到来自欧洲的威胁，将把伊朗

---

① 冀开运：《论伊朗政治与宗教关系的特征》，《商洛学院学报》2008 年第 3 期。

② 王惠：《连任又逢制裁，鲁哈尼新任期不轻松》，《中东研究通讯》2017 年 8 月 5 日。

导弹射程增加到 2000 公里以上，已足够覆盖部署在周边的美军及其盟友。与此同时，伊朗总统鲁哈尼对外宣布极端组织“伊斯兰国”已被彻底剿灭。[①] 上述行为也表明在 2017 年伊朗的伊斯兰教与政治之间依然处于密切的关系之中，宗教对伊朗政治的影响依然突出，伊朗的政治伊斯兰化倾向依然存在。伊朗政体具有鲜明的现代世俗性和传统宗教性，这个特征在 2017 年的伊朗依然存在并十分明显。

三 2017年伊朗政局动荡背后的宗教影响因素分析

由于伊朗宗教和政治之间高度融合，因此在 2017 年伊朗政治动荡背后存在宗教因素的深刻影响。2017 年鲁哈尼继任总统，伊朗国内政局动荡，其中引起国际社会关注的事件即伊朗 2017 年末的示威骚乱。据国际媒体报道，12 月 28 日伊朗突然爆发反政府示威活动，该示威游行开始之后快速蔓延至德黑兰、哈马丹、马什哈德、亚兹德、卡什马尔、库姆、伊斯法罕、大不里士、克尔曼沙阿、沙赫鲁德、设拉子等伊朗多个主要城市。对此，伊朗伊斯兰革命卫队紧急派遣军队镇压反政府的骚乱，同时力图防止新的骚乱发生。近一周之后，即 2018 年 1 月 3 日伊朗伊斯兰革命卫队总指挥官穆罕默德·阿里·贾法里（Mohammad Ali Jafari）正式对外宣布伊朗国内自 2017 年 12 月 28 日爆发并持续数天的骚乱已经平息，游行示威者没有得到任何结果。[②] 此外，伊斯兰革命卫队总指挥官穆罕默德·阿里·贾法里表示伊朗国内的抗议人数很少，整个伊朗境内的抗议人数不超过 15000 人。

伊朗的国内示威骚乱来得突然，其发生背后有诸多原因。示威游行运动有如此规模并迅速蔓延必然存在内外两方面的因素。

---

① 杨宁、林小艺：《后伊斯兰时代，各方动作频频或致擦枪走火》，《人民日报》（海外版）2017 年 11 月 30 日。

② 刘亚伟：《伊朗伊斯兰革命卫队：2017 伊朗骚乱事件已平息》，http：//www. sohu. com/a/214496408_ 115376，2018 年 1 月 4 日。

首先，伊朗是世界上为数不多的政教合一的国家。在伊朗，社会生活宗教化的趋势没有改变。被视为具有超凡魅力的霍梅尼在伊朗民众心中具有深远的影响力，在霍梅尼撰写的经典纲领性著作《教法学家治国》一书中有如下论述："任何人，只要信仰伊斯兰，当他的想法与现政府出现分歧时，他会毫不犹豫地按照民意提出自己的观点，并视此为自己的义务和展示自己学识的机会，以避免示威游行。"[①] 其次，伊朗人的民族性格、文化都与周边的阿拉伯人的民族性格、文化不同，受具有包容性的波斯文化影响，伊朗很少发生示威游行，这次示威游行是十年内伊朗发生的最为严重的一次。伊朗的伊斯兰化源于伊斯兰在保护社会底层和激发人的进取精神等方面的制度化。[②]《教法学家治国》一书中明确指出："今天，在伊斯兰环境中，尤其是教育机构中，如果我们不注意这一原则，就需要示威游行。"[③] 简言之，伊朗社会广泛的伊斯兰信仰的存在以及伊斯兰教义为民众进行示威游行提供了思想基础。

在分析该次示威内因时，我们还需要观察伊朗政府近年来的政策行为以及伊朗国内现状。由于伊朗长期遭受外部经济制裁，伊朗民众生活水平有待改善，民众求变求富的意愿加强。鲁哈尼被视为温和的开明改革派，其高票当选并上任也表明民众希望伊朗走上开放富强之路的意愿。但在伊朗宗教权力总体上高于世俗权力，宗教对国家政策制定的影响不容忽视。伊斯兰革命后伊朗政府奉行不要西方的对外政策，同时伊朗政府希望伊朗成为伊斯兰世界的中坚力量，因此将大量资源投往伊拉克和叙利亚等国，帮助这些国家进行反恐。此外，伊朗大力支持也门胡塞武装以图强化伊朗在也门的影响力。[④] 大量资源的对外投入导致国内资源的减少，导致伊朗民众的生活没有得到有效改善甚至倒退，经济发展呈现颓势，出现通胀现象，伊朗物价上

---

① 霍梅尼：《教法学家治国》，吴成译，线装书局，2010，第3页。

② 吴成：《伊朗的伊斯兰化与伊斯兰的伊朗化》，《山西师范大学学报》（社会科学版）2007年第6期。

③ 霍梅尼：《教法学家治国》，吴成译，线装书局，2010，第3页。

④ 占豪：《伊朗突然大乱　谁是幕后操盘手》，凤凰网资讯频道，2017年12月31日。

涨，特别是食品等日用产品的价格涨速尤快，例如，伊朗的鸡蛋零售价格增加了30% ~50%。统计显示伊朗人均GDP排全球第90名，数据表明伊朗并非富裕国家，伊朗社会中提倡世俗化、亲西方的中产阶级比例不高。与此同时，伴随着市场化改革的推进，伊朗国内贫富差距在进一步拉大。而伊斯兰文化注重公平、公正，这就激发了民众的怨言，从而成为游行示威者的主要抗议聚焦点。与此同时，随着互联网的发展以及民众受教育水平的提高，民众对西方社会的了解增加，宗教个人化倾向加强。伴随着政治经济危机的相互交织，基于对政府政策的不满和社会矛盾的加深，伊朗一些人特别是年轻人的宗教信仰和政治价值观甚至呈现出向官方意识形态对立面发展的趋势，这也是此次示威游行爆发的原因之一。

在分析该次示威外因方面，2017年是伊朗与美国持续全方位角力的一年。宗教因素在伊朗对外交往中发挥重要影响。伊朗外交政策长期伊斯兰化，即“既不要西方，也不要东方，只要伊斯兰”。霍梅尼一直强调伊斯兰世界的一致性，成为中东地区的领导者并且建立世界伊斯兰政府是其理想。霍梅尼宣称伊朗革命是世界伊斯兰革命的开端，要援助一切被压迫的穆斯林。基于此，伊朗希望成为中东地区局势的主导者和地区利益的支配者。在伊朗，国家依靠政权与军队从各个方面扶植宗教。[①] 伊朗全国90%的人信奉什叶派，因此在叙利亚问题上，作为什叶派伊斯兰国家，伊朗支持同属什叶派的叙利亚政府。现任精神领袖哈梅内伊对美持强硬立场，因此伊朗外交具有反美色彩。美伊关系长期紧张，伊朗与以色列关系不佳，中东地区安全态势不容乐观。特朗普上台之后，美国的新伊朗战略以诉诸灰色区域的战略逻辑为支撑，在充分发挥美国相对优势的基础上，以不触发与伊朗的大规模直接军事冲突为前提，最大限度地施压伊朗，迫使其改变对外行为。[②] 美国认定伊朗是中东地区的“麻烦制造者”及“恐怖主义支持者”。为安抚以色列、沙特阿拉伯等地区盟友，美国承诺将帮助它们应对“伊朗威胁”；据美

① 冀开运：《论伊朗政治与宗教关系的特征》，《商洛学院学报》2008年第3期。

② 张帆：《诉诸灰色区域——特朗普政府伊朗新战略透视》，《世界经济与政治》2018年第6期。

国媒体报道，美国中央情报局局长蓬佩奥透露，他曾经致信伊朗伊斯兰革命卫队高级将领苏莱马尼将军，警告伊朗不要损害美国在伊拉克的利益。但正在叙利亚指挥作战的这位伊朗将军拒绝拆阅这封信件。[①] 此外，伊核问题也是影响伊美关系的重要因素。根据 2015 年 7 月伊朗与美国、中国、英国、法国、俄罗斯和德国达成的伊核协议，伊朗承诺限制其核计划，国际社会将解除对伊制裁。伊核协议有利于伊朗经济复苏。但特朗普上台之后多次表示要取消或者终止伊核协议，美伊矛盾加深。综上，从伊拉克问题、叙利亚问题到美国对伊朗实施新一轮制裁，美伊矛盾积重难返，两国关系紧张，这给伊朗外部环境改善和全面融入国际社会增添阴影。此次伊朗国内示威游行发生之后，特朗普公开承诺美国会在适当的时候给予伊朗人民必要的帮助，此番表态显示出作为美国总统的特朗普舆论上支持示威者的立场。由此可见，此次示威活动的迅速蔓延也受到来自西方国家政治人物言论以及国际舆论的影响。那么伊朗这次突然爆发的大规模示威游行反对宗教统治者是否会产生导致突尼斯、埃及等国政权更迭的“阿拉伯之春”运动的类似的效果？这次示威活动是否会导致伊朗未来政局生变？从宗教与政治互动的关系来看，在可预见的时间内伊朗政局能够保持稳定，伊朗宗教与政治关系传统架构不会有大的改变。

结　论

从历史上看，伊朗的政治与宗教相互影响、相互支撑、相互制约，在今天的伊朗这个特点依然存在。总体来看，宗教特别是作为官方宗教的伊斯兰教在 2017 年伊朗内政外交中的影响不可忽视。伊朗政治日益宗教化的趋势依然存在。与此同时，2017 年伊朗政府力量与宗教力量之间的关系总体上稳定密切。基于对伊朗国家核心利益的维护，伊朗政府力量与宗教力量之间能够在一些政治议题领域中相互合作配合。

---

① 穆东：《中东之伊朗：角力的一年》，新华社德黑兰 2017 年 12 月 5 日电。

B.12
鲁哈尼第一任期的伊朗外交评析*

赵广成　刘　佳**

摘　要： 鲁哈尼在第一任期内完成了与美国的核谈判，缓和了与美国的关系。这使伊朗与欧洲的政治、经贸关系迅速解冻，而此后伊朗出席叙利亚和谈更提高了伊朗的国际影响力，彰显了伊朗的软实力。伊朗与欧洲交好，也使伊朗可以平衡之前对中国、俄罗斯的单方面依赖。在中东地区，伊朗支持的什叶派政府、组织纷纷得势，危及逊尼派领袖沙特阿拉伯在中东的优势地位。鲁哈尼的第一个任期内，伊朗实力的增长加剧了伊朗与沙特之间的竞争。伊朗与沙特关系的紧张，直接影响了伊朗与海湾石油国家的关系，也使叙利亚战争以及也门内战逐渐发展为伊朗与沙特的代理人战争。

关键词： 伊朗　鲁哈尼　伊朗外交　伊核问题

2013 年 6 月 15 日，在多数伊朗民众对极端外交政策的不满声中，温和保守派人士哈桑·鲁哈尼以 50.88% 的绝对优势当选新一届总统，并于当年 8 月 4 日正式宣誓就职。在 2017 年 5 月 19 日举行的伊朗第 12 届总统选举中，鲁哈尼在被外界普遍不看好的情况下，以更大的 57.14% 得票率赢得压

---

* 本文是2017年度国家社科基金一般课题“鲁哈尼任总统以来的伊朗外交研究”（项目批准号：17BGJ063）的阶段性成果之一。

** 赵广成，西安外国语大学东语学院特聘教授，伊朗文化研究中心主任；刘佳，瑞典隆德大学硕士研究生。

倒性胜利，8 月 5 日宣誓就职并开始了第二届总统任期。[①] 在 2013 年 8 月至 2017 年 8 月的第一届总统任期内，鲁哈尼像国际社会的普遍预期那样，以核谈判为突破口迅速打开了伊朗外交的新局面，但未能像他自己的承诺和伊朗民众的期望那样，取消国际制裁并为伊朗经济振兴创造良好条件。

回顾鲁哈尼上任以来的施政情况可以看出，他把外交工作作为自己总统任期的重中之重。五年来的两次总统选举结果表明，鲁哈尼的外交理念和实践在伊朗有着强大的民意基础，但也面临着难以克服的内在局限性和制度性约束。本文将对鲁哈尼任总统两届任期以来的伊朗外交进行全面回顾，以期揭示他进行外交调整的背景、动因、布局和制约因素。下面首先梳理鲁哈尼当选总统和进行外交调整的背景，然后分析他上任以来在全球和地区层面的外交布局，最后对五年来的伊朗外交进行全面评析。

一　鲁哈尼胜选和进行外交调整的背景

2013 年鲁哈尼就任伊朗总统以来，一改内贾德时期的强硬和僵化外交路线，给伊美关系和中东国际形势都带来了巨大的影响。在美伊达成核协议之后，伊朗与欧洲的关系迅速解冻，使世界各大国重新考量对伊朗甚至整个中东地区政策。鲁哈尼的胜选及其政策主张也深受伊朗国内政治、经济的影响，而鲁哈尼的外交政绩也改变了国内的政治力量对比。因此，剖析鲁哈尼的外交政策，不仅对理解伊朗外交和中东地区形势有重要意义，也有助于我们更好地理解伊朗的国内政局。

（一）内贾德任期内的伊朗内外困境

2001 年“9・11”恐怖袭击事件发生后，哈塔米时期有所改善的伊美关

① 根据 1979 年制定、1989 年修订的《伊朗伊斯兰共和国宪法》，伊朗实行“法基赫监国”政治体制。这种体制的核心是真主主权（对世界和人类）与人民（对自己命运）主权、伊斯兰教和三权分立制度的统一。领袖由专家委员会推选产生，掌握国家大政方针的最高决策权，但一般不干预国家事务的管理；总统由选民直接选举产生，领导民选政府负责大政方针的贯彻实施。

系出现逆转。在不到两年的时间里，美国先后在伊朗东西两面发动了两场战争。在地缘政治和国家安全形势严重恶化的情况下，哈塔米总统于2003年2月9日宣布了伊朗的核计划，伊朗核危机由此爆发。核危机为伊朗招致了新的国际制裁，伊朗与西方国家的关系一时剑拔弩张。艾哈迈迪·内贾德就是在这种情况下当选总统的，他在两届任期（2005～2013年）内推行与其前任迥然不同的内外政策。

内贾德的经济政策重分配而轻生产，给伊朗经济带来了一系列的负面效应。内贾德注重社会的公平与正义，关注伊朗的低收入人群。[①] 他认为，此前伊朗的社会分配是不公平的，底层劳动人民的利益没有得到保障。因此，内贾德在总统任期内出台了惠民政策和惠民工程。笔者2010年和2014年两次走访德黑兰，发现在低收入人群聚居的南城，公共基础设施在四年间有了明显的改观。但是，这一政策也产生了严重的经济后果。伊朗与中东其他产油国一样，政府财政严重依赖石油出口，这是伊朗和中东石油出口国经济的顽疾。一个时期以来，海湾各国纷纷谋求摆脱石油经济。迪拜将石油收益投资于旅游业、航空业和港口建设，以拉动相关产业发展、谋求经济转型，并且取得了明显的成效。与此形成鲜明对照的是，伊朗经济严重依赖石油收入。内贾德将大量石油收入直接补贴给低收入人群[②]，不仅增加了政府的财政压力，也无力刺激生产以提振经济，还加剧了长期居高不下的通货膨胀。

在内贾德的总统任期内，不断加码的国际制裁更使伊朗经济雪上加霜。2008年，欧盟部长级会议通过对伊朗实施制裁，包括冻结伊朗金融机构的资产、禁止与伊朗核计划有关的人员进入欧盟或者在欧盟展开商务活动。2010年6月，联合国第1929号决议禁止伊朗在国外开设可能被用于资助核活动的金融机构。而2012年1月欧盟新一轮经济制裁针对伊朗的经济命

① N. Habibi, "The Economic Legacy of Mahmoud Ahmadinejad", *Middle East Belief*, No. 74, June 2013, p. 5.

② 王猛：《内贾德总统第二任期伊朗内外政策评析》，《现代国际关系》2009年第10期，第19～23页。

脉——石油，禁止成员国与伊朗的石油贸易[①]，并且冻结伊朗央行在欧盟的财产。同年 10 月，欧盟扩大对伊朗制裁，包括禁止欧盟向伊朗出口石墨、铝、钢等原料和半成品、并将对伊朗中央银行的制裁扩大到了商业银行。制裁还加大了对伊朗石油、天然气出口的制裁。

制裁导致伊朗与欧洲贸易阻断，许多依赖进口材料的工厂因材料短缺而不得不关停，伊朗被迫更加依赖石油收益。而伊朗的石油出口不畅伤及伊朗经济之本，伊朗政府面临前所未有的财政压力。[②] 内贾德第二任期内失业率基本在 11% ~14% 间波动[③]，卸任之前，伊朗大量私有企业处于关停状态。制裁也使伊朗的通货膨胀率一再飙升，失业率居高不下，伊朗的经济已经达到两伊战争以来最糟糕的状态。[④]

在内贾德任期的最后几年，伊朗的国内国际境况更是每况愈下。内贾德一直在核问题上保持强硬立场，多次发表对美国和以色列的敌对言论。美国则针锋相对地强硬回击，推动联合国对伊朗实施了几轮更加严厉的制裁。这几轮制裁一轮比一轮严苛。欧盟 2012 年 1 月对伊朗的石油禁运沉重打击了伊朗经济，伊朗与欧洲的政治、经济关系几乎停滞。美元结算的不畅通还影响到了中、俄两国与伊朗的贸易。制裁加剧了伊朗国内的经济问题，致使伊朗大量企业关停，失业率飙升。内贾德时期国内强硬保守派势力迅速扩张的同时，保守派与改革派在政治路线上的斗争愈演愈烈，双方产生巨大的嫌隙。在这样的情势下，鲁哈尼的主张迎合了伊朗内外交困中的需求，最终当选。

（二）鲁哈尼外交政策的国内政治因素

与美国的敌对态势、在国际社会上的孤立境遇，对于伊朗伊斯兰共和国

---

① 《伊朗警告欧盟须为制裁后果负责 已放弃用美元结算》，环球网，http：//world. huanqiu. com/roll/2012 -01/2380922. html。

② 《西方制裁导致伊朗石油收入下滑半年损失百亿美元》，中国新闻网，http：// www. chinanews. com/gl/2012/06 -11/3954728. shtml。

③ 《伊朗 - 失业率》，http：//zh. tradingeconomics. com/iran/unemployment - rate。

④ 陆瑾：《试析鲁哈尼“重振经济”的路径和制约——兼议哈梅内伊的“抵抗型经济政策”》，《西亚非洲》2014 年第 6 期，第 127 ~143 页。

而言是常态。伊朗也习惯于与欧洲时好时坏的关系。然而，国际社会连续几轮的经济制裁对伊朗经济的压力前所未有。为解决国内严重的经济问题以及与经济相关的社会问题、伊朗必须解除国际社会对伊朗的制裁。这是伊朗谋求与国际社会改变关系的根本原因。伊朗的强硬保守派抵制向西方求和，具有改革倾向的政府才可能与西方缓和关系。

在伊朗的政治体制中，最高的政治、军事权威是精神领袖哈梅内伊。哈梅内伊利用改革派与保守派对伊朗发展路径的不同主张以及双方的斗争，根据国内外的情势，调节两方力量。这样既可以合理合法地调整伊朗一定阶段内的政治外交策略，也能平衡国内各派别之间的政治力量。鲁哈尼作为具有改革意愿的温和派，之所以能当选，不仅是民心所向，更主要的原因是哈梅内伊对解除经济制裁以及与西方和解的意愿。阿兰·萨利赫扎德（Alan Salehzadeh）指出："只要最高领袖允许，改革派就会赢得大选。在国民经济急剧恶化，或者内外政策陷入危机时，这种现象就会出现。改革派的上一次当选是在 1997 年。"①因此，基于伊朗的经济困境，伊朗在 2013 年大选中，选出具有改革倾向的总统是必然的，而新政府出台对西方温和甚至友好的政策也是伊朗国情所需。

鲁哈尼此次当选与 1997 年改革派当选有所不同。在内贾德时期，国内的极端保守势力迅速膨胀，保守派与改革派之间出现了巨大的裂痕和不信任。两伊战争期间，内贾德曾就职伊斯兰革命卫队。伊斯兰革命卫队是由精神领袖直接领导、平行于伊朗正规军的部队，政治态度上强硬而保守。内贾德任职期间任命的诸多高官都是伊斯兰革命卫队出身。② 同时，内贾德在国际社会上的强硬作风致使伊朗在国际上被孤立，而对经济问题又无有效措施，因此伊朗国内对内贾德的反对声音在 2009 年的大选上已经有明显体现。在 2009 年大选结束后，改革派质疑内贾德胜选连任，两大阵营在竞选期间的

① A. Salehzadeh, *Iran's Domestic and Foreign Policy*, Helsinki: Maanpuolustuskorkeakoulu-National Defence University, 2013.

② N. Habibi, "The Economic Legacy of Mahmoud Ahmadinejad," *Middle East Brief*, No. 74, June 2013, p. 5.

冲突不断。内贾德连任后，暴力镇压了改革派发起的“绿色运动”。之后的“阿拉伯之春”虽然波及伊朗，改革派人士也伺机抗议内贾德，但仍然被内贾德政府强力镇压，改革派领袖穆萨维也遭软禁。内贾德执政8年中对改革派的强硬手腕，加深、固化了改革派与保守派之间的分歧。因此，在2013年大选中，无论保守派与改革派的当选，都有可能造成伊朗社会的撕裂。

鲁哈尼在竞选初期，虽然并无明显优势，但是鲁哈尼的主张与路线与2013年伊朗国家的需求完全契合，最终使鲁哈尼胜选。鲁哈尼提出务实的主张，对内提振经济，对外要缓和与西方社会关系、谋求解除制裁。这既符合民众的意愿，也是伊朗情势所需。同时，鲁哈尼“中间路线”的主张，宣称自己既非保守派也非改革阵营，成为弥合保守派与改革派之间裂痕的良药。而无论哈梅内伊还是改革派与保守派都深知，共同解决伊朗面临的困境才是伊朗的当务之急，这也是在最后关头哈塔米、拉夫桑贾尼同时号召支持鲁哈尼的根本原因。

（三）鲁哈尼的“经济、外交双轨政策”

鲁哈尼就职以来的一系列政策直接针对解决内贾德任期遗留的内政外交问题，因此构建了对内解决经济困境，对外解决外交孤立的“经济、外交”双轨政策。鲁哈尼在2014年终的经济刺激方案中指明，方案的目的在于提高伊朗经济增速、扶持国内领先企业，以及提振出口、刺激旅游业发展。鲁哈尼上任后，作风务实，任命的内阁和关键部门部长全部是技术官僚，在制度上创造便利条件、简化程序，改善投资环境，鼓励企业发展。

如前文所述，真正促使伊朗对西方妥协的根本原因，是经济制裁导致的国内社会经济问题。因此，可以说，解决经济问题是鲁哈尼的外交政策的根本动因，鲁哈尼的外交政策是国内经济政策的重要部分。事实证明，制裁解除后，鲁哈尼对世界各地的访问都有众多商业精英随访，并且积极强调经济合作。

在国内政治上，鲁哈尼对强硬保守派的攻击也基本保持了克制的态度。但是由于伊朗特殊的政治体制，伊朗总统的权力掣肘诸多，不仅受到议会牵绊，也必须获得哈梅内伊的支持。鲁哈尼外交政策也必须顾忌国内的保守派

势力。鲁哈尼的全球和地区外交政策，虽然体现了他的个人风格，但也深受国际情势变化与国内政治斗争影响。

二　以核框架协议为核心的大国外交

鲁哈尼推动达成核协议并签署联合行动计划，极大地改善了伊朗的国际环境，是伊朗外交十年来的重要转折。伊朗是石油出口大国、中东什叶派领袖，同时由于人口众多、市场潜力巨大，伊朗的态度由保守对抗转向温和且具有合作意愿，对西方各国的中东战略都影响深远。同时，与西方世界关系的改变，也为伊朗的外交策略创造了更多的可能性，还使伊朗对中国、俄罗斯的态度产生了微妙的变化。

（一）鲁哈尼的对美外交战略

伊朗伊斯兰共和国成立以来，一直把美国视为自己的首要敌人，伊美关系史基本上就是伊朗与美国的对抗史，但美国政治极其深远地影响着伊朗的外交。如前文所述，温和派鲁哈尼的当选，从某种程度上而言，也是美国发起的国际制裁导致的。同时，伊朗与美国的关系会直接影响伊朗与国际社会的关系，尤其是与西方世界的关系。因此，鲁哈尼想要打破孤立状态、解除制裁、重振经济，必须要与美国缓和关系，而问题的关键是伊朗核谈判。伊朗在核问题上的让步，是美国以及国际社会解除对伊朗制裁的最主要原因。

除此之外，反对叙利亚、伊拉克的极端组织“伊斯兰国”，成为立场对立的伊美两国的共同利益。“伊斯兰国”不仅是美国的安全威胁，由于叙利亚、伊拉克与伊朗相邻，“伊斯兰国”的扩张也威胁到伊朗的国家安全。但打击“伊斯兰国”，美国必须有伊朗的合作。因为叙利亚是伊朗地区最坚定的盟友，而伊拉克自萨达姆倒台后，由伊朗支持的伊拉克什叶派把控。伊朗在两国的影响力使美伊双方具有了和谈的需求。美伊谈判成功是国际社会解除对伊朗制裁的关键点。伊朗国内在制裁解除的一年内给予鲁哈尼政治外交高度评价，也寄予伊朗未来经济极高的期待。鲁哈尼在《联合行动计划》签署后，迅速与欧洲各国修复关系，恢复、拓展伊朗与各国的经贸往来。

2017 年 1 月特朗普就职美国总统，特朗普在竞选时就宣称要撕毁伊朗核协议，上任不久就颁布“禁穆令”，在伊朗弹道导弹试射后，用推特连发消息称伊朗“在玩火”，随后又对叙利亚阿萨德政府发动空袭。[①] 之后特朗普多次威胁撤出核协议，并于 2018 年 5 月 9 日正式宣布美国撤出伊朗核协议。随着特朗普政府连续对伊朗释放敌对言行，鲁哈尼回应的态度也随之变强硬。作为对美国退出核协议的回应，鲁哈尼威胁美国“废除核协议将是历史性的错误”。[②]

伊朗核协议的废除是鲁哈尼的外交甚至经济政策的重大挫折。如前文所述，伊朗核协议是伊朗赢得宽松国际政治环境的决定因素，也成为伊朗经济发展的重要契机。欧盟与美国在核协议上立场不同，意味着即使核协议废除，美国也再难与欧盟联手发起对伊朗的国际性制裁。但是美国与伊朗关系的恶化，意味着鲁哈尼的外交政策将转向强硬，伊朗的下一任政府也将更加趋向强硬、保守。当下，美国国内关于核协议存废也存在激烈的斗争，美国国内政治已成为当下美伊关系的唯一重要变量。

（二）鲁哈尼对欧盟外交政策

虽然欧洲与美国同样反对伊朗拥核，但是欧洲与伊朗的关系中既有冲突也有共同利益。欧洲在经济危机后，经济恢复缓慢，欧洲各国都谋求提振经济。欧洲看好鲁哈尼务实开放的精神，视后制裁时代的伊朗为巨大的市场。伊朗在制裁前就与欧洲保持着密切的贸易关系，伊朗也对制裁后双方贸易寄予了很高的期待。在 2016 年 1 月初制裁解除后，鲁哈尼立刻访问了法国与

---

① 《美军空袭叙利亚炸死 11 名“基地”组织恐怖分子》，新华网，http：//news.xinhuanet.com/mil/2017－02/10/c_ 129473991.htm。

② “Iran：US Faces Historic Regret Over Deal，” *BBC News*，http：//www.bbc.com/news/world－middle－east－44021829.

意大利，访问期间都有大量伊朗商业精英随行。2016 年 9 月，英国在断交 5 年后恢复与伊朗的大使级外交关系。① 可以说，鲁哈尼政府在短期内实现了与欧洲关系的快速回温。

一般来说，美国与伊朗的关系会直接影响伊朗与西方国家的关系。但欧洲近年来一直谋求更加独立的政治态度，同时，特朗普政府与欧洲关系逐渐疏离，欧洲在处理伊朗问题时受到美国的影响将更小。在伊朗核协议存废的问题上，欧洲极力维护伊朗核协议，与特朗普政府立场不同。因此，即使美国单方面废除伊朗核协议，美国也将难以再次发起对伊朗的国际性制裁。当前德国、法国、英国对伊朗核协议的极力维护，反映了欧洲与伊朗的共同利益，如果伊朗与欧盟双方都秉持务实的态度，鲁哈尼在对欧洲关系上仍可以有所作为。

（三）与中国和俄罗斯的外交关系

与欧洲交好的另一个目的在于平衡伊朗与中国、俄罗斯的关系。伊朗在核问题上态度的转变，主要是因为制裁导致的经济问题，但是核协议达成之后，伊朗与西方关系的回暖成为用以平衡伊朗对中俄关系的重要手段。在伊朗有了更多的合作选择之后，伊朗也在谋求与中国“对等”的外交关系。因此，与欧洲关系的再次回暖，使得伊朗对中俄关系也有了更多的杠杆。虽然短期内，伊朗战略上站队俄罗斯与中国的状况不会改变，但是，与欧洲关系回暖使伊朗在国际经贸合作上拥有更多的选项，这对伊朗平衡对中俄的过度依赖意义重大。虽然中伊双方依然保持友好关系，但是从签署《联合行动计划》开始，伊朗与中国的外交、贸易关系都有所降温。在制裁最严苛的 2012 年、2013 年，虽然中国与伊朗的贸易也受到了制裁影响，贸易额有所回落，但中国与伊朗的贸易总体维持在相对高位。然而在核协议达成的 2015 年，中国与伊朗的进出口总额却双双下跌。中国与伊朗的出口额甚至

---

① 《伊朗和英国正式恢复大使级外交关系》，环球网，http：//world. huanqiu. com/hot/2016 - 09/9405855. html。

跌回了2010年以前的数额。

然而，伊朗并没有出现此前政府和民众预期的经济腾飞。首先，西欧各国尚未完全从经济危机中恢复过来，接踵而来的难民问题使欧洲的社会和经济状况又雪上加霜。欧洲各大公司虽然有实力做项目，但融资能力有限。而伊朗需要像中国这样既有技术实力，也有融资能力的经济合作伙伴。其次，伊朗政治环境复杂，政策不透明，虚假项目大量存在，企业投资风险大[①]，这些问题不仅是中资企业在伊朗一直面临的困难，制裁解除后，希望在伊朗投资的其他外国公司也需要面临同样的困境。之前朴槿惠访问伊朗时签订的项目里，就涉及之前与中国签订的两个项目。[②] 最重要的是，贸易结算渠道仍然不畅通。相比与伊朗一直保持贸易关系的中国，以上这些问题对于重启与伊朗贸易的欧洲国家是更大的挑战。解除制裁后，伊朗政府和民众对经济抱有极大期待，制裁解除已将近两年，伊朗政府和人民都逐渐回归理性。伊朗开始重新审视与中国的关系，尤其是经贸关系。

由于美伊关系紧张，政治上，伊朗仍需要借俄罗斯和中国对抗美国。事实上，伊朗和俄罗斯已经在叙利亚问题上形成了联盟。但是基于欧盟与伊朗的经贸关系，未来欧洲将是伊朗平衡与大国关系的重要杠杆。而经济上，可以抵制美国制裁、有拓展伊朗市场的意愿且有融资能力的欧洲企业并不很多。因此，长期来看，中伊合作仍然有巨大潜力。

伊朗外交政策的巨大转变给世界各国的中东政策带来的影响，一方面体现了伊朗作为中东大国在国际政治中的重要性，另一方面说明世界各国与中东地区紧密的利益关系。世界大国与伊朗关系的变化，尤其是美国与伊朗关系的缓和，也直接或间接地影响了中东区域问题和区域内的国家间关系。

---

① 《中资企业在伊朗面临四大困难》，http：//www. ccpit. org/Contents/Channel_ 4126/2016/0807/680539/content_ 680539. htm。

② 《中资企业在伊朗面临四大困难》，http：//www. ccpit. org/Contents/Channel_ 4126/2016/0807/680539/content_ 680539. htm。

三　周边和地区外交

除了约旦河两岸的国家、埃及和也门，伊朗与其他中东国家或相邻或隔海相望。因此，伊朗的中东地区外交，也是伊朗的邻国外交，直接关系伊朗的国家安全。同时，中东地区自第一次工业革命以来，就是世界各大国势力角逐的热点地区，同时，奥斯曼帝国解体后，区域内大国之间的较量与斗争也从未停歇，这些都成为影响伊朗中东地区外交的重要因素。由于伊朗现行体制对于总统的限制，鲁哈尼在区域问题上受到国内政治的掣肘。同时，前任内贾德的政治遗产也是鲁哈尼地区外交政策的影响因素之一。虽然鲁哈尼在核问题以及对西方态度上与内贾德南辕北辙，但是在区域问题上，除了态度上比内贾德更加温和之外，基本延续了内贾德时期的策略。

（一）伊朗对地区什叶派的连贯性政策

内贾德任期内曾改善与周边国家以及阿拉伯世界的关系。内贾德成为30年内第一次访问埃及的总统，并且积极改善与沙特以及周边逊尼派国家的关系。伊朗以伊斯兰教立国，加强与伊斯兰国家的友好关系符合伊朗一贯的外交理念。内贾德也积极推动伊朗在周边国家的影响力，尤其是什叶派穆斯林聚居地。与此同时，也谋求与沙特阿拉伯以及海湾国家更加友善的关系。鲁哈尼在中东地区问题中虽然受到了内贾德政策影响的阻碍，但也在诸多方面，受益于内贾德的地区外交。

内贾德时期，伊朗更加积极利用非官方的手段，增加在中东地区的影响力。伊朗的各种平行于政府的基金会，虽然大多以推广什叶派文化和宗教为名义，却是伊朗向中东什叶派组织施加影响的重要方式。这些机构虽然多致力于经济发展和文化推广，但詹金斯（William Bullock Jenkins）将其归为伊朗在中东，尤其是对叙利亚、伊拉克、也门、阿富汗施加影响的重要抓手，是伊朗软实力的体现。[1] 在伊朗软实力与硬实力的相互配合下，内贾德时期伊朗在中东什叶派信众地区的势力扩张显著。伊拉克重组政府后，伊拉克什叶派掌握政府实权，美国推翻了伊朗的宿敌萨达姆，积极推动伊拉克民主政体建设。伊朗利用伊拉克民主政体，扶持伊拉克的什叶派执政。伊朗可以算是伊拉克战争的最大赢家。在也门，伊朗给予什叶派胡塞武装支持，胡塞武装势力日渐强大。阿富汗是伊朗的邻国，阿富汗第三大民族哈扎拉族以什叶派信众为主，历史上多次被逊尼派普什图族统治者屠杀。什叶派哈扎拉族作为伊朗重要的政治杠杆，使阿富汗成为伊朗影响的主要辐射区。伊朗更是盟友叙利亚阿萨德政府的强力后盾。可以说，在内贾德时期，伊朗推动地区什叶派的扩张是有效且成功的。

对于鲁哈尼政府而言，前任总统内贾德的地区外交政策既是助力，也是阻力。一方面，伊朗对地区什叶派政府和组织的影响，增加了伊朗对西方关系中的可控杠杆。美国在打击伊拉克、叙利亚境内的“伊斯兰国”时，必须考虑伊朗不可替代的作用，这也为之后鲁哈尼的核谈判增加了筹码。而阻力主要体现在国内政治上。基金会虽然是非政府机构，却活跃于伊朗政治舞台。伊朗在地区软实力提升的同时，基金会也成为伊朗重要的保守势力，构成了鲁哈尼上任后施政的阻力。

不同于内贾德就任后大幅调整伊朗的全球战略，鲁哈尼在中东地区战略上，并未做出大的改变。在叙利亚问题上，虽然鲁哈尼以积极的姿态参与叙利亚问题国际谈判，但是叙利亚什叶派政府作为伊朗在中东最坚实的盟友，伊朗对于叙利亚的支持并未因鲁哈尼与内贾德的政见不同而改变。鲁哈尼在2013 年 8 月对 CNN 的讲话中说道：“叙利亚问题应当由叙利亚人民来决定。叙利亚人民既包括政府的支持者，也包括反对派。”这说明鲁哈尼不再称反对派为恐怖主义，而是认为反对派中也有叙利亚人民。鲁哈尼在叙利亚问题上的态度，更加符合西方视角。鲁哈尼的表态也不再明确偏袒叙利亚政府，

---

① William Bullock Jenkins, “Bonyads as Agents and Vehicles of Islamic Republic’s Soft Power,” in *Iran in the World President Rouhani’s Foreign Policy*, New York: Palgrave Macmillan, 2016, pp. 133 – 154.

更加中立。但是伊朗以各个渠道给予叙利亚政府的支持并没有减少。叙利亚政府军已经在逐渐收复失地，巩固政权，沙特阿拉伯支持的叙利亚反对派在叙利亚战争中逐渐溃败，2016 年 12 月，叙利亚政府军已经收复北部重镇阿勒颇，2017 年 8 月，温和反对派已经与政府停火。沙赫拉姆·阿克巴尔扎德（Shahram Akbarzadeh）与达拉·康都特（Dara Conduit）认为，事实上，鲁哈尼在一边安抚国际社会，一边努力维护伊朗最坚定的盟友叙利亚。① 同时，鲁哈尼也维持了对胡塞武装的支持。也门政府军一败涂地，逊尼派总统被迫流亡，什叶派势力也在鲁哈尼的第一任期保持了扩张势头。鲁哈尼温和的态度维护了伊朗在地区的利益，同时，伊朗自 2014 年开始被接受参加日内瓦国际会议，说明西方既认识到了伊朗在叙利亚问题上不可替代的作用，也开始接受伊朗的外交新姿态。

（二）伊朗与沙特阿拉伯的关系

而在教派冲突地区，伊朗支持的什叶派组织纷纷得势，必然危及逊尼派领袖沙特阿拉伯在中东的优势地位。如上文所述，叙利亚反对派逐渐溃败，也门逊尼派政府也被迫流亡。同时，自伊朗与美国达成核协议之后，伊朗与西方关系迅速解冻，制裁解除开启了伊朗经济快速增长的可能。伊朗以大国身份参与叙利亚问题的解决，提升了伊朗的国际影响力。在鲁哈尼的第一个任期内，伊朗的软实力、硬实力同步增长。尽管鲁哈尼企图在中东地区维护友好的氛围，为伊朗谋得更多的经济合作，伊朗外长扎里夫多次释放出与沙特缓和关系的信号，但是伊朗国力的增强自然形成与沙特之间的竞争。2016 年 1 月，沙特阿拉伯处决什叶派教士，双方的关系趋紧。在对伊朗制裁正式解除前两周，沙特宣布与伊朗断交，双方的斗争已经升级。

（三）伊朗与海湾国家的关系

沙特与伊朗断交的同时，还联合巴林、苏丹、索马里与伊朗断交，阿联

---

① Akbarzadeh, Shahram and Conduit, Dara, "Rouhan's First Two Year in Office: Opportunities and Risks in Contemporary Iran," in *Iran in the World*, Palgrave Macmillan, 2016, pp. 1 – 15.

酋降低了与伊朗的外交级别，召回了驻伊朗大使，卡塔尔与科威特召回了驻伊朗大使。沙特企图在中东范围内将伊朗再次孤立，但海合会成员国也并非铁板一块，中东逊尼派国家分歧颇多。巴林王室虽然是逊尼派，但是巴林9成人口都是什叶派信众。因此，巴林也成为伊朗意识形态输出的主要对象。巴林王室对伊朗积怨已久，巴林是最早响应沙特阿拉伯的海湾国家。

作为逊尼派海湾国家，阿联酋在中东事务中积极响应沙特阿拉伯，但阿联酋也是海湾国家中与伊朗贸易关系最紧密的国家，相比其他海湾国家，与伊朗有更多的共同利益。同时，阿拉伯联合酋长国由7个酋长国组成，7个酋长国的人口构成、经济结构、发展水平都有巨大的差异，在对待伊朗的态度上，7个酋长国也存在分歧。例如迪拜与阿布扎比对伊朗的态度就存在差别。迪拜与伊朗有着最为紧密的贸易关系，伊朗在阿联酋的常住人口基本集中在迪拜，在迪拜的伊朗人有50万之多。除此之外，阿联酋还有两座伊朗清真寺，都坐落在迪拜。而相比迪拜，阿布扎比与伊朗的贸易量则小许多，且阿布扎比王室与沙特王室关系更为亲密。阿联酋对伊朗的外交关系，更准确地说是7个酋长国意愿的折中。在断交风波中，阿联酋对沙特回应迅速，却并未与伊朗断交。

卡塔尔是典型的石油国家，但一直以来谋求经济转型，积极发展对外投资与贸易。在地区内，与伊朗保持着高度的贸易往来。同时，卡塔尔国土虽小，却有很大的政治野心。卡塔尔在地区事务中并没有简单地“站队”。在巴以问题上，卡塔尔同情巴勒斯坦，但也与以色列保持着公开的关系。而在阿富汗问题上，卡塔尔经常扮演调停的角色，由卡塔尔政府组建的半岛电视台，更是全球唯一一家可以拿到阿富汗塔利班讲话的电视台，打破了西方媒体在中东的垄断地位。一边倒向沙特，并不符合卡塔尔的政治利益。在沙特与伊朗的断交风波中，卡塔尔与科威特并没有紧密追随沙特，而只是召回了大使。

鲁哈尼在地区外交中，基本延续了伊朗一贯以来的地区战略。主要原因有二：一方面，什叶派是伊斯兰世界中的少数派，而伊朗更是中东第一个什叶派国家。扶植中东地区的什叶派势力符合伊朗国家利益。而伊朗对什叶派组织、政府的支持，不可避免地影响到与沙特的关系，进而波及与海湾国家的关系。

另一方面，由于强硬保守派在伊朗议会占据多数席位，鲁哈尼必须顾及国内的强硬保守势力。伊朗伊斯兰革命卫队和前文提到的基金会都是伊朗强硬保守势力的组成部分。此外，鲁哈尼必须保证自己的政策变动在哈梅内伊认可的范围内。鲁哈尼政策能否顺利执行，甚至鲁哈尼能否连任，都在于精神领袖哈梅内伊支持与否。总之，伊朗连贯的地区政策，体现了伊朗的国家利益、伊朗国内政治中的斗争与妥协以及哈梅内伊个人对于地区情势的判断。

四　结语

在 2013 年伊朗内外交困之际，鲁哈尼作为具有改革倾向的温和派当选总统，这不仅是伊朗人民的意志，也说明哈梅内伊对于伊朗国内经济危机以及国际制裁严重性的认识。伊朗需要具有改革派倾向的鲁哈尼来解除国际对伊制裁，缓和与西方关系，提振伊朗国内经济。鲁哈尼施展外交手段，使伊朗短期内回归国际社会，并且与欧洲加强经济联系，为伊朗经济复苏扫除了一大障碍。此外，伊朗还积极以调停者身份参加维也纳会议，开启了伊朗与西方世界公开政治合作的可能性。这不仅体现了伊朗谋求世界大国地位的野心，也的确提高了伊朗在地区乃至世界的影响力。

鲁哈尼以温和、开放的态度面对西方国家，减少了伊朗在地区外交上的阻碍，事实上维护了伊朗在中东的一贯利益。鲁哈尼言辞一贯温和，但其作为非常强势，鲁哈尼在拓展地区什叶派势力方面的努力硕果累累，提高了伊朗在地区的实际影响力。同时伊朗与海湾国家的密切贸易联系，也撼动了海合会内部的凝聚力。2017 年，鲁哈尼第二任期伊始，美国对沙特签售军火，在得到了美国的政治支持后，沙特与卡塔尔断交，显示出沙特对于海合会内部分歧的不满，也反映了沙特巩固海湾逊尼派阵营的决心。沙特以 10 日为限要求卡塔尔与伊朗断交，重整旗鼓孤立伊朗的企图昭然若揭，却也流露出沙特对于伊朗地区实力增强的焦虑。但这种焦虑体现了伊朗实力的提升，这是鲁哈尼的成绩。沙特紧接着联合海湾国家切断卡塔尔食品供应，伊朗适时雪中送炭，向卡塔尔供给食品，使卡塔尔与伊朗的关系全面提升。伊朗正式撬开了海湾逊尼派阵营的墙角。

但鲁哈尼的外交政策受到诸多限制，也将会在第二任期内继续影响鲁哈尼的外交。鲁哈尼不可避免地受到伊朗政治体制和伊朗伊斯兰共和国意识形态的限制。哈梅内伊是伊朗最高精神领袖，掌控伊斯兰革命卫队，有极强的政治影响力，如前文所述，鲁哈尼的政策需要得到精神领袖的认可。同时，由于伊朗机构庞杂，诸多机构都有政治影响力。议会、伊斯兰革命卫队、基金会中都有极强的保守派势力，这些都成为鲁哈尼政策制定尤其是执行时的掣肘力量。由于伊朗以伊斯兰教为立国之本，伊朗无法在与以色列的关系上做出根本性的改变，进而影响到伊朗与美国的关系，在一些地区问题上，也少了很多政策选项。总之，相比西方总统制内的总统，政教合一政体内的鲁哈尼受到诸多不可逆的限制。在这样的情况下，鲁哈尼在极短时间内为伊朗赢得了巨大的国际影响力，并且在中东维护、拓展了伊朗的利益，是鲁哈尼外交政策的成功。但上述制约因素，也为鲁哈尼外交政策划定了界限，使鲁哈尼的外交再难有更进一步的突破。

伊朗的外交受到美国政治的深刻影响。新任总统特朗普对伊朗持敌视态度，并废除伊核协议，这将成为伊朗融入国际社会、继续拓展外交的极大阻力。与此同时，伊朗的国内经济在制裁解除后也并未迎来民众所期待的繁荣。鲁哈尼的“经济、外交双轨政策”几近失败。鲁哈尼的改革政策受到保守派的激烈回应，也与哈梅内伊产生分歧。同时，特朗普敌对的态度，将致使伊朗国内保守派强势抬头。受到国内外双重压力，鲁哈尼的回应也从温和克制逐渐趋向强硬。美国的敌对态度、鲁哈尼与哈梅内伊的分歧以及保守派的强烈反应，不仅极大影响鲁哈尼的对外政策，也会影响伊朗国内政治。未来，如果美伊关系持续恶化，且伊朗经济得到一定恢复，伊朗的下一届总统可能会是保守派。但在伊朗与欧洲的关系问题上，鲁哈尼仍可以有所作为。特朗普与欧盟的关系逐渐疏离，使美国对欧洲的政治影响力变弱。由欧洲与美国在伊朗核协议存废问题上的分歧，可以看出欧洲已经在以更加独立的态度处理中东问题。同时，没有欧盟、俄罗斯、中国的支持，美国将很难在短期内发起对伊朗的国际性制裁。

B.13
伊核协议后伊朗与欧洲的关系及其对中伊关系影响

金良祥*

摘　要： 2015年伊核协议达成以后，伊欧关系迅猛发展，双方高层之间的互动频繁，经贸关系迅速增长。伊朗崇拜欧洲的生活方式，将突破对欧外交视为其外交破局的关键，而欧洲国家将伊朗视为重要的潜在市场和中东战略的重要伙伴，这些都构成了伊欧关系发展的重要动力。伊欧关系发展也受到多重因素的制约，包括美伊敌对关系、双方地区战略上的分歧以及意识形态上的差异等。伊欧关系发展对中伊关系发展造成了消极影响。中伊政治关系并未在伊核协议达成以后取得积极进展，原因部分在于伊欧关系发展削弱了中国对伊朗的战略重要性；中伊经贸关系不升反降也在很大程度上反映了伊欧关系的发展。

关键词： 伊核协议　伊欧关系　中伊关系

伊朗与欧洲国家的关系有着良好的传统，拉夫桑贾尼和哈塔米担任总统期间都曾访问过欧洲国家，并试图将对欧外交作为其后革命时代打破西方外交封锁的突破口。2013年鲁哈尼当选总统之后，伊朗改变了内贾德时期的

---

* 金良祥，上海国际问题研究院西亚非洲中心副研究员，主要从事伊朗国内政治与对外关系研究。

强硬对抗外交，奉行温和开放路线，伊欧关系发展重新获得动力，2014 年 1 月 24 日伊朗总统鲁哈尼访问瑞士并在达沃斯世界经济论坛上发表讲话，便传递了重要的信号。2015 年 7 月 14 日有关伊核问题的“全面联合行动计划”，即伊核协议达成以后，伊朗与欧洲关系的动力进一步增强，伊欧关系进入新的时期。尽管伊欧关系也面临一些挑战，但总体进一步加强。伊欧关系的发展对伊中关系有一定的促进作用，但也对伊中关系产生了一定的冲击。

一 伊核协议达成以后伊朗与欧洲关系

伊核协议达成以后，伊朗与欧洲国家高层官员之间互动频繁，标志着伊欧关系新时期的到来。总体而言，这一时期的伊欧关系主要分为两个阶段。

第一阶段从 2015 年 7 月 14 日伊核协议达成到 2018 年 1 月 12 日特朗普要求欧洲国家促使伊朗重新谈判协议。伊核协议甫一达成，“美国国内还在就协议进行激烈辩论，而欧洲国家的政府就已表达了欢迎之意，并立即开始寻求与伊朗发展商贸关系”。[①] 从 7 月中下旬开始，欧洲国家高层官员和高规格经贸代表团纷至沓来，既为了改善政治关系，也为了恢复其在伊朗失去的市场，以扭转因为伊核问题而陷入低谷的伊欧政治和经贸关系，而伊朗方面则积极加强对欧外交，既为了巩固协议成果，也为了扩大伊朗的外交空间。

2015 年 7 月 19 日，伊核协议签署一周不到，德国经济部部长西格玛尔·加布里尔便带着一批德国产业代表和企业高管访问伊朗，成为达成伊核协议以后第一个访问伊朗的西方国家高层官员，传递了德国和欧洲国家急于恢复与伊朗的经贸和政治关系的强烈信号。紧随其后的则是时任英国外交大臣菲利普·哈蒙德，菲利普于 2015 年 8 月 23 日访问伊朗，一是为了重开英

① See Cornelius Adebahr, “Squaring the Triangle: The EU Between Rouhani and Trump,” in Paolo Magri and Annalisa Perteghella ed., *Post-Vote Iran: Giving Engagement a Chance*, Ledizioni Ledi Publishing, 2017, p. 123.

国驻伊朗大使馆，二是为了恢复与伊朗的经贸关系。[①]

协议达成之后，访问伊朗级别最高的官员当属奥地利总统海因茨·费舍尔。2015 年 9 月 7 日，奥地利总统费舍尔带领一个由 220 人组成的庞大代表团访问了伊朗，伊朗给予了最高规格的接待，最高领袖哈梅内伊、总统鲁哈尼和议长拉里贾尼分别会见。[②] 此外，丹麦外交大臣克里斯蒂安·延森和德国外长弗兰克－瓦尔特·施泰因迈尔也先后于 2016 年 1 月和 2 月访问伊朗。

最重要的访问当属欧盟外交和安全政策高级代表费代丽卡·莫盖里尼于 2016 年 4 月率领一个包括 7 位欧盟委员会委员在内的高级代表团访问了伊朗，访问期间双方发表共同声明，双方表示将在广泛领域内发展双边关系，包括经济、能源、环境、移民、毒品、人道主义援助、交通、领事保护、科学与民用核能合作以及文化等。[③] 这次访问不仅表明欧盟将与伊朗发展全面关系的设想，也对欧盟与伊朗的关系做出了战略定位。

除了上述重要访问以外，波兰、塞尔维亚、比利时、捷克以及西班牙等也派出了高级代表团先后访问了伊朗。

在欧洲国家纷纷造访伊朗的同时，伊朗领导人也在积极筹备访问欧洲国家。伊朗总统鲁哈尼原本定于 2015 年 10 月访问法国等欧洲国家，但因为法国遭遇严重恐怖主义袭击，访问不得不推迟。[④] 2016 年 1 月，鲁哈尼如愿以偿访问了法国、意大利和梵蒂冈。法国和意大利都是欧洲的重要国家，是欧盟的重要成员，不仅具有经济影响力，而且具有政治影响力，鲁哈尼政府试图通过访问全面加强与欧洲国家的政治关系和经贸往来。

---

① See "Iran, Britain Reopen Embassies", *Tehran Times*, August 24, 2015.

② See "Leader Criticizes Europe for Following U. S. Against Iran," *Tehran Times*, September 9, 2015; "EU Opening Door for Cooperation with Iran on International Issues: Austrian President," *Tehran Times*, September 10, 2015.

③ See European External Action Services (EEAS), "Joint Statement by the High Representative/Vice President of the European Union, Federica Mogherini and the Minister of Foreign Affairs of the Islamic Republic of Iran, Javad Zarif," *Tehran Times*, April 16, 2016.

④ See "Rouhani's European Trip Set for January," *Tehran Times*, December 22, 2015.

伊欧政治关系发展带动了伊欧经贸关系迅猛增长。2016 年欧洲与伊朗的贸易额达到了 137 亿欧元，虽仅为 2011 年贸易额的一半，但达到了上一年度的两倍，其中伊朗对欧出口达到上一年度的 3 倍。[①] 2017 年欧盟向伊朗出口 108 亿欧元，主要是机械和交通设备，欧盟从伊朗进口约为 101 亿欧元，主要是能源有关的商品。欧盟进口增加了 83.9%，出口增加了 31.5%。[②]

第二阶段从 2018 年 1 月 12 日特朗普伊核政策讲话至今。这一阶段伊欧外交频繁互动的目标主要是维护伊核协议，并竭力减少特朗普政府政策对双方既得利益的冲击。尽管伊核协议达成以后，伊欧关系出现了积极互动，但其势头也受到了美国退出伊核协议的影响。特朗普早在竞选期间以及当选之后就多次表示要退出伊核协议，使伊欧外交互动目标从最初促进双方政治和经贸关系转变为维护伊核协议本身，伊朗和欧盟均将美国退出伊核协议视为损害各自利益。

2018 年 1 月 12 日，特朗普向欧洲国家发出最后通牒，要求欧洲国家以四个月为限提出修改伊核协议的方案。特朗普一言既出，欧洲国家纷纷表态支持伊核协议，欧盟安全与外交事务高级代表莫盖里尼与国际原子能机构均表示支持伊核协议。[③] 为挽救伊核协议、保护自身利益，法德英等欧洲大国的领导人相继访问美国，试图劝说特朗普不要退出伊核协议。与此同时，法国外长勒德里昂于 2018 年 3 月初访问伊朗，就伊朗是否愿意修改协议进行试探。[④]

2018 年 5 月 8 日，特朗普正式宣布退出伊核协议之后，伊欧双方启动了新一轮外交互动，以确保伊核协议在美国退出之后继续发挥作用。2018 年 7 月上旬，伊朗总统鲁哈尼开始其担任总统以来的第三次访问欧洲，他主要到访了联合国机构较多的奥地利和瑞士，主要目的则是说服欧洲国家顶住

① European Commission, *European Union, Trade in Goods with Iran*, Directorate-General for Trade, Bruxxelles, 2017.

② European Commission, *European Union, Trade in Goods with Iran*, Directorate-General for Trade, Bruxxelles, 2018, http://ec.europa.eu/trade/policy/countries-and-regions/countries/iran/.

③ IAEA, "EU Reaffirm Support for Nuclear Deal," February 9, 2018.

④ See "Iran to Le Drian: Missiles are for Deterrence," *Tehran Times*, March 5, 2018.

美国的制裁压力，确保伊朗的利益不会受到伤害。

需要指出的是，除了加强与欧洲主要大国的关系以外，伊朗也非常重视与中东欧国家发展关系。2018 年 2 月下旬，伊朗外长扎里夫率领由公私企业高层管理人员组成的代表团，访问了塞尔维亚、保加利亚、克罗地亚和波斯尼亚等国。

二　伊欧关系发展的动力

伊核协议达成之后，伊欧关系全面发展，既是伊朗重视对欧关系传统的体现，也是伊欧双方现实中相互借重需要的反映。

（一）伊朗的动力

第一，喜欢欧洲生活方式的传统是伊朗加强对欧关系的基本动力。伊朗是中东地区接触西方文化和生活方式较早的国家，西方国家殖民伊朗固然构成了伊朗创伤和屈辱历史的重要组成部分，但也为伊朗社会植入了一种对西方生活方式的崇拜，伊朗上至政治精英阶层下至平民百姓都非常喜欢西方的生活方式，包括喝咖啡和碳酸饮料等。伊朗人还崇尚欧洲国家的产品，尤其对德国的电器、汽车等产品情有独钟。制裁期间，中国的低价商品虽然满足了伊朗的市场需要，但部分商品的质量问题也引起了伊朗消费者的不满，并成为他们希望恢复伊欧经贸关系的动力。一位欧洲学者指出，鲁哈尼 2017 年赢得总统连任的重要原因之一便是承诺延续其向欧洲开放市场的竞选策略。①

第二，伊朗希望通过对欧外交实现外交破局。美国和欧洲是西方世界的主要组成部分，虽有共同的价值观，但两者各自利益并不相同，处理国际问题的方式也有所不同。2003 年伊核问题成为热点以后，美国主要通过制裁迫使伊朗做出让步，甚至一度试图武力更迭伊朗政权，而欧洲国家则努力通

---

① Cornelius Adebahr, “Squaring the Triangle: The EU Between Rouhani and Trump,” in Paolo Magri and Annalisa Perteghella ed., *Post-Vote Iran: Giving Engagement a Chance*, Ledizioni Ledi Publishing, 2017, p. 121.

过外交手段、通过规制的力量解决伊核问题。关于上述分歧，美国著名的战略家亨利·基辛格曾经指出，美国的“欧洲盟国坚持要与伊朗进行它们所谓的‘关键对话’”，因为“对话本身的存在就能对减缓紧张局势做出贡献”，而美国认为西方“必须愿意为了更远大的目标而接受牺牲”，“有时商业利益必须为更广泛的安全利益让路”。①

奥巴马政府时期，美国对伊朗实施严厉的经济制裁，欧洲国家虽然迫于美国的压力，减少了与伊朗的经贸关系，但对美国的不满有所增加。美欧之间的分歧为伊朗离间美欧关系提供了条件，伊朗试图通过与欧洲国家加强政治经济关系削弱美国敌视伊朗政策的效应，甚至试图以此迫使美国改变对伊朗的政策。当然，伊朗也认识到，伊朗承受不了与西方两大经济体关系同时恶化的沉重代价。

达成伊核协议以后，伊朗面临的突出问题便是如何确保制裁得以取消，如何将伊核协议上的外交成功转化为现实的经济利益。伊核协议达成之后，伊朗积极加强对欧外交，并取得了一些重要的成果。除了政治层面之外，伊欧领导人之间互访频繁，双方经贸合作取得重要成果。仅以伊朗与法国的经贸关系为例，伊朗与空客公司签署协议购买 83 架空客飞机，签署协议与法国合作开发南帕尔斯油气资源，与雪铁龙公司合作生产汽车等。伊朗试图通过经贸合作，既收获伊核协议带来的经济利益，又能使欧洲国家保持维护伊核协议的积极性，并试图以伊欧关系为杠杆撬动伊美关系。

事实证明，伊朗的上述努力部分达到了目的。在特朗普表达退出伊核协议的意图之时以及宣布退出协议之时，欧洲国家的领导人包括法国总统马克龙和德国总理默克尔积极奔走，向美国施加压力，力图挽救伊核协议。也正是欧洲国家在维护伊核协议方面不遗余力，特朗普曾经在 2018 年 1 月 12 日要求欧洲国家提出新的解决伊核问题的方案，凸显了美欧在这个问题上的分歧。

① 〔美〕亨利·基辛格：《美国的全球战略》，胡利平、凌建平等译，海南出版社，2009，第 176～177 页。

（二）欧洲的动因

欧洲方面也有着强烈的动力发展对伊关系。一是因为伊朗自身所具有的重要战略地位。伊朗是一个有着 8000 万人口和丰富的油气资源的地区大国，是一个有待开发的商品市场和投资市场。欧洲国家也将伊朗视为应对中东问题不可或缺的战略伙伴，尽管两者之间存在尖锐分歧。“布鲁塞尔及其成员国虽然反对伊朗的一些地区行动，但又都将德黑兰视为必须接触而不是孤立的中东地区至关重要的玩家。”① 无论是反恐，还是叙利亚、伊拉克和阿富汗问题，欧洲都不能将伊朗排除在外。

二是经济利益。欧洲国家一度在伊核问题上与奥巴马政府保持高度一致，不仅配合美国制裁，撤出了伊朗市场，而且追随美国对伊朗出口石油的运输公司实施保险制裁。但欧洲国家对失去伊朗市场耿耿于怀，并竭力通过外交手段促成伊核协议，以期尽早重返伊朗市场，伊核协议达成以后，欧盟如愿大举进入伊朗市场，包括能源领域、航空领域、汽车行业等。经济利益是欧洲国家发展对伊关系的重要动力。

三是将伊核协议作为需要维护的重要外交资产。挽救伊核协议本身也是欧洲对伊外交的重要动力。欧洲国家一直主张通过外交方式解决伊核问题，是故它们也将 2015 年伊核协议视为欧洲国家规范外交理念的胜利，将维护伊核协议视为维护其外交成果。当特朗普政府退出伊核协议的意图日益显现的时候，欧洲国家的领导人包括法、德和欧盟的领导人纷纷表示支持伊核协议，并积极与伊朗以及中、俄两国商量维持伊核协议的途径。

四是伊朗的对欧外交。如前文指出，伊朗非常重视对欧外交，并将对欧外交视为其外交破局的重要环节。是故，自鲁哈尼 2013 年担任总统以来，其本人便三次访问了欧洲，分别是 2014 年初参加达沃斯世界经济论坛，2016 年 1 月下旬访问法国和意大利以及 2018 年 7 月访问奥地利和瑞士等。

① Cornelius Adebahr, “Squaring the Triangle: The EU Between Rouhani and Trump,” in Paolo Magri and Annalisa Perteghella ed., *Post-Vote Iran: Giving Engagement a Chance*, Ledizioni Ledi Publishing, 2017, p. 130.

伊朗外交部部长扎里夫更是频繁访问欧洲，会见欧洲国家的代表。伊朗的外交攻势也是欧洲国家积极提升对伊关系的重要动力。

三 伊欧关系发展的局限性

伊核协议达成以后，伊欧关系取得了积极进展，但其局限性也是很明显的，主要有以下制约。

（一）美欧关系对伊欧关系的制约

伊朗一直试图离间美欧关系，虽取得了一定的效果，但跨大西洋关系并非那么脆弱，更何况欧洲国家无论是在政治上，还是在安全和经济上终究难以逃脱美国的掌控，美欧关系对伊欧关系的制约贯穿始终。

2012 年美国对伊朗制裁升级，欧洲公司虽留恋伊朗市场，但迫于制裁压力，纷纷撤出伊朗。2015 年 7 月达成伊核协议以后，欧洲企业试图大举进入伊朗，但对美国的政策是否出现反复依旧信心不足，在此背景之下，欧洲企业普遍持一种观望态度，只是有限地增加了对伊朗的投资。也正是因为这一原因，伊朗一直抱怨伊核协议的落实只是停留在纸头上，而没有落到实处。2018 年 1 月 12 日，特朗普就美国的伊朗战略发表讲话，要求欧洲国家就解决伊核协议的缺陷提出新的方案，直接向欧洲国家施加压力。迫于美国的压力，空客公司暂停了向伊朗出售飞机的订单。[①] 2018 年 5 月 8 日特朗普正式宣布退出伊核协议之后，法国的道达尔公司因为顾忌其在美国的利益，宣布将退出开发伊朗南帕尔斯油气田的项目[②]，除非得到美国的制裁豁免，但事实上美国制裁豁免的可能性几乎不存在。

由此可见，美国因素一直是制约伊欧关系发展的障碍。特朗普宣布退出

① See "Airbus Jetliners Delivery to Iran may Take Longer," *Tehran Times*, January 12, 2018.

② See "Total to Exit Iran Investments unless Sanctions Waiver is Granted," ICIS, May 16, 2018, https://www.icis.com/resources/news/2018/05/16/10222283/total-to-exit-iran-investments-unless-sanctions-waiver-is-granted/.

伊核协议之后，欧洲国家虽然在政治和外交上给予了伊核协议强有力的支持，但是欧洲的企业终究难以承担来自美国的制裁压力，而没有经济内涵的伊欧关系终究也是脆弱的。2018 年 7 月初，伊朗总统鲁哈尼告诉德国总理默克尔，欧盟“三驾马车”提出的挽救伊核协议的方案是令人失望的，伊朗外长扎里夫也表示希望欧盟以及欧洲三国提出可验证、有可操作性的承诺，而不是口号响亮但实际模糊的方案。①

（二）欧洲国家对伊朗导弹项目和地区战略的不满

伊欧关系一度升温并不能掩盖双方之间的分歧，这些分歧也是制约伊欧关系发展的重要因素。欧洲虽然力主维持伊核协议，但同样对特朗普提出的一些关于伊朗的问题保持高度关切，一是伊朗的导弹威胁，二是伊朗的地区战略。

伊朗的导弹问题本质上并不属于“不扩散核武器条约”约束的范畴，因此也不属于伊核问题的范畴，美国将其纳入伊核问题的范畴故而也是缺少法理依据的，但是美国还是以其军事基地和盟友的安全为由，将伊朗导弹问题作为重新谈判伊核协议的内容之一。尽管欧洲国家主张维持伊核协议，但是在导弹问题上与美国抱持类似的立场，因为伊朗的中远程导弹也能袭击欧洲的目标。法国外长勒德里昂曾经表示，“伊朗的导弹项目并不符合联合国安理会决议，也超过了伊朗的防务需求”。②

另外，伊朗与欧洲国家在叙利亚问题上也存在尖锐分歧。伊朗支持叙利亚巴沙尔·阿萨德政府，而欧洲国家与美国一起组成了支持叙利亚反政府力量和反对阿萨德政府的阵营。事实上，欧洲国家试图推翻阿萨德政府的重要原因之一便是阿萨德政府奉行与伊朗结盟的政策。按照欧洲国家的说法，伊朗的政策破坏了地区稳定。③

---

① See “Zarif Says Iran Wants ‘Practical Solutions’ to Save Nuclear Deal,” *Tehran Times*, July 6, 2018.

② See “Mohammad Ghaderi, Europe a Bundle of Contradictions on JCPOA,” *Tehran Times*, January 30, 2018.

③ See “Mohammad Ghaderi, Europe a Bundle of Contradictions on JCPOA,” *Tehran Times*, January 30, 2018.

总之，欧洲在导弹和伊朗的叙利亚政策上与美国保持高度一致。是故，当特朗普提出修改协议，欧洲国家也试图以上述两个问题为由出台新的制裁伊朗方案[①]，只是后来因为遭到伊朗的强烈抵制而不了了之。

（三）伊欧在意识形态问题上的差异

在意识形态上，欧洲与美国同属一个阵营，而伊朗则是伊斯兰世界的一部分。如同美国一样，欧洲国家并没有在政治上承认伊朗伊斯兰体制，将伊朗视为一个屡屡侵犯人权的神权独裁国家，这种意识形态上的差异也是制约伊欧关系发展的因素之一。

2009 年 6 月伊朗爆发了抗议选举舞弊的街头运动，并遭到镇压，欧洲国家则纷纷加入了谴责伊朗的行列。这种意识形态分歧的最新体现则是法国总统马克龙取消了对伊朗的访问。2016 年 1 月鲁哈尼访问法国以后，邀请法国总统访问伊朗便提上了伊朗的议事日程。法国国力虽已经大不如前，但仍然是西方大国的代表之一，法国总统如能访问伊朗必将极大地提升伊朗的国际地位。然而就在 2017 年 12 月下旬法国总统即将访问伊朗之际，伊朗国内因为民生问题爆发了大规模的示威游行，法国总统访问取消，至今仍未成行。[②] 作为西方世界的重要组成部分，法国等欧洲国家总是乐见非西方国家发生示威游行，并不加区别地支持非西方国家内各种反政府运动。是故，当伊朗国内发生游行示威时，法国总统便“合乎逻辑”地取消了其伊朗之行。

经济状况的恶化使欧洲国家越来越现实，但这种意识形态界定的政治正确的标准仍然是欧洲国家外交必须考虑的因素，意识形态上的差异和偏见仍将是制约伊欧关系发展的障碍。

四　伊欧关系发展对中伊关系的影响

国内外的学术界均倾向于认为中国与伊朗应是天然的合作伙伴，塞缪

---

① See “Mohammad Ghaderi, Europe a Bundle of Contradictions on JCPOA,” *Tehran Times*, January 30, 2018.

② See “French FM to Visit Iran on January 6,” *Tehran Times*, December 26, 2017.

尔·亨廷顿甚至在《文明的冲突与世界秩序的重建》一书中预测中国与伊朗将结成联盟对抗西方。美国学者高龙江（John Garver）认为伊核协议之后中伊关系将取得积极发展[①]，伊朗国内有一定影响的青年学者莫赫森·沙利亚迪尼亚（Mohsen Shariatinia）也认为伊朗应是中国“一带一路”建设的重要伙伴[②]，但伊核协议并没有为中伊关系发展带来预期成果，原因当然很复杂，其中之一则是受到了伊欧关系迅猛发展的冲击。尽管伊欧关系发展面临一些局限性，但正如前文分析，总体而言，伊欧关系在伊核协议达成以后取得了重要发展，并对中伊关系造成了一些消极冲击。

诚然，伊欧关系发展对中伊关系有一定的促进作用。伊核协议达成以前，中国是伊朗的主要经贸伙伴，是故成为美国施压的主要目标。伊核协议达成以后，伊欧关系迅猛发展，而随着欧洲逐渐成为伊朗更为重要的经贸伙伴，伊欧关系于美国而言则是如芒在背，引起了美国的强烈不满。也正是因为这个原因，2018 年 1 月 12 日，特朗普就美国的伊朗政策发表讲话，明确要求欧洲国家以 4 个月为期限，提出解决伊核协议缺陷的方案。美欧围绕伊核问题的矛盾上升客观上有助于减少中伊关系发展面临的压力，美国不再将中伊关系视为解决伊核问题的主要障碍。

然而伊欧关系发展给中伊关系带来更多的则是挑战。前文已经指出，伊核协议达成以后，伊朗积极发展对欧关系，其原因之一便是离间美欧在核问题上的立场，但这并不是伊朗对欧外交的全部原因，伊朗还试图通过改善伊欧关系，平衡中国对伊朗的影响。伊核协议达成以前，中国企业顶住美国的压力，坚守伊朗市场，而欧洲国家的企业则纷纷撤出伊朗市场，造成了中国企业在伊朗的市场份额迅速扩大的局面。尽管中伊经贸关系本质上是互惠互利的，但伊朗国内部分政治势力颠倒黑白，认为中国企业在伊朗的经贸项目是乘人之危。

---

① See John Garver, “China and Iran: An Emerging Partnership Post-Sanctions,” *MEI Policy Focus* 3, 2016.

② Mohsen Shariatinia and Hamidreza, “Iran-China Cooperation in the Silk Road Economic Belt: From Strategical Understanding to Operational Understanding,” *China & World Economy*, Vol. 25, No. 5, 2017, pp. 46 –61.

伊核协议达成之后，伊朗高层官员也曾表示伊朗不会忘记老朋友，但事实上，协议达成之后，中伊关系发展并没有取得预期成果。2016 年 1 月习近平主席访问伊朗期间双方发表共同声明建设中伊全面战略伙伴关系[①]，但中伊政治关系发展并没有达到全面战略伙伴关系的水平。

2016 年和 2017 年伊朗总统鲁哈尼均未参加中国为主要成员的上海合作组织峰会。鲁哈尼虽然参加了 2018 年 6 月上合青岛峰会，但此行的主要目的是维护伊核协议。2016 年西方势力出台南海仲裁案，伊朗也没有发表声明支持中国。2016 年中伊共同声明中确立的中伊两国外长年度会晤机制也没有真正建立起来，除了 2016 年 12 月伊朗外长扎里夫来华访问，与中国外长王毅举行了会谈[②]，中伊外长之间并没有其他年度会晤性质的互访。伊朗是中国提出的“一带一路”倡议重要沿线国家，但伊朗仅派遣经济事务与财政部部长阿里·塔伊布尼亚代表总统出席 2017 年 5 月 14 日在中国举行的“一带一路”峰会。

伊欧关系的发展也对中伊经贸关系造成了一些冲击。伊核协议达成之前的 2014 年，中伊贸易额达到了 510 亿美元，但伊核协议达成之后的 2015 年，中伊贸易额便下降至 340 亿美元，较上年下降了 34%。[③] 2017 年中伊贸易虽有恢复，但仍然没有达到 2014 年的水平，2017 年中伊贸易额仅为 371.8 亿美元。[④] 中伊经贸关系在伊核协议达成之后总体不升反降，原因也部分在于伊欧经贸关系的冲击。

总之，制约中伊关系发展的因素很多，但从伊朗方面来说则是伊欧关系发展为伊朗提供了虚幻的前景，并成为伊朗对华外交动力弱化的重要原因。伊朗认为，伊欧关系能够为其带来欧洲的商品，能够为其经济发展注入投资。

---

① See “Iran, China Agree to Increase Trade Ties to $600 b in Ten Years,” *Tehran Times*, January 24, 2016.

② See “China Warns against Any Violation of Iran Nuclear Deal,” *Tehran Times*, December 5, 2016.

③ 中华人民共和国驻伊朗伊斯兰共和国大使馆经济商务参赞处：《2017 年前 7 个月伊朗对华出口增加 32%》，http：//ir. mofcom. gov. cn/article/zxhz/tjsj/201709/20170902645167. shtml。

④ 中华人民共和国外交部：《中国同伊朗的关系》，http：//www. fmprc. gov. cn/web/gjhdq_ 676201/gj_ 676203/yz_ 676205/1206_ 677172/sbgx_ 677176/。

需要特别强调的是，伊欧关系的迅猛发展并不是一种正常现象，虽是双方在各个领域内相互需要的体现，但也在于双方政治上的推动，特别是伊朗执政的亲西方领导层的推动。这种不正常现象对中伊关系的冲击故而也具有一定的偶然性，而随着特朗普当选总统并退出伊核协议，伊欧关系的局限性凸显出来，欧洲国家的企业纷纷退出伊朗市场，伊朗逐渐认识到了某种地缘政治现实。如果伊朗能够重新认识中伊关系的重要性，未来中伊关系发展的前景将更加广阔。

B.14

从"桑吉"轮事故剖析伊朗原油和石油产品海运能力

于恒修　廖 林　苏 勇*

摘　要： 作为国际航运史上第一起油船载运凝析油碰撞失火事故，"桑吉"轮撞船事故背后不仅仅是高额赔偿的责任认定，更多地反映出伊朗急于抢占国际市场时却不得不面临自身原油和石油产品海运能力不足的尴尬局面，包括过度依赖哈尔克岛的输出能力、非伊朗籍船舶承担绝大多数航次和载重吨位，以及自身船舶老龄化严重、漂柜时间过长等问题，并且其航运目的地仍集中在中、日、韩、印四国，在欧洲仅获得意大利、法国部分新增份额和土耳其、希腊传统份额。

关键词： 海运能力　原油和石油产品　伊朗　国际市场

前　言

2018年1月6日20时许，隶属伊朗光辉海运有限公司（Bright Shipping Limited）的巴拿马籍油船"桑吉"轮（英文名"Sanchi"）与隶属浙江温岭长峰海运有限公司的中国香港籍散货船"长峰水晶"轮（英文名

* 于恒修，工学硕士，中央军委联勤保障部队油料军代局工程师，长期从事外油料调拨和布局优化研究；廖林，理学博士，西南大学伊朗研究中心研究员，中石油国家特聘专家工作室高级顾问，长期从事海外油气战略选区和资产并购风险评估研究；苏勇，理学博士，PMP（项目管理师），中国石化发展计划部高级工程师，长期从事国内外油气地质综合研究、油气勘探规划与部署以及油气对外合作工作。

“CFcrystal”）在长江口以东约160海里处发生碰撞。事发时，船长274米的“桑吉”轮载有凝析油11.13万吨（原13.6万吨，后经核实为11.13万吨），船上有伊朗籍船员30人、孟加拉国籍船员2人；船长225米的“长峰水晶”轮载有高粱约6.4万吨，船上有中国籍船员21人。碰撞事故导致“桑吉”轮货舱起火，32名船员失踪；“长峰水晶”轮受损起火，21名船员弃船逃生后被附近渔船救起。

尽管事发后短时间内，我国交通运输部就遵循国际公约，迅速启动了应急响应并以人命搜救为首要任务，全力组织我国的海事执法船、专业救助船、海警巡逻船和过往商渔船开展搜救，同时也协调韩国海警船舶、日本海上保安厅船舶参加，每天保持10艘以上搜救船舶的力量规模，开展海空立体扩大搜救，累计搜寻海域面积约8800平方公里。然而，事故发生后，“桑吉”轮持续剧烈燃烧，且持续发生燃爆，燃烧燃爆产生大量有毒气体和浓烟。14日12时30分，“桑吉”轮突然猛烈燃烧，火焰最高达1000米，船体开始下沉；到16时45分，沉没在北纬28度22分、东经125度55分海域。此次撞船事件成为国际航运史上第一起油船载运凝析油碰撞失火事故。①

一　有争议的事故调查结果

（一）有争议的责任认定结果

1月25日，依据国际海事组织《船舶事故和事件调查规则》和《海上事故或事件安全调查标准和推荐做法规则》有关规定和建议，中国、伊朗、巴拿马、中国香港特区等相关实质利益方组成联合调查组开展“桑吉”轮和“长峰水晶”轮碰撞事故安全调查。② 5月11日，中国作为负责事故调

① 《“桑吉”轮碰撞燃爆事故专题新闻发布会》，中华人民共和国交通运输部网站，http://www.mot.gov.cn/2018wangshangzhibo/sangjilun/，2018年1月19日。

② 唐颖：《中国伊朗巴拿马中国香港特区四方签署“桑吉”轮和“长峰水晶”轮碰撞事故安全调查协议》，新浪新闻，http://news.sina.com.cn/o/2018-01-25/doc-ifyqyqni2569707.shtml，2018年1月25日。

查的牵头国向国际海事组织提交了事故安全调查报告。报告在对两船船员、船舶、船公司基本情况、船舶航次信息、凝析油货物特性、碰撞时间地点、事故经过等有关事故基本事实内容方面达成了一致，认为两船未按照《1972年国际海上避碰规则》第五条要求保持正规瞭望，且均未按照避碰规则第七条要求就碰撞危险做出正确的判断。但是，调查报告同时也列明了各方分歧的主要观点：中国和中国香港调查官认为“桑吉”轮和“长峰水晶”轮在碰撞前18分钟正在形成“交叉相遇局面”，作为让路船的“桑吉”轮没有采取让路行动是造成事故的直接原因；而伊朗和巴拿马调查官则认为“长峰水晶”轮在碰撞前15分钟为将船位回到计划航线而采取的向右小幅度调整航向的行动是造成事故的直接原因。[①]

缘何事故联合调查小组报告对事故主要责任人的认定存在截然相反的观点？高额赔偿无疑是原因之一。以墨西哥湾“深水地平线”石油钻井平台爆炸溢油事件为例，英国石油公司（BP公司）为漏油事件支出的相关费用总额超过620亿美元，包括与美国5个州政府和解产生的187亿美元赔偿金、支付清洁水法案Clean Water Act民事罚款的35亿美元和此前花费的400亿美元相关处理费用，还建立了200亿美元的溢油信托基金（截至2014年底，仅剩51亿美元），导致其不得不出售大约1/3的公司资产并将原油产量锐减30%以换取公司生存。相比之下，至2018年1月30日“桑吉”轮沉没海域清污面积累计约225.8平方海里。[②]“桑吉”轮上不仅载有11.13万吨凝析油，还有1956吨重油以及118吨柴油。高额清污费用及后续环境、渔业相关利益方赔偿都需由根据事故安全调查报告认定的主要责任方来承担。

船舶航运具有风险程度高、牵涉主体多且涉外以及事故损害重大等特点，国际海事组织（International Maritime Organization）为了解决海洋油轮货油和燃油污染损害赔偿问题陆续制定了若干与油污损害民事责任相关的规

① 周音：《“桑吉”轮和“长峰水晶”轮碰撞事故调查报告发布》，中国新闻网，http://www.chinanews.com/cj/2018/05-16/8515541.shtml，2018年5月16日。

② 赵文君、沐铁城：《交通运输部：“桑吉”轮累计清污面积达225.8平方海里》，新华网，http://www.xinhuanet.com/politics/2018-02/01/c_1122355852.htm，2018年2月1日。

范。其中，最为基本的是1969年11月29日在布鲁塞尔的海上污染损害法律会议上通过的《国际油污损害民事责任公约》（International Convention on Civil Liability for Oil Pollution Damage，1969）。此后，于1976年、1984年、1992年和2000年又以议定书的形式进行了四次修订。一系列的公约和议定书共同构成一套完整的船舶泄漏油类物质或有毒有害物质造成污染事故时的赔偿机制，即按照船东和石油货主共同承担船舶油污损害赔偿的原则，一旦船舶发生油污事故，首先由船东或其船舶保险人在《1992年国际油污损害民事责任公约》规定的船东责任限制内赔偿，超过船东责任限制的损害再根据《1992年设立国际油污损害赔偿基金的国际公约》规定的责任限制进行补充赔偿。1980年中国缔结了《1969年国际油污损害民事责任公约》，1999年又接受了《1992年国际油污损害民事责任公约》，中国香港特区还接受了《1992年设立国际油污损害赔偿基金的国际公约》；伊朗则分别于2008年和2009年缔结了上述公约。另外，中国和伊朗还共同缔结了2008年11月21日生效的《国际船舶燃油污染损害民事责任公约》。2017年11月20日，我国最高人民法院审判委员会第1727次会议审议并通过的《关于审理海洋自然资源与生态环境损害赔偿纠纷案件若干问题的规定》明确指出：（1）海域属于国家所有，对中国管辖海域内自然资源与生态环境造成污染损害和破坏，会直接给国家造成损失，理应由国家索赔；（2）依法行使海洋环境监督管理权的部门代表国家就海洋自然资源与生态环境损害提起索赔诉讼，具有公益性，该类诉讼属于民事公益诉讼范畴；（3）由于海洋环境污染成因复杂、评估鉴定机制不健全等因素难以追究责任者，法院将克服环境污染举证难的问题，尽可能让责任人做出赔偿。① 2018年1月15日恰值“桑吉”轮事故发生后第9日，该司法解释正式实施。

然而，《1969年国际油污损害民事责任公约》和《1992年国际油污损害民事责任公约》在油类适用范围时明确指出“油类”指任何持久性烃类

① 《最高人民法院关于审理海洋自然资源与生态环境损害赔偿纠纷案件若干问题的规定》，最高人民法院网，http：//www. court. gov. cn/fabu - xiangqing - 76502. html，2018年1月5日。

矿物油，如原油、燃料油、重柴油和润滑油（不论其是在船上作为货物运输，还是作为这类船舶的燃料）。因此，尽管中国相关部门将凝析油列为原油类产品，但是伊朗一直将其归于成品油序列管理，并认为凝析油并非是持久性、原油类物质，而是挥发性极高、天然气气田开采时凝析出来的液相组分。由于此次“桑吉”轮撞船事件是国际航运史上第一起油船载运凝析油碰撞失火事故，所以《1969 年国际油污损害民事责任公约》和《1992 年国际油污损害民事责任公约》是否适用于 11.13 万吨凝析油还有待商榷，“桑吉”轮装载的 1956 吨重油以及 118 吨柴油则无疑适用于《国际船舶燃油污染损害民事责任公约》。

（二）伊朗曾面临的海运困窘

2012 年 7 月 1 日，欧盟全面禁止其成员国进口伊朗原油及石油产品，并阻止成员国保险公司为源自伊朗的原油及石油产品提供第三方责任保险和环境责任保险；美国则于 2012 年 8 月 10 日对任何向伊朗出售、出租或提供油轮以及为伊朗国家油轮运输公司提供保险业务的企业和个人实施制裁。2011 年至 2012 年夏季美国和欧盟针对伊朗石油的出口和进口活动实施的制裁措施，不仅禁止了个人和公司在伊朗的投资，还切断了伊朗与欧洲和美国的金融贸易，导致国际保险公司不再为伊朗油轮提供保险和再保险服务，直接阻碍了伊朗石油的出口，迫使其石油日产量从 2011 年的 446.6 万桶迅速跌至 2014 年的 373.6 万桶。①

尽管伊朗国家油轮运输公司（NITC）拥有 55 ~ 60 艘油轮，但有 19 艘建造于 20 世纪 90 年代的超大型油轮（VLCC）和 6 ~ 8 艘阿芙拉型油轮多年来一直停泊在阿萨鲁耶港和哈尔克岛附近用于储藏原油和凝析油，无法海上航行。② 2015 年 7 月 14 日，伊朗在与美国、中国、俄罗斯、英国、德国、法国 6 国达成限制伊朗发展核武及解除对伊朗的制裁问题协议后的第一时间

① 廖林：《伊朗能源行业现状及发展趋势》，社会科学文献出版社，2016，第 69 页。

② 廖林、苏勇：《2016 年伊朗石油与天然气工业动态解析》，社会科学文献出版社，2018，第 128 页。

就组织“大约20艘VLCC需要进入干船坞进行现代化改造以符合国际航运标准”①，也希望国际油轮航运公司和更市场化的自由船舶来帮助其实施原油出口计划。然而，自2016年初到4月中下旬，仅有8艘国际油轮参与伊朗原油出口，主要原因在于：(1) 美国仍对使用美元或涉及美国公司（包括银行）的交易行为进行制裁，规定船舶所有人、承租人、经营者或船长需证明在泊靠美国港口前的180天内该船舶未曾进入伊朗、朝鲜和叙利亚的任何港口；(2) 全球最重要的海运航线（东北亚－北美、东北亚－欧洲和欧洲－北美三大海运干线，以及为干线提供分流、交流港口服务的支线）或直接被美国海军控制，或被美国及其军事盟友控制②；(3) 全世界约90%的油轮都由国际船车保赔协会集团（International Group of P&I Clubs）承保，没有保险和再保险的支持，绝大多数港口都不会允许油轮泊靠。直到4月底，国际船车保赔协会集团推出新政策“fall-back”将伊朗原油运输船舶保险额度由7000万欧元临时提升至1亿欧元才极大地缓解了国际航运公司的忧虑，25艘欧洲、亚洲油轮开始在伊朗哈尔克岛及马夏赫尔港进行装运，迅速将伊朗原油出口能力提升至每天约250万桶的水平。③ 由此可以看出，伊朗国家油轮运输公司在一段时间内是伊朗原油及石油产品向国际市场运输的唯一承运人，美国对其实施的严厉制裁直接卡住了伊朗国家石油公司的脖子，也死死地卡住了伊朗政府的脖子。

“桑吉”轮隶属于伊朗光辉海运有限公司，由伊朗国家油轮运输公司经营管理，并由汽船相互保险协会（百慕大）有限公司（Steamship Mutual）为其承保。本次碰撞事故中“桑吉”轮在东海海域大致航向是由南向北，

① 《伊朗欲向全球“放油”无奈却无商船合作》，搜狐公众平台，http://mt.sohu.com/20160421/n445262317.shtml，2016年4月21日。

② 廖林、苏勇：《首个海外保障基地启用对中国油气进口影响几何?》，震旦能源，https://mp.weixin.qq.com/s?__biz=MzAwNTA3NjkxMg==&mid=2653571734&idx=2&sn=5dc022f529a9647858475aa28366de37&chksm=80fcc849b78b415f1c58c16ad5579f0a64134478a4b7d45f8744d2e4bbc54cbebab2a193cbe4&scene=21#wechat_redirect，2017年8月7日。

③ 廖林、苏勇：《2016年伊朗石油与天然气工业动态解析》，社会科学文献出版社，2018，第128～129页。

“长峰水晶”轮大致航向是由北向南，而东海海域渔业发达，航道情况非常复杂，航路相对较为拥挤。[①] 理论上，两船应该在交叉相遇时，通过船舶自动识别系统（AIS）、雷达、目视观察以及甚高频 16 频道（156.8MHz）进行沟通，按照《国际海上避碰规则》实施操作。尤其是，船舶自动识别系统 AIS 由岸基（基站）设施和船载设备共同组成，是一种新型的集网络技术、现代通信技术、计算机技术、电子信息显示技术为一体的数字助航系统和设备，是非常重要的助航系统及设备。其在无须人工介入的情况下，可主动连续地向周围船舶广播包括船名、MMSI、船舶概况（类型、船长、船宽、吃水等）、船位、航速、航向和航行状态等信息，也能接收来自安装 AIS 船舶广播的上述信息。正确使用 AIS 系统有助于加强海上生命安全、提高航行的安全性和效率，以及对海洋环境的保护。然而，国际船舶追踪网站 marinetraffic.com 所提供的结果表明，“桑吉”轮的 AIS 信号在宫古岛以西海域的北纬 25 度 16 分 26 秒、东经 123 度 6 分 15 秒最后出现后就消失了，该处地点距离美军驻日嘉手纳军事基地 240～250 海里，距离事故发生地310～320 海里。因此，有报道猜测“桑吉”轮 AIS 信号消失的原因一是系统出现故障或信号差，二是船员主动关闭了系统。[②] 同时，还指出伊朗船只在过去相当长一段时间内为避免国际制裁养成了间歇性“失联”的习惯，加之美国特朗普政府执政以来对伊朗一直采取强硬措施，伊朗船舶可能会主动关闭 AIS 应答器以免泄露其运动轨迹。

（三）“桑吉”轮背后的韩华道达尔

1 月 6 日事发当天，“桑吉号”载着 11.13 万吨来自伊朗南帕尔斯气田的凝析油驶往韩华道达尔石化有限公司在韩国大山石化园区的炼厂。

韩华道达尔石化有限公司是韩华和道达尔的合资企业，总部位于韩国忠

① 《“桑吉”轮碰撞燃爆事故专题新闻发布会》，中华人民共和国交通运输部网站，http：//www.mot.gov.cn/2018wangshangzhibo/sangjilun/，2018 年 1 月 19 日。

② 崔慧莹、罗逸爵、袁嘉潞：《危险的近海》，《南方周末》2018 年 1 月 18 日，http：//www.infzm.com/content/132636。

清南道大山。2003 年，韩华和道达尔各持有该公司 50% 股份；2014 年 12 月，三星集团决定将旗下石油化工和军工产业领域四家子公司——三星综合化学、三星道达尔、三星商业设备以及三星泰勒斯出售给韩华集团；2015 年韩华道达尔被并入韩华集团成为集团石化部门主力公司。现任董事长为金熙喆，首席副董事长为 Jean-Marc Otero Delva，截至 2017 年 12 月在职人员数达 1608 名。

韩华道达尔在韩国忠清南道瑞山市大山石化园区内建成了由 18 个工厂单位组成的能源石油综合制造厂，以凝析油、轻油作为主原料主要生产乙烯、丙烯等基础馏分，苯乙烯单体（SM）、二甲苯（PX）等基础石化产品，合成聚合物树脂聚乙烯（PE）、聚丙烯（PP）等广泛用于日常生活的化工产品以及汽油、柴油、航空油、燃料油、LPG 等能源产品。作为韩国化工企业中唯一拥有石油化学核心设备——石脑油裂解设备（NCC）与凝析油分馏设备（CFU）以及芳香族（BTX）的石油化工企业，韩华道达尔实现了从石油化学原料到最终产品生产的垂直经营模式，2017 年销售额达 9.7 万亿韩元。其中，树脂事业部门以石脑油作为原料在石脑油裂解设备中生产年产量达 109 万吨的乙烯与年产量达 93 万吨的丙烯的基础油之后，利用这些产品生产高密度聚乙烯（HDPE）、低密度聚乙烯（LDPE）、线型低密度聚乙烯（LLDPE）、乙烯 - 醋酸乙烯共聚物（EVA）、聚丙烯（PP）、改性聚丙烯（PP）等合成树脂产品。尤其是 2015 年在世界太阳能电池用 EVA 市场占有率达 35%，在韩国国内瓶盖用 HDPE 市场占有率为 76%。基础化学事业部门是生产石油化学产业的基础化学品，如乙烯、丙烯、丁二烯、苯、甲苯、对二甲苯、苯乙烯单体等，其对二甲苯年产量达 200 万吨、苯乙烯单体年产量达 106 万吨。能源事业部门则以凝析油为原料，以日处理能力达 18 万桶的 CFU 设备和两个芳香族工厂为基础，生产并销售轻油（车用 10ppm 超低硫柴油，ULSD）、汽油、航空燃料（航空器用喷射式涡轮燃料油）、费托合成燃料油（产业用/商用锅炉等供热设施的燃料油）、船用燃料油 HCBC 和 RCBC、LPG、溶剂等能源产品。

自 2014 年以来，韩华道达尔先后完成了第 2 芳香族烃、CFU 工厂、乙烯－乙酸乙烯（醋酸乙烯）酯共聚物（EVA）工厂的新增设项目，乙烯年产量达100万吨，对位二甲苯年生产能力达177万吨，苯乙烯单体年生产能力达105万吨。2016年5月4日，计划通过建造第3号工厂把其苯乙烯单体的年产能再扩大60万吨至165万吨，超过年产能120万吨的台湾化学纤维股份有限公司，从而成为亚洲最大的苯乙烯单体生产商。[①] 2017年11月，公司主管原料采购的高级副总裁 Sebastien Bariller 宣布公司将在2019年将CFU工厂产能提高30%至140万吨，届时LPG原料使用量将至少提高4倍（达到40万~80万吨/年）[②]；12月，又宣布投资362亿韩元（折合3.32亿美元）新建一套40万吨聚乙烯（PE）设备，使其至2019年底在大山石化园的PE年总产能达到112万吨。[③]

二 2015~2017年海运能力统计

（一）快速恢复的原油和石油产品出口

自2016年初国际制裁正式解除后，伊朗石油部副部长兼NIOC董事总经理 Rokneddin Javadi 便于1月18日下达了原油增产令，并将其之前存储于海上油轮的约5000万桶原油库存（含凝析油）出口，开始重返国际原油市场。国际能源署IEA 2016年统计数据表明，2016年伊朗原油平均出口量超过240万桶/日，已经超过其制裁前的220万桶/日，其中约2/3被销售至亚洲四国。[④] 2017年在欧佩克和其他原油国家减产、去库存时，伊朗出口原油

① 《韩华道达尔石化将把苯乙烯单体年产能扩大60万吨》，中国石化新闻网，http://www.sinopecnews.com.cn/news/content/2016－05/05/content_1613856.shtml，2016年5月5日。

② 《韩华道达尔将提高裂解装置的LPG使用量》，中国石化新闻网，http://www.sinopecnews.com.cn/news/content/2017－11/13/content_1693319.shtml，2017年11月13日。

③ 《韩华道达尔将在韩国新建40万吨聚乙烯装置》，隆众资讯，http://news.oilchem.net/20171225/102/8968717.html，2017年12月25日。

④ 廖林、苏勇：《2016年伊朗石油与天然气工业动态解析》，社会科学文献出版社，2018，第126页。

7.77亿桶，天然气凝析油1.8亿桶，即平均262万桶/天（其中原油210万桶/天、凝析油49万桶/天），已经达到制裁前水平。[①]

尽管2017年伊朗原油62%销往亚洲、38%销往欧洲，最大买家分别为中国、印度、韩国、日本。然而，2017年中国原油进口前五大来源国却是俄罗斯（占比14.24%）、沙特阿拉伯（占比12.43%）、安哥拉（占比11.11%）、伊拉克（占比8.78%）和伊朗（占比7.42%）。相比之下，2016年中国原油进口前六大来源国则是俄罗斯（占比13.75%）、沙特阿拉伯（占比13.39%）、安哥拉（占比11.40%）、伊拉克（占比9.50%）、阿曼（占比9.20%）和伊朗（占比8.21%）。这是伊朗国家石油公司（NIOC）在重返国际市场时不得不面临的严峻问题，中国在国内原油减产、原油加工能力增强等因素推动下，超过美国成为全球最大的原油进口国，原油进口总量由2016年的3.8亿吨提升至2017年的4.2亿吨，同比上涨10.1%[②]的增量和增速，伊朗对中国出口的市场份额却由8.21%下降至7.42%，即市场份额不仅没有实现大幅度的跨越，反而在全球原油最大市场上面临着份额萎缩的窘境。其中原因之一，可能与伊朗自身糟糕的海运能力有关。

作为全球曾经最大的油运企业，伊朗国家油轮运输公司（NITC）尽管声称拥有42艘VLCC，每艘船均能携带200万桶原油[③]，在营船队有37艘VLCC（占据全球VLCC船队总运力的5.8%[④]）、12艘苏伊士型油船和5艘阿芙拉型油船，但是由于2012年被美国及欧盟列入制裁名单，其大多数船舶无法获得外国保险及国际船级保障，NITC不得不将19艘VLCC（约占全

① 《2017年伊朗出口原油和凝析油近10亿桶》，中国驻伊朗经商参处，http://ir.mofcom.gov.cn/article/jmxw/201801/20180102695074.shtml，2018年1月7日。

② 《海关总署介绍2017年全年进出口情况》，中华人民共和国中央人民政府网，http://www.gov.cn/xinwen/2018-01/12/content_5255987.htm#1，2018年1月12日。

③ 《伊朗船队将强势回归油运市场》，国际船舶网，http://www.eworldship.com/html/2015/oil_tanker_market_0812/105393.html，2015年8月12日。

④ 《伊朗打造全球最大超级油船船队》，国际船舶网，http://www.eworldship.com/html/2015/ShipOwner_0707/103991.html，2015年7月7日。

球 VLCC 运力的 1.4%）和 6 ~ 8 艘阿芙拉型船作为海上浮舱储油。[①] 伊核协议达成后，NITC 的油船船队就积极回归国际船车保赔协会集团以便获得有效的保险、测试、检验和船级认证，并计划公开上市筹集升级庞大船队以及更换旧船所急需的现金[②]，甚至计划通过收购二手船和订造新船，来快速替代现有船队中的老旧船舶，提升船队竞争力。截至 2017 年底，该公司已经为新造船订单支付了 6.26 亿美元。[③] 然而，2018 年 5 月 8 日，美国总统特朗普正式宣布美国将单方面退出 2015 年由伊朗与伊核问题六国签订的伊朗核协议，并表示美国将重启在伊朗核协议下豁免的对伊朗制裁[④]，伊朗国航（IRISL）、伊朗国家石油公司（NIOC）、伊朗国家油运公司（NITC）、伊朗南方航运（South Shipping Line Iran）以及贸易公司 Naftiran Intertrade 等企业均被列入制裁名单。

（二）2015年海运数据及船舶

基于中国海事局 AIS 数据库和多个商业船舶动态查询数据库的统计数据，笔者所做的不完全统计结果表明，2015 年伊朗通过海运方式累计运送原油和石油产品 5935.5×10^4DWT（载重吨位），共 388 航次。

1. 灵便型船舶海运数据

灵便型船舶有 59 航次记录，运送原油和石油产品累计 99.0×10^4DWT：（1）哈尔克岛作为始发港有 10 航次 18.1×10^4DWT，到达港集中在印度的蒙德拉港、孟买港和孟买新港，中国的广州港，阿联酋的杰贝阿里港和巴基斯坦的卡拉奇港，平均漂柜期为 11.5 个日历天；（2）马赫沙尔港作为始发

① 廖林、苏勇：《2016 年伊朗石油与天然气工业动态解析》，社会科学文献出版社，2018，第 128 页。

② 《伊朗国家油运拟上市筹集船队升级资金》，国际船舶网，http：//www.eworldship.com/html/2016/ShipOwner_ 0130/111651.html，2016 年 1 月 30 日。

③ 《美计划 11.4 起重启对伊朗制裁》，船易网，https：//www.everships. com/Html/Infos/201805/News_ 10_ 181343_ 60.shtml，2018 年 5 月 10 日。

④ 《特朗普宣布退出伊核协议 并对伊实施最高级别制裁》，海外网，http：//m.haiwainet.cn/ydc/3541093/2018/0509/content_ 31312383_ 1.html，2018 年 5 月 9 日。

港有2航次1.4×10^4DWT，到达港集中在阿联酋的杰贝阿里港和伊朗的居鲁士港，平均漂柜期为4.5个日历天；（3）拉旺岛作为始发港有4航次12.2×10^4DWT，到达港为阿联酋的杰贝阿里港，平均漂柜期为3.33个日历天；（4）阿萨鲁耶作为始发港有43航次67.2×10^4DWT，到达港集中在印度的孟买港、孟买新港、科钦港和蒙德拉港，阿联酋的杰贝阿里港和韩国大山港，中国的香港、南通港、宁波港、珠海港、厦门港、广州港、大连港、江阴港和龙口港、莱州港、台湾麦寮港等地，平均漂柜期为22.65个日历天。执行上述航次的船舶中，中国籍9艘、利比亚籍1艘、多哥籍2艘、巴拿马籍2艘、新加坡籍1艘、印度籍1艘、韩国籍1艘。

2. 阿芙拉型船舶海运数据

阿芙拉型船舶有27航次记录，运送原油和石油产品累计243.1×10^4DWT：（1）哈尔克岛作为始发港有23航次214.9×10^4DWT，到达港集中在印度的新芒格洛尔港和瓦蒂纳尔港、伊朗的巴赫雷甘角港和居鲁士港，平均漂柜期为7.74个日历天；（2）马赫沙尔港作为始发港有1航次9.9×10^4DWT，到达港集中在印度的瓦蒂纳尔港，漂柜期为6个日历天；（3）阿萨鲁耶作为始发港有2航次8.4×10^4DWT，到达港为中国的广州港和香港，漂柜期为27个日历天和54个日历天；（4）锡里岛作为始发港有1航次9.9×10^4DWT，到达港集中在印度的瓦蒂纳尔港，漂柜期为3个日历天。执行上述航次的船舶中，越南籍1艘、巴拿马籍2艘、伊朗籍1艘。

3. 苏伊士型船舶海运数据

苏伊士型船舶有127航次记录，运送原油和石油产品累计1823.0×10^4DWT：（1）哈尔克岛作为始发港有71航次969.8×10^4DWT，到达港集中在印度的新芒格洛尔港、蒙德拉港和瓦蒂纳尔港，比利时的安特卫普港，土耳其的阿利亚加港和亚勒姆贾港，叙利亚的巴尼亚斯港，伊朗的巴赫雷甘角港，中国的宁波港、东山港和舟山港，平均漂柜期为15.66个日历天；（2）拉旺港作为始发港有11航次162.3×10^4DWT，到达港集中在印度的瓦蒂纳尔港、中国的大连港、土耳其的阿利亚加港和叙利亚的巴尼亚斯港，平均漂柜期为22.82个日历天；（3）阿萨鲁耶作为始发港有40航次595.2×

10^4DWT，到达港为叙利亚的巴尼亚斯港、阿联酋的杰贝阿里港、中国的大连港和伊朗的巴赫雷甘角港，平均漂柜期为5.8个日历天；（4）锡里岛作为始发港有5航次95.7×10^4DWT，到达港集中在叙利亚的巴尼亚斯港和伊朗的巴赫雷甘角港，平均漂柜期为10.8个日历天。执行上述航次的船舶中，伊朗籍3艘、科摩罗籍1艘、巴拿马籍9艘。

4. VLCC型船舶海运数据

VLCC型船舶有175航次记录，运送原油和石油产品累计3770.4×10^4DWT：（1）哈尔克岛作为始发港有161航次3531.2×10^4DWT，到达港集中在韩国的大山港（10航次282.71×10^4DWT，平均漂柜期为26.33个日历天），卡塔尔的乌姆赛义德港（1航次5.76×10^4DWT），日本的境港、四日市港、名古屋港、川崎港、千叶港、鹿岛港、苫小牧港等（21航次345.96×10^4DWT，平均漂柜期为23.45个日历天），印度的新芒格洛尔港、瓦蒂纳尔港和普拉德普港（17航次400.96×10^4DWT，平均漂柜期为7.44个日历天），中国的青岛港、湛江港、宁波港、日照港、茂名港、舟山港、惠州港、钦州港、潍坊港、龙口港等地（110航次2422.46×10^4DWT，平均漂柜期为24.78个日历天）；（2）拉旺岛作为始发港有1航次32.0×10^4DWT，到达港集中在中国大连港，漂柜期为24个日历天；（3）阿萨鲁耶作为始发港有11航次146.4×10^4DWT，到达港为日本的川崎港、千叶港、鹿岛港、喜入港、名古屋港和四日市港，以及伊朗的巴赫雷甘角港，平均漂柜期为26.25个日历天；（4）锡里岛作为始发港有2航次60.8×10^4DWT，到达港集中在中国的高雄港和宁波港，平均漂柜期为20.5个日历天。执行上述航次的船舶中，巴拿马籍29艘、日本籍2艘、伊朗籍1艘、中国籍1艘。

（三）2016年海运数据及船舶

2016年伊朗通过海运方式累计运送原油和石油产品8706.99×10^4DWT，共572航次。

1. 灵便型船舶海运数据

灵便型船舶有80航次记录，运送原油和石油产品累计140.21×10^4

DWT：（1）哈尔克岛作为始发港有14航次18.82×10^4DWT，到达港集中在印度的孟买港和孟买新港，中国的宁波港、南通港和台湾麦寮港，阿联酋的杰贝阿里港和韩国的大山港，平均漂柜期为25.93个日历天；（2）马赫沙尔港作为始发港有5航次15.03×10^4DWT，到达港集中在阿联酋的杰贝阿里港、乌克兰的敖德萨港、希腊的塞萨洛尼基港，平均漂柜期为27.4个日历天；（3）阿萨鲁耶作为始发港有61航次106.37×10^4DWT，到达港集中在印度的孟买港、孟买新港、新芒格洛尔港、瓦蒂纳尔港、科钦港和西卡港，阿联酋的杰贝阿里港，巴基斯坦的卡拉奇港，卡塔尔的乌姆赛义德港，希腊的圣赛多罗伊港和中国的香港、江阴港、南通港、宁波港、广州港、洋浦港、舟山港、台湾高雄港等地，平均漂柜期为17.02个日历天。执行上述航次的船舶分别为利比亚籍2艘、中国籍9艘、巴拿马籍11艘、印度籍3艘、马绍尔群岛籍4艘、多哥籍1艘、韩国籍2艘、新加坡籍2艘、意大利籍1艘、越南籍1艘、马耳他籍1艘、俄罗斯籍1艘、丹麦籍1艘。

2. 巴拿马型船舶海运数据

巴拿马型船舶有6航次记录，运送原油和石油产品累计29.99×10^4DWT。所有航次均以阿萨鲁耶作为始发港，到达港涉及阿联酋的杰贝阿里港、比利时的安特卫普港、西班牙的卡斯特里温港和阿尔赫西拉斯港，平均漂柜期为37.6个日历天。执行上述航次的船舶分别为新加坡籍1艘、巴哈马群岛籍1艘、利比亚籍1艘、丹麦籍1艘。

3. 阿芙拉型船舶海运数据

阿芙拉型船舶有19航次记录，运送原油和石油产品累计182.4×10^4DWT：（1）哈尔克岛作为始发港有13航次133.2×10^4DWT，到达港集中在印度的新芒格洛尔港、伊朗的巴赫雷甘角港、意大利萨洛克油码头和热那亚港、保加利亚的布加斯港，平均漂柜期为11.23个日历天；（2）马赫沙尔港作为始发港有3航次21.3×10^4DWT，到达港集中在中国，平均漂柜期为22个日历天；（3）阿萨鲁耶作为始发港有3航次27.9×10^4DWT，到达港为中国的广州港和宁波港、阿联酋的杰贝阿里港，平均漂柜期为22.33个日历天。执行上述航次的船舶分别为希腊籍1艘、伊朗籍2艘、利比亚籍2艘、开曼群岛籍 1 艘、马绍尔群岛籍 1 艘、巴拿马籍 3 艘。

4. 苏伊士型船舶海运数据

苏伊士型船舶有 215 航次记录，运送原油和石油产品累计 2773.9×10^4 DWT：（1）哈尔克岛作为始发港有 161 航次 1942.73×10^4 DWT，到达港涉及阿联酋的杰贝阿里港，埃及的艾因苏赫纳港，法国的勒阿佛尔港、马赛港和南特港，科特迪瓦的阿比让港，克罗地亚的奥米沙利港，库拉索的威廉斯塔德港和布伦港，罗马尼亚的康斯坦萨港，美国的马库斯胡克港和莫比尔港，土耳其的亚勒姆贾港和阿利亚加港，西班牙的阿尔赫西拉斯港和毕尔巴鄂港，希腊的帕什港和圣赛多罗伊港，叙利亚的巴尼亚斯港，意大利的奥古斯塔港、萨瓦纳港、萨洛克油码头、热那亚港、的里雅斯特港、塔兰托港和圣帕纳基亚港、里窝那港，印度的瓦蒂纳尔港、新芒格洛尔港、蒙德拉港、西卡港和维沙卡帕特南港，中国的南通港和洋浦港，平均漂柜期为 20.76 个日历天；（2）拉旺港作为始发港有 7 航次 97.0×10^4 DWT，到达港有西班牙的阿尔赫西拉斯港、土耳其的阿利亚加港、中国的大连港，平均漂柜期为 19.71 个日历天；（3）阿萨鲁耶作为始发港有 46 航次 718.3×10^4 DWT，到达港为阿联酋的杰贝阿里港、中国的香港、韩国的大山港、印度的西卡港和瓦蒂纳尔港，平均漂柜期为 8.59 个日历天；（4）锡里岛作为始发港有 1 航次 15.88×10^4 DWT，到达港集中在叙利亚的巴尼亚斯港，漂柜期为 14 个日历天。执行上述航次的船舶分别为利比亚籍 21 艘、希腊籍 21 艘、比利时籍 1 艘、伊朗籍 3 艘、印度籍 2 艘、科摩罗籍 1 艘、意大利籍 1 艘、巴哈马群岛籍 1 艘、马绍尔群岛籍 2 艘、葡萄牙籍 1 艘、马耳他籍 3 艘、开曼群岛籍 1 艘、土耳其籍 1 艘、巴拿马籍 10 艘。

5. VLCC 型船舶海运数据

VLCC 型船舶有 245 航次记录，运送原油和石油产品累计 5483.5×10^4 DWT：（1）哈尔克岛作为始发港有 235 航次 5201.4×10^4 DWT，到达港涉及阿联酋的姆巴拉兹岛（1 航次 7.98×10^4 DWT，漂柜期为 46 个日历天），法国的勒阿佛尔港（3 航次 91.22×10^4 DWT，平均漂柜期为 34.67 个日历天），韩国的大山港（8 航次 203.27×10^4 DWT，平均漂柜期为 23.87 个日历天），

卡塔尔的乌姆塞义德港和哈卢勒岛（2 航次 37.22×10^4DWT，平均漂柜期为 23 个日历天），南非的德班港（1 航次 0.48×10^4DWT，漂柜期为 13 个日历天），日本的千叶港、境港、川崎港、四日市港、名古屋港、苫小牧、鹿岛港、喜入港、水岛港、宇部港和横滨港等地（46 航次 710.68×10^4DWT，平均漂柜期为 23.20 个日历天），伊朗的居鲁士港和巴赫雷甘角港（5 航次 61.34×10^4DWT，平均漂柜期为 17.6 个日历天），印度的新芒格洛尔港、西卡港、蒙德拉港和瓦蒂纳尔港（47 航次 1151.82×10^4DWT，平均漂柜期为 6.23 个日历天），中国的宁波港、舟山港、大连港、惠州港、茂名港、青岛港、湛江港、日照港、唐山港和营口港、天津港等地（122 航次 293.74×10^4DWT，平均漂柜期为 21.92 个日历天）；（2）拉旺岛作为始发港有 2 航次 62.85×10^4DWT，到达港集中在中国的大连港，平均漂柜期为 21 个日历天；（3）阿萨鲁耶作为始发港有 2 航次 29.87×10^4DWT，到达港为中国的宁波港和台湾麦寮港，平均漂柜期为 46 个日历天；（4）锡里岛作为始发港有 6 航次 189.31×10^4DWT，到达港集中在中国的台湾麦寮港和宁波港，平均漂柜期为 19.83 个日历天。执行上述航次的船舶分别为印尼籍 1 艘、马绍尔群岛籍 2 艘、法国籍 2 艘、巴拿马籍 32 艘、利比亚籍 2 艘、希腊籍 1 艘、马耳他籍 3 艘、日本籍 4 艘、中国籍 8 艘。

6. ULCC 型船舶海运数据

ULCC 型船舶有 7 航次记录，运送原油和石油产品累计 96.99×10^4DWT，均以哈尔克岛作为始发港，到达港涉及法国的勒阿佛尔港、南特港和马赛港（4 航次 83.88×10^4DWT，平均漂柜期为 44.25 个日历天），南非的德班港（2 航次 1.42×10^4DWT，平均漂柜期为 12 个日历天）、意大利的奥古斯塔港（1 航次 11.69×10^4DWT，漂柜期为 69 个日历天）。执行上述航次的船舶均为法国籍的 Sandra 号和 Sara 号。

（四）2017年海运数据及船舶

2017 年伊朗通过海运方式累计运送原油和石油产品 9775.6×10^4DWT，共 635 航次。

1. 灵便型船舶海运数据

灵便型船舶有45航次记录，运送原油和石油产品累计71.9×10^4DWT：(1) 哈尔克岛作为始发港有20航次34.64×10^4DWT，到达港集中在印度的孟买港和孟买新港、巴基斯坦的卡拉奇港和中国的香港，平均漂柜期为11.10个日历天；(2) 马赫沙尔港作为始发港有2航次5.66×10^4DWT，到达港集中在阿联酋的杰贝阿里港和伊朗的居鲁士港，平均漂柜期为12.0个日历天；(3) 阿萨鲁耶作为始发港有18航次28.61×10^4DWT，到达港集中在印度的孟买港、孟买新港、科钦港、蒙德拉港、新芒格洛尔港和维沙克帕特南港，阿联酋的杰贝阿里港，卡塔尔的乌姆赛义德港，平均漂柜期为12.91个日历天；(4) 拉旺岛作为始发港有4航次1.65×10^4DWT，到达港集中在印度的孟买港和孟买新港、阿联酋的杰贝阿里港，平均漂柜期为22.56个日历天；(5) 锡里岛作为始发港有1航次1.31×10^4DWT，到达港集中在阿联酋的杰贝阿里港，平均漂柜期为0个日历天。执行上述航次的船舶分别为巴哈马群岛籍1艘、中国籍3艘、印度籍2艘、利比亚籍1艘、马耳他籍2艘、马绍尔群岛籍4艘、巴拿马籍6艘、新加坡籍1艘、多哥籍1艘和越南籍1艘。

2. 巴拿马型船舶海运数据

巴拿马型船舶有13航次记录，运送原油和石油产品累计97.66×10^4DWT。所有航次均以阿萨鲁耶作为始发港，到达港涉及阿联酋的杰贝阿里港，平均漂柜期为5.39个日历天。执行上述航次的船舶分别为新加坡籍1艘、巴哈马群岛籍1艘。

3. 阿芙拉型船舶海运数据

阿芙拉型船舶有22航次记录，运送原油和石油产品累计161.12×10^4DWT：(1) 哈尔克岛作为始发港有14航次114.80×10^4DWT，到达港集中在印度的新芒格洛尔港、维沙克帕特南港、西卡港、瓦蒂纳尔港、科钦港，斯里兰卡的科伦坡港，沙特的吉达港，伊朗的巴赫雷甘角港，平均漂柜期为9.25个日历天；(2) 马赫沙尔港作为始发港有5航次21.22×10^4DWT，到达港集中在中国的舟山港和宁波港、日本的金武湾港，平均漂柜期为24.98

个日历天；（3）阿萨鲁耶作为始发港有3航次25.1×10^4DWT，到达港为中国的广州港，漂柜期为22.75个日历天。执行上述航次的船舶分别为希腊籍1艘、印度籍1艘、伊朗籍1艘、利比亚籍2艘、马绍尔群岛籍1艘、巴拿马籍3艘、新加坡籍1艘、越南籍2艘。

4. 苏伊士型船舶海运数据

苏伊士型船舶有313航次记录，运送原油和石油产品累计3846.14×10^4 DWT：（1）哈尔克岛作为始发港有257航次2998.40×10^4DWT，到达港涉及法国的勒阿佛尔港、马赛港和南特港，卡塔尔的埃尔沙辛港，克罗地亚的奥米沙利港，立陶宛的克莱佩达港，葡萄牙的锡尼什港，土耳其的亚勒姆贾港和阿利亚加港，西班牙的阿尔赫西拉斯港、希腊的帕什港、塞萨洛尼基港和圣赛多罗伊港，叙利亚的巴尼亚斯港，意大利的奥古斯塔港、米拉佐港、萨洛克油码头、热那亚港、的里雅斯特港、塔兰托港和圣帕纳基亚港、里窝那港，印度的瓦蒂纳尔港、新芒格洛尔港、钦奈港、蒙德拉港、西卡港和维沙卡帕特南港，中国的舟山港和宁波港，平均漂柜期为18.07个日历天；（2）拉旺港作为始发港有4航次47.91×10^4DWT，到达港有卡塔尔的埃尔沙辛港、土耳其的亚勒姆贾港和阿里亚加港、印度的西卡港，平均漂柜期为9.12个日历天；（3）阿萨鲁耶作为始发港有52航次799.83×10^4DWT，到达港为阿联酋的杰贝阿里港、中国的香港和舟山港、韩国的大山港、印度的西卡港，平均漂柜期为9.0个日历天。执行上述航次的船舶分别为巴哈马群岛籍1艘、科摩罗籍1艘、克罗地亚籍2艘、希腊籍28艘、印度籍4艘、伊朗籍2艘、利比亚籍38艘、马耳他籍12艘、马绍尔群岛籍3艘、挪威籍1艘、巴拿马籍10艘、葡萄牙籍1艘、土耳其籍5艘。

5. VLCC型船舶海运数据

VLCC型船舶有242航次记录，运送原油和石油产品累计5598.80×10^4 DWT：（1）哈尔克岛作为始发港有221航次5098.26×10^4DWT，到达港涉及埃及的艾因苏赫纳（4航次122.03×10^4DWT，平均漂柜期为10.98个日历天），法国的勒阿佛尔港（5航次153.26×10^4DWT，平均漂柜期为38.69个日历天），韩国的大山港（17航次478.10×10^4DWT，平均漂柜期为

24.67 个日历天），卡塔尔的哈卢勒岛（1 航次 30.25×10^4DWT，漂柜期为 1 个日历天），南非的德班港（3 航次 34.49×10^4DWT，平均漂柜期为 18.36 个日历天），日本的仙台港、千叶港、鹿岛港、喜入港、境港、四日市港、名古屋港和苫小牧港等地（25 航次 537.33×10^4DWT，平均漂柜期为 22.51 个日历天），西班牙的阿尔赫西拉斯港（1 航次 31.74 ×104DWT，漂柜期为 39.0 个日历天），伊朗的居鲁士港（9 航次 116.52×10^4DWT，平均漂柜期为0.95 个日历天），印度的新芒格洛尔港、西卡港、蒙德拉港、普拉德普港和瓦蒂纳尔港（28 航次 704.52×10^4DWT，平均漂柜期为 6.58 个日历天），印尼的支拉扎港（1 航次 31.92×10^4DWT，漂柜期为 13 个日历天），中国的营口港、大连港、湛江港、青岛港、宁波港、广州港、舟山港、惠州港、茂名港、日照港、唐山港和天津港等地（127 航次 2858.10×10^4DWT，平均漂柜期为 23.59 个日历天）；（2）拉旺岛作为始发港有 5 航次 61.92×10^4 DWT，到达港集中在中国大连港、营口港、舟山港和宁波港，平均漂柜期为 28.49 个日历天；（3）阿萨鲁耶作为始发港有 13 航次 81.69×10^4DWT，到达港为中国的宁波港、湛江港和茂名港，平均漂柜期为 21.13 个日历天。执行上述航次的船舶分别为中国籍 12 艘、利比亚籍 1 艘、巴拿马籍 25 艘；（4）锡里岛作为始发港有 3 航次 95.40×10^4DWT。

（五）2018年1 ~4月海运数据及船舶

截至 2018 年 4 月底，伊朗在 2018 年通过海运方式累计运送原油和石油产品 2834.51×10^4DWT，共 185 航次。

1. 灵便型船舶海运数据

灵便型船舶有 11 航次记录，运送原油和石油产品累计 15.73×10^4 DWT：（1）哈尔克岛作为始发港有 10 航次 13.82×10^4DWT，到达港集中在印度的蒙德拉港、孟买港和孟买新港，中国的宁波港、洋山港和广州港，平均漂柜期为 17.1 个日历天；（2）阿萨鲁耶作为始发港有 1 航次 1.91×10^4 DWT，到达港集中在印度的贾瓦哈拉尼赫鲁港，漂柜期为 20 个日历天。执行上述航次的船舶分别为中国籍 1 艘、巴拿马籍 1 艘、多哥籍 1 艘。

2. 巴拿马型船舶海运数据

巴拿马型船舶有 6 航次记录，运送原油和石油产品累计 44.92×10^4 DWT。所有航次均以阿萨鲁耶作为始发港，到达港涉及阿联酋的杰贝阿里港，平均漂柜期为 1.67 个日历天。执行上述航次的船舶分别为新加坡籍 2 艘、巴哈马群岛籍 1 艘。

3. 阿芙拉型船舶海运数据

阿芙拉型船舶有 8 航次记录，运送原油和石油产品累计 71.54×10^4 DWT：（1）哈尔克岛作为始发港有 5 航次 42.68×10^4 DWT，到达港集中在印度的孟买港、蒙德拉港和维沙克帕特南港，平均漂柜期为 14.2 个日历天；（2）阿萨鲁耶作为始发港有 2 航次 18.27×10^4 DWT，到达港为中国的广州港和印度的西卡港，平均漂柜期为 13 个日历天；（3）拉旺岛作为始发港有 1 航次 10.58×10^4 DWT，到达港为西班牙的阿尔赫西拉斯港，漂柜期为 17 个日历天。执行上述航次的船舶分别为印度籍 4 艘、伊朗籍 1 艘、巴拿马籍 2 艘。

4. 苏伊士型船舶海运数据

苏伊士型船舶有 95 航次记录，运送原油和石油产品累计 1243.55×10^4 DWT：（1）哈尔克岛作为始发港有 77 航次 936.20×10^4 DWT，到达港涉及法国的勒阿佛尔港、卡塔尔的埃尔沙辛港、土耳其的亚勒姆贾港和阿里亚加港、希腊的圣赛多罗伊港、塞萨洛尼基港和帕什港，伊朗的居鲁士港，意大利的热那亚港、塔兰托港、萨洛克油码头、米拉佐港、迪利雅斯特港和里窝那港，印度的瓦蒂纳尔港、科钦港、新芒格洛尔港、蒙德拉港、西卡港和帕拉德普港，中国的舟山港和宁波港，平均漂柜期为 13.23 个日历天；（2）阿萨鲁耶作为始发港有 18 航次 307.35×10^4 DWT，到达港为阿联酋杰贝阿里港、韩国大山港和印度西卡港，平均漂柜期为 6.44 个日历天。

5. VLCC 型船舶海运数据

VLCC 型船舶有 65 航次记录，运送原油和石油产品累计 1458.78×10^4 DWT：均以哈尔克岛作为始发港有 65 航次，到达港涉及法国的勒阿佛尔港（2 航次 31.85×10^4 DWT，漂柜期为 42 个日历天），韩国的大山港（8 航次

250.77 × 10^4DWT，漂柜期为24.25个日历天），南非的德班港（1航次30.65 × 10^4DWT，漂柜期为16个日历天），土耳其（1航次15.94 × 10^4DWT，漂柜期为15个日历天），西班牙的阿尔赫西拉斯港（2航次63.67 × 10^4DWT，漂柜期为36个日历天），伊朗的居鲁士港（4航次6.88 × 10^4DWT，漂柜期为1.75个日历天），印度的瓦蒂纳尔港、西卡港和蒙德拉港（8航次201.55 × 10^4DWT，漂柜期为5.88个日历天），中国的湛江港、大连港、青岛港、营口港、宁波港、茂名港、舟山港、唐山港、日照港、惠州港和天津港等地（39航次857.46 × 10^4DWT，漂柜期为23.63个日历天）。执行上述航次的船舶分别为中国籍9艘、希腊籍1艘、利比里亚2籍、巴拿马籍24艘。

三 2015~2017年伊朗海运能力变化特征

（一）始发能力集中在哈尔克岛

伊朗有3个主要的原油出口港（哈尔克岛、拉旺岛、锡里岛）和2个石油产品出口港（马赫沙尔港、阿萨鲁耶港）。作为最大的原油和石油产品输出港，哈尔克岛几乎承担了伊朗全部海运量2/3以上的始发份额。其拥有2800万桶的储集能力和共计400万桶/日的原油输出能力的3个出口终端，其拥有10个25 × 10^4DWT级泊位、2个30 × 10^4DWT级泊位、2个50 × 10^4DWT级泊位和1个16 × 10^4DWT级泊位。2015年累计发送265航次共计4734.07 × 10^4DWT的原油和石油产品（占全年总量79.76%），接驳各类船舶共55艘，包含灵便型8艘、阿芙拉型3艘、苏伊士型10艘、VLCC型34艘；2016年累计发送430航次7393.18 × 10^4DWT（占全年总量84.91%），接驳各类船型共140艘，包含灵便型10艘、阿芙拉型8艘、苏伊士型66艘、VLCC型54艘和ULCC型2艘；2017年累计发送517航次8310.52 × 10^4DWT（占全年总量84.46%），接驳各类船型共190艘，包含灵便型7艘、阿芙拉型9艘、苏伊士型106艘、VLCC型66艘和ULCC型2艘。若以2015年航次和载重吨位为基数，哈尔克岛在2016年航次增加62.26%，载

重吨位增加 56.20%；2017 年航次增加 95.09%，载重吨位增加 75.55%。同时，2016～2017 年较 2015 年接驳的船型更大，船舶数量增幅分别为 154.54% 和 245.45%。2018 年 1～4 月哈尔克岛已经累计发送 151 航次 2232.64×10^4DWT，接驳各类船型共 140 艘，包含灵便型 3 艘、阿芙拉型 6 艘、苏伊士型 42 艘、VLCC 型 89 艘。

拉旺岛主要接收来自 Salman、Reshadat 和 Resalat 油田的原油，拥有 550 万桶储集能力和 1 个 25×10^4DWT 级泊位、1 个 6.5×10^4DWT 级泊位。2015 年累计发送 16 航次 206.51×10^4DWT 的原油和石油产品，接驳各类船型共 11 艘，含灵便型 2 艘、苏伊士型 8 艘、VLCC 型 1 艘；2016 年累计发送 10 航次 159.89×10^4DWT，接驳苏伊士型 5 艘和 VLCC 型 2 艘；2017 年累计发送 13 航次 111.48×10^4DWT，接驳共 7 艘船舶，包括灵便型 2 艘、苏伊士型 3 艘和 VLCC 型 2 艘。若以 2015 年航次和载重吨位为基数，拉旺岛在 2016 年航次减少 37.5%，载重吨位减少 22.57%；2017 年航次减少 18.75%，载重吨位减少 46.01%。同时，2016～2017 年较 2015 年接驳数量减幅为 36.36%。2018 年 1～4 月拉旺岛仅发送 2 航次 42.32×10^4DWT，接驳 1 艘阿芙拉型和 1 艘 VLCC 型。

锡里岛则接收来自海上 Sirri 油田的原油，拥有 1 个独立 33 万吨级泊位和 450 万桶储集能力。2015 年累计发送 8 航次 166.42×10^4DWT 的原油和石油产品，接驳各类船型 7 艘，包括阿芙拉型 1 艘、苏伊士型 4 艘、VLCC 型 2 艘；2016 年累计发送 7 航次 205.19×10^4DWT，接驳苏伊士型 1 艘和 VLCC 型 5 艘；2017 年累计发送 3 航次 96.71×10^4DWT，接驳共 4 艘船舶，包括灵便型 1 艘和 VLCC 型 3 艘。若以 2015 年航次和载重吨位为基数，锡里岛在 2016 年航次减少 12.5%，载重吨位增加 23.30%；2017 年航次减少 62.5%，载重吨位减少 41.89%。同时，2016～2017 年较 2015 年接驳数量减幅分别为 14.29% 和 42.85%。2018 年 1～4 月锡里岛仅发送 2 航次 42.32×10^4DWT，接驳 1 艘阿芙拉型和 1 艘 VLCC 型。

阿萨鲁耶主要接收来自帕尔斯天然气田的天然气（含凝析油）产品，其石化港口拥有 15 个泊位，吃水深度 15 米，可容纳 8×10^4DWT 级船舶。

2015 年累计发送 96 航次 817.17 × 10^4 DWT 的原油和石油产品，接驳各类船型 27 艘，包括灵便型 17 艘、阿芙拉型 1 艘、苏伊士型 5 艘、VLCC 型 4 艘；2016 年累计发送 119 航次 912.42 × 10^4 DWT，接驳各类船舶共 45 艘，包括灵便型 30 艘、巴拿马型 4 艘、阿芙拉型 2 艘、苏伊士型 8 艘、VLCC 型 1 艘；2017 年累计发送 100 航次 1294.41 × 10^4 DWT，接驳各类船舶共 38 艘，包括灵便型 14 艘、巴拿马型 4 艘、阿芙拉型 1 艘、苏伊士型 9 艘、VLCC 型 10 艘。若以 2015 年航次和载重吨位为基数，阿萨鲁耶港在 2016 年航次增加 23.96%，载重吨位增加 11.66%；2017 年航次增加 4.17%，载重吨位增加 58.40%。同时，2016 ~2017 年较 2015 年接驳船型更大、船舶数量增幅分别为 66.67% 和 40.74%。2018 年 1 ~4 月阿萨鲁耶港发送 34 航次 559.56 × 10^4 DWT，接驳灵便型 1 艘、巴拿马型 3 艘、阿芙拉型 2 艘、苏伊士型 7 艘和 VLCC 型 6 艘。

马赫沙尔港位于加扎尹河下游，与霍梅尼港紧邻，是伊朗重要的成品油进出港，由伊朗国家石油公司（NIOC）管理。港区主要码头泊位是一个“T”形突堤码头，有 6 个泊位，岸线长 1350 米，最大水深 13.6 米，大船锚地水深达 17 米。该港进出口货物以成品油为主，2015 年累计发送 3 航次 11.31 × 10^4 DWT 的原油和石油产品，接驳各类船型 3 艘，包括灵便型 2 艘、阿芙拉型 1 艘；2016 年累计发送 8 航次 36.30 × 10^4 DWT，接驳各类船舶共 6 艘，包括灵便型 4 艘、阿芙拉型 2 艘；2017 年累计发送 7 航次 26.88 × 10^4 DWT，接驳各类船舶共 4 艘，包括灵便型 2 艘、阿芙拉型 2 艘。若以 2015 年航次和载重吨位为基数，马赫沙尔港在 2016 年航次增加 166.67%，载重吨位增加 220.95%；2017 年航次增加 133.33%，载重吨位增加 137.66%。同时，2016 ~2017 年较 2015 年接驳船舶数量增幅分别为 100% 和 33.33%。2018 年 1 ~ 4 月阿萨鲁耶港发送 34 航次 559.56 × 10^4 DWT，接驳灵便型 1 艘、巴拿马型 3 艘、阿芙拉型 2 艘、苏伊士型 7 艘和 VLCC 型 6 艘。

（二）航运目的地仍集中在亚洲

东亚地区中国、韩国和日本一直以来都是伊朗原油和石油产品出口的主要目的地。2015 年中国（含中国香港和台湾）共接收 155 航次 2764.84×10^4DWT；2016 年接收 161 航次共计 3360.82×10^4DWT，同比 2015 年航次增加 3.21%，载重吨位增加 21.56%；2017 年接收 156 航次共计 3169.92×10^4DWT，同比 2016 年航次减少 3.10%，载重吨位减少 5.69%；2018 年 1～4月接收 47 航次 882.40×10^4DWT。韩国 2015 年共接收 10 航次共计 283.34×10^4DWT；2016 年接收 19 航次共计 347.36×10^4DWT，同比 2015 年航次增加 72.72%，载重吨位增加 22.59%；2017 年接收 37 航次计 862.37×10^4DWT，同比 2016 年航次增加 94.74%，载重吨位增加 148.26%；2018 年 1～4 月接收 12 航次 330.43×10^4DWT，同比 2017 年降低 16.3%。日本 2015 年接收 28 航次共计 428.81×10^4DWT，2016 年接收 47 航次共计 710.68×10^4DWT，同比 2015 年航次增加 62.079%，载重吨位增加 65.73%；2017 年接收 28 航次 569.63×10^4DWT，同比 2016 年航次增加减少 40.43%，载重吨位增加 19.85%；但是，2018 年 1～4 月未再接收。上述日韩降低伊朗原油和石油产品的行为，可能与美国重新启动对伊制裁并要求各国停止进口伊朗原油有关①，毕竟美国为其他国家停止进口伊朗原油设置了“最后期限”并将不会给予违反美国制裁禁令的国家豁免权，相关企业届时若仍参与伊朗相关经济领域的活动，也将受到美国制裁。② 2017 年东亚主要目的地还新增了印尼 1 航次 31.92×10^4DWT。

南亚地区的印度是伊朗原油和石油产品进口的主要目的地。印度在 2015 年共接收 71 航次共计 886.05×10^4DWT；2016 年接收 127 航次共计 1798.96×10^4DWT，同比 2015 年航次增加 76.39%，载重吨位增加 103.03%；2017 年接收 116 航次计 1443.09×10^4DWT，同比 2016 年航次减少 8.66，载重吨位减少 19.78%；2018 年 1～4 月接收 46 航次计 $655.62\times$

① 《美国要求日本停止进口伊朗原油 日本则态度谨慎》，腾讯网，https：//new.qq.com/omn/20180627/20180627A0MUUM.html，2018 年 6 月 27 日。

② Laura Koran，“US Expects All Countries to Eliminate Iranian Oil Imports，Official Says，” *CNN*，June 26，2018，https：//edition.cnn.com/2018/06/26/politics/us - iran - oil - imports/index.html.

10^4DWT。巴基斯坦2015年接收1航次共计1.61×10^4DWT；2016年接收2航次共计4.78×10^4DWT，同比2015年航次增加100%，载重吨位增加196.89%；2017年接收2航次共计1.83×10^4DWT，同比2016年载重吨位减少61.72%。2017年斯里兰卡也接收了1航次6.68×10^4DWT。

中东地区阿联酋、卡塔尔和叙利亚一直是伊朗海运目的地，2016～2017年新增了埃及和沙特阿拉伯。2015年阿联酋接收52航次共计566.27×10^4DWT；2016年共接收62航次共计653.88×10^4DWT，同比2015年航次增加19.23%，载重吨位增加15.47%；2017年接收57航次计693.87×10^4DWT原油和石油产品，同比2016年航次减少8.06%，载重吨位增加6.12%；2018年1～4月接收19航次256.20×10^4DWT。叙利亚接收23航次共计327.37×10^4DWT；2016年接收13航次共计190.59×10^4DWT，同比2015年航次减少43.47%，载重吨位减少41.78%；2017年接收2航次共计31.68×10^4DWT，同比2016年航次减少84.62%，载重吨位减少83.38%。卡塔尔接收2航次共计5.76×10^4DWT；2016年接收6航次共计39.49×10^4DWT，同比2015年航次增加200%，载重吨位增加585.59%；2017年接收7航次共计76.56×10^4DWT，同比2016年航次增加16.67%，载重吨位增加93.87%。伊朗本国接收19航次共计237.91×10^4DWT；2016年接收11航次共计92.24×10^4DWT，航次减少42.1%，载重吨位减少61.23%；2017年接收14航次共计161.59×10^4DWT，航次增加27.28%，载重吨位增加75.18%。2016年埃及作为新增目的地，接收1航次6.92×10^4DWT，2017年接收5航次122.03×10^4DWT，同比2016年航次增加400%，载重吨位增加1663.44%。值得注意的是，新增沙特阿拉伯1航次2.44×10^4DWT。

伊朗自伊核协议签署后一直雄心勃勃地计划抢占欧洲的原油和石油产品的供应市场，2016～2017年其海运目的地也呈现了多国多地发展的趋势，然而，数据证实其仅仅获得了部分意大利、法国的新增份额和土耳其、希腊的传统份额，多数欧洲地区的国家仅少量、少航次接收了来自伊朗的原油和石油产品，海运航次和载货吨位量同比增幅并不十分突出。2015年，土耳其是伊朗原油和石油产品在欧洲地区的主要贸易国，其在2015年接收31航次共计 431.49 × 10^4 DWT，2016 年接收 37 航次共计 493.13 × 10^4 DWT，同比 2015 年航次增加 19.35%，载重吨位增加 14.29%；2017 年接收 73 航次共计 969.01 × 10^4 DWT，同比 2016 年航次增加 97.30%，载重吨位增加 96.50%；2018 年 1～4 月接收 20 航次 266.81 × 10^4 DWT。至 2016 年，欧洲地区新增法国接收 22 航次 356.52 × 10^4 DWT，其在 2017 年接收 26 航次 409.03 × 10^4 DWT，同比 2016 年航次增加 18.18%，载重吨位增加 14.73%；2018 年 1～4 月接收 4 航次 62.52 × 10^4 DWT。克罗地亚 2016 年接收 1 航次 16.16 × 10^4 DWT，2017 年接收 3 航次 18.64 × 10^4 DWT，同比 2016 年航次增加 200%，载重吨位增加 15.35%。希腊 2016 年接收 22 航次 211.15 × 10^4 DWT，2017 年接收 23 航次 287.19 × 10^4 DWT，同比 2016 年航次增加 4.55%，载重吨位增加 36.01%；2018 年 1～4 月接收 6 航次 87.22 × 10^4 DWT。意大利 2016 年接收 20 航次 171.52 × 10^4 DWT，2017 年接收 84 航次 785.16 × 10^4 DWT，同比 2016 年航次增加 320%，载重吨位增加 357.77%；2018 年 1～4 月接收 16 航次 147.45 × 10^4 DWT。西班牙 2016 年接收 18 航次 161.69 × 10^4 DWT，2017 年接收 12 航次 150.33 × 10^4 DWT，同比 2016 年航次减少 33.33%，载重吨位减少 7.03%；2018 年 1～4 月接收 3 航次 74.25 × 10^4 DWT。值得注意的是，比利时 2015 年接收 1 航次计 2.03 × 10^4 DWT，2016 年接收 2 航次共计 12.69 × 10^4 DWT，同比 2015 年航次增加 1 倍，载重吨位增加 525.12%，但是 2017 年和 2018 年比利时均未再接收伊朗的原油和石油产品。2016 年，新增的目的地保加利亚接收 1 航次 11.27 × 104DWT，罗马尼亚接收 4 航次 46.98 × 10^4 DWT，乌克兰接收 1 航次 2.25 × 10^4 DWT，2017 年和 2018 年均未再接收。立陶宛和葡萄牙是 2017 年新增的目的地，分别接收 1 航次 5.03 × 10^4 DWT 和 1 航次 6.73 × 10^4 DWT，两地在 2018 年 1～4 月也未再次接收。

南非是伊朗原油和石油产品在非洲地区的主要航运目的地，其在 2016 年接收 4 航次 1.90 × 10^4 DWT，2017 年接收 5 航次 35.27 × 10^4 DWT，同比 2016 年航次增加 25%，载重吨位增加 1756.32%；2018 年 1～4 月接收 1 航次 30.65 × 10^4 DWT。科特迪瓦仅在 2016 年接收 2 航次 1.45 × 10^4 DWT。

另外，地中海的库拉索在2016年接收2航次11.0×10^4DWT，美国也在2016年接收2航次3.55×10^4DWT。但是，2017年和2018年1~4月均未再接收来自伊朗的原油和石油产品。

（三）参与船舶多元化趋势

隶属伊朗光辉海运有限公司的巴拿马籍油船“桑吉”轮在2015年仅承担2航次32.83×10^4DWT的原油和石油产品运输量，其始发港分别为由拉旺岛和阿萨鲁耶，目的地均为中国大连港；2016年7航次114.91×10^4DWT，包括由拉旺岛至中国大连的1航次16.42×10^4DWT，由哈尔克岛至印度瓦蒂纳尔港、新芒格洛尔港和蒙德拉港的4航次65.66×10^4DWT，由阿萨鲁耶至印度瓦蒂纳尔港和韩国大山港2航次；2017年7航次114.91×10^4DWT，包括由哈尔克岛至印度蒙德拉港、瓦蒂纳尔港、西卡港和新芒格洛尔港6航次98.49×10^4DWT，由阿萨鲁耶至韩国1航次16.42×10^4DWT。上述“桑吉”轮2015~2017年的航运过程从一个侧面反映出，伊朗国家油轮运输公司NITC受美国严厉的制裁导致其不能在伊核协议后快速投放运力，因此，2015~2017年参与伊朗原油和石油产品海运的船舶呈现为大船（航次减少、载重吨位增加）逐年增多、非伊朗籍新船逐年增多、船舶注册国籍多元化的整体特点。

2015年参与伊朗原油和石油产品海运的各型船舶共有75艘计392航次运送原油和石油产品。其中，灵便型船舶共有24艘计60航次运送99.0×10^4DWT，阿芙拉型船舶共有4艘计28航次运送243.1×10^4DWT，苏伊士型船舶共有13艘计128航次运送1823.0×10^4DWT，VLCC型船舶共有34艘计176航次运送3770.4×10^4DWT。2016年灵便型船舶共有40艘计81航次运送原油和石油产品，累计载重吨位140.21×10^4DWT，同比2015年新增船舶16艘，航次增加35%，载重吨位增加41.63%；阿芙拉型船舶共有11艘计20航次运送182.43×10^4DWT，同比2015年新增船舶7艘，航次减少28.57%，载重吨位减少24.96%；苏伊士型船舶共有69艘计216航次运送2773.90×10^4DWT，同比2015年新增船舶56艘，航次增加68.75%，载重吨位增加52.16%；VLCC型船舶共有55艘计246航次运送5483.46×10^4DWT，同比2015年新增船舶21艘，航次增加39.77%，载重吨位增加45.43%；同时，相比2015年新增巴拿马型船舶共有4艘计7航次运送29.99×10^4DWT和ULCC型船舶共有2艘计8航次运送96.99×10^4DWT。2017年灵便型船舶共有22艘计46航次运送原油和石油产品，累计载重吨位71.87×10^4DWT，同比2016年减少船舶18艘，航次减少43.21%，载重吨位减少48.74%；阿芙拉型船舶共有12艘计23航次运送161.12×10^4DWT，同比2016年新增船舶1艘，航次增加15%，载重吨位减少11.68%；苏伊士型船舶共有109艘计314航次运送3846.14×10^4DWT，同比2016年新增船舶40艘，航次增加45.37%，载重吨位增加38.65%；VLCC型船舶共有67艘计243航次运送5598.80×10^4DWT，同比2016年新增船舶12艘，航次增加1.22%，载重吨位增加2.1%；巴拿马型船舶共有2艘计14航次运送97.66×10^4DWT，同比2016年航次增加100%，载重吨位增加225.64%；ULCC型船舶共有2艘计6航次64.41×10^4DWT，同比2016年航次减少25%，载重吨位增加33.59%。

参与海运的船舶及其船龄具有超大型船舶（VLCC型和ULCC型）数量逐年增多、大型船舶（苏伊士型和阿芙拉型）数量趋于稳定、小型船舶（灵便型和巴拿马型）数量逐年减少的整体趋势。其中，2015年参与运送的灵便型船龄小于等于10年的共计11艘，大于10年小于等于20年船龄6艘，大于20年船龄的7艘；阿芙拉型船龄为18年、20年和30年；苏伊士型船龄小于等于10年的共计5艘，大于10年小于等于20年船龄7艘，大于20年船龄的1艘；VLCC型船龄小于等于10年的共计18艘，大于10年小于等于20年船龄的14艘，大于20年船龄的3艘。2016年灵便型船龄小于等于10年的共计14艘，大于10年小于等于20年船龄的17艘、大于20年船龄的8艘；巴拿马型船龄小于等于10年的共计5艘，大于10年小于等于20年船龄的7艘，大于20年船龄的1艘；阿芙拉型船龄小于等于10年的共计3艘，大于10年小于等于20年船龄的7艘，大于20年船龄的2艘；苏伊士型船龄小于等于10年的共计31艘，大于10年小于等于20年船龄的 26 艘，大于 20 年船龄的 10 艘；VLCC 型船龄小于等于 10 年的共计 28 艘，大于 10 年小于等于 20 年船龄的 22 艘、大于 20 年船龄的 3 艘；ULCC 型 2 艘船龄均为 7 年。2017 年参与运送的船舶更新式、船龄更小。其中，灵便型船龄小于等于 10 年的共计 8 艘，大于 10 年小于等于 20 年船龄的 10 艘，大于 20 年船龄的 4 艘；巴拿马型船龄小于等于 10 年的 1 艘，大于 10 年小于等于 20 年船龄的 1 艘；阿芙拉型船龄小于等于 10 年的共计 2 艘，大于 10 年小于等于 20 年船龄的 5 艘、大于 20 年船龄的 4 艘；苏伊士型船龄小于等于 10 年的共计 62 艘，大于 10 年小于等于 20 年船龄的 39 艘，大于 20 年船龄的 8 艘；VLCC 型船龄小于等于 10 年的共计 38 艘，大于 10 年小于等于 20 年船龄的 27 艘，大于 20 年船龄的 3 艘；ULCC 型 2 艘船龄分别为 4 年和 7 年。

2015 ~2017 年伊朗原油和石油产品的海上漂柜期既有正常的，也存在异常的，整体呈现为逐年缩短的趋势，反映货物周转速率更快。2015 年，前往欧洲的比利时漂柜期为 12 个日历天，地中海的土耳其为 16.43 个日历天，叙利亚为 17.4 个日历天，中东波斯湾的阿联酋为 4.49 个日历天，南亚印度洋的巴基斯坦为 4 个日历天，印度为 10.52 个日历天，东亚的日本为 24.25 个日历天，中国为 25.93 个日历天，韩国为 26.9 个日历天。2016 年，欧洲的比利时平均漂柜期为 20 个日历天，土耳其 19.08 个日历天，保加利亚 24 个日历天，法国 31.14 个日历天，克罗地亚 18 个日历天，罗马尼亚 30.33 个日历天，乌克兰 20 个日历天，西班牙 33.06 个日历天，希腊 24.1 个日历天，意大利 26.9 个日历天；中东的阿联酋 5.46 个日历天，叙利亚 17.5 个日历天，卡塔尔 18 个日历天，埃及 69 个日历天；南亚的巴基斯坦 15.5 个日历天，印度 10.21 个日历天；东亚的韩国 25.56 个日历天，日本 23.20 个日历天，中国 23.32 个日历天；非洲的科特迪瓦 46.5 个日历天，南非 12.67 个日历天；地中海的库拉索 74.5 个日历天；美国 62 个日历天。2017 年，欧洲的土耳其 15.54 个日历天，法国 28.5 个日历天，克罗地亚 30.40 个日历天，西班牙 23.71 个日历天，希腊 17.90 个日历天，意大利 20.91 个日历天，立陶宛 47 个日历天，葡萄牙 54 个日历天；中东的阿联酋

3.92 个日历天，叙利亚 16.89 个日历天，卡塔尔 13.14 个日历天，沙特 22 个日历天，埃及 10.98 个日历天；南亚的巴基斯坦 13.08 个日历天，印度 9.06 个日历天，斯里兰卡 22 个日历天；东亚的韩国 26.35 个日历天，日本 22.95 个日历天，中国 24.52 个日历天，印尼 13 个日历天；非洲的南非 17.61 个日历天。

另外，参与海运船舶的注册国籍呈现出明显多元化趋势。2015 年，船舶注册国有中国、科摩罗、印度、伊朗、日本、韩国、利比亚、巴拿马、新加坡、多哥、阿联酋、越南；2016 年除了上述国家外，新增有巴哈马群岛、比利时、开曼群岛、丹麦、法国、希腊、印尼、意大利、马耳他、马绍尔群岛、葡萄牙、土耳其等；2017 年船舶注册国除了巴哈马群岛、中国、科摩罗、法国、希腊、印度、伊朗、日本、利比亚、马耳他、马绍尔群岛、巴拿马、新加坡、葡萄牙、多哥、土耳其、越南之外，新增有克罗地亚、多米尼加、挪威。但是，相比 2016 年缺少比利时、开曼群岛、丹麦、印尼、意大利、韩国等国船舶。

四　结论

作为国际航运史上第一起油船载运凝析油碰撞失火事故，“桑吉”轮撞船事故背后不仅仅是高额赔偿的责任认定，更多地反映出伊朗急于抢占国际市场时却不得不面临自身海运能力不足的尴尬局面。从 2015 ~ 2017 年海运数据的统计情况来看，伊朗原油和石油产品海运具有过度依赖哈尔克岛输出能力和中、日、韩、印四国市场的特点，还具有自身船舶老龄化严重、不得不依靠其他国籍船舶来承担绝大部分运量和存在异常漂柜期的特点。

自 2018 年 5 月 8 日美国总统特朗普宣布退出伊核协议、重启对伊实施最高级别的制裁以来，美国盟友及部分国家随着“11 月 4 日最后期限零进口”的到来不得不迫于压力开始缩减甚至停止进口伊朗原油和石油产品。日本第二大炼油商出光兴产株式会社、法国道达尔、意大利萨拉斯、俄罗斯卢克石油、印度信实工业和印度石油、韩国均表示无法获得美国财政部豁免，因而停止与伊朗在石油石化方面的合作。仅中国和土耳其表示将继续进口伊朗原油。尽管伊朗总统鲁哈尼表示有能力处理美国再次实施制裁带来的经济压力，但是实际情况不容乐观。2018～2019 年伊朗原油和石油产品的海运数据或能最真实反映鲁哈尼讲话的实际效果。

中伊关系篇

Sino-Iran Relationship

B.15 伊朗铁路发展提升计划及中资企业的机遇和挑战*

雷 洋 黄承锋**

摘 要： 伊朗铁路经过一百多年的发展，在综合运输体系中占据重要地位。为了建设现代化的铁路运输系统，满足国内经济社会发展需要，同时充分发挥国际交通枢纽的区位优势，伊朗制订了为期十年的铁路发展计划，计划到2025年，伊朗铁路网络既有线路全部实现电气化改造，复线率提升至100%，最终实现铁路里程翻番目标。伊朗铁路提升计划为中资企业进入伊朗工程建设市场提供了利好和机遇，中资企业参与伊朗

* 本文为社科基金项目“中巴伊土国际通道多边战略价值及风险评估研究”（项目编号：16AGJ007）阶段性成果。

** 雷洋，重庆交通大学讲师，管理科学与工程专业博士研究生，主要研究方向为国际运输通道发展战略；黄承锋，重庆交通大学副校长，教授，博士生导师。

铁路提升计划也面临“伊核协议”不确定性、伊朗营商环境不佳、铁路建设领域大国“角逐”以及伊朗铁路建设技术标准选择偏好四个方面的挑战。因此，中资企业不仅需要敏锐捕捉机会，也需要谨慎评估存在的风险，结合国际政治经济形势，综合权衡成本和收益，进行理性决策，在响应“一带一路”倡议过程中，稳健实施“走出去”战略。

关键词： 伊朗　铁路　中资企业

一　伊朗铁路发展历史

伊朗铁路建设历史久远，早在1887年，一家法国公司在德黑兰南部建设了第一条市郊铁路，该条铁路全长不足9公里，轨距为1000毫米，并且依靠马匹驱动，后来随着蒸汽文明的普及，该条铁路的动力转为蒸汽机驱动，这条路线于1952年关闭；1916年伊朗大不里士（Tabriz）到边境小镇乔尔法（Jolfa）铁路（148公里）建成，1920年东部边境小镇米佳维（Mirjaveh）至扎黑丹（Zahedan）的铁路（94公里）建成；1927年伊朗开始按照国际标准轨距（1435毫米）对铁路网络进行改造，此后的铁路建设基本上也是采用这一标准。

巴列维王朝礼萨汗统治时期，伊朗的铁路建设取得显著成绩，修建历时12年之久的跨伊朗铁路（Trans-Iranian Railway）于1939年建成通车，该铁路起点为托尔卡曼港，终点为沙普尔港（霍梅尼港旧称），全长1392公里，沿途经过3000多座桥梁，穿越126条隧道，实现了首都德黑兰和里海、波斯湾的运输连接，被认为是20世纪30年代最伟大的工程之一。① 当时的历

① Szczepan Lemańczyk, “The Transiranian Railway-History, Context and Consequences,” *Middle Eastern Studies* 49 (2), 2013: 237 - 245.

史背景下，跨伊朗铁路的建成通车，也使苏联和印度实现陆上铁路联通成为可能，具有重要的地缘政治和经济价值，因此从最初的设想到建成和运营，跨伊朗铁路建设历程中，不乏英国、俄罗斯等大国角逐的身影。1941 年，英苏入侵伊朗后，这条“波斯走廊”成为第二次世界大战期间苏联战争物资重要的供应线路，1977 年，伊朗铁路网与土耳其边境铁路连接，为开展国际运输奠定了硬件基础。

伊朗伊斯兰革命以前，共修建了 4565 公里的铁路（详见表 1），此后政府制定了铁路提升长期发展目标，伊朗铁路网络经历了重要的发展时期，伊朗铁路网络进一步完善。1993 年伊朗重要海港阿巴斯接入铁路网络，极大地方便了伊朗开展铁海联运，1996 年马什哈德－萨拉赫斯铁路延伸至土库曼斯坦边境，实现与中亚内陆国家铁路网对接。2014 年 12 月，哈萨克斯坦－土库曼斯坦－伊朗铁路线（哈－土－伊铁路）开通，伊朗官方称哈－土－伊铁路是伊朗进入中国的战略性线路①，该条线路具有运输便利性和地缘政治优势。

表 1　伊朗伊斯兰革命前干线铁路建设概况

序号	线路	开工年份	运营年份	长度(公里)
1	大不里士-乔尔法	1912	1916	148
2	扎黑丹-米佳维	1919	1920	94
3	德黑兰-土库曼港	1927	1937	461
4	德黑兰-伊玛姆霍梅尼空港	1927	1938	928
5	阿瓦士-Khorramshahr	1941	1942	121
6	加姆萨尔-马什哈德	1937	1957	812
7	德黑兰-大不里士	1938	1958	736
8	戈尔甘-土库曼港	1959	1960	35
9	苏菲杨-拉兹	1912	1971	192
10	库姆-扎兰德	1938	1971	847
11	锡斯坦-扎林沙赫尔	1968	1971	111
12	扎兰德-克尔曼	1954	1978	80
总里程				4565

资料来源：http：//www. rai. ir/Index. aspx? page_ = form&lang = 2&PageID = 623&tempname = EngMain2&sub = 0&blockid = block1340。

① 中国驻伊朗经商参处，http：//www. mofcom. gov. cn/article/i/jyjl/j/201411/20141100813045. shtml。

二　伊朗铁路运输现状

伊朗铁路系统的建设与运营主要采用国际铁路联盟 UIC 标准，铁路轨距除了东部扎黑丹通往米佳维的 94 公里的铁路为宽轨外，伊朗其他的铁路轨距均为 1435 毫米的标准轨距。伊朗铁路除少量旧线，主要使用 UIC600－900A 钢轨和 B70 型混凝土轨枕。从技术等级和装备水平来看，伊朗的铁路系统硬件设施总体等级不高，目前现有的铁路线路主要分布在国土西北地区和德黑兰周边区域，波斯湾沿岸地带、中部地区和东部地区铁路发展滞后。此外，伊朗超过 80% 的铁路线路是单线铁路，铁路复线率低，电气化水平发展更是滞后。①

伊朗统计局发布的《伊朗统计年鉴（2015～2016）》显示，伊朗现有各类型铁路总里程为 13348 公里，其中主线铁路 10459 公里，调车线路 1873 公里，企业专用铁路线 1016 公里②，据此测算，伊朗铁路路网密度为 80.98 公里/万平方公里，低于土耳其、巴基斯坦等邻国的铁路路网密度③，因此从总体上看，伊朗铁路网密度较低。

由于线路和机车老旧、运营效率不高、价格无明显优势等因素的综合作用，伊朗发展相对滞后的铁路运输在与公路运输竞争格局中，处于相对劣势地位，大多数货主和旅客仍倾向于选择汽车或飞机等交通工具。2015/2016 财年，伊朗铁路运输旅客 2445 万人次，比上一财年降低 1.4%；铁路货运量为 3565 万吨，其中矿物占货运量的比例高达 65.9%，石油产品为例 9.5%，工业产品仅为 8.9%，铁路货物周转量为 25014 百万吨公里，比上一财年增长 2.3%。

① “RAI Introduction,” 伊朗国家铁路公司官方网站，http：//www. rai. ir//dorsapax/Data/Sub_0/File/Introduction. pdf。

② 伊朗统计局官方网站，https：//www. amar. org. ir/。

③ 土耳其铁路路网密度为 115 公里/万平方公里（2016 年），巴基斯坦铁路路网密度为 92.765 公里/万平方公里（2008 年）。

三 伊朗铁路发展需求分析

铁路运输自19世纪20年代问世以来，强力支撑了各国工业化进程和物流运输，200多年来，铁路运输成为大宗物资和长距离运输的主导性载体，发达的铁路运输能力已经成为一个国家综合实力、现代化水平的重要标志。在公路运输、航空运输的冲击下，加之欧美等发达国家相继迈入“后工业化阶段”，铁路运输发展经历了相当长时期的“不景气”阶段，然而，最近几十年，铁路运输技术取得了新的突破和发展，集中体现在重载铁路（Heavy Haul Railway）和高速铁路（High-Speed Railway）两个领域，铁路运输在运输能力、运输速度、运输经济性和运输可靠性方面均具有显著的优势。在“低碳经济”和铁路技术进步的背景下，全球范围内掀起新一轮“铁路热”，东亚、东南亚、南亚、中东、西亚、非洲及西欧等地区各国均制订了宏伟的铁路发展计划，以满足经济社会发展需求。发展完整的工业体系、增强经济实力和自主能力，一直是伊朗发展的导向性目标，同时，依托“欧亚十字路口”独特的地理和交通区位，伊朗在亚欧运输中成为重要节点和中转站，增强其在中东地区的地缘政治影响力，成为地区强国，这也是其长期坚持的重要的战略性利益布局。从伊朗铁路运输现状评估中可以发现，伊朗铁路总体发展水平仍然较弱，例如存在线路等级低、设施陈旧、运营效率不高、线网密度低等问题，因此，伊朗具有铁路发展建设的紧迫需求和动机。

（一）伊朗铁路货运需求分析

铁路运输的运输能力数倍于公路运输和航空运输（一列货车可装载2000～5000吨货物，重载列车可装载2万吨之多），速度快（货运列车可以高达100公里/小时，高速列车速度高达300公里/小时），成本较低（为汽车运输的几分之一到十几分之一），并且连续性好，受气候条件限制较少，特别适合大宗物资的长途运输，因此工业（特别是重工业）发展天然地离不开铁路运输。

在中东地区横向对比看，伊朗的工业化具有较高水平。伊朗依托丰富的石油和天然气资源，建立起了相对完备的能源产业体系，能源装备制造业也有长足的发展，但相较于巨大的能源储量和品种优势，伊朗的能源工业及全产业链仍然有较大的发展空间。同时，伊朗矿产资源也十分丰富，拥有铬、铅、锌、铜、煤、金、锡和铁等68种矿藏，在矿藏总量世界排名中位列第十五，其中锌矿储量占世界第一位。但是，伊朗的矿产资源开发率较低，其开发矿产数量不足探明储量的20%。[①] 未来，矿产资源开发及相关加工产业有可能成为伊朗工业发展的新的增长点，伊朗东部呼罗珊省等地矿产资源的开发急需铁路运输的支撑。[②] 从世界范围内的对比来看，伊朗仍然处于工业化进程中阶段，工业化进程道路仍然需要较长时间完成，对铁路运输的需求空间仍然较大。鉴于伊朗的经济社会发展阶段和资源禀赋特征，伊朗的铁路发展需求主要体现在对现有铁路的升级改造、铁路网络的拓展和完善等方面。具体来说，复线铁路建设、既有铁路的电气化工程改造、枢纽站场建设、铁路港口联通工程等成为伊朗铁路发展中具体需要开展的建设任务。

（二）伊朗高铁客运需求分析

伊朗人口在20世纪后半叶增长迅速，1976～1986年，伊朗的年平均人口增长率高达4%，随着经济、社会和生活方式的改变，最近几年伊朗的人口增长率趋于平缓，呈现下降趋势。[③] 联合国人口数据库显示，2018年伊朗人口总数大约为8200万人[④]，是中东地区人口最多的国家，居世界第18位，《世界人口展望（2017）》预测显示，伊朗人口将在2050年前后达到峰值，接近9400万人。[⑤] 同时，伊朗城市化率极高，伊朗统计局发布人口数据显

① 张志东、王晓民：《伊朗优质矿藏有待开发》，《世界有色金属》2012年第4期，第20～25页。

② "Call for Railway Development," https://financialtribune.com/articles/economy-business-and-markets/17061/call-for-railway-development.

③ 张立民：《伊朗的人口发展状况与人口政策演变》，《伊朗发展报告（2015～2016）》，社会科学文献出版社，2016。

④ 联合国人口数据库，https://unstats.un.org/unsd/demographic-social/census/。

⑤ *World Population Prospects 2017*, https://esa.un.org/unpd/wpp/Download/Standard/Population/.

示，伊朗城市人口占总人口比重高达75%。较大的人口规模和高度的城市化决定了伊朗发展铁路客运具有经济必要性。

从伊朗人口布局以及城市人口总量来看，大城市之间具有修建高速铁路的需求和必要性。伊朗人口规模前十的大城市中，首都德黑兰（Tehran）作为伊朗的经济、文化和交通中心，人口接近870万，东部重镇马什哈德（Mashhad）被看作伊朗的“宗教首都”，目前人口超过300万，第三大城市伊斯法罕（Isfahan）人口接近200万。从最新的人口调查数据来看，伊朗人口超过100万规模的城市有8个，人口超过50万规模的城市有18个。城市之间的物资往来和人员交流频繁，而高速铁路可以激活区域经济活力，重塑地缘区域优势，经济溢出效应显著。从中国发展高铁的经验来看，城市人口达到50万规模时，高铁修建具有可行性。保守估算，伊朗人口超过100万的8个城市之间，有修建高速铁路的潜在需求和必要性，特别是德黑兰、马什哈德、伊斯法罕这些典型的大城市之间，高铁建设显得尤为必要。

表2　伊朗人口规模前十大城市排名

单位：人

排名	城市名称	人口规模
1	德黑兰(Tehran)	8693706
2	马什哈德(Mashhad)	3001184
3	伊斯法罕(Isfahan)	1961260
4	卡拉季(Karaj)	1592492
5	设拉子(Shiraz)	1565572
6	大不里士(Tabriz)	1558693
7	库姆(Qom)	1201158
8	阿瓦士(Ahwaz)	1184788
9	克尔曼沙赫(Kermanshah)	946651
10	奥鲁米耶(Urmia)	736224

资料来源：伊朗统计局2016年人口普查数据库，https://www.amar.org.ir/english/Population－and－Housing－Censuses。

实际上，早在2006年，伊朗政府已经论证了德黑兰到伊斯法罕的高速铁路项目建设。2015年，伊朗政府与中国中铁股份有限公司签署了德黑兰－库姆－伊斯法罕高铁建设项目，最初的项目预算金额为 18 亿欧元，项目的国外融资部分由中国金融机构承担[①]，设计时速为 250 公里/小时，按照欧洲 TIS 标准建设，预计将于 2021 年载客运营。[②] 届时高速铁路线将使德黑兰至伊斯法罕的交通时间由 7 小时缩短至 2 小时，极大地方便沿线城市居民之间的往来和交流，这也是伊朗目前在建的唯一的真正意义上的高速铁路。

伊朗拥有深厚的文化和历史底蕴，同时伊朗也具有丰富的旅游资源，旅游项目种类繁多，拥有 22 处世界文化遗产，伊斯法罕、马什哈德、设拉子等地是全球文化和历史旅游的重要目的地，每年吸引数百万来自世界各地的游客，旅游业在伊朗国民经济中占据重要地位。2016 年，伊朗入境游的收入占到国民生产总值的 9%，成为发展“抵抗型经济”的重要载体之一。[③] 旅游业作为一种“无烟工业”，对带动经济发展具有重要作用，同时在创造就业岗位上也具有显著功能，世界旅游业理事会预测，到 2025 年，伊朗旅游业从业人口将升至 191 万人。[④] 目前，全球旅游市场规模增长幅度高于整体经济增长幅度，旅游成为一种重要的消费方式，得到各国的重视。伊朗在振兴旅游业方面制定了远大目标，伊朗政府计划到 2025 年，外国游客入境游人数达到 2000 万人次，旅游相关产业收入增长到 300 亿美元。[⑤] 旅游业的发展离不开便捷、舒适的交通运输，高铁在缩短时空距离方面具性价比优势，对于支撑旅游业的发展具有重要价值。因此，伊朗发展高速铁路对振兴旅游业具有积极效应。

---

① “China Finances Tehran-Isfahan High-Speed Railroad,” July 22, 2017, https://financialtribune.com/articles/economy－domestic－economy/68698/china－finances－tehran－isfahan－high－speed－railroad.

② “Tehran-Esfahan Line should be TSI-compliant, RAI Tells Chinese Contractors,” March 20, 2016, http://www.railwaygazette.com/news/high－speed/single－view/view/tehran－esfahan－line－should－be－tsi－compliant－rai－tells－chinese－contractors.html.

③ 《2016 年伊入境旅游收入将达到 GDP 9.0% 的水平》，国际在线，http://news.cri.cn/20161003/f78576a8－efc5－cc42－d185－ff41e26947b5.html。

④ “Iran Tourism: After the Nuclear Deal,” https://surfiran.com/iran－tourism－nuclear－deal.

⑤ 《伊朗旅游业放大招，欲每年吸引 100 多万中国游客》，中国经济网，http://www.ce.cn/culture/gd/201608/27/t20160827_15299960.shtml。

四　伊朗铁路发展战略及提升计划

伊朗铁路运营与管理机构为伊朗伊斯兰共和国铁路（The Railways of the Islamic Republic of Iran，简称 RAI），RAI 是伊朗道路与城市发展部的分支机构，负责伊朗铁路网络建设及运营管理，其宗旨为“建立一个现代、发展和高效的铁路运输系统”①，伊朗政府发布的“2025 愿景”（The Vision 2025）显示，伊朗铁路将完成重大发展任务，线路长度将达到 2.5 万公里，这意味着伊朗不仅要完成对既有线路的现代化改造，还要至少新建 1 万公里的铁路。2014 年，伊朗政府审议通过了为期十年的铁路发展规划，计划到规划期末（2025 年），伊朗铁路网络既有线路全部实现电气化改造，线路复线率提升至 100%，最终实现铁路里程翻番目标。

除了完成国内铁路网络的升级改造外，伊朗也计划积极参与和推进多条国际铁路运输通道建设，例如欧亚南北运输走廊（INSTC）、欧亚东西国际运输通道（Silk Road），伊朗政府计划在提升国内铁路干线运输的基础上，构建 7 条重要的国际运输通道，意图在未来的欧亚大陆国际运输中充分发挥枢纽作用，增强国际运输的竞争力。

RAI 官方网站显示，列入伊朗铁路提升计划的重点工程主要分为四类：新线建设项目、双线改造工程、电气化改造项目、多式联运和“无水港”项目，近期计划开展的项目如下。②

（一）新线建设项目

1. 伊斯法罕 - 阿瓦士铁路

该条计划铁路连接伊朗第三大城市伊斯法罕和第八大城市阿瓦士，线路

---

① “The Railways of the Islamic Republic of Iran（RAI），” https：//www. rameuic. com/en/ramemembers/iranianrailways.

② “Investment & Participation/Opportunities，” RAI，http：//www. rai. ir/Index. aspx？page_ = form&lang = 2&PageID = 2809&tempname = EngMain2&sub = 0&blockid = block1342.

规划长度为545公里，年货运能力为4500万吨，年旅客输送能力为200万人次，计划投资额度20.75亿欧元。目前伊斯法罕到阿瓦士铁路运输需要到库姆中转，运输线路长达800多公里，迂回运输明显，而伊斯法罕到阿瓦士的铁路直接联通，可以使伊斯法罕的客货便捷到达波斯湾北部港口，比从库姆中转缩短近300公里的里程。此外，伊斯法罕－阿瓦士铁路的修建，也构建了一条新的通往伊拉克巴士拉的运输通道。

2. 拉什特（Rasht）－阿斯塔拉（Astara）铁路

该条线路只有164公里，计划年货运通过能力为270万吨，投资额为3.5亿欧元，国际铁路联盟（UIC）发布的2017年中东铁路地图显示，该条线路目前已经处于建设状态。拉什特－阿斯塔拉铁路是欧亚南北运输走廊的关键"控制性"工程，伊朗拉什特至阿塞拜疆阿斯塔纳不足200公里的铁路缺失，使俄罗斯、印度和伊朗三国提出的欧亚南北运输走廊17年后依然没有真正实现铁路线路联通。因此，拉什特－阿斯塔拉铁路的修建，对于南北欧亚运输走廊的推进具有里程碑意义，通过该条线路，伊朗的铁路将与阿塞拜疆铁路实现联通，届时俄罗斯、伊朗和印度等国将可以便捷地利用南北运输走廊开展海铁联运，对于俄罗斯、伊朗和印度而言，具有重要的战略价值和经济价值。

（二）双线改造工程

1. 加兹温（Qhazvin）－赞詹（Zanjan）铁路双线工程

改造线路长度为171公里，计划投资总额为1.25亿欧元，计划运输能力为640万吨/年，该项目计划采用BOT（Build-Operate-Transfer）或者BLT（Build-Lease-Transfer）模式，计划建设工期为1～2年，特许经营期为8～9年。

2. 察多玛鲁（Chadormalu）－达坎（Ardakan）铁路双线工程

线路全长201公里，计划投资额1亿欧元，总运输能力为1900万吨/年，该项目计划采用BOT或者BLT模式，计划建设工期为3年，特许经营期为10年。

3. 梅博德（Meybod）-巴德鲁德（Badroud ）铁路双线工程

改造线路长度约为200公里，计划投资额为1亿欧元，设计运输能力为1900万吨/年，该项目计划采用BOT或者BLT模式，计划建设工期为3年，特许经营期为10年。

4. 穆罕默德（Mohammadieh）-萨曼甘（Samangan）

改造线路全长157公里，计划投资额为1.2亿欧元，该项目计划采用BOT或者BLT模式，计划建设工期为2年，特许经营期为5~8年。

5. 詹达格（Jandagh）-塔巴斯(Tabas) -托尔巴特海达里耶(Torbate Heydarieh)铁路双线工程

改造线路长度为542公里，计划投资额为2.82亿欧元，设计运输能力为1040万吨/年，该项目计划采用BOT或者BLT模式，计划建设工期为3~4年，特许经营期为10~15年。

（三）电气化改造工程

霍尔木兹甘线路（Sirjan-Bafq-Bandar Abbas））电气化工程，对位于伊朗南部的锡尔詹（Sirjan）至阿巴斯（Abbas）的铁路线路进行电气化改造，改造线路长度为613公里，改造后运输能力达到2500万吨/年，计划采用BOT模式建设，建设期为3~4年，特许运营期为7~10年，项目预计内部收益率为25%~30%。该项目将提升锡尔詹至阿巴斯港口的铁路运输能力，增强阿巴斯港的货运周转能力，提升港口通关能力。

（四）多式联运和“无水港”项目

1. APRIN无水港（APRIN Dry Port）项目

计划投资总额为0.42亿欧元，无水港设计吞吐量为40万标箱，主要服务于以德黑兰为中心的铁路集装箱中转，项目计划采用BOT模式建设，建设周期3年，特许经营期20~25年，内部收益率为15%~17%。

2. 格雷斯坦多式联货运站项目（Multi Modal Incheh borun）

项目位于伊朗和土库曼斯坦边境阿特列克河岸边，规划面积1200公顷，项目分为三期建设，计划投资0.62亿欧元，项目计划采用BOT模式建设，建设周期3年，特许经营期20~25年，内部收益率为15%~17%。

五　中资企业参与伊朗铁路建设的机遇

铁路是国家综合运输体系中的重要组成部分，完善发达的铁路网不仅是工业化推进的基础条件，也是加强国家治理、推进经济社会均衡发展的重要保障。由上述分析可以发现，伊朗对铁路基础设施的提升存在较大的需求，伊朗铁路管理部门也制订了较为明确的发展规划和项目计划，为了实现“2025愿景”领域中的铁路发展目标，伊朗铁路领域需要75亿美元的投资，因此，伊朗铁路建设领域存在较大的市场空间。

随着中国工程建设企业的经济实力和技术实力不断提升，以中国土木工程集团、中铁建设集团、中国交通建设集团等为代表的中资工程建设企业在海外工程市场中的份额不断提升，每年的业务量增速高达30%。[①] 特别是在“一带一路”倡议背景下，中资工程建设企业积极推行“走出去”战略，服务“一带一路”工程建设，中资企业的国际工程承包业务量增长迅猛。目前，中国铁路建设领域的实力位居世界前列，特别是中国高速铁路技术成为工程“走出去”的名片，中资工程建设企业在普通铁路、高速铁路建设方面，均有丰富的工程经验和技术积累，同时在工程造价方面也具有国际竞争优势。

伊朗宏大的铁路提升计划，为中资企业进入伊朗工程市场提供了利好和机遇。近三年来，中资企业陆续进入伊朗铁路建设市场。2015年，中国中铁股份有限公司与伊朗合作，承建德黑兰-库姆-伊斯法罕高铁，2016年2月6日，中国中机公司及苏电集团等中资企业参与的德黑兰-马什哈德铁路电气化改造项目正式开工，计划工期4年，2017年7月26日，中国进出口

① 杨韬：《中国海外工程承包企业竞争力分析》，《国际经济合作》2014年第1期，第17~24页。

银行与伊朗工业和矿业银行签署了该项目的融资合同。[①] 项目竣工后，德黑兰 - 马什哈德铁路最高运行速度将达到160 公里/小时，达到“准高铁”速度，极大提高德黑兰 - 马什哈德铁路运送效率。2018 年 3 月 7 日，中国机械工业建设集团有限公司与伊朗交通基础设施开发公司签署价值 50 亿元的伊朗设拉子至布什尔铁路项目合同，3 月 12 日，国机重工与伊朗交通基础设施开发公司签署了价值 54 亿元的德黑兰 - 哈马丹 - 萨南达季铁路改扩建项目，项目采用 EPC 模式，工程完工后，将极大提高伊朗西部的铁路运输能力，对伊朗的社会和民生具有显著价值。[②]

六　中资企业参与伊朗铁路建设的挑战

（一）“伊核协议”前景不明朗，增加伊经济系统性不确定性，可能诱发工程融资和支付风险

2015 年 6 月“伊核协议”签订后，伊朗经济呈现好转态势，油气产业和出口量有所恢复和扩大，国际收支有所改善。归功于油气领域的增长，伊朗国内生产总值在 2016 ~2017 财年增长率高达 12. 5%，在此背景下，国内的工程投资和建设进度加快。然而伊朗面临的国际形势充满变数，2018 年 5 月 8 日，美国特朗普政府宣布退出“伊核协议”，重新启动对伊朗的经济制裁，并要求其他国家减少对伊朗石油进口，一时间，伊朗再次成为国际政治经济领域的焦点，尽管美国退出伊核协议目前只是单边行为，但是国际社会上普遍认为此举对复苏中的伊朗经济有重要的负面影响，增加了伊朗市场的风险。[③④] 伊朗经济高度依赖石油出口，若伊朗石油出口遭遇遏制，则可能

① “Tehran-Mashhad Railroad Project Gets Off the Ground,” *Financial Tribune*, https: // financialtribune. com/articles/domestic - economy/78248/tehran - mashhad - railroad - project - gets - off - the - ground.

② 《国机重工斩获 53 亿元伊朗铁路建设项目》，中国工程机械商贸网，http: //news. 21 - sun. com/detail/2018/03/2018031908093024. shtml。

③ 周密：《美退出伊朗核协议，增加企业对伊朗合作风险》，《世界知识》2018 年第 11 期，第 13 页。

④ 王宇：《美国祭出“封杀令”，直指伊朗经济命脉》，《中国国防报》2018 年 7 月 4 日。

导致伊朗的经济增长停滞，甚至衰落，进而造成国家财政严重收紧。铁路属于“准公共产品”，其建设投资规模巨大，成本回收期长，具有典型的“溢出效应”，因此铁路建设通常由国家力量承担，因此铁路建设投资和工程支付高度依赖政府财政实力，若伊朗经济下滑，势必放缓铁路等基础设施建设项目，中资企业承接的一些铁路 BT（建设 – 转移）项目、EPC（交钥匙工程）项目可能存在融资风险和工程支付风险。

（二）伊朗营商环境和法规制度有待完善，给中资企业承担的铁路建设工程项目管理提出挑战

世界银行发布的《2018 年营商环境报告》显示，伊朗得分为 56.48 分，在 190 个国家和地区中排第 124 位[①]，比 2017 年的排名下降 4 位。非政府组织机构透明国际（Transparency International）发布的 2017 年度全球清廉指数（Corruption Perceptions Index）显示，伊朗得分为 30 分，在 180 个国家和地区中排第 130 位。[②] 同时，伊朗的税收制度、行政审批效率等方面均有待提升和改善。此外，Trading Economics 数据库显示，伊朗最新的年通货膨胀率数据为 9.7%（2018 年 6 月 28 日数据）[③]，因此从整体上来看，伊朗的营商环境、商业法规制度以及市场稳定性等方面存在提升空间。从对伊朗铁路提升计划部分的分析可以看出，伊朗铁路建设管理部门倾向采用 BOT、PPP 等融资模式推进铁路项目，并且运营期（特许经营期）年限相对较短，项目本身财务风险较大。而对于承接企业来说，特许经营和公私合营的建设模式需要政府和监管部门制定完善的法规制度，同时未来的市场预期要良好，否则承建企业难以按照质量、进度和成本三个方面开展项目管理，企业投资不仅难以回收成本，更难以获得合理利润回报。

---

① 《2018 年营商环境报告》，世界银行，http：//chinese.doingbusiness.org/reports/global – reports/doing – business – 2018。

② *Corruption Perceptions Index 2017*，https：//www.transparency.org/news/feature/corruption_perceptions_index_2017.

③ Trading Economics，https：//zh.tradingeconomics.com/iran/inflation – cpi，July 6，2018.

（三）大国"角逐"伊朗铁路建设，增加市场进入壁垒和挑战

鉴于伊朗独特的交通区位优势和地缘政治影响，周边大国纷纷聚焦伊朗铁路建设项目。伊朗英语新闻电视台（Press TV）2017 年 8 月 23 日报道称，俄罗斯银行将资助伊朗 10 亿欧元用于铁路电气化项目建设[①]；伊朗《金融论坛报》报道，2018 年 1 月 14 日，伊朗和印度签署了价值 20 亿美元的铁路合作协议，其中包含 6 亿用于伊朗从印度购买铁路牵引机车和货车。据报道，印度此举主要目的在于资助伊朗修建恰巴哈尔港连接扎黑丹的铁路，提升欧亚南北运输走廊的运输效率，方便伊朗通过伊朗的港口铁路连接中亚和欧洲地区。[②] 在国际工程实践中，资金来源渠道对建设企业的选择、资质认可以及项目流程管理等方面具有深刻影响，来自中国以外的其他域外大国投资的铁路建设项目，无疑会对中资企业的工程竞标产生挑战。

（四）工程技术标准的偏好可能给中资企业的项目承接和推进带来挑战

工程项目技术标准的选择，直接影响着工程实施的难度以及工程造价，对工程设计、工程质量和配套装备选择等具有重要影响。在国际工程建设市场中，"技术专利化 - 专利标准化 - 标准许可化"逐渐成为一种完备的竞争策略。在交通建设领域，中国标准"走出去"已经成为中资企业海外发展的重要导向。由于历史和文化传统影响，伊朗更加偏爱西方产品和技术，尽管我国高铁已形成了完整配套的系统集成能力和自主创新能力，在设计、建设、装备制造及运行管理和维护中集成了大量高可靠性的技术方案和标准，然而由中国公司承建的德黑兰至伊斯法罕的高速铁路却采用欧盟 TSI 标准。为了贯彻欧标的执行，伊朗铁路管理部门专门聘请意大利咨询公司承担监管

① "Russians to Finance 1bn Rail Electrification in Iran," https://www.presstv.com/Detail/2017/08/23/532644/Iran - railway - Russian - bank - finance - transport.

② "India Helps Iran on Huge Rail Projects by Signing 2 - billion - USD Deal," http://www.xinhuanet.com/english/2018 - 01/15/c_ 136895467.htm.

职责，确保中国建设企业遵守欧洲 TSI 和其他相关技术标准。伊朗对欧盟标准的偏好对于中国铁路技术标准“走出去”可能存在不利因素，也制约了依托标准而开展的上下游装备制造产业的“走出去”步伐。伊朗对欧洲技术标准的青睐和选择，无疑对中资企业而言，在工程设计、施工、装备配置、铁路运营等方面均具有挑战。

七　结语

伊朗位于麦金德心脏地带的南部，也属于斯皮克曼定义的大陆边缘地带，地缘战略优势明显，跨越里海和波斯湾两大油气产区，能源和交通枢纽地位显著。伊朗铁建设起步较早，经过一百多年的发展，伊朗形成了相对完善的铁路网络，随着经济社会发展，伊朗铁路服务能力与需求之间存在一定的差距。为了建设现代化的铁路运输系统，服务于国内经济社会发展需要，同时充分发挥国际交通枢纽的交通区位优势，伊朗制订了宏伟的铁路发展计划，主要包括新线路的修建、双线改造工程、电气化工程改造及枢纽场站建设四个领域。计划到 2025 年，伊朗铁路网络既有线路全部实现电气化改造，线路复线率提升至 100%，最终实现铁路里程翻番目标。

伊朗宏大的铁路提升计划，为中资企业进入伊朗工程市场提供了利好和机遇，中资海外工程建设企业在铁路建设领域所积累的技术、经验以及成本优势为拓展伊朗铁路建设奠定了坚实基础，近年来，中资企业陆续进入伊朗铁路建设市场，开启了伊朗铁路提升计划的工程建设序幕；同时应该看到，中资企业参与伊朗铁路建设项目也面临“伊核协议”不确定性、伊朗营商环境不佳、大国在伊朗铁路建设领域“角逐”以及伊朗铁路建设技术标准选择偏好四个方面的风险和挑战。在国际工程建设领域，市场机遇总是伴随着风险。中资企业在开拓伊朗铁路建设工程市场中，需要敏锐捕捉存在的机会，也需要谨慎评估存在的风险，结合国际政治经济形势，综合权衡成本和收益，进行理性决策，在响应“一带一路”倡议过程中，稳健实施“走出去”战略。

B.16
2017年伊朗高等教育与中伊教育合作发展报告*

冀开运　邢文海**

摘　要： 本报告基于2017年8月西南大学伊朗研究中心的实地调研。当前伊朗高等教育体系完善发达，高等教育准入门槛迅速降低，国民文化素质较高。在伊朗教育战略布局之下，高等教育基本朝全民教育和终身教育方向发展，教育政策与当前伊朗经济局势、人口结构有着紧密的关联性。伊朗高校的对外交流与合作呈现出渠道不畅、路径单一的特点。中伊教育交流合作应注重在优势特色学科上的合作，中医药教育和汉语教育在伊朗大有可为，在互学互鉴、互信互谅的前提下推动两国教育合作的升级换代。

关键词： 伊朗　高等教育　一带一路　教育合作

2017年8月9~25日，西南大学伊朗研究中心主任冀开运教授率领中心团队一行7人，前往伊朗应用科技大学（8月11日）、亚兹德大学（8月13日）、伊斯法罕大学（8月15日）、霍梅尼国际大学（8月19日），重点

* 本文是教育部国别和区域研究课题“伊朗教育制度与政策研究”成果，课题负责人：冀开运，课题组成员：邢文海。

** 冀开运，西南大学伊朗研究中心主任，西南大学历史文化学院教授；邢文海，郑州大学历史学院博士生。

考察调研伊朗高等院校人才培养、科研管理、师资队伍建设、转型发展以及中伊双边高校校际合作等现状与经验。本报告是教育部 2017～2018 年度国别和区域研究课题的研究成果，基于西南大学伊朗研究中心团队于 2017 年 8 月在伊朗 8 座城市与 4 所高校调查研究所收集的相关会谈、访谈交流以及实地调研资料。此次调研为期 16 天，通过收集媒体以及文献资料，在伊朗各地实地参观会谈，回国后利用伊朗社交软件持续追踪等多种调研形式，与伊朗政府官员、NGO 组织、高校管理层、大学教授、汉学家、新闻记者、一般伊朗民众等进行了深入会谈和交流。通过考察交流，不仅对伊朗的国情有了进一步的认识，并且与伊朗相关院校结下了深厚的友谊，为今后加强中伊校际联系、深化双边合作奠定了坚实的基础。

从宏观层面而言，伊朗是欧亚陆桥的交汇点，是海陆丝绸之路的枢纽，是“一带一路”倡议中无可替代的节点性国家。伊朗高等教育毛入学率位居“一带一路”73 个沿线国家的前列，并且持续增长，是中东地区教育较为发达的国家。[①] 因此研究伊朗高等教育政策有利于全面推进中伊两国的教育合作和交流，可以为我国高等院校推进国际化教育提供现实参考，为政府部门、相关高校以及学术界提供更有效的研究报告和对策建议。

一　伊朗高等教育的基本情况

1979 年伊朗伊斯兰共和国建立后，根据最高领袖霍梅尼的指示开展了文化革命，宣布全国所有大学关闭 3 年，要在全国所有的大学贯彻伊斯兰革命的原则。文化革命的目的是将伊朗改造成符合伊斯兰规范的国家，对整个伊朗社会尤其是伊朗高等教育体制影响深远。文化革命指挥部建立以后，招生以及教师考核选聘以及高校相关制度规范的制定都由该指挥部来负责。根据规定，全国所有大学同一专业的课程标准要求必须统一。此后，伊朗成立了“大学委员会”来落实文化革命指挥部的有关政策。1985 年，伊朗建立

① 肖建飞：《伊斯兰四国宗教教育模式的比较分析》，《世界民族》2015 年第 1 期，第 99 页。

了医疗卫生与医学教育部，与医学教育有关的事务都由该部来管理，而伊朗各地高校医学院都相继剥离，单独成立了医学科学院。两伊战争之后，伊朗最高文化革命委员会成为全国教育政策的决策机构，高等教育的管理职能则由科技部、卫生部等部委负责。[①]

（一）教育管理体制

当今，伊朗政府和社会各界都相当重视高等教育的质量。现任最高领袖哈梅内伊特别强调大学在社会发展中的重要性，并且认为伊斯兰的意识形态对大学的指导至关重要，推动高校的伊斯兰化是大学教育工作者的责任与担当。

伊朗的世俗教育管理体制采取中央集中管理、地方自主办学的模式。由于伊朗采取“大政府、小部委”的管理模式，因此有关全国教育的管理职能相对分散。最高文化革命委员会是国家教育部门的最高决策和规划机构。伊朗中央政府的教育部负责管理学龄前、小学、初中、高中教育、特殊教育和成人扫盲教育；科学研究和技术部（简称科技部）职能与巴列维王朝时期的高教部有所重叠，负责管理高等教育，下属 54 所高校；该部担负着下属高校政策制定、规划，学科指导、监督和评估，颁布成立许可证，大学行政管理，学制、专业设置，招生录取工作等职责，是主要的高等教育领导和管理机关。除此以外，政府又将医学高等教育单列出来由医疗卫生和医学教育部（简称卫生部）负责下属 17 所医科大学的教学；劳工事务部（简称劳工部）负责全国的职业技术教育等。其他一些部委也负责管理下属的专业高校，负责相关学校的类似职责。[②]

（二）高等教育体制

科技部、卫生部等部委是伊朗高等教育的直接管理机构，高校和其他高

① 吴成：《伊斯兰复兴思潮与伊朗的教育改革》，《河南教育》（基教版）2011 年第 3 期，第 16～17 页。

② 杨涛、张立明：《伊朗概论》，世界图书出版公司，2016，第 202 页。

等教学科研机构由最高计划委员会领导，该委员会负责制定与审核教育规则及其章程。依据1988年最高文化革命委员会批准通过的法律规定，最高计划委员会由以下成员组成：（1）部长；（2）大学校长；（3）对大学或科研机构发展有影响力的社会贤达或者科研成果卓著的学者等（他们由部长提名，最高文化革命委员会批准，总统任命；（4）国家计划和预算委员会的主席或其代表。最高计划委员会由9个计划小组、68个专业委员会、3个常务委员会以及470人常务会员组成。在伊朗高等院校的日常管理层面，学校校长是学校的最高领导，由科技部部长或卫生部部长来任命，副校长则由校长提名任命。[①] 学校的校务委员会由校长和几位副校长及行政机构负责人组成。法基赫（教法学家）的监护代表也几乎在所有的学校设有办事处，并且负责管理政治和宗教活动。

在伊朗，各学科的专业人才培养主要由科技部负责，而医学专业的人才培养单独由卫生部负责。目前，除以上两个部门所属院校以外，一些部委在获得科技部的许可以后，其所属大学和科研机构也具有招生的资质。科技部主要管辖综合性大学、师范院校和技术工程类院校，而外交部、通信和信息技术部、交通部、声像组织（广播电视局）、司法部也有属于本系统的专业院校。2000年，为了加强高校参加高等教育管理，消除管理过分集中的弊端，提高教学质量，课程规划的权力被下放到各个高校，此举的目的在于鼓励高校与时俱进，根据社会需要及时更新专业和专业教学内容。

但由于特殊的国情，伊朗目前大致设有5类高等学校，包括国立大学（含科学实践综合大学和法尔汉基扬大学在内）、伊斯兰自由大学（也称为伊斯兰阿扎迪大学）、私立大学、伊斯兰宗教学校和远程开放大学。[②] 除此以外，伊朗还设有高等教育中心，但不具有大学的性质。

按照伊朗学制，初等和中等教育共13年，其中学龄前1~2年、小学5年、初中3年、高中3年、大学预科1年。小学和初中教育为义务教育，

① Maghsood Farasatkhah, Mahmood Ghazi and Abbas Bazargan, "Quality Challenge in Iran's Higher Education: A Historical Review," *Iranian Studies*, Vol. 41, No. 2, Apr. 2008, pp. 115 - 137.

② 冀开运主编《伊朗发展报告（2016~2017）》，社会科学文献出版社，2016，第154页。

共8年。高中阶段开始分科和实行学分制，学制为3年，分为普通高中、职业中学和技校3类。[①] 除成人扫盲教育和职业技能培训之外，还包括残障儿童教育、天才儿童教育、游牧民族儿童教育，特别是难民和外国儿童教育。

高等教育培养层次包括专科、本科和研究生学历教育，实行学分制。伊朗高考形式是一门综合考试，考试题目是多项选择题，内容包括高中全部学科，考试时间为4个多小时。参加本科入学考试的学生必须具备高中文凭；身体健康；品德良好；忠于伊斯兰革命。除了统一的考试外，大学在录取阶段还要进行面试。在高考中，战争中伤残和被俘军人及军烈属、被俘军人的子女享受特别照顾，各个高校都为这些人留出相应的名额。为了更好地预备高考，学生要提前花不少时间复习高中的各种学科。一名伊朗高中生，如果要进入公立高校必须参加一年一度的全国统一考试，进入私立大学只需参加学校组织的入学考试。[②] 伊斯兰自由大学单独举行入学考试。

目前伊朗国立大学基本上实行免费教育，学生不仅不用交学费，而且享受国家提供的住房、食品、交通等补贴。为了公平起见，伊朗的本科和研究生层次的入学考试要进行全国统考，博士生的考试则由各个大学自主招生。由于伊朗的国立大学不收学费，培养层次和质量较高，因此成为高考生的首选。虽然伊朗目前高等院校整体录取率相对较高，但要进入伊朗排名靠前的著名高校竞争仍然十分激烈。在此环境之下，社会上有各种培训公司专门辅导考生参加高考的方法和技巧。教育相关产业在伊朗发展呈现出一片繁荣之势。

1982年正式成立的伊斯兰自由大学，其日常教学并不依赖政府拨款，主要是利用地方政府、慈善机构以及个人捐赠的教学场地和设备，依托国立大学的师资力量进行办学。该校以德黑兰为中心，在伊朗全国一百多个城市

① 杨涛、张立明：《伊朗概论》，世界图书出版公司，2016，第209页。

② Maghsood Farasatkhah, Mahmood Ghazi and Abbas Bazargan, "Quality Challenge in Iran's Higher Education: A Historical Review," *Iranian Studies*, Vol. 41, No. 2, Apr. 2008, pp. 115 - 137.

设有分校，号称伊朗最大的大学。[①] 伊斯兰自由大学以高考落榜生为招生对象，实行收费教育，有大专、本科、硕士和博士四个层次。

（三）宗教教育及其改革

伊朗的库姆、马什哈德和伊拉克的纳杰夫并称什叶派三大教学中心。在伊朗国内的许多大城市如伊斯法罕、设拉子、亚兹德等都有历史悠久的神学院。伊斯兰革命胜利后，执行“宗教学校政治化，世俗学校伊斯兰化”。所有的大中型城市都成立了“宗教学校管理委员会”来管理所有的神学院，新时期的神学院得到伊斯兰政府大量的拨款。[②]

近二十年来，伊朗的神学教育逐步走向正规化，进入神学院学习的学生要求至少初中毕业，必须参加由每个城市宗教学校管理委员会组织的统一笔试和口试，考试合格后到指定的学校学习。另一个新的变化是，一些宗教学校开始招收女学员，库姆的神学院还面向全世界招收留学生。一些现代化的教育设施如计算机也被引进神学院。

伊朗宗教学校的改革也引起一些保守宗教人士的反对，他们认为目前的神学院教育剥夺了各个学校的自主性，抹杀了学校的个性，扼杀了宗教学校的活力。

二　伊朗四所高等院校的基本情况[③]

（一）亚兹德大学

亚兹德大学位于伊朗内陆地区的亚兹德省，始建于1976年。根据校方

① Maghsood Farasatkhah, Mahmood Ghazi and Abbas Bazargan, “Quality Challenge in Iran's Higher Education: A Historical Review,” *Iranian Studies*, Vol. 41, No. 2, Apr. 2008, pp. 115 – 137.

② Saeed, Paivandi, *Education in the Islamic Republic of Iran and Perspectives on Democratic Reforms*. British: Legatum Institute, 2012, pp. 10 – 11.

③ 2017年西南大学伊朗研究中心调研的四所高校的相关数据均由相关高校提供，仅供参考。

提供的2017学年最新数据，学校现有教职工800多人，在校学生共计1.5万余人，设有27个院系，开设了48个博士研究生专业、108个硕士研究生专业以及62个本科专业。学校占地380公顷，建筑面积24万平方米，两个校区大部分位于亚兹德市新城区，该市旧城区于2017年被联合国教科文组织列入世界文化遗产名录，新旧城区相距不远，因此学校周边历史文化遗址较为丰富，保存也都较为完整。近些年来，亚兹德大学在科研领域取得了突出成绩，国际排名显著上升。学校由科技部、中央和地方行政部门官员组成董事会进行管理和监督。校长由科技部部长提名、最高文化革命委员会批准任命，获得任命以后有权提名、晋升、选拔、委员会和校董事会成员，并且负责安排学校下属的各行政部门人事。

从亚兹德大学校方提供的相关资料信息来看，该校行政分工相对简单，组织架构层次并不复杂。相较于校方2015～2016年的宣传资料，该校近两年招生规模和专业设置上均有一定程度调整和扩展，学校发展的重心偏重于硕士和博士研究生的培养，并且人文专业和机械工程专业都是其特色优势学科。人文专业主要是波斯语言文学、伊斯兰历史文化以及波斯语、阿拉伯语、英语的语言培训课程。该校波斯语言文学方向博士生导师法赫德教授曾任教于上海外国语大学东方语学院，对中国文化怀有深厚的情感，对于推动双方高校之间早日建立了合作关系抱有期待。在亚兹德大学，校董事会成员和各院系负责人与西南大学伊朗研究中心团队成员举行了会谈，亚兹德校方希望与中国相关高校在人文专业进行校际合作与交流，亚兹德大学国际处处长介绍了学校接受国际留学生的相关政策和费用，表示非常欢迎中国留学生前来就读，该校波斯语文学系负责人在交流过程中希望两校可以协商互派访问学者，以便实现双方语言教学的优势互补。

（二）伊斯法罕大学

伊斯法罕大学位于伊朗中部伊斯法罕市市区的西南部，其建校至今大致有70年的时间。参观过程中，校方带我们游览了校园。学校基础设施齐全，教学质量较高。该校目前在职在岗的职工有645人，其中副教授以上职称占到全体教职工人数的40%以上。师资力量相较于伊朗中南部其他高校具有一定的优势。2018年9月，该校全日制在校学生人数达15603人，其中硕士研究生以上的高层次人才培养已经达到在校学生总数的50%。作为一所综合性大学，伊斯法罕大学学科门类较为齐全，研究力量主要倾注在10个专业研究机构和45个研究团队之中。

此行，我们经由伊朗萨迪基金会的介绍，与伊斯法罕大学教授阿里·贾法里先生相识，经由他的协调和不辞辛苦的奔波，我们最终顺利地同伊斯法罕大学校方举行了会谈。双方一致同意在实现校际互访以后，在两校汉语专业、波斯语专业以及相关的学科进行实质性的交流与合作，设立双向合作的研究课题，并联合出版若干学术专著。伊斯法罕大学国际处处长赛义德·塔耶比先生提议每年互派16名教师和学生进行交流访学，如果西南大学愿意设立波斯语专业或是可以作为选修课程的第二外国语，校方可以提供力所能及的帮助。伊斯法罕大学设有历史工作坊，可以为双方学者实现6个月短期互访教学提供便利。目前仅有中国厦门大学与该校建立了合作关系，厦门大学支持该校创办汉语专业，中东问题专家范鸿达教授在该校教授汉语，该校也准备派出教授去厦门教授波斯语。

（三）霍梅尼国际大学

霍梅尼国际大学建立于1991年，位于伊朗中部城市加兹温，是伊朗唯一以国际化为办学定位的综合性高等院校，相当于北京语言大学。截至2016~2017学年，学校自建校以来共招收了130个国家的8500名留学生。根据校方提供的资料，该校目前有教学人员277人，在校学生共计6532人，国外学生817人，其中中国留学生150人左右。校方高度评价中国留学生的表现，称“中国学生是我校最为安分守己的国际学生”。该校拥有伊朗第二大波斯语培训中心，确立了人文学科、伊斯兰文化研究、基础科学、机械工程、建筑与城市规划、农业与自然资源开发等多学科协调发展的格局，学校占地1500亩，共有两个校区。

对于我方到访，霍梅尼国际大学校方高度重视，各个院系的负责人都参与了会谈。该校国际处处长巴亚特先生代表霍梅尼国际大学郑重向我方宣布，经过校董事会讨论后一致同意在该校设立丝路学院和中国学专业，未来5年招收并培养500名汉语学生，该项计划已经上报伊朗科技部备案，希望中国相关高校能够提供师资和生源，为此积极筹划双方合作备忘录，早日建立合作机制。霍梅尼国际大学的有关负责人提议，为促进双方的了解与交流，下一步可以在伊朗和中国筹划双边学术交流活动，建议于2018年4月举办中伊经济文化交流研讨会。

在与霍梅尼国际大学校方会谈过程中，我们感到目前伊朗对于汉语教学的双边合作十分热衷和迫切。其中校方特意强调霍梅尼大学的办学规模和层次，特别希望与中国相关高校和研究机构建立合作关系，共同设立丝路学院。他们急切需要中方提供师资和生源，以培养汉语本科专业的学生。为此他们提议尽早制定合作备忘录，建立稳定持续的合作机制。霍梅尼国际大学设有了哲学、波斯语言文学2个博士点。尽管该校与北京外国语大学建立了合作关系，但远远满足不了汉语专业的师资需求。而伊朗的汉语教学也没有得到我国政府和各个大学的常态化支持。这是未来中伊教育合作最大的机遇，提供了相对广阔的发展空间。与此同时，这为在未来培养高精尖的波斯语人才创造了良好的契机。

（四）伊朗应用科技大学

伊朗应用科技大学是一所由德黑兰资深教育人士联合创办的私立大学。学校位于德黑兰市区北部，由于是私立高校，学校规模相对较小，甚至没有校门。该校以就业为导向，学校偏重于设置应用型专业，注重实用性和艺术造诣的培养，外国语言文学、艺术类专业师资力量相对较强，多名伊朗知名的导演、书法家、音乐家、摄影师任教于该校。近些年来，学校也在伊朗国内各项文艺表演中获得了多种奖项。伊朗应用科技大学目前有2000名左右在校学生。该校的经营模式贴近于伊朗的就业市场，依据市场需求进行人才培育。此类伊朗高等院校与伊朗国立大学形成了互补关系，填补了伊朗国内的人才需求的空白。近些年来，随着“一带一路”倡议的提出，该校抓住机遇，相较于伊朗其他国立大学较早地设立了汉语教学与中国传统文化专业，聘请伊朗著名汉学家阿紫女士（Azadeh Bagheri）担任专业负责人，结合学校的专业设置系统性介绍和演绎当代中国的书法艺术、电影、摄影、音乐，在德黑兰具有一定的社会影响力，为传播中国文化、宣传“一带一路”做出了显著的贡献。

在与该校会谈的过程中，校方建议与中国高校的有关院系建立校际联系，实现双方学校代表的互访交流。该校希望通过聘请、交流访学等形式，与中国文化界进行有效的接触，举办系列性的中国文化讲座，并通过持续性的交流，能够在该校设立汉语言翻译、中国书法艺术、中国影视文化等专业和课程，同时与中国学者合作，翻译中国传统文化的经典作品。该校师生在2016 年就将四大名著之一的《红楼梦》搬上了伊朗话剧舞台。

三　伊朗高等教育政策的特点及其问题

总体看来，伊朗教育发达，高等教育准入门槛迅速降低，国民文化素质较高。在当前伊朗教育布局之下，伊朗高等教育基本朝全民教育和终身教育方向发展。这种教育政策与当前伊朗经济局势、人口结构有着紧密的关联性。在不涉及意识形态的前提下，中央政府以及各地方政府、科技部积极鼓励发展教育，即鼓励私人办学、鼓励学生深造、鼓励社会终身教育、鼓励高等教育普及化。伊斯兰教和法基赫体制是学术研究的敏感问题，也是意识形态的红线和底线。

当前伊朗高等教育基本实现大众化，接受各种层次高等教育的人数都迅速增长，增幅居中东地区国家首位。伊朗国际一流大学并不多，普通公立大学的教学设备和校园建设大多不尽如人意，相对比较落后。根据 2017 年 US News 最新的排名，伊朗有两所大学跻身世界大学前 500 名，但是两所大学排名并不靠前，都在 400 ~ 500 名。另外有 8 所学校办学水平排在世界大学前 1000 名。[①]

① US News，https：//www. usnews. com/education/best - global - universities/rankings.

伊朗目前高等教育院校规模迅速膨胀，高等院校毛入学率迅速提升，但教育经费支出增长幅度有限，各大院校教学质量和软硬件水平都因此受到了制约。2013 年，伊朗高等教育毛入学率达到了 57.9%。根据预估，目前伊朗高等院校毛入学率约在 70% 以上。而在 2005 年，这一数字仅为 23.7%。[①] 近十年来，伊朗高等院校扩招幅度极为惊人。这一趋势形成的根源在于以下四个方面。

首先，伊朗人口基数较大，并且人口结构呈现出年轻化的特点。年轻人口的增长一方面为高等院校招生提供了充足的生源，另一方面也为高校扩大招生规模提供了增长预期。其次，伊朗相较于中东其他伊斯兰国家，妇女地位相对较高，加之伊朗实施的义务教育政策和普惠福利政策，并不会使女性在接受教育的过程中由于社会和宗教因素而中途辍学。由于高考的公平性，女性接受高等教育的比例接近于该年龄段伊朗人口的男女比例，甚至更高。女性接受高等教育一般倾向于提升自身学历来为自己未来的婚姻争取主动性。女性拥有更高的学历一般会意味着可以与更优秀的男性结婚。[②] 再次，为了实现教育公平和提高大学普及率，伊朗创办了独具特色的伊斯兰自由大学。该大学在伊朗一百多座城市建立分校，拥有本科、硕士、博士专业，在校人数多达 162 万，广泛招收社会人士接受继续教育。最后，近年来，由于毕业生就业困难，青年人失业率偏高，各地院校的硕士点和博士点也呈现出井喷之势。快速普及高等教育的政策对于缓解青年就业、维持社会稳定具有一定“减震器”功能。但这种政策取向对于伊朗高等院校的人才培养和学校长远发展而言，是极为短视的，并且是无助于就业困境根本性改善的应急举措。伊朗国内的政治人物都拥有博士学位，但伊朗宏观经济发展并不乐观。由于高校人文学科专业比例极高，因此每年高等院校毕业生找不到与自己专业相关的工作，而招聘的过程中一般很少人能够符合用人单位需求。在

---

① 肖建飞：《伊斯兰四国宗教教育模式的比较分析》，《世界民族》2015 年第 1 期，第 99 页。

② Goli M. Rezai-Rashti and Valentine M. Moghadam, “Women and Higher Education in Iran: What are the Implications for Employment and the ‘Marriage Market’?” *International Review of Education*, Vol. 57, No. 3/4, 2011, pp. 419 – 441.

这样的情况下，高学历者在进入企业以后，企业雇主不愿意付出相应学历的工资待遇。在企业招聘的时候也一般忽略高学历求职者，而倾向于招聘普通低学历甚至没有学历的人。这种现象已经影响到伊朗高校的人才培养环节。在人文学科普遍难以就业的情况下，多数学生急于提高自身学历，从而使硕士和博士的文凭需求推动高校研究生培养的需求。随着高校办学自主权的扩大，多数高校更倾向于研究生层次的培养，并进一步申请硕士点和博士点，呈现出一种恶性循环的趋势。从长期来看，无疑会加剧高学历迅速贬值，就业市场的供求矛盾必将更加突出。[①] 这从客观上也会进一步加剧伊朗近年来人才外流的趋势。

在2017年8月调研的过程，我们通过与各大高校负责人会谈了解到，他们都意识到了目前高等教育政策的失衡，导致高校扩招、人才外流趋势的弊病以及长远危害，但是受制于当前的国内外政治和经济环境，政策性放宽学历提升的门槛和培养要求已经是不得不做的调整，因此未来伊朗接受高等教育的人数仍会进一步增加。

截至2015年底，伊朗高等院校总数为2640所，其中国立大学占所有高等院校总数的68%，其余大部分是伊斯兰自由大学在各地的分校。[②] 医学教育方面，伊朗有48所医科学院、36所牙科学院、17所药物学院。全国医科高等高校目前有170所，其中伊斯兰自由大学也设立了20所医学院。据2015~2016年的统计，伊朗全国约有434.8万名在校大学生，其中大约54%在国立大学学习，大部分学生是人文学科相关专业的本科生。从学历层次上而言，大专生约有88万人，本科生约有256万人，硕士研究生约有77.5万人，在职博士研究生人数达到了8万人左右，学术型博士研究生约有11.5万人。德黑兰省是伊朗高等教育最为发达的地区，德黑兰省在校学生人数达87万人左右。伊斯兰自由大学在各地分校的在籍学生达到162万

① Akbar E. Torbat, "The Brain Drain from Iran to the United States," *Middle East Journal*, Vol. 56, No. 2, Spring 2002, pp. 272 – 295.

② 冀开运主编《伊朗发展报告（2016~2017）》，社会科学文献出版社，2016，第154页。

人。[①] 从师资上而言，伊朗目前高校师资力量稍显紧缺，高校教师主要任教于国立大学，私立大学和伊斯兰自由大学主要依赖于社会人士和兼职教师任教。虽然国立大学占到了高校总数的68%，但教师人数占比仅为55.4%，与在校学生所占比例基本持平。伊朗大学教师人数达到了8万人左右，其中教授4629人、副教授9806人、讲师37477人、助教27961人。[②] 从女性教育层面来讲，伊朗接受高等教育人数中女性接近一半，但大学毕业后即使是著名大学的毕业生，就业也十分困难，创新创业教育在伊朗刚刚有点萌芽，尚没有进入制度化或操作化层面。大专院校毕业生的失业人数约占社会整体失业人口的一半。伊朗2015年大学毕业生失业率为18.9%。伊朗女性大学入学率虽然很高，但女性失业率也高达31.3%，而男性失业率是12.9%。[③] 女性的大学高入学率和女大学生的高失业率同时存在。伊朗大学允许大学生结婚，但因为德黑兰等大城市结婚成本过高，迫使一部分大学生采用临时婚姻制度。

近几年来，伊朗每年高等教育经费投入约133亿美元。[④] 国立和公立大学受公共财政支持，但是经费还是相对紧张。伊朗目前无论是国立大学还是私立大学，都存在这人文学科专业设置较多的问题，这与其国内经济结构、产业政策和现有的高等教育基础条件有着较为密切的关系。由于此类专业的师资配备、教学条件、资金投入的要求较低，所以文理工医专业比例失衡较为严重。在伊朗大部分大学办学资金由政府的公共收入支出以及学校事业性经营收入来提供。伊朗的教育财政支出的波动直接影响了国内高等教育的发展。学校事业性收入依据各个学校所处的区位和学校自身的发展特长而定。事业性收入也主要用于在实现学校的发展规划需要。事业性创收的途径也基本多元化，包括销售学校所完成的科研项目成果、知识产权的转让或委托，

---

① 冀开运主编《伊朗发展报告（2016~2017）》，社会科学文献出版社，2016，第155页。

② 冀开运主编《伊朗发展报告（2016~2017）》，社会科学文献出版社，2016，第155页。

③ 《伊朗面临重重压力 突破困难全力发展经济》，http：//world. people. com. cn/n/2015/0617/c157278-27168481. html。

④ 肖建飞：《伊斯兰四国宗教教育模式的比较分析》，《世界民族》2015年第1期，第102页。

提供各种医疗、技术、学术、研究、生产、咨询等服务，销售各种化学、农业、文化产品等。学校杜绝社会化的一切福利，学校公务用车也采用社会化的方式来雇用出租车和私家车。学校的公务经费开支管理十分严格，特别是接待外来宾客一般饮食简单。伊朗教育主管部门允许各大高校拓宽财政收入的多样化渠道，就是在提供教学服务的同时，可以通过实施各种项目，把学校的最新的技术专利商业化：比如根据要求给各种企业提供研究成果，创建校办企业和工作坊，转让学校的发明专利，开展信息产业有关的各种教学活动等。当然，吸引外国留学生并收取较高的学费和语言培训费也成为伊朗国立大学创收的重要来源。

为了缓解国立大学扩招的压力，减轻政府的资金负担，增加公民接受高等教育的机会，伊朗教育主管部门逐渐放宽了建立私立大学的政策限制。近几年，伊朗相继建立了上百所私立大学。资金来源主要是由国家提供部分资金和银行的信用贷款来创办。虽然私立大学得不到政府的财政经费支持，但必须按照国家教育法规的规定来实行教学培养活动。私立大学一般向学生收取高额的学费。私立大学的创办人都是大学教师。要创办一所私立大学，必须要组建以一个由10人组成的理事会，并上报科技部备案，所开设的专业都要经科技部的批准才能设立。根据我们调研的观察，伊朗私立大学普遍没有独立的校园，都是靠租赁校舍来进行日常教学。教师主要是聘请高校教师和社会人士兼职担任，课程主要是实用型的技能培养和职业技术教育，较好地填补了伊朗国内就业市场的人才需求和专业需求。

伊朗国内中产阶级以上的家庭普遍重视子女的英语学习，希望子女能够去欧美求学，学成以后多数都留在了当地定居。一方面伊朗民众对西方文化的腐朽与堕落进行批评，另一方面对西方自由民主十分向往，对西方文化也持有复杂的矛盾心理。伊朗逐渐开放与国外的学术交流后，也资助留学生出国深造，但是很多学生都不再返回伊朗。由于伊朗允许双重国籍的存在，因此很多伊朗人选择在海外定居生活，但是依然保留了伊朗国籍。这种现象自伊斯兰革命胜利以后开始普遍出现，至今仍然广泛存在于伊朗中上层富裕家庭。世界银行发布的报告显示，近几年伊朗移民约占世界移民总人口的

1.5%，其中很大的比例是高学历人才移民。[①] 根据伊朗最高文化革命委员会估计，2015 年伊朗有 11300 名高学历人才移民到了其他国家。[②]

由于伊朗长期处于被制裁、被孤立的状态，高等教育对外交流与合作呈现出渠道不畅、路径单一的特点。第一，伊朗的留学生主要来源于周边波斯文化所辐射的国家，例如阿富汗、巴基斯坦、阿塞拜疆、亚美尼亚、格鲁吉亚、伊拉克、土耳其等这些国家的留学生占多数，欧美的留学生很少，来自中国的留学生人数也相对较少，大概有几百人；第二，伊朗主要资助外国留学生来伊朗学习宗教，对学习研读伊斯兰教的留学生有住房补助和津贴，甚至对来求学的留学生夫妻也提供便利和一定的补助。但是值得说明的是，虽然中国一些留学生以宗教的名义来伊朗接受宗教教育，受到伊朗官方的支持，但实际上他们主要学习波斯语言文化。学成以后，主要在伊朗中资企业和中伊经贸机构工作。

在伊朗的各种大学里，对宗教和意识形态的教育非常重视，从经费、课程和时间上予以保障。各种层次意识形态的教育，重形式，重宣传，但实际效果并不尽如人意，也不能令政府满意。而在私下场合，人们的思想仍然十分活跃，特别是随着互联网的普及，尽管伊朗的互联网运行速度较慢，学生仍然可以通过翻墙软件收到伊朗以外的国际资讯，思想相对还是比较灵活开放和务实，但是仅限于私下场合。伊朗官方特别重视对传统文化的教育。为了培养学生的爱国爱教情怀，政府和学校大力资助学生的野外考察与旅游，并经常举办波斯诗歌朗诵会和研讨会。因此伊朗人有极为深厚的爱国情感和文化自信。即使伊朗处于内外交困之中，大家也愿意抱团取暖、坚定爱国。当然，在对传统文化的教育中，伊朗强调什叶派宗教教育，强调伊朗公民的什叶派信仰和实践，也会导致整个社会氛围有一定的压抑性和保守性。伊朗国民对传统教育爱恨交加，但爱略多于恨。

---

① Wolfgang Lutz, Jesús Crespo Cuaresma and Mohammad Jalal Abbasi-Shavazi, "Demography, Education, and Democracy: Global Trends and the Case of Iran," *Population and Development Review*, Vol. 36, No. 2, June 2010, pp. 253 – 281.

② 冀开运主编《伊朗发展报告（2016 ~ 2017）》，社会科学文献出版社，2016，第 154 页。

受宗教文化影响，伊朗的性教育一直处于缺位状态，性教育并没有被列为伊朗基础教育的内容。一方面，受伊朗传统文化影响，一些家庭因孩子尤其是女孩子对性知识的无知而感到骄傲，女性在结婚前对于性知识的无知是一种美德 。另一方面，伊朗各地区的文化差异、差距极大。德黑兰相对现代化，文化也更加开放、包容，相比之下，伊朗农村的文化则极为保守，性教育推广会遭到抵制。因此，在全国统一推行性教育也存在文化障碍。

伊朗大学的国际化程度普遍不高，虽然个别的伊朗官员有推进国际化的热情，但就整个官方和高等教育体系而言，对国际化有想法，缺乏具体落实举措。伊朗对西方文化的传播始终保有高度的警觉，甚至对中国政府资助在伊朗各地高校开办孔子学院也有一定的疑虑和担心。个别伊朗学者认为孔子学院代表了中国的儒家文化在伊朗的意识形态传播，有伊朗学者建议将孔子学院改称为“丝绸之路学院”，以避免伊朗人对中国传统世俗文化的误解和偏见。

由于伊朗政教合一的体制并不是所有的权力都集中在政府手中，由领袖亲自掌控的伊斯兰基金会等实体组织会对伊朗的国民教育体系形成一定的制约和干扰。而总统掌握的政府部门对此无能为力。

综上所述，2017 年，通过 16 天在 8 个伊朗大中小城市的实地调研，可以发现当前伊朗高等教育具有以下几个突出的特点。

第一，伊朗各类高校在招生规模上持续膨胀，培养层次的重心开始向研究生以上学历倾斜。

第二，在院校结构上三种办学形式并举，分别是国立大学、私立大学和伊斯兰自由大学。三种类型的办学形式针对不同情况的学生推广和普及高等教育，互为补充。

第三，推行高等教育的普及化、大众化。这其中女性接受高等教育的比例较高，普通高校占多数，一流大学数量较少，办学质量参差不齐。

第四，当前伊朗高等教育政策与青年学生创新创业之间存在结构性的矛盾，社会普遍存在过分看重学历的现象，而高学历人才与市场需求相去甚远，政府缺乏配套政策鼓励年轻人创业实践，必然导致后续一系列的社会矛盾和问题。

第五，伊朗政府重视高校的公民教育和宗教教育建设，通过设立专业的委员会来审定专业课程设置、强化高校对大学生的爱国主义教育、鼓励举办课外宗教游学活动等相关政策有意引导增强高校教师和学生对于现有体制的凝聚力和向心力，这在客观上有利于强化大学人文社科专业的意识形态属性，维护国家意识形态的安全。

第六，伊朗国际化办学水平仍然较低，主要吸引周边伊斯兰国家留学生就学。由于国内办学规模急剧膨胀、办学质量不高，相当一部分伊朗学生选择出国留学和定居，造成伊朗人才外流的现象十分明显。

第七，伊朗教育政策和教育理念呈现出开放性与保守性两极分化的特点，宗教教育持续发挥较强的影响力，希望与时俱进的世俗教育受到了限制，教育改革变得举步维艰。

四　中伊高等教育合作的领域、路径、方法及前景

近些年来，中国高等院校与伊朗高等院校的联系日益密切。两国高等教育的合作迈入了新的历史阶段。除了西南大学伊朗研究中心成员赴伊朗各地的年度田野考察与中心的日常学术交流活动外，其他兄弟院校的科研机构也积极与伊朗各高校进行学术交流与教育合作。

2014 年 11 月 8 ~9 日，上海外国语大学举行了“中国和伊朗：丝绸之路上的文化交流”国际学术研讨会。中国伊朗学奠基人、已故的北京大学教授叶奕良先生，北京大学伊朗学学科带头人王一丹教授等学者与会。伊朗德黑兰大学教授、国际知名学者 Mohammad Bagher Vosoughi 等也来华参会。[①] 2016 年 10 ~12 月，北京大学、西南大学、陕西师范大学相继举办了伊朗学国际学术会议。[②]

---

① 米兰沙：《“中国和伊朗：丝绸之路上的文化交流学术研讨会”综述》，《西域研究》2015 年第 2 期。

② 西南大学伊朗研究中心网站对于这些会议进行了详细的报道，参见 http：//ylyjzx. swu. edu. cn/s/ylyjzx/。

2017 年 10 月 2 ~ 11 日，西北大学中东研究所王铁铮教授、王猛副研究员、蒋真教授、李福泉副教授、闫伟副教授以及西北大学外事处副处长王国栋副教授一行 6 人赴伊朗进行学术考察，他们先后拜访了伊朗政治学会、伊朗塔巴塔巴伊大学和德黑兰大学。此外，代表团还赴德黑兰、设拉子、伊斯法罕、库姆、大不里士等城市参观宗教和历史遗迹，并与当地宗教人士进行了深入交流。

2017 年 10 月 30 ~ 31 日，伊朗塔巴塔巴伊大学、国际儒学联合会与北京外国语大学举行了“国际儒学论坛——中国文明与伊朗文明对话”。2018 年 4 月 21 ~ 22 日，伊朗穆斯塔法大学与云南大学举办了“第三届回儒文明对话论坛国际会议”，并且举行了《伊斯兰教什叶派》的新书首发式。

总体来看中伊双方高校都有促进合作的强烈愿望，合作交流虽有进展，但水平较低，合作形式、途径和方式单一，合作领域狭窄，合作规模偏小，合作交流落地有一定困难，存在一定的文化隔膜和误解。

通过古老的丝绸之路中国伊朗互动交流源远流长，古老的波斯文化与中国文化有很多相似性，中国伊斯兰文化与伊朗伊斯兰文化有着千丝万缕的联系，双方都认可“和平合作、开放包容、互学互鉴、互利共赢”的丝路精神，欣赏多样共存、互鉴共进、合作共享的人类文明观，双方交流交往交融具有天时、地利、人和的优势。在田野调查的基础上，经过梳理伊朗高等教育发展的特点及其问题，针对中伊教育交流与合作事宜，我们提出以下几项建议。

第一，通过考察伊朗的高等院校，我们发现有些学科的科研水平在中东乃至在世界上极具特色和优势。这些学科的研究人员大多具有留学欧美的学历背景，精通英文，可以与中国对应学科的学者以英语为工作语言进行充分的交流与合作。

第二，中国的中医药教育在伊朗有潜在的发展空间，可以积极促成国内中医药大学与伊朗医学高校教师互访、互派留学生，进行中医药的合作与交流。

第三，在伊朗选定合适的城市、合适的大学支持中国高校前往创办孔子学院，切实支持伊朗的汉语教学，这不仅符合中伊双方的共同利益，并且有利于双方高等教育的互学互鉴，前景光明、大有可为。

第四，在中伊两国高等宗教教育的交流中，仍然要提防和警惕宗教极端主义思想的传播，互相尊重对方的政治制度和文化习俗。

第五，伊朗地方院校和伊斯兰自由大学的办学水平参差不齐，文凭含金量较低。伊朗科技部至今仍然只承认中国大陆部分高等院校所颁发的学历，因此应当谨慎处理双方学历相互承认的问题。

第六，我方应着力培养知华友华的伊朗留学生。目前伊朗社会的中上层中，真正地了解中国、对华友好的专家学者在伊朗国内微乎其微，并且相当一部分学者不能够客观地以伊朗人熟悉的话语体系在伊朗媒体上客观友好地介绍中国，由此造成了中国国家形象在伊朗存在诸多错误的认知与解读。解决这一问题的着眼点和抓手建议该从两国高等教育的密切合作做起，进而推动两国人文交流的升级换代，进一步提升到新的交流层次上来。

B.17

伊朗高校汉语学位教育现状的调查报告*

Saeideh Zarrin　范鸿达**

摘　要： 当下伊朗开设汉语学位教育的高校共有四所，只能提供本科学位教育，不管是开设高校数量还是学位教育层次，汉语均落后于英语、法语、德语、俄语甚至日语，这与中伊经贸的发展和双方高层对两国关系的定位不相符。目前困扰伊朗高校汉语学位教育的突出障碍是（本土）优秀甚至是合格教师缺乏，伊朗相关部门和高校对（中国和）汉语的态度也是个问题，孔子学院在该国的发展亦不顺利。伊朗社会对汉语的需求是客观存在的，中伊两国相关部门和高校要对此给予有效回应。

关键词： 伊朗　汉语教育　本土师资　孔子学院

中国和伊朗（旧称波斯）是古丝绸之路上的友好国家，1971 年 8 月 16 日建交后两国又迎来关系发展的新时代，即使是在伊朗长期遭受欧美严厉制

---

* 本研究报告是笔者在对伊朗四所开设汉语学位教育的高校实地调查、与教师学生访谈或在伊朗长期工作切身体验的基础上，于2017年11～12月撰写完成主体部分，2018年6月根据伊朗相关高校的情况发展又做了一些材料更新和修改。

** Saeideh Zarrin，厦门大学海外教育学院研究生；范鸿达，博士，厦门大学教授、中东研究中心主任，主要从事中东问题和中国外交研究。

裁的情况下中伊也往来不断，近些年来中国一直是伊朗的最大贸易伙伴。2016 年 1 月中国国家主席习近平访问伊朗，其间中伊两国宣布建立“全面战略伙伴关系”，这为双边关系的发展注入新动力。但是，尽管有源远流长的友好历史，尽管当下高层交好的意愿明显存在，整体而言目前两国民众对对方的认知水平却相当有限甚至是负面的，这说明中伊在发展经贸政治关系的同时，未能给予文化社会层面的交往足够甚至是应有的重视。就国际文化社会层面的交往而言，语言是不可或缺的桥梁和纽带，本文通过对伊朗四所具有代表性的公办高校外语专业设置的考察，分析汉语在其中的地位，探讨伊朗汉语教育发展的困境及其原因，并为今后中伊两国的语言文化教育合作献言献策。

一　开办汉语专业的伊朗高校外语门类设置现状调查

目前开办汉语学位教育的伊朗高校共有四所，分别是沙希德·贝赫什提大学、伊斯法罕大学、阿拉梅·塔巴塔巴伊大学和德黑兰大学，开展的都是四年制的本科教育，毕业时颁授学士学位。这四所大学均是伊朗非常著名的高校：德黑兰大学是伊朗最具影响力的综合性大学，类似北京大学在中国的地位；阿拉梅·塔巴塔巴伊大学的人文特别是语言学科是伊朗高校的翘楚；沙希德·贝赫什提大学是伊朗最早开设汉语专业的高校；伊斯法罕大学是目前唯一首都以外开设汉语专业的伊朗高校。需要提及的是，由于伊朗高等教育主管部门对大学设立“系”有师资方面的严格规定，致使迄今只有沙希德·贝赫什提大学设有汉语语言文学系。

德黑兰大学在伊朗国内高校中的实力和影响力毋庸置疑，其外国语言文化教育和研究也走在伊朗高校的前列。相比较英法德俄日等其他世界现行主要语种，汉语教育受重视的程度在这里还比较不足，直到 2015 年，德黑兰大学才设立汉语本科专业，而且若要拿到中文学位还需要获得其他语言的学分。

表1　德黑兰大学外国语言文学学院系别和专业设置简况

系别	专业	学位		
		学士	硕士	博士
英语系	英语语言文学	√	√	√
	英语语言教学		√	√
	英语翻译		√	
法语系	法语语言文学	√	√	√
	法语语言课程		√	
德语系	德语翻译	√	√	
	德语教学			√
	德语语言文学		√	
俄语系	俄语语言文学	√	√	
	俄语语言教学		√	√
日语系	日本语言文学	√	√	
乌尔都语系	乌尔都语语言文学	√	√	
意大利语系	意大利语言	√		
其他外语(包括土耳其语、汉语、韩语、加泰罗尼亚语),无系建制	普通语言	学士学位:除了本专业外,学生还需要获得其他语言的学分		

资料来源：德黑兰大学外国语言文学学院官方网站和笔者对该院汉语老师的直接访谈（2017年12月1~2日）。

位于德黑兰的阿拉梅·塔巴塔巴伊大学的语言教学与研究在伊朗享有盛誉，也是向其他伊朗高校输出语言类高端人才的重要基地，2014年该校设立汉语本科专业。

表2　阿拉梅·塔巴塔巴伊大学波斯文学与外国语言学院外语专业设置简况

系别	专业	学位		
		学士	硕士	博士
阿拉伯语系	阿拉伯语语言文学	√	√	√
英语系	英语语言文学	√	√	√
	英语翻译研究	√	√	√

续表

系别	专业	学位		
		学士	硕士	博士
法语系	法语翻译	√	√	
	法语语言课程		√	
俄语系	俄语语言	√		
西班牙语系	西班牙语语言	√		
土耳其语系	土耳其语语言	√		
汉语系	汉语语言	√		

资料来源：阿拉梅·塔巴塔巴伊大学波斯文学与外国语言学院官方网站和笔者对该院汉语老师的直接访谈（2017 年 12 月 1 ~2 日）。

同样处于德黑兰的沙希德·贝赫什提大学是伊朗科研实力非常突出的著名高校，该校是伊朗最早开展汉语学位教育的大学，早在 1996 年就招收了第一届汉语本科学生。目前该校是伊朗唯一设有中文系的大学。

表 3　沙希德·贝赫什提大学语言与人文科学学院外语专业设置简况

系别	专业	学位		
		学士	硕士	博士
英语系	英语文学	√	√	√
	作为外语的英语教学(TEFL)		√	√
法语系	法语语言文学	√	√	√
德语系	德语语言文学	√	√	
阿拉伯语系	阿拉伯语语言文学	√	√	
汉语系	汉语语言文学	√		

资料来源：沙希德·贝赫什提大学语言与人文科学学院官方网站和笔者对该院汉语师生的直接访谈（2017 年 12 月 1 日）。

伊斯法罕大学是目前伊朗首都以外唯一开设汉语学位教育的高校，地处伊朗历史文化名城伊斯法罕，该校 2012 年设立汉语本科专业并招生，第一届学生于 2017 年初毕业，并于同年招收了第二届本科学生。

表 4　伊斯法罕大学外国语言学院系别和专业设置简况

系别	专业	学位		
		学士	硕士	博士
英语系	英语语言文学	√	√	
	英语翻译		√	√
	作为外语的英语教学(TEFL)		√	√
法语系	法语语言文学	√	√	
阿拉伯语系	阿拉伯语语言文学	√	√	√
	阿拉伯语翻译		√	
德语系	德语语言文学	√		

注：目前该学院还有亚美尼亚语和汉语两个语言本科专业，都无系建制，皆归于德语系。

资料来源：伊斯法罕大学外国语言学院官方网站和笔者对该院汉语教育两学期的直接参与。

纵观上述四所伊朗非常具有代表性的大学外语专业和学位设置，可以清晰发现，尽管多年来中国一直是伊朗的最大贸易国，中伊两国政治经济关系发展也比较理想，但是双边关系的如此发展还没有唤起伊朗高校和相关人士对汉语的真正重视，在世界各大或常用语言中，汉语在伊朗高校外语设置中的处境仍然十分不理想，学生培养也还仅限于本科层次。

二　（本土）师资不足是影响伊朗高校汉语专业发展的关键因素

近年来笔者对伊朗社会进行了频繁考察，与包括上述四所大学在内的伊朗数所高校也有深入交流，并且还在伊斯法罕大学任教两个学期，不管是自己的亲身感受还是伊朗朋友的直接表达，都显示出伊朗高校既有的汉语教育不能满足本校和社会人士的需求。这种需求和现实之间矛盾的背后，是伊朗汉语教育仍然还面临的发展困难，其中最大的困难是专业老师特别是伊朗本土专业老师不足，其实伊朗北部的塞姆南大学也开设有汉语本科专业，但师资力量极度匮乏，导致该校无力完成学生培养，自己招收的汉语专业学生也已经被转移到德黑兰大学继续学习。

沙希德·贝赫什提大学1996年开始进行汉语教育时，基本没有固定的专业教师，在伊朗的中国留学生和中国友好高校的短期外派教师曾是该校汉语教育的主力。自2010年以来，沙希德·贝赫什提大学汉语专业的师资力量不断加强，该年在北京语言大学获得博士学位的一位伊朗老师入职，次年两位分别在北京师范大学和云南大学获得硕士学位的伊朗老师加入其中，2015年和2016年，沙希德·贝赫什提大学汉语语言文学系又迎来两位在中国获得博士学位的伊朗老师，目前该系拥有五位伊朗汉语老师，三位博士、两位硕士（其中一位硕士已经开始在中国攻读博士学位），没有中国老师。尽管该系的师资力量进行汉语本科教育已经不成问题，但是还达不到开设研究生教育所需师资的要求。

德黑兰大学尽管到2015年才设立汉语本科专业，不过其专业发展具有伊朗其他三所高校所没有的优势——迄今伊朗唯一的孔子学院位于德黑兰大学，因为有孔子学院的存在，该汉语专业的整体师资力量可以得到保证。目前该校汉语专业有两位在中国获得博士学位的伊朗老师，还有来自孔子学院的四位优秀汉语专业老师，中国师资的优势是伊朗其他三所开设汉语专业的高校所不能比拟的。但是和沙希德·贝赫什提大学一样，因为伊朗本土师资力量的不足，目前德黑兰大学汉语专业还无法独立建系，研究生项目也难以开展。

阿拉梅·塔巴塔巴伊大学汉语专业开办于2014年，迄今看来该专业发展最大的优势在于其拥有一位卓越的带头人——在中国留学七载并取得博士学位的孟娜老师。孟娜老师不仅对中伊文教交流抱有热情而且身体力行，还参与编纂了当下流行的《汉语－波斯》词典。除孟娜老师外，目前该汉语专业还有一位在中国获得硕士学位的伊朗老师，中国国家汉办也派来一位汉语专业老师，另外还有从其他途径而来的一位华人老师，师资力量基本可以保证本科层次的教学。

伊斯法罕大学于2012年设立汉语本科专业，该专业的发展一直举步维艰，师资一直无法得到保障，正因为师资问题，原本2012年9月入校就读的首届学生，被推迟到次年1月才开始自己的汉语专业学习，但那时也只有一位嫁到当地的中国女士为其授课，其后该届学生就面临或者没有老师，或者无资格任教及临时来任教的伊朗老师，因为没有老师该专业还差点被国家高教主管部门叫停。正是在这种情况下，笔者才作为校际友好交流使者赴伊斯法罕大学任教。2017 年该专业招收了第二届学生。目前伊斯法罕大学汉语专业已经有了一位在中国取得博士学位的伊朗老师，另一位在中国取得博士学位的伊朗老师也将在 2018 年加盟，还有一位嫁到伊朗的中国女士常年任教于此。另外在过去两年中，厦门大学和中山大学等友好高校也向伊斯法罕大学各派出一位汉语老师。

就前述四所已开设汉语学位教育的伊朗高校而言，目前沙希德·贝赫什提大学和德黑兰大学的师资情况较好，完成汉语本科层次的正常教学已经不成问题；阿拉梅·塔巴塔巴伊大学和伊斯法罕大学虽然也基本能够进行汉语本科教学工作，但是师资力量仍然比较薄弱。这两所大学的汉语教育都存在中国老师变动较为频繁的特点，这显然不利于学生的系统学习。

三　伊朗高校汉语学位教育现状的评论

随着中伊双边政治和经贸往来的持续发展，两国对汉语和波斯语人才的需求不断上升，这已经成为双方的共识。正是在这一背景下，2012 ~ 2015 年伊斯法罕大学、阿拉梅·塔巴塔巴伊大学、德黑兰大学相继设立汉语本科专业，中国则于 2017 年在北京第二外国语大学、广东外语外贸大学、石河子大学、天津外国语大学设立波斯语专业。目前中国设有波斯语专业的高校已经有十所。

表 5　中国大学目前设立波斯语专业简况

学校	专业	学位		
		学士	硕士	博士
北京大学	波斯语言文学	√	√	√
北京外国语大学	波斯语言文学	√	√	

续表

学校	专业	学位		
		学士	硕士	博士
上海外国语大学	波斯语	√		
	亚非语言文学专业(波斯方向)		√	√
中国人民解放军信息工程大学(解放军外国语学院)	波斯语	√		
西安外国语大学	波斯语	√		
对外经济贸易大学	波斯语	√		
北京第二外国语大学	波斯语	√		
广东外语外贸大学	波斯语	√		
石河子大学	波斯语	√		
天津外国语大学	波斯语	√		

注：中国传媒大学也曾开设过波斯语专业，现已停办。
资料来源：笔者根据表中各院校外语类院系的官方网站整理所得。

尽管伊朗高校汉语专业的设置已经部分反映了现实发展的需要，但是不得不说，其与伊朗社会的需求还存在较大差距，即使与中国高校的波斯语言文学学位教育相比，伊朗高校的汉语学位教育也已经落后很多。事实上在伊朗不仅汉语学位教育发展不足，针对中国的问题研究也非常薄弱，比如德黑兰大学世界研究院是伊朗高校中最具实力的国际关系研究机构，也是伊朗政府最重要的大学外交智库。目前该研究院开展的研究生教育有英、法、德、伊朗、北美、俄、拉美、埃及、伊拉克、巴勒斯坦、日本、印度 12 个国别/区域研究硕士项目和北美研究博士项目，遗憾的是迄今该机构还没有中国研究力量。其他伊朗高校更是没有专门的中国研究机构，事实上，基于国际关系研究中国问题的伊朗高校教师仍属凤毛麟角，显然这会制约伊朗对中国的认知。

汉语专业老师特别是本土老师的缺乏，已经严重影响汉语学位教育在伊朗高校的发展，最突出的表现是迄今伊朗高校还不能开展汉语专业研究生的培养，从表 1 至表 4 可以看出，各高校的汉语专业学生培养都还仅限于本科层次。其实沙希德·贝赫什提大学早就有汉语硕士培养设想，但一直苦于本土老师的不足而无法实现。就对某种文化的理解而言，本科层次的学生难以和研究生层次的学生相提并论，这也导致即使是在本国获得汉语学士学位的伊朗人，对中国及其文化的了解也相当有限。其实近些年来在中国留学并取得博士的伊朗学生也有一些，汉语专业的留学生也为数不少，但是伊朗高校的教师待遇相当缺乏吸引力，导致这些学生更愿意选择商业及金融业工作，而不愿意赴伊朗高校工作。再者，即使想去高校工作的伊朗留学生，也大都希望在首都德黑兰工作，这更加重了像伊斯法罕大学这样非首都高校的汉语专业发展困难。

除前述汉语师资力量的（严重）不足外，伊朗高校汉语学位教育发展还面临另一个困难，那就是教材或学习资料的（严重）不足。力推汉语国际推广的“国家汉办”可以针对伊朗高校开展一些工作，比如为其提供一些必要的教学或研究用书等。笔者目前为之服务的伊斯法罕大学汉语专业不仅师资缺乏，而且汉语教材和其他学习资料几乎为零，学生走出课堂基本就与汉语绝缘了，这非常不利于学生的汉语学习和对中国的客观认知。

根据笔者的亲自调查和经历，目前影响伊朗高校汉语学位教育的另一大因素，是伊朗高校领导层是否重视，特别是能否把口头重视落实到行动上。比如沙希德·贝赫什提大学曾和中国某大学在校长层面进行过汉语教育的合作沟通，并且达成了明确的合作意向，中国那所优秀大学随之认真对待双方合作事宜，但是之后沙希德·贝赫什提大学却再也没有实质性的合作跟进，最后造成双方合作不了了之。多年来沙希德·贝赫什提大学中文系始终没有中国老师，也没有有效的中国合作院校，这对其汉语教育的发展非常不利。如果沙希德·贝赫什提大学不做出改变的话，按照目前伊朗各高校汉语专业的发展态势，德黑兰大学大有赶超沙希德·贝赫什提大学之势。根据笔者在伊朗的观察与调查，某些伊朗高校的相关职能部门并没有对本校汉语专业发展的迫切需要做出积极有效回应；其实再往大了讲，鲁哈尼总统上台后他的政府对中国的态度与其前任有较大差异，这可能会影响伊朗一些部门和高校的相关举措。

多年来的国外汉语教育发展实践已经充分证明，孔子学院是推进国外高校汉语专业发展的突出力量，这一点在德黑兰大学的汉语教育发展中也已经得以证明。但是显然，中国对孔子学院的定位不局限在给国外合作院校汉语专业授课，孔子学院还有其他范围更为广阔的事项。遗憾的是，根据近些年来对德黑兰大学孔子学院的持续观察和访谈，笔者发现该孔子学院的状况还不甚乐观，而且伊朗其他高校的汉语专业人士也对其相当看轻。一个孔子学院的不成功并不可怕，因为还可以再进行其他尝试，伊朗一些高校也很希望与中国高校合作共建孔子学院，但是迄今伊朗还没有第二家孔子学院。特别需要提及的是，当下负责沙希德·贝赫什提大学、德黑兰大学、阿拉梅·塔巴塔巴伊大学和伊斯法罕大学汉语专业发展的伊朗老师均是沙希德·贝赫什提大学的毕业生，有的甚至是同班同学，这种关系很可能会成为伊朗当下高校汉语专业发展的双刃剑。

尽管目前伊朗高校汉语学位教育发展不甚理想，但是从伊朗发展的现实和今后所需，从当下伊朗能讲汉语人士在当地所取得的富有竞争力的薪水，从笔者近些年来在伊朗游学和工作的经验来看，伊朗对汉语专业的需求是客观存在的，伊朗高教主管部门和高校需要尽快找寻满足国内这一需求的有效路径。就中方而言，伊朗汉语教育的更好开展也有利于中伊双方的友好交往，也能够更好地服务于“一带一路”在伊朗的顺利推进，因此中方也要积极为伊朗高校的汉语学位教育和中国研究提供力所能及的帮助。

附　　录

Appendix

B.18 大事记

姬瑞聪*

1月

1日　伊朗总商会（ICCIMA）主席萨菲被任命为丝绸之路国际总商会副主席。他称，伊朗连接中东、欧亚，伊朗将在中国的丝绸之路倡议中发挥重要作用，同时，复兴丝绸之路也为伊朗经济发展提供了一个绝佳的机遇。

4日　伊朗国家石油公司总经理卡尔多拉称，伊朗计划在1月下旬发布第一期新石油合同项目国际招标，已约有60家国际公司提交了申请。伊朗目标是要与这些国际公司签署新石油合同，要求这些国际公司与伊朗公司一起开发并进行知识转让。

* 姬瑞聪，西南大学伊朗研究中心硕士，新疆大学阿克苏分校教师。

伊通社发表评论性文章，称特朗普还有不到20日即将入主白宫，这对于伊朗而言既是机遇，也是挑战。同时评论表示，近日伊朗与波音、空客公司签署购机订单，这是伊美关系趋好的前奏。在这个关键时点，伊朗希望在与东西方国家的关系上取得积极的平衡，以便在国际政治舞台上赢取更多的决策空间。

伊朗总统鲁哈尼近日发表讲话，称国内伊核协议批评者应实事求是，并关注以色列和沙特等敌对国家对伊核协议的反对态度。并表示，伊朗通过多边对话成功解决了伊核争端，并以伊核协议为契机改变了世界对伊朗的舆论导向，消除了其他国家的“伊朗恐惧症”。目前，伊核协议执行已近一年，伊朗期待协议各方能够继续遵守协议，以促进国内经济发展。

17日　伊朗道路与城市发展部副部长阿米尼表示，在第六个五年发展规划末期，伊朗的高速公路通车里程将超过7000公里。阿米尼称，目前伊朗的高速公路总长度约2500公里。其中一条主要高速公路项目就是德黑兰北部高速公路，该高速公路连接首都德黑兰与马赞德兰省的恰鲁斯，全长121公里，已建设了20年，进展极其缓慢。

2月

6日　伊朗伊斯兰议会议长阿里·拉里贾尼呼吁在下一个伊历财年（2017年3月20日至2018年3月21日）大幅削减政府开支。拉里贾尼认为，政府开支的三分之二都属浪费性开支，276亿美元已足够保证政府运作。

自鲁哈尼总统倡议大幅减少政府对石油收入的依赖，更系统地增加税收收入以来，伊历今年（2016年3月20日起）伊朗税收收入已达到810万亿里亚尔（约209.5亿美元）。伊朗国家税务总局局长塔加维内贾德表示，目前税收收入占伊朗政府总收入的36%，占国家年度预算的50%。预计年底，将实现预计收入的90%。

8日　美国总统特朗普在伊朗进行弹道导弹试射后，发布新一轮对伊朗制裁法令。美国政府认为伊朗试射弹道弹道违反了联合国决议。伊朗方面则认为，弹道导弹并不意味着携带核弹头，伊朗为了自卫而研制弹道导弹，不违反联合国决议。受美国总统特朗普对伊朗的最新制裁的影响，波音公司向伊朗出售80架客机的合同面临搁浅风险。除新的对伊制裁外，特朗普“禁穆令”也导致美伊关系更加紧张。

12日 伊朗伊斯兰革命领袖哈梅内伊会见到访的瑞典首相斯蒂芬·劳文时强调，去年伊核协议生效后伊朗与欧洲签订了系列贸易协议，这些协议应得到全面执行，伊朗愿同瑞典扩大各领域关系。瑞典首相称他此次访问是“重要的”“历史性的”，表示他与伊朗政府的会谈已产生“积极”成果。

13日 伊朗政府新闻发言人诺巴切在参加第八届投资和金融系统发展会议时宣布，鲁哈尼政府将采取措施增加银行的借贷能力。他说：“政府将发行700万亿里亚尔（182亿美元）债券，筹集资金将偿付给银行和私营部门。”

伊朗小产业与产业园区组织主席雅兹达尼称，根据第六个五年发展规划，伊朗将把增值税收入的30%用于扶持中小企业。雅兹达尼指出，中小企业创造了工业领域53%的就业，出口占工业出口的10%。此外，小产业与产业园区组织副主席苏莱曼尼表示，伊历今年前9个月（截至2016年12月20日）伊朗中小企业出口总额达到16亿美元。

15日 《伊朗日报》2月15日报道，尽管美国特朗普政府反伊言论高涨，但法国汽车巨头标致雪铁龙集团仍在推动投资伊朗汽车产业的计划。

16日 《伊朗日报》2月16日报道，伊朗央行行长赛义夫宣布，伊朗正着手在阿塞拜疆设立100%控股银行。根据计划，伊朗梅里银行在阿塞拜疆的分支机构将转变为一家独立的阿塞拜疆银行，这家新银行的全部股份由伊朗梅里银行持有。此外，赛义夫还表示，下周阿塞拜疆代表团访问德黑兰，届时将讨论此事。

22日 《伊朗日报》2月22日报道，俄罗斯能源部部长诺瓦克在会见伊朗能源部部长齐特齐安时表示，2016年伊朗与俄罗斯贸易额为22亿美元，较上年增长了近10亿美元，增幅为70%。诺瓦克称，尽管增幅较大，但两国经贸关系还不够紧密，双方应采取所有可能的措施进一步发展合作关系。

28日 据伊朗《金融论坛报》2月28日报道，伊朗央行行长赛义夫表示，截至2017年1月19日，伊朗里亚尔共发行11966万亿（约合3165亿美元），货币发行量同比增长26%，其中基础货币增长17.3%，货币乘数增长7.4%。

据伊朗《金融论坛报》2月28日报道，伊朗总统鲁哈尼在第56次伊朗央行年会上发表讲话，表示在自己四年任期即将结束之际，伊朗市场得以恢复稳定是自己执政的最大成就。

3月

1日 据伊朗《金融论坛报》3月1日报道，国际货币基金组织近期发布的报告显示，伊朗经济在解除核制裁后恢复程度较为明显，通货膨胀保持低位数，外汇市场也趋于稳定。国际货币基金组织预测伊朗中期经济增长为4.5%。实际GDP增长可在2016~2017财年实现6.6%，2017~2018财年实现3.3%。增速减慢的主要原因是伊朗石油增产计划已接近欧佩克限度，故后续增长应依赖更多的外国投资及伊朗国内财政改善。

12日 据伊朗Mehr通讯社3月12日报道，伊朗铁路公司副总经理侯赛因·阿舒里表示，伊历前11个月伊朗铁路共输送货物95万吨，其中化肥、重油和铝运量分别增加了20%、200%及20%。他对伊朗的货物转运非常乐观，称大量货物自伊朗转运至中亚国家。

15日 伊通社3月15日报道，伊朗市政和农村管理组织轨道运输司司长萨拉黑宣布，伊朗铁路工业发展公司（IRICO）与中车南京浦镇公司签署谅解备忘录，将在伊朗组装生产215辆地铁车辆。萨拉黑透露，这些地铁车辆将用于伊斯法罕省、法尔斯省、东阿塞拜疆省省会。

16日 据《金融论坛报》3月16日消息，伊朗私有化组织负责人侯赛尼近日表示，323 家国有企业计划于伊历 1396 年寻求私有化。侯赛尼称，截至目前，私有化组织已调用 120 万亿里亚尔（约合 32 亿美元）的预算拨款，其中 50 万亿里亚尔（约合 13.3 亿美元）用于清偿债务。例如，伊朗电信公司已偿付了 9.5 万亿里亚尔（约合 2.53 亿美元）的负债。

伊朗《金融论坛报》3 月 16 日报道，经过 12 小时会议讨论，最高劳动委员会同意将伊历明年（2017 年 3 月 ~2018 年 3 月）工人每月最低工资上调 14.5% 至 930 万里亚尔（约 244.7 美元）。

21 日 《伊朗日报》2017 年 3 月 21 电讯，鲁哈尼总统分别致函阿富汗、塔吉克斯坦、巴基斯坦、阿塞拜疆、土库曼斯坦、亚美尼亚、土耳其、哈萨克斯坦、吉尔吉斯斯坦、印度和乌兹别克斯坦的领导人，祝贺始于初春的诺鲁兹新春佳节。

28 日 伊朗《德黑兰时报》3 月 28 日报道，伊朗央行最新报告显示，伊历 1395 年（结束于 2017 年 3 月 20 日）通货膨胀率为 9%，这是伊朗 26 年来通胀率首次降至个位数。伊历上月（2 月 19 日 ~3 月 20 日）的通货膨胀率为 11.9%。

29 日 伊朗塔斯尼姆通讯社 3 月 29 日报道，在伊朗总统鲁哈尼与俄罗斯总统普京的见证下，两国高级别官员在克里姆林宫签署了 14 项合作协议，涉及政治、出口、矿业、核能、电力、铁路建设、打击犯罪、文化、信息通信技术、旅游等多个领域。

30 日 伊朗《德黑兰时报》3 月 30 日报道，据伊朗海关最新数据，伊朗已连续两年实现贸易顺差。其中，伊历 1395 年（结束于 3 月 20 日）伊朗非油货物出口总额为 439.3 亿美元，较上年增长 3.54%；非油货物进口总额为 436.84 亿美元，较上年增长 5.16%。伊历 1395 年实现贸易顺差 2.46 亿美元。

4月

1 日 伊朗《德黑兰时报》4 月 1 日报道，伊朗财经部最新报告显示，

2016年1月伊核协议执行以来，伊朗已批准吸引外国投资124.8亿美元。其中，德国是伊朗最大的外资来源国，金额为39.6亿美元。

2日 据伊朗Mehr通讯社4月2日报道，伊朗央行行长赛义夫表示，伊朗近期没有改变货币的计划，将流通货币由“里亚尔”改为“土曼”至少需要两年时间。赛义夫认为，制裁和经济衰退导致里亚尔长期贬值，使得伊朗货币票面数值一直增加。一旦使用新货币，并辅以稳健的货币政策，伊朗货币改革将“从减零开始”。

据伊朗Mehr通讯社4月2日报道，伊朗内政部总统选举公布了今年大选的时间表，任何早于5月19日的竞选行为均属非法。保守派阵营中，许多人猜测近期刚刚就任马什哈德圣城主管的亚伯拉罕·莱西（同时是伊朗专家会议主席）将是保守派候选人，有望成为鲁哈尼总统依赖伊核协议谋求连任的主要竞争对手。除总统大选外，第5届城乡议会选举和议会中期选举也将始于5月19日。

4日 据伊朗Mehr通讯社4月4日报道，伊朗政府内阁发言人穆罕默德·巴格尔·诺巴特在诺鲁兹节后的第一次新闻发布会上表示，现任总统鲁哈尼确认参选下任总统，他是内阁中唯一一位参与5月总统大选角逐的人选。

伊通社4月4日报道，据伊朗出口银行网站信息，在《联合全面行动计划》实施后，通过正规、有效的外交沟通，在银行相关部门主管的努力下，法国央行正式宣布取消对伊朗出口银行巴黎分行的限制措施，巴黎分行被批准可以开展正常的银行业务。此前，欧盟已宣布将伊朗出口银行（Bank Saderat）从制裁名单中删除。

5日 伊朗《德黑兰时报》4月5日报道，伊朗行业商会主席法泽里称，伊历去年（结束于3月20日）伊朗新设立企业超过20万家。这表明小企业在吸纳就业方面有较高潜力。法泽里还表示，稳定的商务环境、便利的创业条件对小企业发展而言非常必要。

9日 据《伊朗日报》2017年4月9日报讯，伊朗石油部部长比扬·赞加内表示，新版伊朗石油合约（IPC）一旦适用于国际石油巨头，将带来更多的外国投资。赞加内称："根据新版伊朗石油合约规定，伊朗石油生产能力的70%以上将由伊朗公司控制，如果立即生效，该合约将吸引800亿美元的外国投资。"他补充说，外国公司在伊朗的出现将创造更多的就业机会，并帮助该国"摆脱制裁"。

16日 伊朗《金融论坛报》4月16日报道，伊朗道路与城市发展部部长阿訇迪表示，全长264公里的德黑兰－哈马丹铁路将在5月通车。该铁路建成通车后，运营时速能达到160公里/小时。阿訇迪表示，将来速度能提高至200公里/小时。

29日 伊朗《金融论坛报》4月29日报道，伊朗道路与城市发展部部长阿訇迪称，连接德黑兰与马赞德兰省的德黑兰北部高速一期已完成83%。阿訇迪透露，德黑兰北部高速一期包括一条长6.5公里的隧道，该隧道已于近期完工。全长32公里的项目一期将在2017年8月前，鲁哈尼总统这一任期内完工。

5月

14日 据伊朗《金融论坛报》5月14日报道，已有约200台伊朗计算机被国际勒索病毒"想哭"感染。报道指出，"想哭"病毒主要瞄准的是伊朗医院及医疗中心。

据伊朗《金融论坛报》5月14日报道，美国前代理财长亚当·舒宾近日在一封致美国参议院外交事务委员会的信中表示，目前正在该委员会审核的对伊新制裁法案将使伊核协议毁于一旦，并将影响美国与盟友的关系。舒宾在信中指出，一旦该法案获得通过，将招致伊朗的强烈反应，与伊核协议精神背道而驰。美国参议院3月将《反伊朗制造破坏活动法案》（Countering Iran's Destabilizing Activities Act）引进立法程序，得到两党的一致支持。分析认为，舒宾此信将为反对该法案的阵营提供有力支持。

伊朗塔斯尼姆通讯社5月14日报道，现任总统鲁哈尼正寻求连任，在接受伊朗伊斯兰共和国广播电台采访时，他详细阐述了本届政府过去四年的表现，强调抵抗型经济政策的重要性，表示通过执行该政策伊朗能够抵抗来自外国的压力。

伊朗《金融论坛报》5 月 14 日报道，伊朗财经部部长塔布尼亚离开德黑兰赴北京参加 5 月 14 日召开的“一带一路”高峰论坛。

据《德黑兰时报》5 月 14 日消息，数十名伊朗经济学家本月 19 日将发表公开声明，敦促国民支持现任总统鲁哈尼连任第 12 任伊朗总统。声明指出，鲁哈尼政府扭转了上任内贾德政府高昂的财政支出，并签署了伊核全面协议，带领伊朗经济止跌回升，并在降低通胀水平上卓有建树。

《伊朗日报》2017 年 5 月 14 日报讯，伊斯兰通讯社（IRNA）5 月 7 ~8 日对伊 31 个省的 6089 人进行的民调显示，约有 66.7% 的伊朗民众将参加本届总统大选的投票，有 16.2% 的被访者声称还没有决定是否参加本届大选投票。与早先 5 月 1 ~2 日伊斯兰通讯社所进行的民调相比，最后决定参加本月 19 日总统选举投票的民众上升了 3 个百分点。内务部竞选办公室阿里·阿斯哈尔·艾哈麦迪披露，届时将有超过 5600 万伊朗民众参加投票。

《伊朗日报》2017 年 5 月 14 日报讯，现任总统鲁哈尼今天在伊斯法罕市中心广场，在如潮涌般的支持者人群前呼吁所有伊朗民众“在即将到来的总统大选中，不要把选票投给欺骗人民的人”。这位温和派总统候选人告诉民众，他们应该在 5 月 19 日选举日把选票投给能够代表整个国家利益的候选人，而不是只代表少数、特定群体利益的候选人。鲁哈尼指出，2015 年同世界强国所签订的伊核协议带来的结果是，所有与“核”相关的制裁都已解除。他谈及伊核协议的标志就是“缩短了伊朗与国际社会的距离，铲平制裁的藩篱”。同时他强调，如果他还能赢得第二个四年的总统任期，他将与国际社会继续“有建设性的互动”。鲁哈尼说如果领袖允许，他将着手准备解除“非核”相关领域制裁的谈判。

《伊朗日报》5 月 14 日报讯，伊朗驻联合国代表吴拉姆·霍什鲁周三在接受中国新华社记者专访时高度评价“一带一路”倡议，并且说这一倡议将惠及伊朗、中东乃至整个世界，并将极大地推动联合国 2030 年可持续发展目标。他说，“中国是一个伟大的国家，‘一带一路’的倡议不是建立在干预别国内政的基础上，也不是殖民主义，而是建立在尊重相互利益基础上”。

《伊朗日报》5 月 14 日报讯，第 12 届总统候选人穆罕默德·巴吉尔·卡里巴夫和赛以德·易卜拉欣·莱西公开表达了他们希望与另外一个总统候选人，现任总统哈桑·鲁哈尼分别举行面对面电视辩论。

15 日 据《德黑兰时报》5 月 15 日消息，在今日伊斯兰革命力量人民阵线召开会议研究部署大选竞争策略后，伊朗总统大选候选人、德黑兰现任市长卡里巴夫宣布退选，并表示自己将尽其所能支持莱西参选，以替换现任“无能的”鲁哈尼政府。

据伊通社 5 月 15 日报道，伊朗投资、经济及技术支持组织（OIETAI）近日发布报告，自 2016 年 1 月伊核协议开始执行后，伊朗共吸收外资 110 亿美元。组织负责人、伊朗财经部副部长哈扎伊表示，伊朗在上个伊历年共通过银行系统吸收外资 31.24 亿美元。他认为，伊核协议的签署大大消除了世界的“恐伊征”，增加了外国投资者对伊朗的投资信心。伊核协议达成后，中国、俄罗斯、英国、德国、阿联酋、土耳其、印度等多国均有资金进入伊朗市场。

据伊朗《金融论坛报》5 月 15 日报道，伊历第一个月伊朗汽车工业发展势头良好，本月伊朗本国汽车公司共生产小型车、小客车、大型客车及其他商用车辆 68074 辆，增加 11398 辆，产量同比增长 20.1%。

伊朗《金融论坛报》5 月 15 日报道，伊朗总统鲁哈尼表示，如果他在 5 月 19 日举行的总统大选中获胜，他将通过推动经济改革提升社会福利，特别是提升那些依靠政府救济的贫困阶层的福利。他还阐述了他解决青年人大规模失业的计划。

《德黑兰时报》5 月 15 日报道，据伊通社报道，伊朗内政部政治司副司长穆罕默德·阿明·雷扎扎德说到，星期五预计有 4000 万伊朗人参加有两个政治派别竞争的总统选举投票，占伊朗人口的 70%。伊朗伊斯兰革命以来的平均投票率为 67.7%。

伊通社 5 月 15 日报道，伊朗财经部部长塔布尼亚在为期两天的“一带一路”国际合作高峰论坛结束后，接受伊通社采访时表示，伊朗在参与习近平主席倡导的“一带一路”方面有着独特的、理想的条件，伊朗计划在“一带一路”建设中扮演关键角色。在此次访问中，他还与中国高级别官员就金融和银行合作交换了意见。他说，现在伊朗与中国正在就银行与金融合作进行谈判以推动一批大项目融资。当然，伊朗也在争取尽早消除银行业障碍。

《德黑兰时报》5月15日报道，伊朗外交部重申伊朗始终批评沙特对也门内战的干涉，但伊朗不寻求与沙特阿拉伯的任何“紧张局势”。他还称，伊朗寻求帮助建立中东的和平、稳定与安全。

17日　伊朗《金融论坛报》5月17日报道，伊朗第一副总统、总统候选人贾汉吉里宣布退出大选，转而支持现任总统鲁哈尼连任，他呼吁自己的支持者积极投票支持鲁哈尼，推动他刺激经济、提升社会自由的计划。

18日　伊朗《金融论坛报》5月18日报道，伊朗伊斯兰革命最高领袖哈梅内伊呼吁民众积极参加周五举行的总统大选投票，称“群众大规模参与”将帮助提升国家尊严和荣誉。哈梅内伊说：“无论谁获得了最多的选票，真正的赢家是人民，是伊斯兰民主政体。”最高领袖强调，在投票前、中、后都要遵守法律，他要求选民、候选人的支持者、竞选工作人员都要遵守规则。

22日　伊朗塔斯尼姆通讯社5月22日报道，据欧盟统计局发布的报告，2017年前3个月伊朗与欧盟28个国家贸易总量为53亿欧元，较上年同期20亿欧元的贸易总量增长了265%。2017年前3个月，伊朗对欧盟出口额为27.7亿欧元，创下新高，较上年同期3.96亿欧元增长了7倍。2017年前3个月，伊朗从欧盟进口为25.3亿欧元，较上年同期16.04亿欧元增长了57%。

25日　伊朗《金融论坛报》5月25日报道，伊朗小产业与工业园区组织主席雅兹达尼表示，伊历今年（2017年3月~2018年3月）伊朗政府计划提供200万亿里亚尔贷款（53亿美元）支持1万家小企业发展。这项政策旨在促进制造业发展，帮助产业走出衰退。雅兹达尼还表示，政府还计划出台政策帮助那些进度超过60%的待完工项目、改造5000家工业企业。

29 日 伊朗塔斯尼姆通讯社 5 月 29 日报道，伊朗国家石油公司总裁卡尔多表示，伊朗计划在 6 月 2 日前对阿扎德甘油田进行招标，已向 29 家国际石油公司发出招标邀请函，如壳牌、道达尔、中石油、卢克石油公司、印尼国家石油公司、奥地利石油天然气集团。

30 日 伊朗《金融论坛报》5 月 30 日报道，伊历前两个月（3 月 21 日~5 月 21 日）通过铁路从伊朗扎黑丹运往巴基斯坦奎达的货物超过 6300 吨，同比增长 4.2 倍，主要为水泥、沥青、硫、蜡等。从巴基斯坦运往伊朗的货物超过 4300 吨，同比增长 95%，主要为大米。

31 日 伊朗《金融论坛报》5 月 31 日报道，伊朗国家统计中心最新报告显示，伊历去年（2016 年 3 月~2017 年 3 月）伊朗经济增长 8.3%。伴随着伊核制裁的解除，伊朗油及相关产品的产量和出口大增，带动经济强劲增长。报告显示，伊朗非油经济增长 6.3%。

6月

6 月 15 日 中国海军远航访问编队抵达伊朗阿巴斯港，开始进行为期 4 天的友好访问。访问期间，中伊双方将开展互访拜会、专业交流、参观见学、联合演习和文体竞赛等交流活动。

7月

31 日 据伊斯兰通讯社 7 月 31 日电讯，鲁哈尼于今年 5 月 19 日成功连任，得票数超过 2300 万张，占投票总人数的 57%。

8月

3 日 伊朗国家铁路公司（RAI）希望通过改革提升铁路运输效率。目前，已与外国公司签署了两份谅解备忘录，一份是与法国的罗兰·贝格

（Roland Berger，RB）6 个月前签署的，另一份是与德国的 DBI 于 2016 年 2 月签订的谅解备忘录。

9月

4 日　伊朗《金融论坛报》9 月 4 日报道，旨在连接伊朗企业家与投资者的波斯语社交媒体网络“Startup Fly”近日已上线。“Starup Fly”是一种类似于 Facebook 的社交平台网络，不同之处在于该平台的用户是经过筛选的，仅有专业人士与企业家才可以申请账户。

18 日　Mellat 银行和伊朗医务委员会签署了谅解备忘录，旨在加强双方合作和金融联系。在这一备忘录中，双方就统一德黑兰大学在 Mellat 银行保费部门中医疗委员会的账户达成了一致，并准备通过提供外汇服务来提升投资于健康领域的私营企业的数量与质量。

19 日　据《金融论坛报》9 月 19 日消息，伊朗德黑兰证券指数于本月 18 日上涨 497.90 点，涨幅达到 0.59%，收于 84144.5 点，创 45 个月来新高。近两个月来，德黑兰证券指数稳步上涨，逐渐超过 2014 年 2 月的高点。

20 日　伊朗伊通社 9 月 20 日报道，伊朗总统鲁哈尼在纽约表示，美国国会众议院投票阻止向伊朗销售客机是美国政府又一次失败的政策。

据《金融论坛报》9 月 20 日消息，伊朗海关总署近日公布数据，伊历今年前 5 个月（2017 年 3 月 21 日～8 月 20 日），伊朗共出口鱼子酱近 388 公斤，价值 96.54 万美元，重量与价值分别较去年同期下降 10.5% 和 3%。另据青年记者俱乐部消息，鱼子酱出口目的地主要为德国、中国香港、阿联酋、日本、意大利、比利时、法国、科威特和英国。

23 日　伊朗《德黑兰时报》9 月 23 日报道，伊朗央行行长赛义夫在土耳其参加伊斯兰会议组织（OIC）成员国央行行长会议时称，未来 20 年内伊朗能吸引 3.5 万亿美元投资。赛义夫指出，油气、石化、矿业、交通、城市化、工业生产、农业和信息技术是伊朗有兴趣吸引投资的领域。

24 日 伊朗伊通社 9 月 24 日报道，周日伊朗第一副总统贾汉吉里称，2015 年 7 月伊核协议达成以来，伊朗已吸引外国直接投资 140 亿美元。贾汉吉里指出，石化是伊朗主要工业领域之一，政府将优先吸引石化领域的外国直接投资。

25 日 伊朗《德黑兰时报》9 月 25 日报道，法国国家投资银行总裁杜弗克接受《星期日报》采访时表示，2018 年起法国国家投资银行将在年度信贷额度内为法国企业在伊投资项目提供 5 亿欧元授信。

26 日 伊朗《德黑兰时报》9 月 26 日报道，一家韩国公司将在伊朗东南的锡斯坦－卑路支斯坦省投资建设 3 个风电项目，每个风电项目发电能力为 150MW，这三个项目建成后将成为伊朗最大的风电项目。预计工程金额为 3.3 亿美元，将在两年内完工。

27 日 伊朗《金融论坛报》9 月 27 日报道，德黑兰市长纳贾夫称，德黑兰市债务超过 300 万亿里亚尔（折合 76.9 亿美元）。他表示，伊历今年德黑兰市预算为 179 万亿里亚尔（45.8 亿美元），在通货膨胀调整后，该预算比 6 年前少了 20%。伊历上半年德黑兰计划预算收入为 90 万亿里亚尔，而实际收入只有 67 万亿里亚尔。因此，德黑兰市政债务是伊历今年市政预算的 1.7 倍。

10月

11 日 伊朗《财经论坛》10 月 11 日报道，伊朗农业部官员近日表示，伊历前 5 个月（2017 年 3 月 22 日～8 月 22 日），伊朗出口了 7.9 万吨土豆，价值约 1940 万美元。伊朗海关总署公布，同期内伊朗进口了约 8555 吨土豆种子，约合 164 万美元。

15 日 《伊朗日报》2017 年 10 月 15 日报道，在国际货币基金组织（IMF）的最新报告中，伊朗的非石油部门在推动经济发展方面发挥了重要作用。伊朗在上个伊历财年（2017 年 3 月 20 日结束）的非石油出口价值达 439.3 亿美元。今年 3～9 月的数字为 205 亿美元。

16 日　伊朗《德黑兰时报》10 月 16 日报道，周日伊朗央行副行长阿拉奇与俄罗斯出口保险公司（EXIAR）董事长提帕诺夫签署了融资合作谅解备忘录。根据签署的备忘录，伊朗银行可从俄罗斯银行获得资金用于建设已批准的公共或私营领域项目；预计伊朗银行、俄罗斯银行将在近期签署、实施有关融资协议。

伊朗《金融论坛报》10 月 16 日报道，伊朗中央银行公布的最新数据显示，伊朗财政预算赤字在伊历本财年的前 5 个月（3 月 21 日 ~8 月 22 日）高出预期，达 182.7 万亿里亚尔（45.6 亿美元）。同一时期的预算缺口也高于预期，达 136.5 万亿里亚尔（34.1 亿美元）。为了弥合逐步扩大的赤字，政府一直在发行债券。

伊朗《财经论坛》10 月 16 日报道，伊朗原子能组织的负责人阿里·阿克巴尔·萨利希在 15 日与伊朗国家广播公司的谈话中警告“如果美国政府坚持采取严厉政策迫使伊朗重新谈判伊核协议，伊朗可以迅速恢复核研发计划的各个方面”。

17 日　伊朗伊通社 10 月 17 日报道，伊朗负责经济事务的副总统纳哈万迪安称，对 2015 年签署的伊核协议进行重新谈判是不可能的，特朗普作为一位新任总统多次对伊朗、伊朗人发表非常负面的言论，使伊朗人民感到愤怒，他将失去与伊朗开展新的建设性行动的机会。

18 日　伊朗伊通社 10 月 18 日报道，中国驻伊朗大使庞森在伊朗东阿塞拜疆省大不里士市参加经贸论坛时表示，中国有兴趣与伊朗在多个领域开展合作。汽车工业和铜业是两国开展合作的重要领域。

伊朗《金融论坛报》10 月 18 日报道，伊朗经济事务副总统穆罕默德·纳哈万迪安在接受 CNN 采访时表示：特朗普的发言“对伊朗和伊朗人民来说是非常消极的论调”，并重申了伊朗政府的立场，即对伊核协议永远不会重新进行谈判。

伊朗《德黑兰时报》10 月 18 日报道，伊朗石油部部长比扬·纳达尔·赞加内表示，美国总统特朗普应允许美国石油公司在伊朗开展业务。赞加内称，即使在 2015 年的伊核协议实施后，美国人和美国公司仍然被禁止与伊朗直接经商。但如果他们愿意，我们愿意与美国公司谈判关于油气资源开发的事宜。赞加内补充说：“我们同美国公司合作的大门没有关闭。”

22 日 《德黑兰时报》报道，伊朗统计中心宣布，到伊历年第 7 个月最后一天，为期 12 月（截至 2017 年 10 月 22 日）的通货膨胀率为 8.2%，比去年同期增长了 0.6 个百分点。

23 日 伊朗央行行长塞义夫在其社交媒体平台 Telegram 上写道，伊朗中央银行区别对待外汇市场短期波动和长期趋势的情况，并在决策中充分考虑这一点，以确保汇率的长期稳定。伊朗央行制定外汇政策的初衷一直是保持市场供求稳定，防止货币币值出现大幅波动。

伊朗《伊朗日报》10 月 23 日报道，伊朗副外长阿里斯·阿拉奇基在莫斯科参加第十四届莫斯科防扩散会议时表示：“本次会议再次清楚地表明世界支持伊核协议。”他说：“我们和不同的人进行了会面。他们都一致认为，伊核协议是一个持久而有效的国际文件，所有签署方都必须遵守其承诺。”阿拉奇基在莫斯科的会议上强调，“伊核协议”是不可能重新谈判的，不能增加新的条约或条款，伊核协议已成为核不扩散条约不可分割的一部分。

伊朗《德黑兰时报》10 月 23 日报道，据中国海关统计，伊朗和中国的贸易额在 2017 年前 8 个月增长了 24%，为 241.7 亿美元。2016 年同期的两国贸易额为 195 亿美元。大部分增长是由于中国向伊朗出口的增长。

伊朗《金融论坛报》10 月 23 日报道，伊朗石油工程开发公司的哈迪·纳扎尔布尔表示，位于两伊边界附近、伊朗胡奇斯坦省阿瓦兹市以西 70 公里的雅达瓦兰油田一期，自 2016 年 11 月开始产油以来，产量总计已突破 1 亿桶。

24 日 伊朗《伊朗日报》10 月 24 日报道，俄罗斯联邦议会上议院的立法委员们将呼吁美国国会和其他西方立法机构的同事们尽其所能，帮助保护伊核协议。

25 日 伊朗《伊朗日报》10 月 25 日报道，伊斯兰革命领袖哈梅内伊在伊朗陆军学员毕业典礼上发表讲话称，伊朗的防御能力不容谈判，他强调尽管敌国企图削弱伊朗，伊朗仍有决心加强防御能力。

26日 伊朗《德黑兰时报》10月26日报道，路透社援引该国海关数据显示，中国9月从伊朗进口石油同比上升59%。中国9月约从伊朗进口石油为78.4万桶/日，或322万吨/月，而2016年同期为190万吨/月。

29日 伊朗《伊朗日报》10月29日报道，伊朗总统鲁哈尼表示，有些人不尊重已签署和盖章的协议，但还试图就其他问题进行谈判，这实在是一个历史性的笑话。鲁哈尼认为，美国人在向全世界展示他们是如何践踏国际协议的，美国人不清楚道德和国际原则，这样一个国家是不可信的。鲁哈尼表示，美国现在采取的政策让美国失去了在未来与其他国家谈判的可能性。伊朗已经履行了义务，但是美国又提出伊朗的军事和国防能力问题，并且在伊朗受到地区其他国家尊重的这一事实面前恼羞成怒。他还谈到了伊朗的防务计划，并声称伊朗将制造和储存维护领土完整所需的任何武器，在防御本土时毫不犹豫地使用它们。

11月

19日 鲁哈尼政府召开内阁会议，同意伊财经部为中国进出口银行的融资协议出具担保。据伊朗政府官网报道，现在伊财经部被允许向德黑兰-马什哈德电气化项目融资协议出具担保。7月26日，伊朗工矿银行与中国进出口银行签署了该项目贷款协议，中方将为项目提供85%的融资。

伊朗统计中心官员近日表示，过去的6年间伊朗的人口增长率持续下降，从伊历1390年（2011年3月~2012年3月）的1.29%下降至伊历1395年（2016年3月~2017年3月）的1.24%。伊朗每名女性平均生育1.8个孩子，低于世界平均水平的每名女性生育2.1个孩子。根据伊朗2016年人口及住房普查，伊朗人口为7992万。

伊朗央行最近的报告显示，今年伊历第7个月（2017年9月23日~2017年10月22日）德黑兰房地产市场交易量相较去年同期上涨了34%，房地产价格较去年同期上涨了8.7%；同时，伊历今年前7个月（2017年3月21日~2017年10月22日）德黑兰房地产市场交易量较去年同期上涨了

6.3%。

印度政府计划组建一个恰巴哈尔港口发展秘书小组，该小组将研究放宽该项目财务条款以及其他有关合同事项的问题，以使该项目可以为私人投资者带来更多的利润。组建该小组恰逢美国收紧对伊制裁导致该项目的预期回报可能会受到影响时，印度方面希望该港口可以在2018年底投入运营。

近日，伊朗央行公布各领域通货膨胀情况。根据伊朗央行数据，截至伊历1396年6月（9月22日）底，伊朗过去12个月城市消费者价格指数同比增长9.9%。伊历6月底，伊朗城市消费者价格比去年同期上涨8.4%，比上个月增长0.3%。其中商品类价格比去年同期上涨8.2%，比上月下降0.6%；服务类价格比去年同期上涨8.5%，比上月上涨0.9%。

20日 伊朗《金融论坛报》11月20日报道，伊朗酒店严重短缺已成为制约旅游业发展的主要因素。按每10万人拥有的酒店数排名，伊朗排在136个国家的第116位。根据最新研究，伊朗需要在2022年前建设超过770家三星至五星级的酒店。伊朗社保组织下属的旅游控股公司负责实施“100家酒店，100个商机”计划，在31个省份建设100家酒店。他强调，这项计划将享受5~10年免税政策。

25日 《今日波斯》11月25日报道，国际原子能机构总干事天野之弥在国际原子能机构日内瓦理事会会议上再次强调，伊朗遵守伊核协议。天野之弥还说，国际原子能机构可以对伊朗任何需要的地方进行检查，并可以参观该地方。因此，国际原子能机构将继续在伊朗进行核实。

26日 伊朗《金融论坛报》11月26日报道，伊朗总统鲁哈尼称，不久的将来伊朗东南部的恰巴哈尔港将举行启动仪式，该港能连接伊朗-阿富汗铁路网，之后还将连接南北运输通道，这将促进地区国家贸易。

29日 《今日波斯》11月29日报道，伊朗驻华大使阿里·阿斯格尔·哈吉在中伊友好协会第八次会议上表示，中国在过去十年中是伊朗的第一大贸易伙伴，伊中两国在政治、经济、文化以及安全领域的关系正在不断向前发展。伊朗拥有世界上第二大石油和天然气资源，可以在保障中国的能源和安全方面发挥重要作用。哈吉大使认为，“一带一路”倡议对于伊中两国政府及人民来说是一次契机。伊朗和中国作为丝绸之路的两个重要国家应当彼此加强了解，以便使两国人民在发展伊中关系的道路上迈出正确的步伐。

30 日　伊通社 11 月 30 日报道，伊朗第一副总统贾汉基里离开德黑兰赴俄罗斯索契参加为期两天的上海合作组织成员国政府首脑（总理）理事会第 16 次会议。贾汉基里将发表演讲，利用此次峰会契机发展地区合作关系。同时，贾汉基里将就后制裁时期伊朗技术、科学、经济事务发表看法。

12月

3 日　《财经论坛》12 月 3 日报道，伊朗海关最新数据显示，中国、伊拉克、阿联酋、韩国和阿富汗是本财年前 8 个月内（3 月 21 日 ~11 月 21 日）伊朗最大的出口目的国。中国是这 8 个月内伊朗产品的最主要客户，伊朗向中国出口了 57.4 亿美元的商品，比去年同期多了 13.51%。

伊通社 12 月 3 日报道，伊朗总统鲁哈尼称恰巴哈尔港在政治上、经济上有战略意义，是国际南北通道连接海洋的捷径。伊朗锡斯坦 - 卑路支斯坦省副省长达尔维什表示，恰巴哈尔港能够开展集装箱码头业务，当无水港建成后，恰巴哈尔港年装卸能力将从 850 万吨提升至 1500 万吨。他还表示，未来港口二期建设完成后，港口年装卸能力将达到 8000 万吨。

14 日　伊朗《金融论坛报》12 月 14 日报道，在欧洲议会关于伊朗的辩论中，欧盟外交和安全事务高级代表莫盖里尼称，“签署伊核协议后，2017 年上半年伊朗与欧盟的贸易同比增长了 94%。因此，维护和执行伊核协议是绝对必需的。我们不能在中东地区承担更多紧张局势和核扩散危机，我们不能损害联合国安理会通过的多边协议的可信度，不能违反已生效、已履行承诺的协议”。

B.19
后　记

《伊朗发展报告（2017～2018）》经过各位专家半年撰稿，经过主编和副主编两个月修改定稿，终于脱稿成书。在成书之际，首先要感谢西南大学国别和区域研究专项课题经费的支持。其次，感谢我的研究生导师杨群章先生和彭树智先生的培养与教导。还要感谢西南大学各位先生和女士的指导与支持，他们是校长张卫国教授、副校长靳玉乐教授、副校长崔延强教授，社科处处长刘义兵教授、副处长徐中仁先生、吴淑爱先生，教师工作部部长郑家福教授，国际处张发钧处长、谭志敏副处长、费元兵先生，历史文化学院黄贤全教授、徐天虹书记、张文教授、邹芙都教授、徐松岩教授、邓云清教授、王勇副教授。感谢当代中国杰出的伊朗学专家——朱威烈、刘振堂、华黎明、王兴运、李铁匠、元文琪、刘迎胜、张振国、龚方震、李春放、赵伟明、杨兴礼、曾延生、张铁伟、邢秉顺、王铁铮、黄民兴、韩志斌、肖宪、余建华、王新中、哈全安、白志所、陈安全、程彤、时光、许晓光、何跃、吴成、于卫青、王泽壮、赵建明、姚继德、赵广成、李福泉、王猛、何志龙、王林聪、刘中民、孙德刚、姚大学、岳汉景、范鸿达、田文林、杨涛、金良祥、杨明星、王锋、李玉琦、廖林、王一丹、穆宏燕、王宇洁、冯璐璐、蒋真、车效梅、王风、韩建伟、刘慧、王振容、姜英梅、于桂丽、伍庆玲、吕海军、闫伟、罗林。最后要感谢西南大学伊朗研究中心的全体成员，他们是：陈俊华、杜林泽、杨姗姗、黎力、周玉佳、李昕、邢文海、龙沛。他们的精诚合作是西南大学伊朗研究团队不断发展壮大的根本保证。感谢我的研究生团队张玉慧、母仕洪、罗炯杰、常潇、李敏等人的全程参与、全力配合。

冀开运于西南大学伊朗研究中心

2018 年 9 月 1 日

Abstract

This book is focusing on analyzing of political, economic and diplomatic changes in Iran in 2017. For Iran, 2017 is a year of both opportunities and crises, a year that meets expectations and exceeds expectations. During his first term of office, the growth of Iran's strength increased the competition between Iran and Saudi Arabia in the first term of Rouhani. The tension between Iran and Saudi Arabia has a direct impact on Iran's relations with the Gulf oil states, and the Syrian War and Yemen's civil war have gradually developed into a proxy war between Iran and Saudi Arabia. Iran's international status has further improved, its influence has reached the eastern coast of the Mediterranean Sea from the Persian Gulf, even crossed the Arabian Peninsula, crossed Yemen, and to the Red Sea . The relative rise of Iran has aroused a high degree of vigilance between Saudi Arabia and Israel, prompting Saudi Arabia and Israel to form alliance in the Middle East under the leadership of the United States. It seems that there emerged the bipolar structure of the coalition in the Middle East.

Iranian President Rouhani won re-election and economic growth slowed down, but still maintained growth, in line with the expectations and judgments of scholars and the Iranian people. The outbreak of the October upheaval in Iran in 2017 has also exposed many potential economic and social problems in Iranian society since the Islamic Revolution. It is urgent to solve these problems. Iran's actions in the international arena have exceeded Iran's national strength and people's patience. It is inevitable that Iranian people doubt the legality of Iranian systems, but it is also a bit unexpected. Although the direct fuse for Iran's national protests at the end of 2017 was economic, it was rooted in intensified social contradictions and hidden political factional game factors. With the Trump administration's "extreme pressure" policy toward Iran, Iran's domestic economy is in deep trouble, social solidarity and stability have been severely damaged, and Rouhani has been forced to shelve economic reform plans. Although the internal and external security situation in Iran continues to deteriorate, it is still difficult for the United States to realize its vision of economic collapse and regime change. In addition, since Trump took office, U. S. – Iranian relations have continued to be tense, Europe, Russia and China continue to support the Iranian nuclear agreement, Russia, Turkey and Iran huddle together to warm up, in response to U. S. pressure. The volume of trade and momentum of cooperation between China and Iran in 2017 are better than last year. The potential for comprehensive cooperation between the two countries is enormous and there are more challenges. In 2017, the religious and secular relations in Iran were integrated and basically stable, and there were certain differences in division and cooperation. During his first term, Rouhani completed nuclear negotiations with the United States and eased relations with the United States. This quickly thawed Iran's political, economic and trade relations with Europe, and Iran's presence in the Syrian peace talks since then has enhanced Iran's international influence and demonstrated Iran's soft power. Iran's good relations with Europe also enable Iran to balance its previous unilateral dependence on China and Russia. In the Middle East, Iranian-backed Shi'ite governments and organizations have gained momentum, endangering the dominant position of Sunni leader Saudi Arabia in the Middle East. As the first collision of condensate oil tanker in history, the accident of Sanchi reflects not only the determination of liability for high compensation but also the shortage of shipping capacity on crude oil and petroleum products. Iran has been facing various problems since back to international market, including over-reliance on Jarque Island's output capacity, non-Iranian ships undertake the vast majority of voyages and deadweight tonnage, the aging of Iranian ships and long sailing time. Although Iran has been eager to seize the international market share, its shipping destinations are still focused in Asia (China, Japan, South Korea, India). In Europe, Turkey and Greece still are Iranian traditional market, and the new market shares are concentrated in Italy and France.

In the Sino-Iranian Relations section, the history of railway transportation, investment opportunities and policies in Iran are discussed. The Iranian Railway Upgrading Plan provides a good opportunity for Chinese enterprises to enter the

Iranian construction market. The participation of Chinese enterprises in the Iranian Railway Upgrading Plan also faces the uncertainty of the Iranian Nuclear Agreement, the poor business environment in Iran and the railway construction lead. There are four challenges facing the "big country" competition and the preference of Iran railway construction technology standards. Therefore, Chinese funded enterprises need not only to seize opportunities, but also to assess risks carefully. Combined with the international political and economic situation, balancing costs and benefits, making rational decisions, implementing the strategy of "going global" in response to the "belt and road" initiative, and perfecting the Iran higher education system at present. As a result, the access threshold for higher education has been rapidly reduced and the national cultural quality is relatively high. Under the strategic layout of Iranian education, higher education is developing towards universal education and life-long education. Education policy is closely related to the current economic situation and population structure of Iran. The external exchanges and cooperation of universities in Iran show the characteristics of unsmooth channels and single paths. China-Iran educational exchanges and cooperation should focus on cooperation in disciplines with advantageous characteristics. Chinese medicine education and Chinese language education have great prospects in Iran. They should promote the upgrading of educational cooperation between the two countries on the premise of mutual learning, mutual trust and mutual understanding. This paper expounds the status and role of Chinese education and teaching in Iran, points out the reasons why Chinese education is at a disadvantage, and puts forward constructive suggestions.

This Development Annual Report of Iran has done its utmost to unite China's top experts in Iran, including those who are proficient in Persian, to collect as much information as possible in Persian, English and Chinese, to systematically and profoundly analyzes and interprets Iran's national conditions in 2017, so as to provide the best understanding and understanding of Iran to Chinese enterprises and citizens.

Keywords: Iran; Rouhani; Opportunity; Crisis; Reform

Contents

Feature

Abstract: 2017 is a turnaround year for Iran's diplomatic and internal affairs in contemporary history. Diplomatically, Iran not only helped the Governments of Iraq and Syria win the war against terrorism with the international coalition, but also opened the "Shiite Corridor" from the Persian Gulf to the Red Sea, participated in shaping the Syrian peace process and the new pattern of the Middle East, and projected military influence to the Red Sea region. Iran is a regional power. The scope has reached a level not seen in a hundred years. However, Iran's excessive western expansion poses a great threat to Israel and some Arab countries. It also threatens the core interests of the United States in the Middle East and leads the new Trump Administration to subvert the Iranian policy of the Obama era, threaten to withdraw from the Iranian nuclear agreement and restrain Iran's "NATO in the Middle East" . In the internal affairs, the dividends brought about by the Iranian nuclear agreement continue to show, and the people also enjoy some benefits. Moderate President Ruhani, who initiated the process of reconciliation between Iran and the United States, succeeded in winning re-election. However, because Iran invested more oil revenue in long-term development and export of the Islamic revolution, the people accustomed to subsidy earned. At the end of the year, large-scale protests, demonstrations and riots broke out, pointing directly at Iran's Islamic Revolutionary Strategy and even questioning the Islamic Republican System, which resulted in the most serious national road belief crisis in the past 40 years of the Islamic Revolution.

Keywords: Iran; Strategic Westward Expansion; Diplomacy; Internal Affairs; Crisis

Ⅰ General Report

B. 2 Report on the Development of Iran's Political, Economic and Social Situation in 2017 *Ji Kaiyun*, *Wang Guobing* / 019

Abstract: The overall situation of the Iran country in 2017 is changing and it is an extraordinary year. In Iran President Rouhani won re-election, although the economic growth rate slowed down, but still maintained growth. The outbreak of the "October Storm" in 2017 also exposed the many potential economic and social problems in Iranian society since the Islamic Revolution. All these problems needs to be resolved. In addition, since Trump took office, the continued tension in US-Iran relations has intensified. We need handle it objectively and calmly. China and Iran continue to maintain a relatively good momentum of cooperation in 2017. There is huge room for bilateral cooperation in the future and it is worth looking forward to.

Keywords: Trump; Rouhani; "October Storm"; Sino-Iranian Relation

Ⅱ Sub Reports

B. 3 The Analysis of Iran's Economic Situation in 2017 and its Prospect *Han Jianwei* / 030

Abstract: In 2017, Iranian economy faced increasing external pressure, resulting in the loss of the dividends from JCPOA. Trump's Middle East strategy which aims to contain Iran has pushed Iran's economy to the brink of recession once again. Iran's economy remained stable in 2017 generally, however, oil output reached the upper limit and non-oil output was far from enough to pull the economy, which made economic growth weak again. While inflation, currency and employment issues have not worsened or improved significantly in 2017, long-term cumulative risks were increasing which had negative implications on Iran's political stability. Iran's government has tried to implement some reforms, but obtained little success. The prospects for Iran's economy are even dimmer after the United States withdrew from the nuclear deal in 2018.

Keywords: Iran; Economy; Sanction; Reform

Abstract: Iran developed economic and trade relations with western countries actively, but also be prepared for possible changes of JCPOA. Iran worked closely with Turkey on regional affairs, but opposed Saudi Arabia secretly. Iran cooperated with Russia, China and the Shanghai Cooperation Organization. That was the main content of Iranian diplomacy in 2017. This year, Iranian diplomacy not only adhered to Islamic principles, but also made necessary adjustments in response to the changing situation.

Keywords: Iran; Middle East; Diplomacy

Ⅲ Diplomatic Reports

Abstract: Now the current international community is in a critical period, there are many uncertainties and certainty factors in the relation between the United States and Iran. At present, the Trump administration's "non-recognition" attitude toward the Iranian nuclear agreement has aggravated the tension between the two countries and raised concerns of various countries. On the whole, the development of the U. S. -Iran relationship is affected by many certainty factors, such as the accumulation of historical factors, the conflicts of national strategic interest, the impetus of domestic politics, and the subjective and objective conditions imposed by Trump's personal factors. It is also the result of an abnormal relationship between the two countries. At present, the Trump administration's policy on Iran is not yet clear, and Iran's attitude is also reserved. EU countries, Saudi Arabia, Israel, and other stakeholders are divided on the Iranian nuclear agreement, and various factors have left the future development of the US-Iran relations under the hidden dangers. In short, the U. S. -Iran relation may continue to deteriorate in the short term, but it should remain with on control.

Keywords: Relation; Deterioration; Trump Administration; Iran

Abstract: Saudi Arabia undefined execution of the famous Shia cleric Nimir in 2016, which has become the trigger for the further deterioration of the relations of the two countries, and the chain reaction has pushed the relation of Iran and Saudi Arabia to the freezing point. At present, the relation of Iran and Saudi Arabia have shifted from competition of economic, geopolitical, religious influence in past to the regional leader of the overall confrontation. As far as the factors affecting the relations between the two countries are concerned, the internal factors, represented by national interests and religious influence, and the external factors leading the geopolitical strategy of the United States and Russia in the Gulf region are the leading factors in the direction of the relation of Iran and Saudi Arabia. At the same time, the differences between the two countries in ideology and regional affairs play an important role in the relations of Iran and Saudi Arabia. In the short term, it will be difficult for the two countries to reconcile their interests in geopolitical competition. However, from a long-term point of view, the two countries have common interests in the areas of regional economic cooperation, regional stability and economic transformation. Therefore, the reconciliation of relations between the two countries in the future is an inevitable trend of historical development.

Keywords: Relation of Iran and Saudi Arabia; Nimir Event; Religious Factors; U. S.

Abstract: Since 2017, the alliance between Iran and Syria has remained strong. The two countries have maintained close cooperation in the political, diplomatic, military, economic, scientific and technological fields. Iran continues to provide comprehensive support to the Syrian Bashar regime. The development of relation between the two countries has also been challenged by unfavorable factors such as Iran's domestic economic downturn, increased threat of terrorism in Iran, and the suppression of the United States and its allies. The relation between the two countries will continue to be strengthened through various challenges. The long-term existence of common national strategic interests, common risks and challenges, and Iran's diplomatic flexibility will make the alliance between the two countries stronger.

Keywords: Iran; Syria; Alliance

Abstract: As an important neighboring country of the five Central Asian countries, Iran has close historical origins with other countries in religion, culture, language and nationality, and is one of the first countries to recognize the independence of the five Central Asian countries and establish formal diplomatic relations. In recent years, Iran and the five Central Asian countries have maintained relatively stable exchanges in the fields of economy, trade, energy and cross-border transport under the background of complex and changeable regional and international situations. In 2017, Iran's relations with the five Central Asian countries steadily moved forward and showed a new trend of development.

Keywords: Iran; Five Central Asian Nations; Economic and Trade Cooperation; Transport Corridor

Abstract: Iran and India, two ancient civilizations, have a long and close relationship in terms of race, language and cultural traditions. The two countries enjoy friendly political relations, strong complementary in the economic field and common position in the field of counter-terrorism. In recent years, the two sides have maintained close cooperation in energy and transportation, especially in the construction of the Chabahar port and the north-south transport corridor. The withdrawal of the United States from the JCPOA has cast a shadow over the next step in bilateral relations. India, under pressure from the United States, may reduce its imports of Iranian oil and withdraw from oil and gas cooperation projects. Infrastructure cooperation projects the two countries may also be delayed by financial sanctions.

Keywords: Indo-Irani Relation; Energy; Chabahar Port; North-South Transport Corridor

Ⅳ Special Reports

Abstract: The Iranian "Dey-mah Protest" in 2017 is the largest anti-government mass demonstration after the Green Movement in 2009. People went to street to express their grievances on government's political, economic and socio-cultural policies of the country, and this collective action got limited support from outside of Iran to some extent. Tough the flash point of this protest are economic issues, the deep reason of the protest is lying on the accumulation of Iran's domestic contradictions, and also received limited support from the outside. With the Trump administration's policy of "extreme pressure on Iran", Iran's domestic economy is in deep trouble and social solidarity and stability have been hit hard. Although the security situation inside and outside Iran continues to deteriorate, it is still difficult for the United States to realize its vision of letting the Iranian economy collapse and even change its regime.

Keywords: Iran; the "Dey-mah Protest"; Economic Pressure; Political Rivalry; External Interference

Abstract: Iran is a country deeply influenced by religion in Middle East. This article briefly expounds the relationship between religion and politics in Iran, probes into the current trend and influence of the development of religion in Iran, and analyses the relationship between religion and politics in Iran since 2017, in order to understand the present situation of Iran and make a more scientific formulation of the foreign affairs of the Iran.

Keywords: Iran; Region; Politics

Abstract: During his first term, Rouhani completed nuclear negotiations with the United States and eased relations with the United States. This led to the rapid thawing of the political and economic relations between Iran and Europe, and then Iran's participation in the Syria peace talks enhanced the international influence of Iran and highlighted the soft power of Iran. Iran's good relations with Europe also enable Iran to balance its previous unilateral dependence on China and Russia. In the Middle East, the Shiite government and organizations supported by Iran are gaining momentum and jeopardize Saudi Arabia's dominance in the Middle East. During his first term of office, the growth of Iran's strength increased the competition between Iran and Saudi Arabian. The tension between Iran and Saudi Arabia has a direct impact on the relationship between Iran and the Gulf oil countries, as well as the Syrian war and the gradual development of the civil war in Yemen as the agent war between Iran and Saudi Arabia.

Keywords: Iran; Rouhani; Iranian Diplomacy; Nuclear Issue in Iran

B. 13 Iran-EU Relations and Impacts on China-Iran Relations after The JCPOA was Reached *Jin Liangxiang* / 198

Abstract: Iran's relations with EU had grown greatly after the JCOPA was reached and implemented. The high-level exchanges between the two had become more frequent, and economic relations between the two had grown rapidly. While Iranian admire European lifestyle and attach great importance to its relations with EU, European states regard Iran as a big potential market and a major partner in Middle East regional affairs. These are the driving forces behind the development of Iran-Europe relations. Iran-EU relations were also facing restrictions including U. S. –Iran hostility and the discrepancy between Iran and Europe in ideology and Iran's regional policy and missile program. Iran-EU rapprochement had produced negative impact on China-Iran relations. Neither political nor economic relations between China and Iran had improved since the JCPOA was reached. The reasons should be numerous, and one of them should be the impact of Iran-EU relations.

Keywords: Iran Nuclear Deal; Iran-EU Relations; China-Iran Relations

Abstract: As the first collision of condensate oil tanker in history, the accident of Sanchi reflects not only the determination of liability for high compensation but also the shortage of shipping capacity on crude oil and petroleum products. Iran has been facing various problems since back to international market, including over-reliance on Jarque Island's output capacity, non-Iranian ships undertake the vast majority of voyages and deadweight tonnage, the aging of Iranian ships and long sailing time. Although Iran has been eager to seize the international market share, its shipping destinations are still focused in Asia (China, Japan, South Korea, India) . In Europe, Turkey and Greece still are Iranian traditional market, and the new market shares are concentrated in Italy and France.

Keywords: Shipping Capacity; Crude Oil and Petroleum Products; Iran; International Market

V Sino-Iran Relationship

Abstract: After more than 100 years of development, the Iranian railway has occupied an important position in the comprehensive transportation system. In order to build a modern railway transportation system, serving the needs of domestic economic and social development, and give full play to the regional advantages of international transportation hubs, Iran has formulated a 10 – year railway development plan. By the end of 2025, the existing railway lines of the Iranian railway network are all electrified, and the double line rate is increased to 100%, eventually achieve the goal of doubling the railway mileage. The Iranian railway upgrading plan has provided favorable opportunities and opportunities for Chinese construction enterprises to enter the Iranian civil engineering market. In the process of expanding the Iranian market, Chinese companies are also facing the challenges of the "Iranian Nuclear Agreement" uncertainty, the poor business environment in Iran, the "competition" of big powers in Iranian railway construction, and the preference of technical standards. Therefore, China not only needs to capture opportunities sharply, but also needs to carefully assess the existing risks, combine the international political and economic situation, and comprehensively weigh the costs and benefits to make rational decisions.

Keywords: Iran; Railway; Chinese Enterprises

B. 16 Characteristics of Higher Education in Iran and Sino-Iran Cooperation in Education

Abstract: The study of Higher Education in Iran is based on the research of Center for Iranian Studies of Southwest University in August 2017. The higher education system in Iran is well developed. The access threshold for higher education in Iran is rapidly reduced. Higher education basically develops in the direction of education for all and lifelong education under the layout of Iran's education strategy. Education policies are closely related to the current economic situation and demographic structure in Iran. The academic exchanges and cooperation of Iranian universities show the characteristics of poor channels and single paths. Sino-Iranian cooperation in education should focus on the cooperation in advantageous disciplines of Iran and China. Traditional Chinese Medicine and

Chinese language teaching have great potential in Iran. The promotion of educational cooperation between the two countries will be promoted under the mutual learning and mutual benefit.

Keywords: Iran; Higher Education; Belt and Road Initiative; Educational Cooperation

Abstract: There are four universities offering Chinese degree education in Iran currently and only undergraduate degree can be granted. Outstanding obstacles influencing education of Chinese degree in Iran include lack of local excellent or even qualified teachers, the attitude of Iran's relevant departments and universities to Chinese, and unsuccessful development of Confucius college in Iran. The demand for Chinese in Iran society is objective, so the relevant departments and universities in China and Iran need to respond it effectively.

Keywords: Iran; Chinese Degree Education; Local Chinese Language Teachers; Confucius College

Ⅵ Appendix

S 基本子库
SUB DATABASE

中国社会发展数据库（下设 12 个子库）

全面整合国内外中国社会发展研究成果，汇聚独家统计数据、深度分析报告，涉及社会、人口、政治、教育、法律等 12 个领域，为了解中国社会发展动态、跟踪社会核心热点、分析社会发展趋势提供一站式资源搜索和数据分析与挖掘服务。

中国经济发展数据库（下设 12 个子库）

基于"皮书系列"中涉及中国经济发展的研究资料构建，内容涵盖宏观经济、农业经济、工业经济、产业经济等 12 个重点经济领域，为实时掌控经济运行态势、把握经济发展规律、洞察经济形势、进行经济决策提供参考和依据。

中国行业发展数据库（下设 17 个子库）

以中国国民经济行业分类为依据，覆盖金融业、旅游、医疗卫生、交通运输、能源矿产等 100 多个行业，跟踪分析国民经济相关行业市场运行状况和政策导向，汇集行业发展前沿资讯，为投资、从业及各种经济决策提供理论基础和实践指导。

中国区域发展数据库（下设 6 个子库）

对中国特定区域内的经济、社会、文化等领域现状与发展情况进行深度分析和预测，研究层级至县及县以下行政区，涉及地区、区域经济体、城市、农村等不同维度。为地方经济社会宏观态势研究、发展经验研究、案例分析提供数据服务。

中国文化传媒数据库（下设 18 个子库）

汇聚文化传媒领域专家观点、热点资讯，梳理国内外中国文化发展相关学术研究成果、一手统计数据，涵盖文化产业、新闻传播、电影娱乐、文学艺术、群众文化等 18 个重点研究领域。为文化传媒研究提供相关数据、研究报告和综合分析服务。

世界经济与国际关系数据库（下设 6 个子库）

立足"皮书系列"世界经济、国际关系相关学术资源，整合世界经济、国际政治、世界文化与科技、全球性问题、国际组织与国际法、区域研究 6 大领域研究成果，为世界经济与国际关系研究提供全方位数据分析，为决策和形势研判提供参考。

法律声明